湖北师范大学鄂东地方文化研究
协同创新中心出版基金

颜子山混元道教文化洞稿

费杰成◎著

中国社会科学出版社

图书在版编目(CIP)数据

颜子山混元道教文化洞稿/费杰成著.—北京：中国社会科学出版社，2017.12

ISBN 978-7-5203-0984-4

Ⅰ.①颜… Ⅱ.①费… Ⅲ.①道教—教派—研究—中国—宋代 Ⅳ.①B956.9

中国版本图书馆CIP数据核字(2017)第223054号

出 版 人 赵剑英
责任编辑 宋燕鹏
责任校对 季 静
责任印制 李寡寡

出 版 中国社会科学出版社
社 址 北京鼓楼西大街甲158号
邮 编 100720
网 址 http://www.csspw.cn
发 行 部 010-84083685
门 市 部 010-84029450
经 销 新华书店及其他书店

印 刷 北京明恒达印务有限公司
装 订 廊坊市广阳区广增装订厂
版 次 2017年12月第1版
印 次 2017年12月第1次印刷

开 本 710×1000 1/16
印 张 19.5
插 页 2
字 数 281千字
定 价 80.00元

颜山赋

季节深寥疯长百草绿野流畅颜子山生机昂
踞鄂东南一隅历八百岁沧桑拥十方之神主
蹈北斗之天罡坛堂舆帝醮酬宫观震香火旺
混兮大道畅行元兮运畴奋张惠仓生除邪秽
冰风雨降吉祥大道无痕各涯天行不老有幸
恍兮惚惚兮恍循天枢启苍黄于无深虚惊悸
亦有宇寰录光源三达六天祥三光两巾周应
五雷净静坛场道中时默默出庵可用权合阴阳
冥冥香香伊恫怅得风得而得太阳好一震兮
仙境天雕琢兮神往混元播万世昌

山农撰文 丁酉年勤秋书

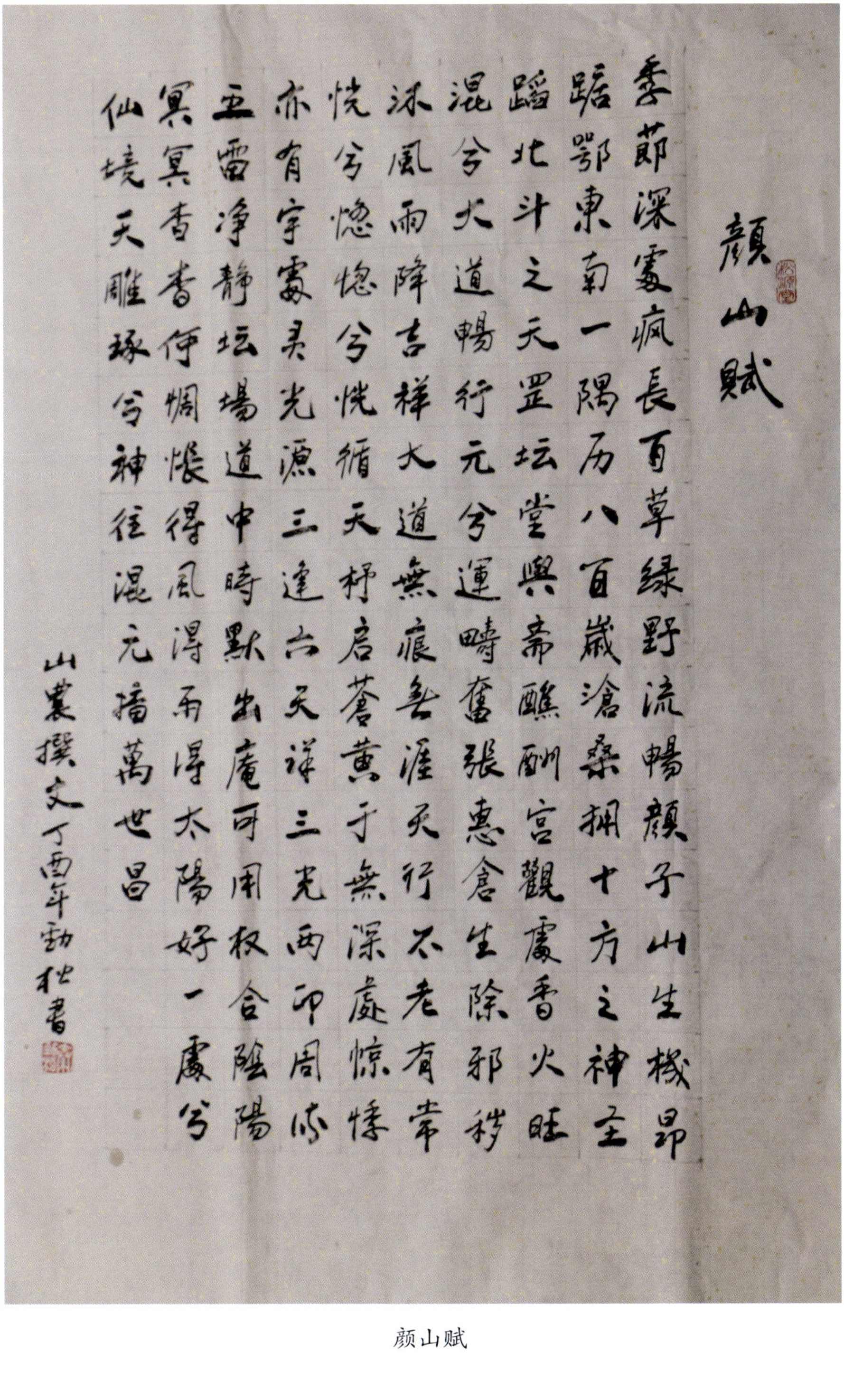

颜山赋

颜真观放生池

颜子仙山

颜山远眺

颜子山盘山公路

珠帘水墨画

福寿宫

南宋建观时石刻

法事香文

玄武经奏本

启堂乐

度人经法事

度人经片段

曲牌拜仙山

北斗经放祀

十方信众

混元道部分经典

签房一角

雷时中铜雕像

颜真观管委会成员

序

刘固盛*

道教混元派，为宋元之际天师道士雷时中所创，后盛行于湖北、江西、安徽、福建、四川等地。据元代赵道一《历世真仙体道通鉴续编》记载，雷时中，字可权，号默庵。其先本豫章人，后家于湖广之武昌金牛镇。所居溪水回环东西二桥，故又号双桥老人。雷时中所创混元派尊玄天上帝为主神，与武当清微派关系密切，兼传神霄雷法，在教理上融汇三教思想，于“儒释二家，博采旁求，贯彻混融，归于一致”。该派对《度人经》尤其重视，“专以《度人经》为主”。雷时中开导世人、度化弟子皆令其诵《度人经》，他自己对《度人经》的旨意也有深入的体会和独到的见解。雷时中曾著《心法序要》《道法直指》《原道歌》等，发扬混元道化之妙，惜皆散佚。不过，《道法会元》中尚存《修炼直指》《混元六天妙道一气如意大法》两篇，题为“双桥老人述”，应是雷时中所著，这是研究其修炼思想的重要文献。

在雷时中的努力下，混元派影响逐渐扩大，《历世真仙体道通鉴续编》载，“四方闻其道行卓异，及其门者日众。弟子数千人，分东南、西蜀二派，首度卢、李二宗，师及南康查泰宇。由是卢、李之道行于西蜀，泰宇之道行乎东南，混元之教大行于世”。至元乙未

---

* 刘固盛，华中师范大学教授，历史学博士后，博士生导师。

（1295）四月初五日，雷时中“沐浴更衣端坐。临午，命卢、李二师率诸门人讽《度人经》一卷毕，即索笔纸书颂曰：‘一轮明月照清穹，万里无云光霁中。自在逍遥无一事，圆融常与太虚同。’颂毕，凝然而逝。是年冬，弟子奉葬于郡之颜山。后雷霆累降笔云：上帝已陞真人为玄都上相、混元妙道普济真君、雷声演教天尊”。

颜山，又称颜子山，在今湖北阳新县境内，光绪《兴国州志》“仙释”部分有雷时中传记：“雷时中，字可权，累举不第，遇异人授混元法书一卷，居东平颜子山，为民祷雨晴，驱邪治病，捷如影响，著有《双桥诗集》，卒葬颜山之麓，道场在山巅，朝谒者时见天灯之异。”另据嘉靖《湖广图经志书》记载，兴国州南十五里有颜真堂，“宋末道士雷时中修真之所。初业儒，累下第，偶遇异人授以《混元法言》一卷，谓学此可以济民”。宣统《湖北通志》则载兴国州有颜真观：“在州南三十里颜子山两峰间，宋道士雷时中修炼之所，故奉其像，观分福禄寿三官，前有塘，塘前为香炉礅，礅右有巨石名试剑石，塘侧有古树，百窍玲珑，又有老藤缠护，州人称为胜境。清咸丰间颓坏，同治十一年道士归顺募金重修。”颜真观是雷时中的修道弘道之所，他道法高深，有济世情怀，据传祷雨祈晴、驱邪治病，都十分灵验。雷时中羽化后即葬于颜子山麓，明万历间重修之墓碑至今尚存，碑文清晰可读。

颜真观虽屡经毁坏，但也不断重建。现新建的颜真观大体上已恢复旧制，踞颜山之巅，气势宏伟，颇有古风仙韵。难得的是，阳新本地政府部门及地方有识之士，尤其重视对颜山道教文化的发掘与弘扬，今由费杰成先生撰写的《颜子山混元道教文化洞稿》一书，即是其中的可喜成果。费先生对阳新地方文化有较深入的研究，又经过细致的实地调查，获得了许多有价值的资料，具有研究颜子山道教文化的有利条件。《颜子山混元道教文化洞稿》对混元道的创建与传承进行了梳理，使混元道的发展历史变得清晰起来。其所论混元道重符箓、顺自然、善咒术的特点，所述混元道的科仪、神仙谱系等，都是符合实际的。其对混元道教音乐的记载与整理、对韵腔曲牌的分类与研究尤具价值，为道教音乐文化和地方民间音乐研究提供了宝贵的资料。

当前，道教文化的研究日益受到重视，并不断走向深入，其中的道派研究与地方道教的研究则是今后需要加大研究力度的领域，《颜子山混元道教文化洞稿》一书则作出了可贵的探索，特为之序。

2016年10月15日于武昌桂子山

目　录

第一章　历史综述

一 引言

儒、释、道互补，创造中华精神。

道教形成于东汉的中后期。它之所以产生，不是偶然的，而有其所以产生的历史条件和社会思想渊源，并经长期的酝酿和积累的必然结果[①]。

道教是以“道”为最高信仰的中国本民族固有的传统宗教，它是在中国古代宗教信仰的基础上，沿袭方仙道、黄老道某些宗教观念和修持方法而于东汉时逐渐形成[②]。

鲁迅先生说：“中国之根柢全在道教。”[③] 鲁迅先生高屋建瓴，道出了中国当时的国情与实质。殊不见，儒家、佛教等文化远远不如道教文化对中国民众的影响和深入人心。就鄂东南地域的乡村信仰和人们的社会生活而言，域人从观时授象、春耕夏锄、秋收冬藏到出门问路、生老病死等，均与道教文化打着骨头连着筋。

道教最早是从原始巫教而来，楚国的屈原、宋玉等文豪，都是巫官一身的道教人士，本身就是巫、道高人。中国的《连山》《归藏》《周易》三部易经，都与道教中的宇宙观、天象观等文化联系紧密，至今仍影响着人们的社会生活与认知态度。《魏书·释老志》在谈到道教的本源和宗旨时称：“道家之原，出于老子，其自言也，先天地生，以资万类。上处玉京，为神王之宗；下在紫微，为飞仙之主。千变万化，有德不德，随感应物，厥迹无常。其为教也，咸蠲去邪累，澡雪心神，积行树功，累德增善，乃至白日升天，长生世上。”

道家与道教是两个不同概念，前者是一个哲学流派，而道教则是指的宗教派别，是宗教派别就有居所，如宫观、坛场、法事活动等。

---

① 摘自卿希泰《中国道教思想史纲》，胡道静撰序言，四川人民出版社1980年版。

② 同上。

③ 摘自《鲁迅全集》1918年8月20日“给许寿裳的信”。

道教文化，从伏羲、黄帝、老子一路走来，道教文化的创造精神、欢生恶死的生命主张、积极开放的生活态度，尤其崇尚自然、道法自然，对未知世界充满了探索与渴望等，其精神对中华民族的影响渗入众多领域和方方面面，绝不可低估它的社会功能。当然，它的鬼神系统被常人看来充满了迷信色彩，但每当我们透过现象从哲学层面去观察它的本质，便会发现神鬼原是道家肚明心知的文化杜撰，说它是一种文化创造也不为过。不过，这是道家对现实世界超自然力认知的无奈与反思，故常常把其意志托付给迷漫无着的神鬼世界，以致人神猜疑与依附，缠绕不清，诸如道教俗信中常见的障面法术和巫蛊术等表现形态。不过，这种障面术与巫蛊术之类的巫道之法，还有道家用独有的文化手段，将其无端的思绪编织成一大堆魔幻故事，让信众痴迷其中去为之膜拜。

讲到这里，我觉得讨论的话题还是先从人类文化学的角度着手，结合颜真观本土的混元道教文化流传实例，重点考察颜真观与混元文化的历史渊源问题。

颜真观混元道派的创立，应从雷时中颜山立坛始，距今已有700余年历史，也就是宋末的1264年雷时中在双桥村家中立坛算起，后来混元道主雷时中又带着两名弟子卢宗发、李宗阐入颜子仙山隐逸。也就是说，中国南方的一大道教流派“混元道”就在这个时候就已开始、被正式认可，载入中国《道藏》这部历史巨著而名垂青史了。这个流派，至今大多阳新人知其然而并不知其所以然，地方史书也极少记录它，更鲜有人去研究它。传到当今，混元道客观上已成为中国历史文化中的一个谜团或者说是一个悬案不为过，很可惜也很遗憾，这就是前面所说的问题之所在，故很有必要对它进行一个源流系统的梳理与追踪。

长期以来对本域宗教文化有所关注的，除了兴国州龙虎道派已有个别学者猎涉外，在过去的时间里，对混元道派文化专事研究者甚少。笔者曾在40多年前，“文化大革命”间两次赴下桥至山口罗颜山附近一带乡村采风，原本要认真去研究混元道，因政治原因未能接触这块领地，且当时颜山道场毁坏严重，无从考察，打听到的业者多已还俗，避不见人，处道事消亡状况，故对它的研究一直拖到现在。多亏去冬有关人士突然闯进我的家门，问我是否愿意为颜山道的音乐研究出点力？真好像冥冥之中，一种不期而遇的文化之缘抵达我的日程。当时，笔者虽觉水平有限，尽管心存难有把握接此重任的想法，但还是幻想试试这个课题。也许是雷真师的阴德支使，促使笔者无论怎样，有一百个必要对这一文化现象，负责任地去了却研究之旅，为本土历史文化发掘尽点力。为此，冒水平不肖之大嫌，自后多次莅临颜真观，主动与数十位业者交流采记，终取得了充足的一手资料，加之35年前积存的混元道音乐资料手稿还能帮了我的大忙，继而夜以继日地再去采访艺人，苦追史籍，整理笔录所有，全面搜寻，剔谜除惑，甄别真伪，以找回被世俗遗忘抛弃的记忆。

二 混元道教

什么是道教？什么是道教文化？什么是混元道教文化？这是一个必须回答的问题。

道教因历史时期的不同，其定义有多种表述。笼统地讲，是指发源、发展于中国本土的一个传统多神的宗教，多奉老子为教主，以得道为目的。

所谓道教文化，首先是要了解什么是文化？文化是指“凡是打上人类观念烙印的客观存在都是文化”。那么，混元道教文化则是指“凝结了混元道教精神、推动修德行善播撒大爱为其最终目标的一切存在”。

混元道派近800年来，生长于中国南方鄂东南兴国州这块地域，长期以来，有着许多不为人知的文化秘密并成为文化悬案，从而延误了鄂东南人对它的认知行程。这里的人们现在并不知道也似乎不想知道我们的最早先祖是扬越人这个历史渊源，这个结论在我新近出版的《鄂东南人类文化史话》中用一章的篇幅，较详细地向世人考察了这个族群的前世今生历史，研究表明：这个族群至少在这里落业的时间离现在已有3200年至3500年了。扬越人就是一个以火神或曰太阳神为图腾崇拜的族群，类似这种崇火习俗至今仍鲜活地存在鄂东南人点点滴滴的社会生活之中，因此，扬越文化不可能不影响到混元文化的形成。

“楚人鬼，越人禨”，说的是吴越之地的人们，与楚人相较，吴越地域信奉鬼神有过之而无不及，特别是对“卜筮”与“徵兆”情有独钟。我们域内的道教流派的多流竞生，与这里的扬越祖先的崇尚自然、探索未知世界的传统和习惯是一脉相承的。举一个大家共知的域人崇火现象：一是敬神时要用石镰取火，是祈求圣洁与光明的降临，目的是不可对火神亵渎；二是正月十五农民要在自家的田地里送去烟把，俗谓之“暖土”，其间除了对土地的挚爱外，还有对火神的敬畏。又比如两千多年前阳新最早的县名叫下雉，雉在远古是神鸟凤凰，是太阳神的化身。而更觉神奇的是我们颜真观的始祖开创混元派时的最高业法就是以雷法主司而创立了混元派文化，可以说，雷法代表了火的本义，是混元创立的理论之本之一，混元音乐中的《雷火咒》则是明证。据说后来这个立派之本还被雷真师的高徒李宗阐游方带到青城山，成为青城山道业发展的重要力量之一，续之又传去了武当山，至今武当山道派和颜子山混元道派都以玄武为教祖，这不是巧合，而是两个道派有着文化的历史纠葛，至少可以证明混元道教对武当山之混元宗有着不可否认的影响或互融历史。

混元文化除了直接带有扬越文化的基因外，还有一大来源是对诸子百家即儒家文化的大量吸收，或说是受其深刻影响。如医道双兼的唐代学者司马承祯在其《坐忘论》中说：“夫道者，神异之物，灵而有性，虚而无象，随迎莫测，影响莫求，不知所以不然而然之。通生无匮，谓之道。至圣得之于古，妙法传之于今，循名究理，全然有实。”① 这是作者对道的体悟，用坐忘修炼时静与虚的感受处入忘状

① 摘自张继禹、蒋力生、王成亚主编《医道寿养精编·坐忘论》，华夏出版社2009年版，第20页。

态的描绘，不难看出雷时中混元理论无不带着上述哲学义理的色彩和与之有高度契合之感。

总而言之，混元道教文化广义讲是指凝结了混元道教理论精神的一切存在。狭义讲是指混元道教的精神形态。它包括混元道教中的持修法事、纪念法事、斋醮法事中呈现出的神仙学、中医脉学、胎息学、养生气功学、道场科仪、混元音乐、道事水墨画布图、文学经典等众多内容。

混元道教重在“身心双修，济度万民”。与儒家“治国齐家，为民立命”的主张殊途同归。笔者的理解，前者是指立德修真，后者是指关爱生命，其中深含道法自然，无为无不为的精义所在。混元道教强烈的生命意识，正如混元道中的《度人经》曾说的“人命最重，寿最为善”① 是其概括，可见，雷时中创造混元道派的理论基础，尽为道、医、儒三位一体之大道构想。例如雷时中把颜子山建坛初名定为“颜真观”，就是首先强调修真，其间“真观”两 字，有唐人司马承祯对真观的诠释认为：“夫观者，智士之先鉴，能人之善察。究傥来之祸福，详动静之吉凶。得见机前，因之适造。深祈卫定，功务全生。自始之末，行无遗累。理不违此，故谓之真观。常无欲，以观其妙。”② 这更加证明雷时中的混元大道，莫不是以医、道双修为支柱的道学新创法门，终极目的是把颜真观打造成有所追求的“先鉴、善察、见机、适造、无欲、无为”的宫观道坛，所谓存真而观之。

混元道教自觉地运用象征符号来传递生命符码，其中《赈孤魂》《醮亡魂》就是例证。在颜真观混元文化的传统中，卜筮与预测是它的主要手段，再是法事与百姓紧密相连，关注生命，不枉时日。故颜真观有一个非常有特色的传统，就是以颜真观为中心，以十方信众为

① 摘自颜山王全振道士收藏手抄本。

② 摘自张继禹、蒋力生、王成亚主编《医道寿养精编·坐忘论》，华夏出版社 2009 年版，第 20 页。道士走村串乡，为民生举行法事，祈四季平安、人寿年丰、五谷满仓、天下太平。

传承混元文化的主体，依托宫观便利于苍生的持修积德，为一方平安建醮立业，故每年三月初三要做“太平醮”，以求天地安稳，岁丰年顺，近八百多年来，以颜真观为中心的混元道教文化，影响着鄂东南地域人类文化的走向。

关爱生命体现在混元法事中，处处反映出浓厚的农耕意识，从而使其在鄂东南地区扎下深深的根基。这就是雷时中把地域俗文化作为立论之柱，大大厚实了混元派的生存空间。例如其混元神谱的选择多是农耕神、自然神。如谷神、地神、水神、山神、龙神、雷神、风神、雨神等，故依此产生出“醮山神、求雨神、安地祇、请谷神、飨水神”等一系列道教仪俗来。例如与农耕崇拜有关的道教活动比比皆是。这里有一年一度的大型斋醮活动，如安龙、安山、请水等。调查发现，颜山道士一年的大多法事均与农耕百事相关。故在混元道教中，很多俗仪均取自农耕习惯，依从节气递传、寒暑交替、阴阳大化甚至日月之明晦，并与之息息相关。例如这里的人们在遇到日食与月食现象时，颜山道士就会携手信众，举行大规模的“救赎”活动。常见的是打起铜鼓、吹响螺号、奏起牛角，走村串乡，一路呐喊，一面唱起驱鬼咒，直至日亏月亏恢复正常。这种面对超自然力的畏惧举动，在科学昌明的今天该是多么荒诞不经，但历史原本是这样走过来的，我们权且把它当作一种文化消费时用来调节身心参照物罢。

三　流派特点

（一）重符箓

混元派的基本特点表现在用符箓作为传教布道的主要手段。它源自正一教龙虎派，吸收了天心派、神霄派等道派的文化精华、涵融了鄂东南地域无数的乡村民间信仰习俗为己用，形成自成一家的混元理论体系，其中《修炼直指》和《混元六天妙道一炁如意道法》为混元道派重要理论之支柱（参见第三章）。

符箓实质是巫术的一种表达方式，早在古代殷人认为，卜筮可以决疑惑、断吉凶；巫师可以交通鬼神，依仗巫术可以为人们祈福禳灾。这种巫术，也为混元道教所吸收和继承。

混元道派视“符”为道法之法，是沟通人神的心语标志，本义是相合意。符，原是帝王下达指令时命朝廷之工官调兵的凭证，按今天的话讲，最早是一种“路条”。于是，拥有这种“符”的“路条”，就拥有了通行的便利，后来这种符就成为了混元道派与鬼神交流的主要手段，成为法事中权力的象征。

《说文》：“符，信也，汉制以竹长六寸，分而相合。”这种情况，从现有颜真观的法事活动中、卜筮时抛告的状况看，一脉相承，有过之而无不及。这里的（告具）和符，多用朱笔或墨笔画点线成符，道家认为有驱除鬼神的功用。

“箓”的本义则是指记录用的簿书，是通神的一种表象符号。陶弘景引《道藏》语说：“线者，本曰赤文洞神式。”①

混元文化的簿书除了百部经典外，还有道场中的无数画图、签贴、祭文等箓证物，既是道士行法时的通神工具，也是与信众交流时的精神语言密码，更是人神沟通的桥梁。下面有几个概念性的问题，这里有必要厘清。

中国的全真派是北方一个道派。创始人王重阳（1113—1169）。全真指全清、全气、全精意。晋人说：“全真者，全其本真也。”职业人士居宫观、远荤腥、不娶妻。

相对于全真派的是正一混元派，又叫在家道、伙居道等。主要分布于南方各地。正一派大多是符箓派，因以符箓为手段进行宗教活动。它的支派很多。符箓派大体以龙虎山龙虎派的张天师为祖师爷。

其中较有名的有神霄派，教主林灵素，温州人，以雷法为主行风火山水土的五雷法。江南又有上清、灵宝、天师三宗符箓派分衍另一重要支派青微派。后有天心派、东华派等。雷时中创造的混元派从正

① 摘自《陶弘景集》卷一唐李淳风注引《正统道藏》洞玄部众术类、太上赤文洞神三箓文。

一道中派生，经过雷时中的再创造，将饶洞天开创的天心派的天心正法为己所用。使之成为一个特别富有全新精神的教派。考察表明：一是创始人饶洞天与雷时中是同乡，都是抚州人，从小雷真人受他的文化影响长大。尽管雷真师比他要晚好多年。二是受神霄派的影响深远，尤其是神霄的雷火理论，后来成了混元道法的主要理论的支柱之一。神仙崇拜是混元道派用以对应世俗界善恶比照时的参照物，迷信中带有调侃人生、导引向善的功用，常见有善者得来世、恶者坐地狱的导向。

（二）顺自然

借神仙文化张扬自己的主张是混元文化的第二个特点，这一特点主要体现为对自然的敬畏，故重道法自然，修道不二。

关于神仙二字的问题。《说文》："神，天神引出万物者也，从示，申声。"最初的神是天上一种超人的力量，其间引出了生字，指万物化生的母体。而仙，最初只不过是一特殊的人，仙字在上古写作屳。《说文》释："人在山上貌。"表示人有山上，意高举上升。

关于中国"天人合一"。汉人董仲舒说："以美合之，天人一也"；"以类合之，天人一也"。又说："天人之际，合而为一。"而明确提出天人合一的是北宋的张载，还说："儒者则因明至诚，因诚至明，故天人合一"①，雷时中的混元理论受其影响至深。

中国古代哲学对天的含义有三种：一指最主宰，二指广大自然，三指最高原理。而合一有义命、仁智、动静、阴阳合一，与现代汉语的"统一"同义。混元道对天的态度与之高度重合。

在颜子山的年度大法事中，最重持修法事，所谓持修法事是指道士修德积善的必修功课，即筑基厚根之过程，主要是对自然神灵的祈祀与媚娱飨贡。因为这种修持法事往往是面对上苍对道者的道心问卷，常常长达七七四十九天的修炼仪轨，不仅要熟记和诵唱大量的经

① 摘自《史记·太史公自序》。

典章节用以讨好神灵，还要操作数种道法技巧，如发帖、通神、问心、祈奏、观天、卜象等，通过这种历练，达到一个合格的能经神灵批准的有法号的道坛掌门。所以在颜真观的历史上，每个道士均要遵循不杀生、不踏苗、不斫树、不污土，对日、月、星辰不行猥琐之态，敬火神视为温饱之圣，敬水神为甘露之源等善若珠玉之举，比比皆是。

（三）善咒术

咒术是混元道的第三大特点。

所谓咒术是道家与神沟通的语言，它带有声韵、频率、共振等物理特征。透过这个共振路径，念咒人往往将自己的心念意识与宇宙意识能量接轨。每当咒的能量转动的瞬间，若如梦境中的生命就有了美妙的能量流通。

混元派特别看重雷法，而雷法几乎为咒术。混元道的修炼强调用气结合中医脉学的内炼，将自身看成一个小天地，以合“天人感应”达到“天人合一”，人体内部的器官神灵是可以与天地交相呼应的。头是乾（天），足是坤（地）！其实人体每个部位的器官都有有意识的信息体主宰，称之为内神，人体内部的神灵与宇宙间的外神有着某种特殊的联系。在法师作法时，把内神暂时调出体外，会和相应在宇宙间的外神，再把他们的合体一一纳回体内。这就是所谓的守一修炼法。修炼雷法必须把持“先天一气”，强调以自我元神本性为作法施法之本。人降生到世界上，其精气神便逐渐染着种种情欲滓质，不能直接与天地相感，要与天地相通的方法就是通过修炼，祛除其滓质，回复到先天纯净的状态中去，所以说，施行雷法所招摄的雷神将帅，实即自身三宝（精，气，神）及五行（五脏之气）所化。金木水火土五雷，无非阴阳五行之气相激剥而生，而五气皆由先天祖气生化主宰。五气在人身为五脏之气，以真心元神主宰。作法者若能成就内丹，以自心元神主宰自在，随意升降身中阴阳五气之雷神将帅，从而达到兴云布雨、驱邪伏魔、禳灾治病等目的。登坛作法的关键在于运用意念调动自身精气神只与外神相感应，而不再施咒祈求外在神灵。《道法会元》卷一《道法枢纽》云："以我元命之神召彼虚无之神，以我本身之气合彼虚无之气，加之步罡诀月，秘咒灵符，运雷霆于掌上，包天地于身中，故感应速加影响。"又说："道贯三才为一气耳，天以气 而运行，地以气而发生，阴阳以气而惨舒，风雷以气而动荡，人身以气而呼吸，道法以气而感通。"① 总之，雷法也好，气功也好，这些都是受中医古典脉学思想影响后的总结。

现简要摘录《度人经》中一段咒语如下：

> 无上玄元，太上道君，召出臣身中，三五功曹，左右官者，侍香玉童，传言玉女，五帝值符，值日香官，各三十二人，辟启所言，今日吉庆，长斋清堂，修行至经，无量度人，愿所启上彻，径御无上三十二天元始上帝至尊几前。②

混元派中的咒术有明咒与暗咒之分，上述则为后者的暗咒。这是道士用不出声音的祈祀法为其特点，以心灵与神交流的方式，妄图为求助者得到玄元道君等神祇的救度所设，显然，这种咒语之术，是为快要失去生魂者或是处疾病危难者之祈祷所用。这种咒术，迷信的成分多，但也有一定的心理安抚效用，在混元道中称之为"心法"，为雷真师称之为《心法序要》一书中的一节。

四　流布环境

颜子山，又名颜子仙山，坐落在鄂东南大幕山之东、富河南岸阳新县的排市、木港两镇交界处，东至枫林杨山，南至江西瑞昌接壤，西望通山、咸安，北距兴国州城约 30 华里，统称十方。宫观右侧有

---

① 摘自《道元会法》卷一《道法枢纽》王文卿语，《道藏》本。

② 摘自颜山道士王全真手抄本《度人经》。

明代洪武年间天成的三十六人塘，东北面有男女仙人足印各一只，是颜子仙山得名的缘由。山的左峰有青龙顶金塔，右峰有虎窥狮子眠，前有众星拜日月，后有古木参云天，中有石松挺玉翠，池有放生金色鲤，古井碧水流不尽，玄石林立如巨人，四仙传奇故事长，道风飘然尽仙景。其辖区东有盘谷陈府，西至百罗之畈，南起七里长冲，北连李合、汪府西头垄和山西成家府，面积约 36 平方千米。海拔 407 米。宫观占地 3400 平方米。有史以来山主所有权为日清村之汪姓宗族所有。

据《兴国州志》记："颜真观治南三十里，在颜子山两峰间。宋雷炉墩，时中修炼之所，故奉其像。观分福禄寿三官。前有塘，塘前为香墩石有巨石名试剑石。塘侧有古树，百窍玲珑又有老藤缠护。州人称为胜境。咸丰间颓坏，同治十一年道士归顺募金重修。"①

道教在我国已有 1800 多年的历史。按其思想根源则可追溯到公元三千多年前的殷商时代的鬼神崇拜。周代鬼神学说进一步发展形成了天神、人鬼和地祇的鬼神体系。战国时期出现了神仙方术的方士。西汉时期，统治者以黄老清净无为之术治理天下，大力倡导谶纬之术，方士们便把黄老学说作为宗教性解释，推崇黄帝老子是他们的祖师爷。东汉初期，佛教传入中国，在客观上给了方士们创立宗教的启发，他们进一步吸取黄老学说中的神秘主义思想以为自己的教义依据，推老子为教祖，与儒教、佛教分庭抗礼。这样便形成了以崇敬鬼神为基础、以神仙方术为核心内容的黄老道教。汉顺帝时，沛国人张道陵托言老子梦授他经书，赐他"天师"之号，遂创立道教，始称"天师道"。因受道者均要交五斗米，故又称之"五斗米道"。

汉灵帝时，张道陵的儿子张鲁，占据汉中，推行五斗米道，实行政教合一。同时张角在北方兴起了太平道，奉道者数十万人，后因发起黄巾起义失败而遭镇压，遂趋衰微。而张鲁则归降于曹操，得封万户侯，故五斗米道得以继续公开传播，教徒遍及大江南北。南北朝时

---

① 摘自台湾阳新同乡会编撰《兴国州志》，台湾世纪书局 1985 年影印版，第 2235 页。

嵩山道士寇谦之制订乐章诵诫新法，假装太上老君命他“清整道教，除去三张伪法”。寇谦之所创“北天师道”，得到北魏太武帝的信仰，设立道场，魏太武帝亲临道场并受道教符箓，使道教俨然成为国家公认的宗教。在南朝宋朝庐山道士陆修静“祖述三张，弘扬二葛”，整理三通经书，编著斋戒范仪，形成“南天师道”。唐宋以后，南北天师道与上清、灵宝、净明等各派逐渐合流，到元代归并于以符箓为主的正一派。元成宗封张道陵第三十八代后裔张于材为“正一教主”，总领三山（龙虎山、阁皂山、茅山）符箓。从宋元以降，中国南方以江西龙虎山为中心的众多道派林立，相继产生了天心派、神霄派、混元派、青微派等道派，他们属符箓，统称为“正一道”。主要奉持《正一经》，崇尚鬼神、画符念咒，驱邪降妖、祈福禳灾等，信徒可以结婚。

相较于正一道，中国的北方这时以金世宗大定七年（1167）王重阳为代表，于山东宁海（今牟平县）全真庵讲道，创立“全真教”。其徒丘处机等七人，分创遇仙、南无、随山、龙门、嵛山、华山、清净七派。后五十多年，丘处机曾被元太祖召见，赐号“神仙”，爵“太宗师”，命其掌握天下道教，于是，全真教遂广布天下，盛行一时。全真主张道、释、儒三教合一，不尚符箓、不事烧炼、其信徒必须出家、不娶妻室、不茹荤腥、重修净等，并吸收大量佛教内容，故道教在宋金之后统归于两大派——正一道和全真道，延续至今。

混元道教诞生于中国南方鄂东南阳新县的颜子山，立宗奉崇北极玄武为“教主”，以《混元六天妙道一炁如意大法》为主要教典，即中天北极大帝与东西南北中五方大帝，合为六天。北极大帝为皇天。经雷时中拟撰的混元道派，宗衍派行共五十代，现已传至四十一代。混元道派具体宗衍为：

道宗元大熙，惟天可守知，以智绍弥祖，端显应良师，公子妙中景，淑孙克泗时，孟仲季若善，归真悟希夷，仙传开法绪，帅征渺无为。①

续增了十派宗字拟为：

遵循先礼训，昆悌永昌荣。

颜山道除了混元派外，还再生了清微派之宗衍字派二十代：

守道明仁德，全真复太和，至诚宣玉典，中正演金科，
冲汉通玄蕴，高宏鼎大罗，武当遇兴政，福海起洪波。

传说清微派被雷时中弟子李宗阐游方带到青城山后，发展成中国道教中的另一大支派，在中国道教史上享有较高地位和声誉。

历史降至元代，正一道与全真道常有合流，一个宫观内可容多派而立，以上介绍的颜真观的清微派宗谱就是例证。而混元派正是在这种文化背景下，传入武当山及北京白云观。据史书记录，武当山发展的混元派宗承谱字有40代：

一永通玄宗 道高本常清 德祥恭敬泰 义久复圆明 混元三教主 天地君亲师 日月星斗真 金木水火土。

另白云观所存混元派宗承谱字有40代：

混元乾坤祖 天地日月星 三教诸经师 金木水火土 浑合本空洞 朝谒上玉京 虚无生一气 良久归太清。

混元道派始祖雷时中平常法事应用较多的经典主要有《度人经》

① 颜山道道派宗承一览表详见本章结束后一栏。

《北斗经》《玄武经》《雷经》《水经》等百余部，多达数百位神谱名录，其中以自然神最为特色。道徒授业严格，修持规范，凡被授业者，均要“奏职”（即取法名），多为职业或半职业操守，主事宫观日常功课、诵经念咒、卜筮挂签、自我修炼外，还要深入乡村，参与为民众之丧葬斋醮、卜祀风水、测字算卦、驱灾赶秽等民俗活动。因此，混元道士不厌其烦地追求这种道教生活，既是被虚拟的真实性神灵驱使，源自于心灵对被压抑的生命自由的追求，但这种追求在现实生活中永远又得不到实际上的满足，虽来自真实生活的压抑，但又是真实的追求，所以信徒们都认为是真实的。

混元道的传道授业，除居宫观道士外，多依家族血缘为主要传授途径，不束发，不居寺观，可婚娶，可茹荤腥，闲时耕作，需时操业，执掌法事。其经典科范大体有：表、笺、诰、忱、词、帖、榜等文体形式。其中除经忏和部分经典为祖师所传外，其余多为道士本人撰写。

颜山道士之授业出道，必须学会八条本领，方可参与法事，即：一会写对联，表帖，奏章；二会唱四大腔（指道歌中的北腔、颜腔、叹腔、彩腔）；三会演奏各类法器（吹、拉、弹、唱、表）；四会办各种文书（即会写挽词、家书、忏文等），并要达到“景、意、愿”三结合；五要会剪门帖、画桃符、扎纸艺等；六要会打时；七要会卜卦；八要会看风水。

混元道的法事，在用于地方民间的活动中，有“清”法事和“幽”法事两种。所谓“清”法事是指以祀祭山川土地等“自然神”谱为偶像的法事活动，如用《安龙》《安山》来祈求上苍，恩赐风调雨顺等多项法事，均属此列；所谓“幽”法事是指以祀祭社会神谱为偶像的法事活动。如用《款亡》《三官醮》《超生斋》道教俗仪等。由于此道的崇拜神谱十分庞杂，几乎万事万物均可作为自己祀奠的对象，并在法事当中用符、帘、幕、画等各种图谱装扮，以加强视觉扩张，诱人耳目，达到“仙俗共享”的法事效果。

混元道还在颜真观内的常设法事活动中，有三种文化类型：一是持修法事，用以道士自身的道业、德行的修身养性。如常见的早课、晚课、诵课等项目；二是纪念法事业。多见对混元主神玄武大帝、玉皇大帝太乙真人以及众多自然神灵的祭奠与祈祀活动，如诵唱《道德经》《北斗经》《度人经》《混元天心正法》《玉皇经》等科目；三是进行的斋醮法事，最长有七天八夜之法事，多在观中为国祈福、为民请命、为灾荒疫病进行禳灾祛秽、为亡者超度灵魂等项目，其中代表性经典有《赈孤》《午朝》《卷帘》《三官醮》《安山》《安龙》等的唱诵，内容多贴近民情，具有浓厚的地域民俗文化色彩。

五 俗仪述要

（一）斋仪

最早关于斋仪的记录是《唐六典》，指出有七种：黄箓斋，金箓斋，明真斋，三元斋，八节斋，涂炭斋，自然等斋仪。而醮亦是道家祭祀三清、四御、五星列宿的一种典仪。早期道教举办的目的是治病，宥罪。醮仪最早是在夜间，于露天祭坛祀祭诸神的。到了唐代以后，“斋”与“醮”开始并存。宋朝的王钦著《大明玄教立成斋醮仪》时，将斋醮合并，成为道教科仪的统称。混元道的斋仪因伙居村野，没有固定的宗教活动场地，不过历史上，兴国地区的混元道徒往往将几个或十几个道士联合起来举办斋醮活动。根据师宗规矩，普天大醮斋要供奉 360 位神谱（即神位），周天大醮斋供奉神谱 240 位，罗天大醮斋要供奉神谱 120 位，这些区别在于举办斋醮的财力和物力。但其唯一的目的，一是护国佑民，二是延护渡亡，三是消灾禳祸，四是祈福谢恩。

颜真观混元道在道教的神谱系统上，总共有七大斋仪。

1. 玄武大斋——调和阴阳，避免灾害，祈祷帝王幸福。

2. 黄箓斋——超度所有宗祖。

3. 明真斋——超度道士本人的祖先。

4. 三无斋——正月十五祭祀天官、七月十五祭祀地官、十月十五祭祀水官，以忏悔自己的罪孽。这三天称之为“上元、中元、下元”。

5. 八节斋——立春及以后八节的日子，祭祀诸圣、尊神，用以修生、求仙等。

6. 涂炭斋——拯救一切危难。

7. 自然斋——祈祷众生之福祉。

如上所述。在法事上用得最多者，主要是三元斋、涂炭斋、自然斋三种，金箓斋和黄箓斋多是当时的宗族、地方政府的集体行为。

混元道在经典的选用上，十分注重《北斗经》的重复运用，几乎每个法事都能见到它。究其原因，亦是混元道最高统帅北极玄武大帝的至高无上的地位所致，除外，以《度人经》为标志的饱含了大量的民本情结。这是混元教不同于其他派别的重要标志。

在用道教思想介入民间生活时，混元道在历史上亦有建树。据地方史志记载：清代早期的一年，阳新遭遇百日大旱，观中弟子为消灾禳祸，曾相继在颜山观中，运用混元道重要的雷法，举行罗天大醮活动。设坛供奉神位多达 800 余尊，直接参与法事道人有 100 多位，掌坛高功十多名。其主要科仪有：开坛、请水、扬幡、宣榜、荡秽、请圣、设召、顺星、上表、落幡、送圣等。在诵经礼祀时，道徒们架纱披挂，穿龙袍玉带，奏起玉润仙乐，跳起巫舞，踏罡步斗。当时的这种活动一共持续了三天四夜，终于求来了甘雨降临。后受到了州官的奖励。此次活动，一些主要州官也参与祀祭活动，城区周边的百姓前来观看有数以万计，影响相当广泛。当然这种情况一是一种运气的偶合，再则混元道历重道人在颜山上的观时察象，懂得不少气象征兆，也许是对气象预见性的掌握具有相对的能力所然。

混元道在平常为老百姓消灾除秽，丧葬悼挽中的仪节相对简短而节约，多见以超度亡灵，“招魂，安魂，送魂”等民俗成分较浓的道事活动。其主要俗仪有：早晚启，诸品妙经，御明忏，解结，升渡午朝，放食等。

混元道士是写文本的高手，依两种程序，否则被人耻笑。一是按字的偏旁行文，并字字不离这个偏旁而成文章，其骨架字为 12 个，例如：“路遥几时通达，道远何日还乡。”这就规定了“走字旁”的字可做文章的字引子进行再创造；又例如用 13 个字的口诀为：“建除满平，危定执破危，成收开闭”。此口诀指取黄道吉日。使用法窍是：“建满平收黑，除危定执黄，成开皆可用，闭破不相当。”

例如混元道中的“祈天咒”出自《祈天醮》中的《太平经》，其中一段咒语，用以为百姓解厄消灾。说：“天篷天篷，九元杀童，五丁都司，高刀百功，七正八灵，太上浩凶，长颅巨兽，手把帝钟，素枭三神，严驾夔龙，威剑神王，斩邪灭踪。”这与雷时中当年游方江西太平宫的经历有关，故后来颜真观道士便有了《太平经》。

（二）醮仪

道士打醮时设置的祭祀场境，主要用于存身保命、为民祈福的目的。混元道在建国前期，曾设坛九重之多，每坛有众多的帘幕神像，多用国画的形式上裱吊幛成轴，高高悬挂在坛堂四周，如唱乡戏一般。具体是：［上三坛］。用以祈国家振兴为目的，又谓之“兴国坛”。

·上。坛上排着星位三千六百，为普天大醮。

·中。称延保生坛。坛上排有列星二千四百，又称“周天大醮”。

·下。祈谷福时坛。坛上排列星位一千二百，又称“罗天大醮”。

【中三坛】为臣寮设。

·上。黄箓延寿坛。星位六百十四。

·中。黄箓臻度坛。星位四百九十。

·下。黄箓去邪坛。星位三百六十。

【下三坛】为庶民设之。

·［上］续命坛。星位二百四十。

·［中］集福坛。星位一百三十。

·［下］却灾坛。星位八十一。

（三）职别

颜真观的道俗中的职业分工严格论资排辈，主要有高功、都讲、左右班、表白、瞻拜、掌坛、书房、乐师等。高功或掌坛者主持的主要法事有：《借乐请水》《发文》《接圣》《诵经三朝》《正午接朝》《踩八卦》《破丰都》等。

从事道业者都有应“奏职”（即拜师认祖），取“道名”，接受传渡师傅指教的清规戒律、上奏职位、录名、订定护坛元帅、歃血盟誓等方可执业从道，终身不变，传渡法师授印、令、旗、剑、符讳、文凭、衣冠、箸尺等要妥善保存。通过鉴渡师，案前当众宣读参与者画押为据，奏职文章凭据交本人保管至生命终结为止。

混元道教法印有铜质，木质两种印章，通常高功保管有两颗。一枚为九字篆体——“元始无量劫太极便宜”；另一枚四个字楷书——“道经师宝”。

混元道场一般设置堂口有：《天师堂》《经堂》《慈尊堂》。

混元道教的经典十分丰富，主要有：《三元经》《救苦经》《雷祖经》《北斗经》《度人经》《三官经》《真武经》《忏悔经》等。

（四）持修

颜山混元道士的修炼，主要是通过一定的仪式来诵经念咒实现，在一定的宫观制度约束下，进行个人的道术与精神的提升与锻炼。主要的持修科范有早晚课、反复演习礼仪方规、独立操守法事坛场、学习操作各类法器等。

持修法事有动态与静态两种，动态主要指进行游方，静态则指日常法事中的早晚课里的自我修炼。

持修所诵经典较规范，颜山道士主要是对《道德经》《度人经》《北斗经》《玉皇经》等经典进行唱诵。一般老到的道士，基本不看经书，可倒背如流，这是下过一定功夫者。不过，这些经典大多见改写成四言体的韵文。（除《道德经》外）诵唱时，多见四言五拍，分上下短句子结构，上句落"5"，下句落"1"，其间有小扁鼓伴奏，一拍一下，凡段落处结尾处有磬击加入，用以提示经典内容或气口的转换，也会调节唱诵者的体力分配、情感推动或仪式进度。

颜真观的早晚课有严格的作息时间，无论高功、都讲、领班，都要自觉遵守。常见的是晨五暮九，即指早晨五点、晚九时起应响起钟鼓，课长各两个小时左右。每天的经卷定期轮换，待到一定时候再来反复唱诵。

因颜子山混元道教在元代后数次被遭遇兵燹，驻观道士严重流散，与境内其他派系合流，使道职人员的职业规范相对互渗融合，各取长短，久之就产生了一定的执业地盘。颜山观里的早晚课则得到了长期的传承与规范，需要时如大型的法事活动如七天八夜，到时将四方的乡村道士聚合一起完成。而平常时间的乡村法事，则由所在村的道士完成。经长期沿袭，乡村道士的活动都有相对的管理范围，一般非本域之道业者如不被邀请，不会越界参与道教的执事活动。也因乡村道士不居宫观，一般没有早晚课这道功课仪程。

颜真观近八百年的传承，仪俗很多，这里可将其中最富特色的"七天八夜"法事仪程给予记录。对于这一大型法事目前能详细传承者不多，只有山口罗村罗显安、罗祖武一家在传承，但他们还是失传了第七天的经文抄本。现将罗祖武提供的详细资料目录摘记如下。

法事名称：七天八夜①

【第一天】法事仪节：借乐、衣冠、请水、建旃（zhān）、保举、发文、命功曹。

【第二天】法事仪节：启师、敕水禁坛、大迎驾、陈情。

【第三天】法事仪节：启师、早朝上元经、上元忏、请十王、交忏、午朝中元经、中元忏、交忏、晚朝下元经、下元忏、交忏、留驾、款孤。

---

① 摘自颜山道士罗显武提供的手抄本《混元经典目录》。

【第四天】法事仪节：启师、早朝洞渊经、洞渊忏、午朝真武经、真武忏、晚朝经、晚朝忏、留驾、放食。

【第五天】法事仪节：启师、早朝上卷玉皇经、上五卷朝天忏、交忏、午朝十卷玉皇经、下五卷朝天忏、交下五卷朝天忏、晚朝下五卷玉皇经、打马留驾、大赈。

【第六天】法事仪节：早朝北斗经、午朝解厄经、解厄忏、晚朝启朝元、留驾、放食。

【第七天】法事仪节：启师、早朝道宝经、道宝经、道宝忏、午朝经宝经、经宝忏、晚朝师宝经、师宝忏、留驾、放食、送孤。

【第八天】法事仪节：启师、款圣、小三元经、款十王、小三元一忏、接赦、大朝、升坛、命魔、踩章、散花、和禳、祭雷谴煞、抄船、家书、酬恩、和合送圣、饯天师。

颜子山七天八夜的法事仅限于纪念法事坛场，或曰“清法事”，用来对自然诸神的祭奠与飨供，其中采用雷法等手段来对玉皇、真武或称玄武等高等级神灵的祀奉，当然也有大量的赈孤和度孤等民生关切的内容在内，所以，从上述目录看，雷时中的混元道派特色基本显现。

混元道教在颜子山的繁茂时期，法事经典很多，可大大满足于七七四十九天法事的唱诵经典，但目前大多失传的典章抄本与档案无法找到。

六　神谱系统

颜子山最初的宫观名叫“颜真观”，因雷时中的初衷是想建一座带有全真道教意味的寺观，在宫观创建上将儒、释、道三教合而为一处，分福、禄、寿三座殿堂，又名“三官殿”，实际上分别代表了儒、佛、道三家文化的特别意义与性质。故现今三座宫观一座为儒观，儒观不居信徒，实为看观；一座为佛庙；最大的一座是道观。其中佛观住的是僧尼，其用餐制度概按佛家吃素之戒规执行；而道观全为道士住持。颜子山道家在元代后便与正一道合流，观中道士可食荤腥，可娶妻室，居观与散居乡村自由来去。

颜真观之混元道教有庞大而系统的神仙谱系，这是由混元道教创派理论与万物有灵观念所致。根据现存的颜真观水陆画图及文字经典档案记录，其崇拜神仙对象主要由自然神灵与社会神灵两大板块组成。自然神灵多以天神、地祇、农耕神居多；社会神灵则以祖神、人神居多。无论哪种神灵均有善神与恶煞两种，善神则以生殖神居多，恶煞多以灾难神、戮害神居多，俗指的是孤魂野鬼之属，因此，对一切善神尽其娱、媚、尊等手段飨之；对恶煞尽施驱、撵、灭等手段祛之，成为道事活动的重要内容或表现形式。

混元道派的神谱我们可从保存于颜真观的水陆图画列之如下：首推第一尊神为混元始祖玄武大帝为教主，处神谱最高处，在颜真观中厅堂中耸立的有雷时中铜雕像。依此展开的有：

北斗星七天君，名称分别是天枢、天璇、天玑、天权、玉衡、开阳、摇光。前四颗星叫“斗魁”，又名“璇玑”；后三颗星叫“斗杓”“斗柄”。

三官大帝，即天官、地官、水官；

四斗星君，即东斗、西斗、南斗、北斗；

四辅星君，即二十八宿，即东方曰苍龙，分别为“角、亢、氐、房、心、尾、箕”；西方曰白虎，分别为“奎、娄、胃、昴、毕、觜、参”；北方曰玄武，分别为“斗、牛、女、虚、危、室、壁”；南方曰朱雀，分别为“井、鬼、柳、星、张、翼、轸”①。

四大元帅，即年、月、日、时。即值年、值月、值日、值时四神。相当于天界的值神。分别是值年神李丙 、值月神黄承乙 、值日神周登、值时神刘洪。中国各地的城隍庙供奉有四值功曹。灶君、关

① 二十八宿是以二十八位天神轮流值班名。即以一宿代表一日，二十八宿代表二十八日，七曜代表一个星期的七天，以日曜为星期日，月曜为星期一，火曜为星期二，水曜为星期三，木曜为星期四，金曜为星期五，土曜为星期六，七个星辰，中国古时不讲星期，只以二十八宿作为四个星期的每一天。

桥、沙门、十殿阎罗；灵异类的有火神、水神、风神、云神、雨神、雷神、虹神、霓神、冥火神、雾神、太阳神、月神、星神等；颜山道由于长时间与乡村道士合流，其神谱又增添了地域民间里的俗信对象，其间大多是农耕神。

农神地祇系列的有：谷神、秧神、地堡、福神、树神、芒神、仓神、门神、舍神、窗神、芒槌神、榨神、礁神、磨神、豆坊神、船神、铳神、石神、桥神、水神、山神、窖神、灶神等；

俗信类的主要有：轿神、鼓神、山霄、梆神、耙神、草鞋神、生殖娘娘神等。

七　文化特征

混元道教文化的主要特征主要有“传承性、虚幻性、聚群性、涵融性和审美性”五个。

（一）传承性

传承性是指除创造混元文化的主体既是颜山之职业道士通过血缘传承外，还有其受众同时也从参与者和创造者的身份出现在道事之中，成为一个有机的文化传承群体，具有极强的融合性。

从整个混元文化的传承经典看，主要以驱邪祛灾为主体内容来进行各类道事活动，并还大量从地方民间戏曲、曲艺、地花鼓、器乐、绘画、雕塑、民间文学等艺术门类中吸取精华，成为一般信众极其熟悉掌握的参与基础，从而不论时间与地点或道事仪程，均可自由地出入其间，故此域素有“道事如家事，有事无事求平安”之说。说明混元文化是凝聚乡村民间群众参与混元道事的一块黏合剂。

当然这块黏合剂有着特殊的黏合功能，这就是用道教特有的斋醮方式去抚慰底层受伤的心灵。典型的道事案例有数十种，如醮事中的招魂系列中就有“醮亡魂、赈孤魂、安野魂、慰游魂、祈祖魂”，等等，故依此产生出“打安山、打安龙、放湖灯、撵山霄”

等道事活动来。再依此将生发出对无数神灵的“娱神、媚神、撵神、安神、酬神、飨神、送神、谢神”等。这些活动的开展，必然要创造出一系列的混元文化歌本与歌腔、音乐、坛场、绘画与道士服饰等诸多文化的并炽灿放。可以说，在传统的中国古老乡村中，这种文化正是其疯长的土壤，故在七百多年的周流延续中，造就了混元文化的群众性特征。可以说，混元文化的创造。从严格意义上来说，这块地域的人们并不认为混元文化就是道教文化，而实在是一株壮实的民间文化之树，丰饶着颜子山地域的社会生活功能场。

混元文化的传承性还指道教活动时的文化延续，主要指道徒传承规范与法事倡导章约、方法。围绕这个章法与模式，于无声处建构着道教民俗的内核，从而，成为一方百姓共守同遵守的一种文化幡帜。

传承性产生模式性。模式性与传承性特征是互为因果、互为支撑的结合体，这里是指在混元道士在道事运行中的具体章法与传承形态。其主要包括“民俗时序、民俗氛围、民俗符号”三种形态。

所谓“民俗时序”是顺着道教规矩，对混元派教主玄武大帝的祭祀。例如从大年初一至正月十五进行“七天八夜”的系列纪念活动，期间十方信众均赶往颜真观，参与职业道士举行的祭奠活动，接着沿着季节顺序，展开各种道教会期，其运行时的规则与铺排又往往与农耕时序、节气物候相对应，这与混元道教贴近民生的宗旨分不开。比如扎制各种动物作为祭品，于祭自然神灵时火化，以赙赠给天、地间的神灵，获求一方四季平安、年丰岁稔。这时，当然要选择青苗节、端阳节、上元、中元、下元、寒婆节、腊八节、灶王节等时间，进行大规模的驱疫、请神活动。还见常常配合富河南岸的大多乡村进行请地祇、拜谷神的安土活动等，这绝非是一种随心之举，而是混元道加强与民间的互动，以张扬自己的道教主张所采取的最好办法，而这项民俗原本自远古一路走来，正好成为混元道取而代之的宗教资材，所以混元文化在中国南方影响深厚的历史，被《道藏》记入史册。

所谓“民俗氛围”明确说来是指混元道教民俗运行时的民俗场境，没有这个民俗场境作保证，传承人与传承仪节无以实现，它的特定氛围态，或者说就是道教仪程运动时的一种集体崇拜精神状态，本身已具有内约与神秘庄肃的意义，这种现象首先是混元民俗以多“神”崇拜为标志的民俗性质所决定后形成的“功能场”，为了履行对神灵的不可亵渎性，为其制造一种圣洁的环境该是多么的重要，比如颜真观的求雨道事活动，常常要选择黄道吉日开辟坛场，建九层高台，立数百尊天、地、人神像位，立帘卷珠，景景相扣，层层拥门，俨然使之成为一个立体的戏剧舞台。开坛时，高功掌坛，钟鼓仙乐齐鸣，香火缭绕，对诸神进行尽情的娱愉、媚祈，以获取众神的恩赐。

传承性特征中最重卜筮与签符。首先是用通神的符码，用“咒语与符筮”互为支撑。使之聚集成一面面光彩熠熠的文化幡帜，引领信众谛听来自神界的心语、收获来自自然的恩赐，从而达到洗心沐体，净化魂灵、励志向善、人神共享、愉悦身心的目的。比如在赈济孤魂神灵时，演唱大篇幅的《侑食》《施贡》，踩着北斗星卦，信众与道士要不厌其烦地对一个一个对五方神等进行祈请与卜筮，每叫一尊神的名字，便要先唱请神咒，其咒辞内容中的神格、神性各有不同，以此贿赂神祇之情感。这种仪式十分烦琐和耗时。更为虔诚的是每唱一段咒歌，均要卜筮问神，随即抛掷筊于地，见其筮状的阴阳来决定这时的咒语对该神有否效用？或者说是否得到了该神的恩准，如果是筊卜呈现“阳告”，则视为吉告，说明该神同意来到神舟上登位成行，反之，要从头再来一遍咒语、卜筮，直到筊卜转轨获得神的许可为止。

另外还有一点值得注意，这就是混元道俗的纪念法事是全方位的，其传承既重血缘性，又不拘于一个宗族、一个村湾独立行事，而是多个宗姓共事、和睦相处来承递一年一度的道教法事，因此，大大优化了民俗传承的群众性。

（二）虚幻性

虚幻性首先是指彼岸性。我们知道，道教根植于现实性的压抑，产生以虚拟的手法，创造一个不存在的超现实的、被虚拟的彼岸世界来，在繁复迷乱的宗教信条导引下，生出无奇不有的道教法事，用以抚慰被压抑的心灵。例如混元派强调“天人合一”，与儒家思想同在一个轨道上，其间这本身就一种虚幻物。表证是用人道去守法于天道，刻意地使自己成为天道与人道之间的一道桥梁，在这种联系中，找到了神的彼岸世界的存身之所。

颜子山地域混元道事中，几乎全是被虚幻化了的文化传播事例。其显著特点是将人与神同构，放在一个虚拟的法事场境中去体察品味。如在太平醮的法事中，道士们要立帘、卷帘、步虚、踏罡，搭建九层高坛，幻想更接近天神，去获取雨神的恩赐，达到早降甘霖，解除干旱。于是把现实生活中的人的生活行为倒映在一个有无相推相拥的文化空间里，使得信众如醉如痴，从而将此岸与彼岸的界限如此之接近又深不可及，无论怎样，其道教文化的张扬与传导目的便已实现。在这类法事中，道士们在仪式行将结束时，往往见到将导具点燃焚烧，在火焰烈火中，将自身的衣物向火域高抛穿过，借火神的威力焚化往日之污秽，从而给人们带来好年景、好运气。当然这种道事实际说来是一场地方上的花鼓戏艺术化了的传播样式，人们是在极其愉悦的过程中享受着混元文化带给他们的快乐与惬意。

（三）聚群性

聚群性又指群众性，他又直接与顽固的地域性相依承的。比如安山神、地神、水神、斗神、瘟神、畜神、娘娘神、花神、五谷神、虹神、雾神、风神、雨神、雷神等多达百位，概是农耕神或自然神，这与颜子山地域的古老农耕文化是扬越文化这条河流的浇灌息息相关。其间对地母的崇拜、对水神的安抚、对生殖神的呼唤、对五谷及花神的崇敬、对气象神灵的祈祷等，均体现了混元道教对此岸现实的关注，更加体现了对民生的关怀，这就从精神上首先主动贴近百姓、贴近社会现实，从而，为获取十方百姓的拥护、扩大信众队伍、宣传道教主张，起到积极的效果。聚群性的实例很多，单从赈孤法事就可窥见一斑了。

常见的颜山混元派道士在进行赈孤的时候，不是一般的法事常态，而是首先要动员数个村弯共同完成运作。因其赈孤对象往往是因战争或被遇害而未能收殓的神的个体，除了用道事为其寻求其早日脱离险恶之境外，还要进行群体性的安挽，无论对其有血缘关系的后人或是同姓宗族，或是他族，都要呈现一片救赎之心，更重要的是，人们揣测此类孤魂长期被遗忘会给地域带来报服举动，为此进行赈孤行动，实则是一种救赎举动。这种法事进行时，族人要备有上好的牺牲祭品、五谷桂花茶米，飨祭孤魂者众，其中还有扎制纸人纸衣锦服、交通工具、房产地契等无奇不有的供品，以满足安抚孤魂远离是非之域，回到一个安稳的世界中去。赈孤法事的进行往往有三天四夜的时间，参与者甚众，又往往是一次大型的民俗节日，传导的是一种情感相连、生死同构的人文关怀。

（四）涵融性

涵融性特征在颜山道中体现为崇尚“五湖四海，救度生民，祛厄消灾，敬畏自然”等大道精神。在雷真师的道派思想上，无分儒、释、道、俗，均是自己携手共事的合作伙伴，来者不拒，多多益善。

一是建观立坛，以混元派为主的道坛外，还兼立了儒坛、佛坛，三分而立，三教独为，分而事之，合则共享资材的有无。从建坛设观的规模看，三教均各有相当的宫观庭堂，现在的福、禄、寿宫就是见证。

二是在道徒的信仰上，宫中道士除大多信仰混元道外，还有相当的一些道士信奉清微派，而且师承关系自南宋以来均有历史专档记录于谱。在这一章的后面亦附有近四十代的宗派字承名单，足可证明混元道教的涵融特征。也正是由于雷时中的涵融道教哲学观的布道，为此派的发展与传播，赢得了十方数以千计的信众，甚至被雷大师的弟子带去西蜀青城山，在那里发展成一支影响颇深的中国道教派系，即青微派，嗣后还流传到了武当山至现在，生生不息。

三是混元理论的大部著作，观念上除大量吸取中国儒家理学思想，丰富混元哲学思维外，还特别注重对中国古代中医脉学、中医胎息学、中医内丹学等方面的研究与实践，在此域百姓间，无不相传雷时中以道施教，以医施治，往往手到病除，至今人们还把他视为活神仙。

四是把原始建坛时的全真道教初衷，慢慢变成让百姓共同参与的文化消费，除修持法事如玄武大祀外，大多斋醮法事移至民间乡村，在那里直接进行赈济诸事，这样既完成了传道、授道的任务，还张扬了道教的主张与影响。尤其是通过广泛吸纳民间音乐作为道乐之本，从根本上建立起了道教音乐从殿堂步向民间的运动之路，故混元音乐不仅是道场音乐，更多的是乡村民俗音乐。

（五）审美性

颜子山混元道教法事的审美性，首先是通过信众对生命的渴望、对未知世界的向往、参与时的知识获取感，从而在愉悦中完成一次文化的审美体验。这个过程当然是从其民俗内涵到外沿的客观俗像所传达给他们的直接参与其中所证实的存在感。

一是混元道教民俗的神秘性，是造成信众猎奇心理的一种代偿追求，例如其中的一点是它的谲诡。在颜真观里的纪念法事唱《玉皇经》《玄武经》时，要造出数百尊水墨画谱的鬼神图像，用帘幕式的舞台铺张出一个面积达几百平方坛场来，其神谱包括天界、地界、冥界的农耕神、春瘟神、水神、山神、花神、战神、生殖神、风神、雨神、雷神、云神、北斗神等，均以精湛无比的立体造型塑像，其中亦有自然神、社会神、尸解神、社神、佛家神、道家神、基督神等，可谓五花八门，目不暇接，我们先不谈其绘画本身的水墨艺术美及图中之仙班故事美等细节，单就其一个庞大的神像展示，足够多的给你的视觉冲击会令人眩晕，使信众的视觉思维一时处于极度的身临其间，比如“诡、谲”并炽的构图形体，天界、地界、人世、冥界等环境与自然的视觉形象等，加上此时道士们用尽善尽美的仙乐飘荡伴随仪式飘到你的耳朵中，此时，作为特定场境中的信众与道士，无形中得到了一次灵魂的洗沐，在时间的推动下，完成一次博大的审美过程，故学界均认为道教文化是一种“审美型的宗教”千真万确。

二是浪漫无羁的祈神许愿给信众以心灵的温暖。比如仪节中，除了祈求鬼魂远离村域外，人们要秘密地透过唱咒念经，为神送去心中的祈愿，还时见信众要将神坛中的香灰，带回家中供奉，说是可以延续香火，保佑子嗣兴旺。

三是以丰富多彩的经典记录了众多的历史、社会和文化知识，通过聆听这些经典，在审美中完成一次感性的知识积累。单就混元音乐来看，其间贮藏了地域间数十种音乐门类与乐种，特别是无数的地花鼓音乐为混元音乐的形成提供了根本保证。如灯歌“莲花落、跑竹马、车车灯、扇子花、玩灯、汲水、腔子调、卖杂货、瞧相”等；地方茶戏中的“北腔、叹腔、彩腔、颜腔”等；曲艺音乐中的“哦呵渔鼓、道情”等；器乐曲中的“丝弦、吹打、吹管、打击乐”等，丰富多彩，在总体上大大满足了信众的文化艺术享受。

大型的混元道教法事“安龙”中，为配合道事进行，这里的乡村，人们还要摆开龙灯、狮子、地花鼓、彩球、高跷、踩船、莲湘、花棍、蚌壳、竹马、杂耍、玩棍、丢杈、猜拳、竞棋、放孔明灯、剪纸、扎故事、牌子锣等踩乡活动。让过路人或会众品味观摩。这些游艺活动有玩的、有看的、有品尝的、有信众直接参与的不一而足。可见，出游是人们接受信息，感受人与人之间、人与神之间的某种身心间的通达，从而增进交流与沟通，使得自己的生命得到很好的安顿。

颜子山大多道教法事活动，最早是草根百姓获取知识的主要来源。比如对瘟疫的防范与治疗、对神仙的文化概念、对大自然的亲近与祈祀举动等，都是在集体的审美中得到实现的。这里的无数神仙故事，尽管带有迷信的成分，但远不是糟粕，其间出奇制胜的故事情节、人神角色的善恶认定、文学经典的生动语言等，均具有极高的思想性和娱情性，这些知识不仅厚实了混元文化的生存土壤，也对信众心灵的净化起到了一定的作用。

文化是人类劳动创造出的一切物质成果和精神形态及其制度、规约、交往方式、生活习俗与语言、思维方式的总和或复合体。这里对混元文化的简述，一是文化因人而生，对颜子山一带信众而言，了解和发扬这份近八百年文明成果，建设适应时代要求的宗教文化，有着重要意义。

颜子山混元道教文化是栖居在鄂东南地域的一片如诗般的园林，是一种与时俱来的存在，有着活生生的生命链条，作为鄂东南地域的市级非物质文化名录，我们应该珍惜这块精神植被，努力守望着，不断为茁壮这株文化之树出力，我们相信，这里在不久的将来会成为鄂东南一隅最具潜力的旅游休闲目的地，吉祥之光会长此住进颜子仙山，恩泽于民。

附录：王义志主编的《颜山道混元道派师承表、续承表，清微派师承表》

一　颜山道混元派世系宗承表

代　数	法名	生　平
第1代	雷道中	原名雷时中，字默庵，生于南宋嘉定十四年辛巳（1221）11月15日辰时。殁于公元1295年4月5日上午巳时，天葬颜子山猫儿岭。祖籍江西丰城（今属南昌市），南宋晚年迁湖北大冶金牛镇（又称虬镇），家传七世为儒，混元道派文化创始人，混元道教教主

续表

代 数	法 名	生 平
第 2 代	卢宗发	生殁不详，师雷道中。雷仙逝后在颜子山传道三代后，游方西蜀，其传道后续事迹无可稽考
第 2 代	李宗阐	生殁不详。与师兄卢宗发师雷道中学道，祖师羽化后与卢师兄同道游方西蜀传道，后事无可稽考
第 3 代	萧元鼎	前谱已焚，生殁籍贯无可稽考
第 3 代	罗元道	前谱已焚，生殁籍贯无可稽考
第 4 代	柯大云	前谱已焚，生殁籍贯无可稽考
第 5 代	陈熙炳	前谱已焚，生殁籍贯无可稽考
第 6 代	陈惟秀	前谱已焚，生殁籍贯无可稽考
第 6 代	王惟明	前谱已焚，生殁籍贯无可稽考
第 7 代	陈天伍	前谱已焚，生殁籍贯无可稽考
第 8 代	钟可传	前谱已焚，生殁籍贯无可稽考
第 9 代	廖守贞	前谱已焚，生殁籍贯无可稽考
第 10 代	郑知理	前谱已焚，生殁籍贯无可稽考
第 11 代	陈以岩	前谱已焚，生殁籍贯无可稽考
第 12 代	袁智绅	前谱已焚，生殁籍贯无可稽考
第 13 代	钟绍明	前谱已焚，生殁籍贯无可稽考
第 14 代	陈弥才	前谱已焚，生殁籍贯无可稽考
第 15 代	石祖荣	前谱已焚，生殁籍贯无可稽考
第 16 代	郑端正	前谱已焚，生殁籍贯无可稽考
第 16 代	王端绅	前谱已焚，生殁籍贯无可稽考
第 17 代	郑显扬	前谱已焚，生殁籍贯无可稽考
第 18 代	皮应彰	前谱已焚，生殁籍贯无可稽考
第 19 代	吴良德	雷时中墓碑于明万历四年（1576）重修者
第 20 代	郑师远　钟师近	二人与师吴良德于明万历四年（1576）共同重修雷时中墓碑
第 21 代	柯公训	前谱已焚，生殁籍贯无可稽考
第 22 代	郑子惟	前谱已焚，生殁籍贯无可稽考
第 23 代	方妙昆	前谱已焚，生殁籍贯无可稽考
第 24 代	陈忠俊	前谱已焚，生殁籍贯无可稽考

续表

代　数	法名	生　平
第25代	石景沾	前谱已焚，生歿籍贯无可稽考
第26代	胡淑桂	前谱已焚，生歿籍贯无可稽考
第27代	郑孙扬	前谱已焚，生歿籍贯无可稽考
第28代	刘克礼	前谱已焚，生歿籍贯无可稽考
第29代	张泗文	前谱已焚，生歿籍贯无可稽考
第29代	陈泗享	前谱已焚，生歿籍贯无可稽考
第30代	吴时盛	前谱已焚，生歿籍贯无可稽考
第31代	胡梦琪	前谱已焚，生歿籍贯无可稽考
第31代	王梦林	前谱已焚，生歿籍贯无可稽考
第32代	胡仲荣	前谱已焚，生歿籍贯无可稽考
第33代	郑季松	前谱已焚，生歿籍贯无可稽考
第33代	汪季柏	前谱已焚，生歿籍贯无可稽考
第34代	明若兴	前谱已焚，生歿籍贯无可稽考
第34代	秦若辉	前谱已焚，生歿籍贯无可稽考
第35代	汪善高	前谱已焚，生歿籍贯无可稽考
第36代	王归顺	前谱已焚，生歿籍贯无可稽考
第37代	陈真修	前谱已焚，生歿籍贯无可稽考
第38代	丁悟龙	生于咸丰己未年（1859）5月19日巳时，歿于民国丁巳年（1917）11月30日戌时，陈真修嫡系弟子
第38代	王悟达	俗名王国龙，字彩云，系子山村东冲庄，生于光绪壬辰年（1892）12月4日申时，歿不详
第39代	石希开	生于民国壬子年（1912）12月20日辰时，歿不详。字国华，系阳新河北赛桥董家畈人
第40代	陈夷祥	东春苦竹巷，石希开嫡系弟子。新中国成立后还俗从政
第40代	陈夷发	木港镇排港村盘谷弯细新屋要，俗名陈世泰，生于1957年8月17日，现年60岁，2008年任颜真观任道长，掌管道事。

二　颜山道混元派世系师承续

代 数	道 名	生　　平
第25世	汪景相	俗名汪友法，字礼先，号小，生于同治甲子年（1864）4月4日子时，殁于光绪戊申年（1908）10月13日子时
第28世	陈克法	俗名陈彦义，字为质，木港镇排港村盘谷弯，生于光绪庚寅年（1890）2月28日丑时，殁不详
第28世	明邦东	法名佚传。排市镇铁铺村山下明，生于光绪三十年（1904）甲辰12月22日辰时，殁于1962年壬寅2月24日巳时
第28世	明克歆	俗名明道权，生于民国乙丑年（1925），殁于1952年
第28世	邱克兴	俗名邱道宏，浮屠镇下屋村下头组，生于公元1926年8月22日，1945年学道
第28世	郑克兴	俗名郑成忠，排市场镇吉山村，生于同治五年丙寅11月4日，殁于民国八年（1919）已未3月18日巳时
第29世	袁泗明	俗名袁知涛，洛胡袁村人，生于民国丁丑年（1937）6月3日申时，公元1948年学道，明克颜的弟子
第29世	袁泗舍	俗名袁修用，浮屠镇汪佐村袁家垅四组人，生于1965年1月22日丑时，1980年学道，1987年奏职，邱克兴的嫡系弟子
第29世	涂泗清	俗名涂庭和，浮屠镇汪佐村下涂组人，生于1954年9月2日，1986年学道，1990年9月奏职，为邱克兴的嫡系弟子
第29世	范泗茂	俗名范有林，浮屠镇汪佐村湖边畈6组人，生于1933年，殁于1998年
第29世	郑泗宾	俗名郑自珙，字汉云，郑成忠村人。生于光绪辛卯年（1891）8月4日亥时，殁于1959年1月17日卯时

续表

代 数	道 名	生 平
第30世	涂时铭	俗名涂诗永，浮屠镇汪佐村下涂组，生于1984年10月23日，2003年学道，涂泗清嫡系弟子
第30世	范时达	俗名范知良，浮屠镇汪佐村湖边范6组人，生于1970年6月22日巳时，1992年学道，1995年奏职
第30世	邱时亮	俗名邱昌月，浮屠镇下屋村9组人，生于1972年8月14日，1990年学道，1993年奏职，邱克兴的嫡系弟子
第30世	邱时达	俗名邱昌南，阳新浮屠下屋村下头屋人，生于1969年8月15日，1990年学道，1993年奏职，邱克兴的嫡系弟子
第34世	柯若忠	俗名柯昌成，洋港镇田畔村9组，生于1952年10月15日，1982年学道，1988年奏职，系周继法、陈秀享的嫡系弟子
第35世	张善富	俗名张先东，排市镇洛园村石塘组人，生于光绪丙申年（1896）12月9日酉时，殁于1910年4月18日
第36世	周归德	俗名周高升，排市场石坑鞍山组人，生于民国丙寅年（1926）6月23日，1944年学道，1944年奏职，系张扬的嫡系弟子，殁不详
第37世	周真芳	俗名周洤平，排市镇石坑村马鞍山组人，生于1958年1月30日，1989年学道，2002年奏职，系周归德嫡系弟子
第37世	汪真祥	俗名汪祖钦，木港镇西垅村西垅组人，生于1963年11月11日，1984年学道，1987年奏职，系周归德嫡系弟子
第37世	胡真发	俗名胡加寅，排市镇后坑村港西小区人，生于1974年1月28日
第38世	周悟华	俗名周会柱，排市镇石坑村马鞍山组人，生于1987年9月7日，2002年学道，2008年奏职，周真秀的嫡系弟子
第39世	王希兴	俗名王义质，木港镇北山村太塘组人，王悟达嫡系弟子

续表

代数	道名	生平
第39世	罗希盛	俗名罗克森，木港镇吉山村三口罗弯人，生于民国乙丑年（1925）6月23日，殁于1948年5月11日，王悟达嫡系弟子
第39世	陈希祥	俗名陈迪南，木港石溪村石下组人，生于民国丙寅年（1926）5月15日巳时，殁于1996年1月13日巳时，1942年师从王悟达，1943年上颜真观师从石希开，1949年奏职，其徒弟有：陈世泰、陈祥松、张炳文
第40世	王夷和	俗名王义玉，石希开的嫡系弟子，生于民国丙寅年（1926）年5月8日，殁不详
第40世	朱夷祥	俗名朱纯坤，木港镇泉波村朱家组人，生于民国己巳年（1929）10月9日寅时，1948年学道，石希开的嫡系弟子
第40世	陈夷文	俗名罗显安，木港镇吉山村山口罗弯人，生于1956年12月4日，1980年奏职，罗希盛的嫡系弟子，阳新道协副会长
第41世	朱仙玉	俗名朱槐宝，木港镇泉波村朱家组人，生于1973年11月5日辰时，1996年学道，1998年奏职
第41世	罗仙开	俗名罗祖文，木港镇吉山村三口罗弯人，生于1985年8月15日，罗夷传的嫡系弟子
第41世	罗仙发	俗名罗祖武，木港镇吉山村三口罗弯人，生于1990年5月2日，2000年学道，罗夷传的嫡系弟子
第41世	明仙旺	俗名明庭武，排市镇西元村西元组人，生于1963年，1998年学道，罗夷传的嫡系弟子
第41世	陈仙行	俗名陈敬标，木港镇西溪村石下组人，生于民国乙酉年（1945）8月13日戌时，1989年师从陈夷文学道，2008年奏职

三　颜山道清微派阳新世系宗谱（元代后合流）

代　数	道 名	生　　平
第2世	何道发	俗名何中文，瑞昌县洪一乡人，生于1971年12月1日，1985年学道，1994年奏职，何守善嫡系弟子
第9世	许太平	俗名许忠玉，浮屠镇沿镇西许弯，生于1927年6月10日，殁于共和辛未年（1991）7月30日，许信木嫡系弟子
第10世	许和平	俗名许守斋，浮屠镇沿镇村西岸许二组人，生于1946年10月9日，1983年学道，1990年奏职，许太平的嫡系弟子
第11世	许至安	俗名许本善，浮屠镇沿镇村西岸许二组，生于1970年5月5日，1990年学道，1998年奏职，许和平的嫡弟子
第11世	张至静	俗名张炳水，浮屠镇三保村张家垅四组，生于1986年5月3日子时，2001年学道，2004年奏职，许和平嫡系弟子
第11世	弛至诚	俗名邓文修，浮屠镇大屋村四组人，1995年学道，2000年奏职，许和平嫡系弟子
第23世	谈通淦	俗名荣水，瑞昌县洪一乡麦良村，生于1968年8月20日，1984年学道，1986年奏职，柯汉水的嫡系弟子
第23世	谈通正	俗名谈会焕，瑞昌县洪一乡吴家村八组人，生于1981年8月28日，1999年学道，2003年奏职，王汉昌的嫡系弟子
第23世	柯通明	俗名柯尊芳，瑞昌县洪一乡吴家官林坪村人，生于1964年10月1日，1985年学道，1993年奏职，柯汉水的嫡系弟子
第23世	王通福	俗名王柏贤，瑞昌县洪一乡双港村，生于1977年9月10日，1989年学道，1995年奏职，王汉昌的嫡系弟子

续表

代数	道名	生平
第23世	柯通财	俗名柯昌喜，瑞昌肇陈乡万泉村人，生于1974年1月1日，1986年学道，1990年奏职，柯仁兴、柯汉水的弟子
第23世	谈通顺	俗名谈际焰，瑞昌洪一乡王司畈村四组人，生于1961年12月21日，1978年学道，1985年奏职，柯汉水的嫡系弟子
第24世	谈玄真	俗名谈会玉，瑞昌洪一乡边山村东头山组人，生于1977年2月7日，1990年学道，1993年奏职，柯通时的嫡系弟子
第24世	谈玄飞	俗名谈际腾，瑞昌县洪一乡吴家村人，生于1988年10月21日，2004年学道，2009年奏职，柯通财的嫡弟子
第24世	柯玄德	俗名柯贤禄，阳新且洋港镇沙地村人，生于1975年9月18日，1992年学道，1995年奏职，系柯通生嫡系弟子
第24世	余玄明	俗名余修芳，瑞昌县洪一乡朱弯村人，生于1981年10月17日，2000学道，2003年奏职，谈通顺嫡系弟子
第24世	柯玄鹏	俗名柯鹏，瑞昌县肇陈镇大林村百龙头弯人，生于1992年1月11日，1999年学道，2010年奏职，柯汉水嫡系弟子
第24世	柯玄青	俗名柯遵彬，阳新县洋港镇人，生于1965年10月1日，1980年学道，1985年奏职，柯通财嫡系弟子
第26世	袁高清	俗名袁修信，浮屠镇白浪村袁珍弯人，生于1985年10月17日亥时，1984年学道，1992年奏职，许太平、秦蕴生弟子
第26世	汪高明	俗名汪承法，阳新县浮屠镇茶铺下汪新村，生于1948年4月22日，1986年学道，1998年奏职，许太平的嫡系弟子，黄石市道协副会长，2010年任阳新道协会长

续表

代　数	道名	生　　平
第27世	柯宏恩	俗名柯有强，浮屠镇茶铺新村九组，生于1976年11月11日，1999年学道，2005年奏职，汪高明弟子
第28世	秦鼎元	俗名秦生床，阳新县浮屠镇下秦村后屋组人，生于1975年9月17日，1992年学道，1997年奏职，秦高发嫡系弟子

说明：混元师承表中的第21代，王义志原编的“思”字辈是“师”字之误，代表人物均更改为郑师远、钟师近。

这里，笔者为颜子山撰写一副楹联附后：

颜沐三光日月星辰步斗踏罡餐露饮风创混元真气宇济群灵脱灾厄浩浩于兹念念于默

山承两印天地人和舞剑蹈火执雷布雨开符录斋忏纬度苍生远苦蜮荡荡乎斯孜孜乎庵

第二章　雷时中与混元道

一　始祖雷时中

道家以“道”为核心，践行天道无为，主张道法自然，提出无为而治、以雌守雄、以柔克刚、刚柔并济等政治、军事理论，具有原始朴素的辩证法思想，是“诸子百家”中一门极为重要的哲学流派，对中国乃至世界的文化都产生过巨大的影响。据《道藏》记载，在宋代末期至元代之初，中国南方的颜子山产生了一位名叫雷时中的道教思想家，他以混元理论开坛立派，当时在中国南方兴起了一股混元热。

文化的繁衍，它像一颗颗种子那样，随着社会的更迭各呈其不同的生长状态，这是人类社会进程中常见的文化现象。有道是，任何宗教又都是人创造的，人对文化的形成起核心作用，这就不能不使其带有人的烙印。本章来研究混元道教文化，当然先要研究它的创始人雷时中。沿着这个话题，本章重点探讨混元始祖雷时中的人生历程及其混元道教的创造。

（一）生平小考

各类史籍的记录均证实：混元道教流派的开宗立派者是南宋时期雷时中即雷默庵（1221—1295），这里对其生活周期的探考，目的是去发现其创造混元道教的历史轨迹与贡献。为了尊重历史，依《道藏》中《历世真仙体道通鉴续篇》第五卷中第四四六页的记载来分段考察：

1.

真人姓雷，讳时中，字可权，号默庵。其先本豫章人（释：即今江西南昌），后家于今湖广之武昌金牛镇，所居溪水回环，东西二桥，故又号双桥老人。生于宋嘉定辛巳年（1221）十一月十五日辰时。幼习词赋，后通诗经，三领乡荐，精心道学，专务性理。与九江吉甫亲，因己未庚申之难，挈家依居吉甫。

此段史料记的是雷时中青少年时期的苦难历程。复述此段文字让我们知道：雷时中字可权，江西南昌丰城人，后随祖辈迁居武昌金牛镇的双桥村，因为在此地有溪水回环，东西边有两座桥，雷借此自名号称“双桥老人”。据传，雷家祖上迁居此地，是因为家庭遭到特大的变故，是什么变故不得而知。这里推断有两种情况：一是战争引发的江西填湖广的移民潮所致；二是饥荒贫困所逼，不得已而逃出乡土，后寄居或佃居落户金牛，因为在此处的双桥村有雷姓族群可以方便投靠，至于现今查不到雷时中一家的宗谱原因，想必是雷时中一家为佃户，旧时的佃户是不被视为同姓之宗亲而纳入谱宗修撰的。

这段史料记录他生于嘉定辛巳年十一月十五日辰时（1221—1295），其幼稚期习词赋，通诗经，三领乡试之首，热心道教学问，与九江的叫吉甫的人是远亲，因己未年、庚申年间（1259—1260）家庭出现重大变故，举家投靠曾家。可谓真的是寄人篱下。至于曾几为何人？据《宋史·曾几传》记录：

> 曾几，字吉甫，其先赣州人，徙河南府。幼有识度，事亲孝，母死，蔬食十五年。入太学有声。试吏部，考官异其文，置优等，赐上舍出身，擢国子正兼钦慈皇后宅教授。林灵素得幸，作符书号《神霄录》，朝士争趋之，几与李纲、傅崧卿皆称疾不往视。会兄开为礼部侍郎，与秦桧力争和议，桧怒，开去，几亦罢。桧死，起为浙西提刑、知台州，治尚清净，民安之。

宋史证明吉甫居九江，宋高宗靖康年间的一名朝廷清官，原籍为赣州人士，后为官升迁河南府。据说为雷时中之表亲，此时的雷时中（时38岁）投靠吉甫（1259—1260），莫过于两种可能：一是此时的吉甫已过世100多年，说明曾几的家业或子孙仍很富裕，并有曾几在世时“钟鸣食之家”的侠义传统，这样算来接纳雷时中入居其家，很可能已是吉甫的孙辈或曾孙辈，确系一个远亲，雷时中如不是生活所迫，不可能投靠这样的远亲；二是充分证明雷时中家道衰败，祖上七世为儒之境不再；三是雷时中有文化志趣方面的追求或志向的选择，犹对出家从道一事正处于观察之途，以寄待观，择风辨时。可以说这个选择既有痛苦也抱希望，总之，我们可以大胆地认为，雷时中家七代为儒，长辈均在仕途上生活，虽当时家道中落，如不是志趣相向单凭全家穷困潦倒，绝不会寄人篱下，料其与曾家志趣相投是其主因。

还有重要的一点是：吉甫当年的朋友圈中有神霄道派的林灵素者多人，曾家留下了这些道人诸多的经书，其中就藏有《神霄录》之类经典，这正是神霄派道法之创派者和神霄法的核心人。说明此时的雷时中在曾家开始接触道教高人林灵素等道家的理论和典籍，并受到影响后，产生归隐之心，这对他后来创造混元道派不会不产生重要影响。

有人说吉甫是阳新的吉甫，这是不对的。而在《兴国州志》的《官秩志》中虽记有吉甫者，但从记录文本看，阳新之吉甫经历均与九江之曾几相差甚殊，不足信。《兴国州志·人物志》中记曾几：

> 元。陈天祥，字吉甫，自宁晋（河北邢台）徙家洛阳。至元中为从事郎郢复等处招讨司经历时，以兴国军籍兵起致乱。天祥知本军，领军士总十人入城，谕以权置兵仗自卫，民皆称便。由是流移复业用士兵收李必聪山寨，不戮一人。他寨各散去，居岁余代去而兴国复变。后拜中书右丞，以老辞。卒年八十。

引用这段史料，意在旁证辨伪。

2.

> 甲子岁（1264，雷 43 岁）殿帅往太平宫酬醮。师从其行，夜宿太平宫之听雨轩。恍惚间见上帝亲谓语曰：“卿，阳禄无份，阴官有缘。不须留意功名。”是夕，本宫知宫（释：即是太

平宫主持）亦梦采访真君。告曰："来日午刻可精严祀事，五百灵官中有一灵官亲降于坛炷香。"次日午朝，殿帅谓师曰：'我困甚，师可代烧香'。及至坛中，知宫大骇，方知师五百灵官中人也。后知官白于师，师愈留心道法，绝念功名。复回居金牛镇，置坛祀事。

可以说，这段史料详尽地记录了雷时中步入中年时期之后，他对道教、志趣等方面的观念倾向的生活轨迹。文中开始便说雷时中于南宋甲子年（1264）在友人的荐引下，去江西的太平宫酬醮，意思是醮诸神以谢恩，并于当日夜宿太平宫之"听雨轩"，正在睡得恍恍惚惚、懵懵懂懂之际，忽见上帝对他亲口讲："后生呀，你在阳间衣禄已经没有了，（即指他既无功名仕途之分，也无衣禄之享，如同没有了户籍。）而在阴间给你安排了官职，不要再留恋阳世间的功名仕途哟。"同夜，太平宫之住持亦在梦中来采访真师告诉雷说："你次日午时要严守祀事，不可分心，有五百灵官中的一灵官，要亲降于坛炷香，要多加留意。"果然，次日午朝时分，殿帅对雷师说："我困顿得很，你来代我烧香。"及至坛堂中央时，让知宫大骇不止，此时才发现雷师早已是五百灵官内的职位官员了。后来知宫明白地告诉雷真师的一切缘由，使得雷真师更加留心道法的修炼了，从此绝念功名诱惑，复回金牛双桥村，设坛立案，开始了道事的全面修炼。时年43岁。按此时计算雷时中的道龄，加上在颜子山上的17年，共有31年之久。

3.

庚午（1270，时中49岁）三月三日，玄武诞辰，可师具表贺，焚香朗颂《度人经》，忽有一道人标格异常自外至，谓曰："贫道有一阶道法，特来授汝。"因出袖中书一卷曰："可置此文于坛中，斋戒七日后方可开看。"师受之置于香案，回首道人已出，不知所在。方悟其为异人也。入坛拜谢，持诚斋戒七日，焚香拜礼开看其文，乃“混元六天如意道法。”（注：据《道藏》中录《道法会元》一百五十四卷，其书目名应是《混元六天妙道一气如意大法》）看毕，坛中白昼如夜，须臾雷火布满，雷霆辛天君立于案上曰：“吾奉昊天敕命，付卿开阐雷霆之教，普济众生。吾教上帝为主，吾佐之，以卿行之。前日授卿之文者，乃祖师路真君也。卿名在仙籍，七世为儒，三世行法，并无纤过，当大兴吾教。”①

上述记载说明雷时中在金牛双桥村立坛从道已近六年，以49岁的年纪，在年号为庚午年（1270）三月初三玄武诞辰这天，为诵读《度人经》，于家坛中上香俱祀。忽有一标格异常的道人自坛外而入，并对雷师说：“贫道有一道法，特别来传授与你。”随之从袖中抽出一卷书说：“你可放置此书于坛中，要斋戒七天之后才能打开此书读看。”雷时中接受后依其吩咐放置于坛堂香案之中，待雷回头看时，不知老道所往，方知是异人和高人前来指点。立即叩首上坛拜谢不止，并遵照所指斋戒七天后，焚香礼拜，开看卷文。原来是《混元六天如意道法》。当雷刚看完，顿时坛堂白昼如夜，一眨眼间，坛堂布满雷火，雷霆辛天君立于坛案之上说：“我奉了昊天君之敕命，命你开雷霆之教，以普照度众生。吾教上帝为教主，吾来辅佐你，你可行道布坛。前天授予你的文书的人是路真君。（晋人路大安）你的功名在仙界有户籍登记，你家七世为儒，三世行道法，根柢深厚，没有过错，可以大兴混元之教。”

4.

《道元会法》这样记雷时中：

“四方闻其（指雷时中）道行卓异，及其门者日众。”他遵行以《度人经》为主之宗旨，每化导世人及开度弟子，“皆先令

① 参见《道藏》辑《历世真仙体道通鉴续篇》第五卷，中，第446页。

> 其精心诵经，各获果报。且尝论《度人经》旨，以开后学”。并且博采儒、释二家，“贯彻混融归于一致”。据称，经此努力后，传有“弟子数千人，分东南、西蜀二派。首度卢、李二宗师及南康查泰宇。由是卢宗发、李宗阐二位道行乎西蜀，查泰宇之道。行乎东南，混元之教，大行于世”①。

此段史料是对雷时中在颜山开坛后的混元盛世的记录，另外还对其弟子游方四海、传播混元道教文化的粗略描绘。其中文中所说的卢、李二人去了西蜀青城山，后人又传说高徒李宗阐在青城山改了道名领“少”字派取法名叫李少微，并终生留在那里，将颜子山之青微道派传统中之精髓，在青城山又大大发展了“青微派”。继后，他的弟子又带着青微文化去了武当山。据说武当山现在的青微派就是李少微（李宗阐）的弟子之后裔，现保存的武当青微派宗谱可作证明。卢宗发的去向不得而知，至于查泰宇走向东南，有人疑他是去了江西或浙、闽等地隐逸深山道教丛林，不愿出山，直至羽化，故现在史书上未能追踪到他的任何蛛丝马迹，看来已是一个历史悬案。

综上所析，为使大家思绪明朗，便于记忆雷真师的生平要事，现将雷时中的主要年表归纳如下。

1221—1258 年，（雷时中 37 岁之前）生于江右丰城，现属江西抚州地区。该域是中国南方道教的传播中心，出了数位名声显赫的文化巨匠，如理学哲人于一身的汤显祖、天心派道教大师铙洞天等。

1259—1260 年，因家庭变故而举家投靠九江曾几家两年，在这里接触了不少道教经典和道界人士，加上曾几是北宋朝中富有而开明的“钟鸣鼎食”之家，到其孙辈时，家底仍然厚实，故广纳贤士是其传统，而雷时中又与之是远亲，虽只两年的寄居生活，但对雷时中一生人格的影响是至关重要的一个历史节点。

1261—1264 年，从九江曾几家回武昌金牛双桥村，一面设坛投

① 转引自卿希泰主编《中国道教·道法会元》，知识出版社 1994 年版。

路问道，一面还幻想着赶考功名，三番不中，从此绝念功名，而开始走上从道之路。于1264年冬偕同朋友游方于江西太平宫酬醮，初时试探性投石问路，但却意外地得到上界高人指点，指明他此生无阳间名籍、俸禄之分，而有阴界官禄之缘，故即回金牛双桥苦守道坛，研修道法，直至1269年末。这个时间内，雷时中已开始研读诸子百家及中医内丹等学理，为其后来的多部道教专著作理论上的准备。

1270年是雷时中命运的分水岭。这年三月初三，玄帝生日这天，于坛中焚香礼祀《度人经》，得高人赐予《混元六天妙道一气如意大法》，为其创造混元道派提供了理论立基之根本。史籍记曰：

> 吾奉昊天敕命，付卿开阐雷霆之教，普济众生。吾教上帝为主，以吾佐之，以卿行之。前日授卿之文者，乃老师父路真君也。卿名在仙籍，七世为儒，三世行法，并无纤过，当大兴吾教。

很显然，这位高人不是别人，正是以幻假托之晋人路大安。

1278—1295年，时年58岁至74岁的晚年阶段，雷真师毅然以正式混元道士的身份，上颜子山建醮立坛，明理扬道，居观修真，这是何等的勇气与担当。他的勇气是抛家别亲，孑然孤身，把余生献给混元之道；他超越世俗，举旗独创，将中国道教文化推向一个创新的境界，使混元道派文化传遍中国南方，成为中国传统文化大河中的一支鲜活流脉。

（二）文化贡献

文化有不同的选择，有一种选择却是安顿人生的方式，雷时中选择了混元文化作为立命之所，既是一种命运安排，也是一种哲学思辨后的结果，支撑这个思辨结果的不是别的，而是以混元二字铺满终生奋斗的道途。

窃以为，雷时中把混元文化的终极成果看成是自己人格的塑造，更是对混元道派的集体人格的塑造。在这个过程中，雷时中无时无刻

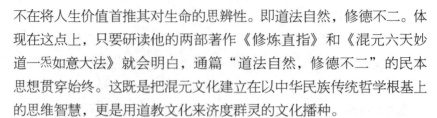

不在将人生价值首推其对生命的思辨性。即道法自然，修德不二。体现在这点上，只要研读他的两部著作《修炼直指》和《混元六天妙道一炁如意大法》就会明白，通篇“道法自然，修德不二”的民本思想贯穿始终。这既是把混元文化建立在以中华民族传统哲学根基上的思维智慧，更是用道教文化来济度群灵的文化播种。

雷时中对混元文化的贡献还在他的诗作中体现出来，一方面体现在他高深的文学才华，更有他用诗歌表达对底层生民的怜悯与体恤之大爱情怀。其中有一首《感怀》诗写道：

大哉灵宝度人经，炼度须当炼一身。
五首六根明造化，千和万合妙通神。
仙迹飞升恍兮惚，鬼道轮回假与真。
老子度人功德大，山前白骨岂成仑？

此诗如用白话文翻译可译为：伟大而灵验的《度人经》，告诉你修炼要修心身，造化的是五脏六腑，和合相谐妙在通灵化神。追求仙迹飞升之态，所谓鬼与道的轮回假假真真，记住老子度人的功德无量，何惧山前白骨成坟茔。

《淮南子·汜论训》说：“明生死之分则寿矣。”意指明白生死间的问题，才不会为其所困惑，也就自然不会执着于生与死。泰然处之，方能成其完满本能的生命，尽享天年。人的生命长短本是一自然的历程，生命不在长短而在其质量，相对于高智慧者，对其寿命的增损或长或短都无益于生命。生与死是精神与形体的聚合与分离，是有形与无形的辩证关系，这种自然之道是一种万物自然变化的过程。窃以为，雷真师的这首诗其思想极其豁达，与经典所述多有契合之处，可以说达到了明生死之分、明天人之分的至高境界，文中高度赞扬了老子度人的德仁心善，全诗寓意深长，给人以心净明洁、和谐通透、超然死生之感。正是他的这种豁达境界，忘我地去为大道而献身，直至羽化时，让天葬其身，不留一丝尘污，洁身而去。

体现在其混元道教善行思想的，还在我们考察雷时中的为道为人时，颜山地域民间关于他的美传故事。据说在他 70 高龄之际，还在此域上山挖采草药，一来丰富他对丹学的知识积累，但主要是配合践行混元文化行善的理论，其中在为当地百姓疾病的救治故事中，尤为让人震撼。例如传说他因救治一条大蟒后，从此两者成为终生的好友，情节虚幻动人。（请参见第四章神仙故事《与蟒蛇交友》一节）

雷时中临近进入花甲之年：约 57 岁（1278）毅然立志抛家离亲，只身偕两位高徒隐逸颜子山，直至生命的终期，共 17 年羽化登仙，矢志不渝地完成混元文化的创建，与此同时，还完成了筑观建醮、布道施术、济度群灵等道学社会实践诸事，著述立论数十部混元道派经典，使一个深藏民间、不见经典的道教流派，终于立于宋代道教丛林，并拥有十方数千信众，在中国南方，成为万众瞩目，望而仰止的道界翘楚。不仅如此，他拥道高德厚，守清操廉，极重生民，诲人不倦的人生境界，无论人品或学识，口碑甚佳，有极好的名声。

雷真师一生著述颇丰，史书载其书目的有《修炼直指》《混元六天妙道一炁如意大法》《心法序要》《道法直指》《原道歌》《双桥诗集》等。但只有前两部著作被收在了《道藏》总纂的《道法序要》一书中，其余著作均未见史书收录。文学类的《双桥诗集》大部遗失无载，只有近十多首作品散见地方志或颜真观资料中。现摘录三首七律如下。

其一：
为厌凡居脱俗尘，特寻幽隐构三椽。
四山簇簇当图画，两涧潺潺当管弦。
野蔌山肴和露嚼，藤床石枕伴云眠。
世人若问吾居住，却是蓬莱小洞天。
其二：
雪压溪桥清无比，数株老松寒彻底。
宇宙之间谁可用，除却梅花唯有水。

水清梅青相契合，一段清奇千古事。
此花秀得垄头春，帷有卢李常盼视。
其三：
大哉灵宝度人经，炼度须当炼一身。
五道六根明造化，千和万合妙通神。
仙迹飞升恍兮惚，鬼道轮回假与真。
老子度人功德大，山前白骨岂成仑。

以上三首作品分别以“出道建醮、师徒创业、修道救度”三个层面，从一个侧面记录了自己的生命轨迹与修道抱负，不难看出作者一生道途崎岖，万般磨难，从而不坠意志，修道不二，为民立命，救助苍生之崇高抱负。而就其诗词的文学艺术和修辞等造诣，的确不是一般常儒所能企及的。

总之，雷时中在人品、学识上堪比大师，道高德厚，守清操廉，极重生民，诲人不倦，当年在信众中有极好的口碑。雷时中一生追求天行有常，道法自然的道家理念，使颜子山混元道教在南宋时期中国南方盛极一时的道教流派。

雷时中因其人格高尚，在他仙逝后，百姓中流传很多有关他的神话口碑，夸赞他学冠十方，行孝尊长，道法高深，是百姓的保护神。

他尽孝道，1294 年深冬，不远千里，返回江西老家为祖宗扫墓，接着又千里步行返途颜真观。他本是一个高深的中医高手，常运胎息法，辟谷十天半月不吃不喝是常例，确能预测自己生命行期。相传提前三天测得自己圆寂日期，临近前夜，自己沐浴更衣，第二天时近中午，由两位弟子一道陪护，自己悠然坐上藤椅打坐入梦，倏然仙逝而去。时为 1295 年 4 月 5 日上午巳时尾午时头，终年 74 岁。伺后有灵异相传其肉身六月不腐，在弟子为其下葬时，突然天下大雨，三日三夜不停，无法下葬，正在着急时，百姓们且异且惊间，原仙体不见，另一处山头发现了一家新坟，说是天意安排的天葬。还传雷时中仙逝前几分钟对弟子说：“上帝已升真人为玄都上相混元妙道普济真君雷神演教天尊称号。”此传虽在今天看来实属无稽，但说明了一种文化的导引功能，即所谓善有善果。

相传雷时中仙逝后的原墓碑最早于公元1296年由弟子卢宗发、李守阐率信众拥立，元代两次重修均遭毁，后1573年由明代雷时中的十九代混元弟子吴良德率其徒弟孙师远、钟师近三人出资重修，保存到现在。墓碑的全文断句后录记如后：

始祖姓雷讳时中，法讳道中，字可［传］，号默庵，江右丰城人，后迁武昌金虬镇。所居之地，溪水回环，东西有二桥，故又号曰双桥野老，著有双桥诗集。祖生于宋嘉定十四年辛巳岁十一月［初五］日辰时。锐志丹铅，博通经史，累举进士不弟，遂从赤松游。后戊寅八月偕二徒卢宗发、李宗阐闲行到兴邑乐平里，见一山两峰丛翠，望而异之，乃颜山也。因登绝顶结茅庵，修真十有七年至申午，祖寿［七十五］矣。正月初一步回丰城祭祖墓，三月还山，至四月初五清旦沐浴更衣，待午时坐而解化矣。是年十月二十五日寅时，卢李二徒及四方奔送者动有万计，移棺至山下，祥云杳无音霭，棺忽不见，随仙踪寻觅至下泉境，山坐子向午，巍然自成一冢，踩其龙乃右峰，发脉地名金猫捕鼠。迄今，来山恭谒者，时观天灯昭耀，凡诸祈祷应［念］而酬。因谨刻志以垂万世。明万历四年辛未岁，派下十九代孙吴良德率徒郑师远、钟师近重建。

关于碑释之史误说明：明人吴良德为十九代混元道士率其徒弟郑师远、钟师近一道，于明万历四年辛未（1573）重修真师的墓碑，本是一件功德无量的大善举，虽距今443年，但笔者在拓片后发现记录雷师生期之诞日为十一月“初五”，与《道藏》之信史一书《历世真仙体道通鉴续篇》第五卷446页所记相差十天，正确出生日应是十一月十五日辰时；其二，碑文中记雷师“字可传”之“传”字明显系“权”字之误，与诸多史书相悖。与《兴国州志》所记之字可权之“权”字也不相符；寿龄记其“七十四”误算成“七十五”；“应念而酬”之“念”字是“验”字之误等；仅一块碑文就有多处明显的错误，以致现今颜子山人均把雷师生诞日记为十一月初五，这都是明代后，信众依此碑文错讹后误导了香客，以致将雷师诞生定为十一月初五，而非十一月十五。在这里笔者当一个重要问题加以澄清，给予纠正，目的是尊重历史，不因每换一次生平记录就误传一次生平，这对雷真师既缺乏尊重，也会误导历史记忆，造成后世学人研究时无所适从，以误传误。下面附2016年9月17日雷真师坟茔墓碑的现场拓片。拓片人系阳新博物馆考古专家费世华。

碑帖几处说明：碑文“江右丰城”句，江右旧指南昌，丰城古属南昌直辖，现属抚州市辖管；碑文中“锐志丹铅”句，指雷真师修炼内丹；“赤松”句指传说中的上古仙人赤松子，神农时的雨师，能入火自焚，焚而不灭，随风雨上下，能用“水玉”之药为人祛病延寿，后升为天上之雨师。意指雷师习赤松之法，呼风唤雨，历有灵验。

另外值得一提的是，碑中明确记载了雷时中为1295年4月5日羽化，而落土天葬时为10月25日，这中间相隔了近两百天时间，能存尸不腐之奇迹，令今人费解，但这个记录又与现今仍在传说雷尸不腐的故事，相符不悖。据说，雷时中生前辟谷常常半个月一个月打坐，可不吃不喝，只靠吸露饮风、行使胎息诸法，仍能保持生命之旺盛不衰，达到至真的高级境界，相传凡具有这种修炼程度的高人，死后身体一般会虹化或死而不烂，并产生有舍利子，雷时中应该属于这种高人的情况类型。其间还有一个细节：传说其殁后近半年，离天葬前的六天时间里，颜山弟子们邀请其妻前来探尸送别，因妻近尸体大哭，不小心把眼泪滴在了雷时中的脸上，故而引起尸体腐烂，这是因为所谓有“凡不近仙”之忌被打破。嗣后众弟子见状，大家临时决定，尽快为其安葬，落土为安，并当即买了棺木敛尸，但最终雷师的阴灵操使，为省去观中钱财，让上苍暗中配合，突然下了三天三夜暴雨，阻碍棺材下葬。等风雨一停，下泉塘处猫儿捕鼠地界，隆起一座新冢，墓碑上刻：“宋敕封颜山得道普济默庵雷大真人墓。”从此，便有了“天葬祖师坟”之传说。

颜子山下泉塘金猫捕鼠地《雷默庵墓碑拓片图》

二　混元道考

什么是混元道教？回答是“以奉玄武大帝为教主，以含一合万的哲学思想为核心，广泛吸收天心正法、神霄雷法和诸子百家理学精华为己用，以道法自然、身心同修为目标的正一道教流派”。

（一）祖脉考源

道教经典里，相传史上的鸿钧，又称洪元老祖，原是太上老君的化身。老君其人，是元炁之根源，造化之真宗，体任之自然。

什么是自然？在道家看来自然就是道，也是宇宙运动的最高法则。所谓“强为之容”即指老子的“有为有不为”的辩证哲学观。

以虚无为道，要在虚无中寻找道的胴体，灵元为其性，清空而寥廓，晃朗于太玄，含孕于空洞寥落之外，莽荡玄虚之中，寂寞无里，不可称量，这都是对混元的辩证认识。若言有，不见其形；若言无，万物从兹而生。八表穷窿，渐渐始分。下成微妙，以为世界，而有洪元，挺于空洞，浮游幽虚。故曰：吾生于无形之先，起乎太初之前，长乎太始之端，行乎太素之元。卓然独立，大而无配。视之不见，听之不闻，抟之不得。所以说，混元，概由老子之辩证哲学开始。

按此记载，混元乃无极之象，无始无终，无来无往，恍恍惚惚，冥冥杳杳，悠悠然然。

单从混元二字理解，是一种元始之气混沌无分阴阳之时，其象混混沌沌如一团气态，以元气作为它的开始。这种元气诞生于混沌之中，处于明亮之内，黑暗之外。继而又因明暗之间生出空洞，空洞之内生出太无，太无衍变继而由三气分明，即玄气、元气、始气，是这三气的混沌相摩，生出太虚而立洞，这个洞谓之玄。又因洞立无，因无生有，因有生空，观空无之变化，便能虚生自然这个辩证互衍生长态。

混元的单词含义有两种诠释：一指天地元气，亦指天地；二指开天辟地之时，形容极古远的时代。《云笈七签》[1] 中提道：

> 混元者，记事于混沌之前，元炁之始也。元炁未形，寂寥何有？至精感激而真一生焉，元炁运行而天地立焉，造化施张而万物用焉。混沌者，厥中惟虚，厥外惟无，浩浩荡荡，不可名也。混元无所不包，无所不有；混元不是杂乱无章，而是一种有序的混化运动。混元是理，是道，是天地之大道。一切事情都是混元体，其大无外，其小无内所谓大，就是既包涵宇宙的运化规律，又隐浮现着人生的本根：天地人混元一体。混元体可入地，通幽明。

---

① 见宋人张君房辑《云笈七籤》，齐鲁书社 1988 年版。

上文中明确界定混元记事于混沌之前，元气之始，为阴阳未分之时。所以接着说元气没有形状，寂寥何所依存？到了至精感激生化时其真一生出，元气有所运行，天地方立，最终造化施育而万物生长。但混沌其性状虚无浩荡，是一种无名之名。所以说，混元它的意思是无所不包，无所不有；但混元不是杂乱无章的托词，而是一种有序的相摩相推的运动。

从宇宙哲学层面上讲：混元是理，是道，是天地运行之根本法则，即一种大道。一切事情都是混元体，其大无外，其小无内。所谓大，就是既包涵宇宙的运化规律，又隐隐浮现着人生的本根——天地人混元一体。

混元体可参与天地。不是今天过去了就扔掉，不是过了今天明天就中止。无论有何变化，混元永远存在世界上的万事万物之中。总之，要包罗万象，要混元一气。

混元就是合乎自然的道。这是雷时中混元哲学中最为核心的论点，即道法自然，混元一气。混元就是生命之道、智慧之道、明理之道、治世之道等等的混元体。更是开天地之大道，人生之大道。

守住生命之道就长寿之道，重视智慧就是明理之道，守住明理之道就有序有数，守住治世之道就社稷安稳。混元可以让你守住人的本性，完成人生的使命。人生的使命是什么呢？就是要修好人生这个大道。道是什么，道就是符合生存法则的混元之道。混元是道之体本。人是一个混元体，宇宙也是一个混元体。太极图也是混元体，阴不离阳，阳不离阴。混元实质是一个充满了二律辩证思维运动轴承、在此基础上充满了无数矛盾链条编织成的网状功能场。

雷时中在他的《修炼直指》中指出混元是人类树立正数的能量体，结合到本人来讲就是要让人学道、知道、行道、布道、实践道。这样，道也就必然成为让人向更高境界迈进的一条光明的大通道。

混元就是向真正的人学习。真正的人就是得道的人——具有道德的人。这样的人不为私谋，总是相互交流，探讨人生；不自好为人师，而是让人的智慧和能力成为自由自觉，使人自信、自省、聪慧。

混元就要把智慧和能力取之于身心，茁壮灵魂和躯体，不管遇到什么样的苦难和坎坷，都会得到谐和之福，虽空而满盈，都与道同为一体，与道合而归一。是种子交与冬藏的信赖，是生命不息的萌发，是智慧奋涌的本根。

关于混元二字的诠释还是雷时中在其《修炼直指》中说得最为贴切：“含于一以为混，合于万归乎元”，这句是至理概括。

（二）混元衍化

混元论并非空洞无物，而是极具辩证思维的二元态乃至向多元态拓展的精神与物质的高地。混元一义源自老子，老子的哲学精髓就是阴阳辩证。有人把老子的道德经称之为阴阳学，而混元道派的哲学精神强调的就是混元一气，其运行轨迹尽在二元相推相摩之中，雷时中的多部著作如《修炼直指》《混元六天大道一炁如意道法》等内容中，无不在宣扬道法自然，修道不二的辩证法理，而且在其大道中呈现出拙雅相推、仙俗相济、阴阳互补、人神同构等多元恣意。由此所生发开来的这种思维生态，概由混沌向阴阳衍化、由纲领开启八荒之路，视原中尽情呈现出绿满视野、生机盎然之妙，这才是混元道派立命于厚土之高招给我们的智慧所得。

混元文化渗透着传统文化的灵魂，甚至可以说带着的是草根文化的托附，续写着一个不曾被怜悯的追求，即追求万物以二元矛盾运动为永恒，混元虽处无极之状，但无极运动生太极，阴阳始生其中，两仪具立矣，这是对世界最为深切的认识。

宋代理学名臣曾慥在他的《道枢十七卷．混元篇》中很形象地诠释混元义理时说：

> 顺天而行，合气于元；凛然特立，开乾阖坤。混元真君曰：混沌者，形如鸡子，上圆下方，其中有气如隙中之尘，揽之无形，视之有景，于是立名二仪。二仪相交而出阴阳，阴阳相承而

寂三才焉。然人走街串巷俱禀天地一气而生矣。①

雷时中在其《混元六天妙道一炁如意大法》中，强调内炼是将自身看成一个小天地，又因为“天人感应”“天人合一”，人体内部的器官神灵是可以与天地交相呼应的。头是干（天），足是坤（地）！其实人体每个部位的器官都有有意识的信息体主宰，称之为内神，人体内部的神灵与宇宙间的（外神）有之某种特殊的联系。在法师作法时，把内神暂时调出体外，和相应在宇宙间的外神，在把他们的合体一一纳回体内。这就是所谓的守一修炼法。

传承雷时中的《混元六天妙道一炁如意大法》必须把持“先天一炁”，强调以自我元神本性为作法施法之本。人降生到世界上，其精气神便逐渐染着种种情欲滓质，不能直接与天地相感，要与天地相通的方法就是通过修炼，去除其滓质，回复到先天纯净的状态中去，所以说，施行雷法所招摄的雷神将帅，实即自身三宝（精，气，神）及五行（五脏之气）所化。金木水火土五雷，无非阴阳五行之气相激剥而生，而五气皆由先天祖气生化主宰。五气在人身为五脏之气，以真心元神主宰。作法者若能成就内丹，以自心元神主宰自在，随意升降身中阴阳五气之雷神将帅，从而达到兴云布雨，驱邪伏魔，禳灾治病等目的。登坛作法的关键在于运用意念调动自身精气神只与外神相感应，而不在施咒祈求外在神灵。以我元命之神召彼虚无之神，以我本身之气合彼虚无之气，加之步罡诀月，秘咒灵符，运雷霆于掌上，包天地于身中，故感应速加影响。

《道法会元》卷一《道法枢纽》云：

道贯三才为一炁耳，天以炁而运行，地以炁而发生，阴阳以炁而参舒，风雷以炁而动荡，人身以炁而呼吸，道法以炁而

① 摘自蒋力生等主编《医道寿养精编》，华夏出版社 2009 年版，第 152 页。

感通。①

最早记录太极始生是《周易》一书。书中描述："易生太极，太极生两仪，两仪生四象，四象生八卦……"其中"两仪"即阴阳，其阴阳相互依存，并永无休止地转换是衍生天地万物的本源。

所谓上气曰始、中气曰元、下气曰玄，玄气所生在于空，元气所生在于洞，始气所生在于无，故能一生二、二生三、三生万物，万物负阴而抱阳，太极生成。混元道教之大理好比北斗七星之枢旋，围绕北斗运动。混元以无始无终但又阴阳互位，一体又分，分分合合，充满了永不枯竭的本根之力，正如："一生二、二生三、三者化生，以至九玄，从九返一，乃道真也。阳清成天，滓凝成地，中合成人，三者分判，万物禀生，日月列照，五属唤名，乃圣人也。"的《易经》原理。

（三）传法思想

混元派的传法思想是："行法布炁度人救人。以炼己返还，培元固本，再行罡布炁，治病救人。"在就何谓"混元一炁"的论证时，雷祖阐述："此气是先天祖炁，人人有之，特明与不明尔。即佛释所谓本来面目，父母未生前之妙也。含于一而为混，合乎万以归元。"这就是混元教义的本义。该派持教强调：必先尊祖宗，皆是以孝道明法。

《道法会元》卷一百五十五卷载雷真人独创之《混元六天妙道一炁如意大法》有段讲述，现摘记：

> 昔混元一气，先会丹坛之处。故清气升而为天，浊气积而为地，冲和之气结而成人。故天象法我，我象法天。知至道者，天不杀。服元气者，地不灭。何况乎神监昭然乎。诀法列于星斗者

① 参见张宇初、张宇清编修明版《道藏》。

也。得此天蓬秘法，宜宝秘之，当有助法威神拥护其人，万邪不干，神围左右，永保康宁，得其位，得其神，设乎法诀，洞乎神监者也。如是则横灾邪障鬼贼，闻之奔走千里，神伐其妖，乃灵官神将之卫也。更在中宫玉阙，灵机独照，皎如日星，恢然迥出六合之外，达于杳冥之域。如此则精神存守三一，长存元精。全气之隆曰神，至道不远，秖在其身，神用精徽，命乃长生，八冥之内，细微之中，大玄都玉京之山，崑仑之上，生七宝华林，覆阴其身，哀哉，迷徒日用而不知。殊不顾珍奇可惜之宝，掷之于可畏之地，安忍而弃之。其玄都玉京山，非独其宝，日月星辰密运而不息，昭昭乎其上。得之者崑仑永固，三一流通，乃一身之灵宗，百神之命窟，津液之泉源，魂精之门户。胃池温润以化物，上宫圆虚以灌真，一灵植立，万气齐仙。勿谓在乎人而不在乎己，何在之谓也。济于彼而不济于己，何济之谓也。所以修身养命，助国扶民，当得南宫有位，北府除名，德契天心，道合太玄，位为真仙之任也。斯之祕旨，若有见闻，使道关豫释，启迪昏蒙。瞻其神祕者，惟夙契南宫之籍焉。①

不难看出，雷时中的这段理论对道教气功的研究，到了极为精深而通达的境界。认为混元之气，首会丹坛，清气升为天，冲和地域的灵异传说中，认为雷时中驱邪祛病行法如神，屡治屡验。实际上雷真师本来对古老的中医气功就有精深的研究，长存曰精，全气曰神。强调一灵直立，万气齐仙。还认为：修身养命，助国扶民。德契天心，道合太玄。在颜子山，想必当时雷真师手到病除，乃是简单之举，也可能是他用了气功疗法发挥了奇特的作用。不过书中所指雷真师运用的是“混元之气”。从另方面不难看出雷真师为民祛病，德高望重，故在民众心中有美好的口碑。

① 摘自《道藏》所刊《历世真仙体道通鉴续篇》第五卷，上海书店1988年版，第446页。

（四）修炼旨要

混元派是以混元理论作为修炼指南，以元神为主宰进行全身心的修炼。雷真师在《修炼直指》中用很精辟的论断阐述：

> 夫修真之事皆是自己本真，非他外物而成者。其修炼亦自然之功，更不劳心费力。且四时代谢，为万物发生。天地何尝用力施工，皆自然而然。
>
> 吾身者魂魄也，日月即天地之魂魄，魂魄即吾身之日月也，先贤所谓日魂月魄是也。日月常交会，天地所以无穷。魂魄常支离人身，所以有尽。
>
> 故天地之造化不外乎魂魄，日火也，魂亦火也。而心为神舍，神即魂主。心赖肝木相生，则魂神居焉，故曰："龙从火里出。"月水也，魄亦水也，而肾为气海，气即魄。气赖肺金—不教人收心养气。总而言之不过拘制魂魄而已。

混元教派秉持混天思想体系，结合"天人合一"的理念，人与自然和谐共生。上述水火相生，则魄气依焉，故曰："虎向水中生。圣人设教，千经万论，人体头部以喻应天，腹部以喻应地，将人体的任督二脉以感应天地之气。设百会为先天之鼎。（含泥丸）设会阴为先天之炉（含膀胱），又以任脉对应南斗，督脉对应北斗。是应先天之卦，应先天品物流行之气。视祖窍为窗口，百会及会阴为门户。又设肚脐为后天之鼎，膀胱为后天之炉。生门脐是生我之根，命门是死我之蒂。修炼就是要生化，返聚先天真一之气于后天鼎中，以求返还之机。寂然不动，感而邃。"这些体验说明雷真师有着亲身修炼的体会，是经过艰苦实践后的总结。其中对天地万物之外宇宙与人体的内部的内宇宙，进行相对应，深含中国古代中医气功的探索精神。当然，雷真师多是运用道教气功中的方术如算卦、运数等手段，把人体经络穴位放在了一个大宇宙之中去研究、观察，很值得今人思考。

《历世真仙体道通鉴续篇》记载：

> 是年（1270），四方闻其道行卓异，及其门者日众。弟子数千人，分东南西蜀两派，首度卢、李二宗师及南康查泰宇。由是卢、李之道行于西蜀，泰宇之道行乎东南。混元之教大行于世。

道教混元派由此繁衍而流传。

混元派成为湖北地区的特有教派后，其主坛又遍及湖北的武当山以及九宫山（颜子山），还盛行西蜀四川与赣浙等地。凡是秉承混元学说的思想及流派的均视为“混元派”，这是宗教界公认的说法。以修炼内丹为主、以神霄雷法济世度人为辅，是混元教派的修持宗旨及特征。按此推论，时至今日，这种混元派的影响还很大（参看第一章之附录混元、青微宗谱）。武当山真武大帝的威仪及神传现在已经远播大陆及港、澳、台两岸四地及其他许多国家和地区。

（五）结语

混元道始祖雷时中的混元理论主源来自天心派的“天心正法”、神霄派的“神霄雷法”、老庄诸子理学等哲学思想成果，广泛吸收鄂东南地域民间俗信文化的滋养，其中的混元道乐几乎以吸收鄂东南的地方戏曲茶戏音乐、曲艺音乐和民间歌舞音乐、器乐音乐等为素材创作出的声腔音乐体系，对于地域文化传播，有着举足轻重的支撑作用，是贮藏地域文化的一座宝库，同时也成为宋元时期中国南方的一大正一道教流派。

宋元之交，社会动荡，政治黑暗，战争频繁，家衰本荒，民生涂炭。作为饱读四书五经、七代为儒的雷时中，功名无着，前途迷茫，故选择遁入道门隐逸深山，借以安顿生途之魂灵而寻找出路。

南宋时期是中国南方道教炽盛而派系丛生的节点，而雷时中生长的环境江西丰城又是道派林立之土，从小就受这种文化的陶冶，而且身边又不乏道教大师人物对他的影响，促成了他自觉与不自觉地跟着道风感觉走，过早地接受了追求孤寂入静的遁空人生，也正是这种阅历与磨难，为其后来创造混元道派奠定了坚定的决心。

雷时中饱读诗书，算得是一个颇有造诣的儒生。从他的几部代表作看，不仅具有创造混元理论的知识基础，也具有社会实践的阅历经验的推动和能力。尤其是受先秦诸子百家及汉唐宋等理学儒家学说的滋养，在宇宙哲学等方面有着自己独立思考的定力，加上他的生途苦艰，对底层的民众疾苦给予深深的同情，故在他创造的混元经典中，无不给予社会的善义呼唤。如观天象的《北斗经》、为亡魂赈济的《救苦经》等无不体现了对众生的怜悯。在他的生平与事迹中，深怀着“为天地立心，为生民立命”的深深情怀，至今在民间故事中留下了不少的关于他的为百姓治病、手到病除的案例和传说。

颜子山因雷时中而神圣，雷时中因颜子山而名扬。这里用一首《颜山赋》结束这段表述：

季节深处疯长，百草绿野流畅。颜子山，生机昂。踞鄂东南一隅，历八百岁沧桑。

拥十方之神圣，蹈北斗之天罡。坛堂兴，斋醮酬，宫观处，香火旺。

混兮大道畅行，元兮运畴奋张。惠苍生，除邪秽，沐风雨，降吉祥。

大道无痕无涯，天行不老有常。恍兮惚，惚兮恍，循天杼，启苍黄。

于无深处惊悸，亦有宇外灵光。源三逢，六天详。三光两印周流，五雷净静坛场。

道中时，默出庵，可用权，合阴阳。冥冥杳杳何惆怅，得风得雨得太阳。

好一处兮仙境，天雕琢兮神往，混元播，万世昌。

第三章　雷著经典考析

文化有不同的选择，每一种选择都是安顿人生的方式，雷时中选择了混元文化作为立命之基，是一种哲学思辨后的道路选择。

笔者认为，混元文化的终极成果是雷时中的人格塑造，更是混元道派的集体人格的塑造。体现在这点上，只要研读他的两部著作《修炼直指》和《混元六天妙道一炁如意大法》就会明白：那就是“道法自然，修德不二”的民本思想。这既是把混元文化建立在以中华民族传统哲学根基上的思维智慧，更是贴近乡土百姓的文化播种，八百年来的香火传承足以佐证雷时中的理论探索精神。本章要重点考察他的这两部著作。

——题记

混元道派始祖雷时中，一生载于史籍中的主要书目有《修炼直指》《混元六天妙道一炁如意大法》《心法序要》《原道歌》《双桥诗集》等。前两部已被《道藏》全文收录，而《心法序要》《原道歌》《双桥诗集》等只见书名，未见有史籍收藏，也鲜见民间抄本出现，估计已经失传。除《修炼直指》和《混元六天妙道一炁如意大法》全文被史籍收录外，在颜子山部分道士经藏中还收有雷时中不少经书，其中有《赈孤魂》《尊堂经》《真武经》《忏悔经》《清水经》《正午经》《洞渊经》《解厄经》《放食经》《采花经》《酬恩经》《禳和经》《雷煞经》《接赦经》《天师经》《侑食经》等百余部，这是因为乡村民众要举行道教法事的需要，故这些经书对于信众来说，具有收藏与传承的双重意义，故未失传。调查发现，凡收藏传抄的经书一般仍在今天的阳新颜真观混元道士的手中。关于雷时中的文学作品《双桥诗集》，是其以结集方式完成的文学古诗词集本，内收雷时中大多的诗词作品，估计不少于百篇。这个集子的创作时间推定它跨越雷时中的青年至老年时代，创作地点大多在大冶金牛双桥村和颜真观等地完成，所惜其原作已无法搜集到读本，估计当时没有刻印本发行的缘故所致，也鲜见有史书收录，应该说也在失传之列，只有在阳新县清代修纂的《兴国州志》中有零星作品摘记或被载入，总的数量只占诗集的极少部分，大致不超过十首。

本章评解主要选择雷真师的《修炼直指》《混元六天妙道一炁如意大法》两部作品的原文为研究标本，侧重就其哲学思想、修真方略、文化旨趣等进行简要的解析，意在加深对混元文化本真面貌的认识与记忆，仅能表达笔者对雷真师的学术成果的个人见解或认定，另一面则把素以艰涩难懂的道教文本，尝试着给予通释、说明的方式，让一般信众也能在无障碍的阅读中得到一些启示。

一 《修炼直指》评解

《修炼直指》（又称修道直指），原载《道藏》收纂的《道法会元》一书之内，全文采用“双桥老人口述”的方式介绍全书，总计约有1700字。这是一部指导修道人士进行身心修炼时的思想方略与实践指南，是雷时中混元理论的立基著作之一。该书较完整地记述了混元道派修道时的基本原则与追求，具有较高的理论深度，其中在“修炼、施诀、思想、目标”等方面给予了明确的批判性发微与规范，对“修身、修心、修道”几个哲学命题都有充分的表述，是一部具有唯物史观与方法论的重要论著。

从整体内容看，雷时中的《修炼直指》之“炼”是指修“道”之意，也指修持“大道大德”之谓。通篇以“道法自然，修真不二”的哲学思想贯穿始终，在述说中用“借贷、类比、推导、批判”等手法，层层深入，情理相扣，为“修真”者指明追求的方法和方向，故“修真”二字是此著的核心论点。其间不乏历史唯物史观的积极思辨方法，这是雷时中哲学思想中深值肯定和珍贵的一点。当然，除外还不难看出，该著理论的根基思想主要带有天心正法“三光两印”的理论踪影，尤其是其文理参数，还融入了老庄诸子百家理学思想，把混元文化放在了一个中国传统哲学的宇宙时空间、多维广阔的视野上，吸收前人的哲学成果为己用，一面突出道法自然的混元道法思维，从而形成自己独树一帜的修炼观和理论标志，既是对天心正法的传承，更是对天心正法的推陈出新或发展，使之又有别于天心正法，因此在宋元时期，对丰富中国道教文化理论，产生过积极的影响。下面拟把《修炼直指》分成 9 个段落来进行通释评解。

（一）

双桥老人述：“夫修真之事，皆是自己本真，非他外物而成者。其修炼亦自然之功，更不劳心费力。且四时代谢，万物发生，天地何尝用力施工，皆自然而然。”

这里的“修真”是指“修道”，“本真”是“人性之本”，这两个题指的发微，是指“人之本真”和“天道自然”的两层意思。似乎可从荀子的《天论》中找到依据，也是雷时中吸取荀子的《天论》基本思想精髓为依据，以最大的智慧之心来创立或支撑混元道教“修真”理论的。荀子说：“列星随旋，日月递照，四时代御，阴阳大化，风雨博施，万物各得其和以生，各得其养以成。不见其事而见其功。夫是之谓神。皆知其所以成，莫知其无形，夫是之谓天功。”

这里荀子明白地告诉我们，列星的运行、日月的升降、四时的代御、阴阳的交替、风雨的消长，是宇宙自然之规律，认为万物和顺则生，叛逆之则亡，这是宇宙万物不可逾越的客观规律，这个规律的过程呈现出不见其形，亦见其功之象，修真也正是这个道理。说明天道唯顺应而不可违，也是天道的神圣所在，是雷时中运用这个宇宙哲学自然原理，透视道法自然后的理念概括，让修道者在通透的哲理中享受其“修真”追求，从原理上把握修真之窍，实现无为而为之。

何为修真？修真者，借假修真也。道教中，学道修行，求得真我，去伪存真之谓“修真”。

“修真”之说，自古就有，俗曰修道或曰去伪存真。它囊括了

“动以化精、炼精化炁、炼炁化神、炼神还虚、还虚合道、位证真仙”的全部修持过程。何谓真？真乃真人之业位，真乃真仙，不是自我标榜，而是形而上的玄妙空间上的境界。指出做真人是修道者的最高境界，修持者均应胸怀大志，高瞻远瞩，终生勤奋，刻苦修持，德、功并进，以求达到真人、真仙的上乘界地。

就混元道派的“修真”来说，莫过于修德求真为先，道高源自修心以正；以德养真，概当莫过于真诚，莫过于端正品尚和根深苗正，这样才能基础牢靠，目标清晰。

总的来说“修真”要遵循无为为之的道法自然状态，遵循天命有常的客观规律，不强求、不惘虑、不倍道、守四时、经风雨、迎代御之伦常、行正路。要像天道的运行一样，不见其事而见其功，讲求修炼，皆循本人心诚就足够了，无须追求得到什么。不靠外因让你修炼成功，而全靠内诚修炼中有心诚，成功只是自然而然的事，不是你想得到就能得到的。如同四时春夏秋冬的运行那样，天行自然而交替更换，万物自然萌发生长有序而合乎自然规律，夫是之谓水到渠成。试想：人何曾看见天地亲自为之施行呢？没有，因为上苍视大成而不言，所以说修真是自然而然的事。

雷时中在混元理论中强调“修真”不是无稽之源。而是吸收了前人修真的众多成果。因为道教中，学道修行，求得真我，是去伪存真的历练、艰苦、漫长的过程，不仅要付出时间，付出辛劳，付出痛苦等，更要付出心诚。君可见古今天下，何曾有不死的肉身？没有，而有的是永恒的法身。

道家认为，肉体是父母恩赐，然父精母血本为凡俗之物，数十年后焉能不坏？古代中国的中医哲学以“地、水、风、火”为人之血脉结构相对应：地构成骨骼肌肉和脏腑，水构成身中之血液，风构成呼吸系统，火则构成身中之恒常体温。

混元道之修真重在内丹修持法，所谓外丹之烧炼金丹、服食，不是雷时中所择，《修炼直指》中含有精深的内丹学原理，其特征表现为以丹道求精进，讲究修炼神气。

老子《道德经》曾云："道生一、一生二、二生三、三生万物。"丹道即三返二、二返一、一合于道。其名词为炼气化神、炼神还虚（后又增添炼虚合道、虚空粉碎一说）即精气神的返还过程。又因人精气不足，又创出补足精气的练精化气，使人从后天补亏达到先天，以便开始修炼。

（二）

双桥老人述："盖主宰天地者，日月也；主宰吾身者，魂魄也。

日月即天地之魂魄，魂魄即吾身之日月也，先贤所谓日魂月魄是也。

日月常交会，天地所以无离，魂魄常支离，人身所以有尽。故天地之造化不外乎魂魄。

日火也，魂亦火也，而心为神舍，神即魂神，心赖肝木相生，则魂神居焉，故曰：龙从火里出。

月，水也，魄亦水也，肾为气海，炁即魄气，赖肺金相生，则魄气依焉，故曰：虎向水中生。

圣人设教千经万论，莫不教人收心养炁，总而言之，不过拘制魂魄而已。"

这里最先提出的是"主宰"。意是指主管、支配、把握自我的意思。唯识论说："我谓主宰。"《朱子语类》卷四："天道福善祸淫，这便自分明有箇人在里主宰相似。"① 元朝杜本《和何得之见寄》诗："春风谁主宰？客梦自清安。"二层意思是指居支配地位者，常见为统治者，领袖之属。三有至高无上的地位。四有掌控生杀之大权。我随我心，我心归道。文中的驱使，是支指配人的身体和思想有所作为的

① （宋）黎靖德编著，中华书局1986年版。

动力来源。其中信仰是主导思想，现实是驱动行为。这里的“日月”与“魂魄”两个可以相对应的概念，俗有“日魂月魄”之谈。这是雷时中《修炼直指》中对道法的类比思维。日光月影，升降望朔，经年披月，不知疲倦。这是天道永存的客观规律，人类只沐浴其中，享受它的恩惠。文中的所谓日月，《太玄宝典》载《九真玉书篇》云：

> 日者，天魂也，太阳之火精也。其位居于乾艮，夏王冬衰夜短昼长，内藏阴气，而隐金鸡。金鸡者，酉也，外应于四方。夫金石能生其水者也。故乾为天金，艮为水石，是以水生于山石之中。此阳中有阴也。《内景》曰：上焦为天，心为灵府，首为艮山，口为洞谷，出水之源也。水者，坤也，地也。积阴之气，升于上天，凌乎华盖。—然则，心者，其生命之主乎。[①] 又曰：月者，地魄也，太阴之水精也。位属于坤巽，冬王夏衰，昼短夜长，中隐阳精，而藏玉免。玉免者，卯也，东方之木能生其火。此阴中有阳也。《内景》曰：下焦五脏曰二肾，二肾中央者，丹田也，前有巽海，人之水府也。—月者，地也，无阴则万物不生。

所谓魂魄，它指人的精神灵气。古人认为魂是阳气，构成人的思维才智；魄是粗粝重浊的阴气，构成人的感觉形体。魂魄（阴阳）协调则人体健康。人死魂（阳气）归于天，精神与魄（形体）脱离，形体骨肉（阴气）则归于地下。魂是阳神，魄是阴神，道教有“三魂七魄”之说，如今科学尚无法证明，人的魂魄是否如宗教所言可离体或轮回以及魂魄组成是否正确。

《左传·昭公二十五年》：

> “心之精爽是谓魂魄；魂魄去之，何以能久?”又《昭公七年》：“人生始化曰魄，即生魄，阳曰魂；用物精多则魂魄强。”

① 摘自张继禹等主编《医道寿养精编》，华夏出版社2009年版，第191页。

孔颖达疏："魂魄，神灵之名，本从形气而有；形气既殊，魂魄各异。附形之灵为魄，附气之神为魂也。附形之灵者，谓初生之时，耳目心识、手足运动、啼呼为声，此则魄之灵也；附所气之神者，谓精神性识渐有所知，此则附气之神也。"①

谈及魂与魄的关系古人有息魄与散魂之说。联系到颜山地域的混元道法事，常将阴魄甚至模拟他的画像来进行火焚，善者施以牺牲，恶者施以驱离，如果是罪大恶极的人死后变成的厉鬼之类，道事则用度人经之宽宏大量方法给予镇压、赈度，如用纸人纸马或纸钱当成贿赂之品，分而火化，达到对其镇、媚、飨等目的，最终要驱除其游魂余威，甚至摧毁其木偶，烧其类似的稻草人或肖像，以消除人们心中的恐惧或因恐惧转化而来的迷惘等心理，化掉阴魄的不息，屏蔽并消除阴魂的持续影响。因此，便衍生出赎孤魂、度野魂、安亡魂等一系列道教习俗来。笔者认为，这是混元道传承了远古巫蛊之术的自觉行为，不是简单给予界定的迷信，而是人类的远古文化因子遗存至今之例证，即远古"胎记"。

人的精神分而述之可以统称之为魂魄。

其魂有三：一为天魂，二为地魂，三为命魂。

其魄有七：一魄天冲，二魄灵慧，三魄为气，四魄为力，五魄中枢，六魄为精，七魄为英。

三魂和七魄当中，又各另分阴阳。三魂之中。天魂为阳，地魂为阴，命魂又为阳。七魄中天冲灵慧二魄为阴为天魄，气魄力魄中枢魄为阳为人魄，精英二魄为阳为地魄。

古人认为人身上有三魂七魄，如道书《云笈七签》云："夫人有三魂，一名胎光，一名爽灵，一名幽精。"七魄是：尸狗、伏矢、雀阴、吞贼、非毒、除秽、臭肺，皆身中之浊鬼也。

总之，拘制魂魄，由我做主，收心养气，圣人之道。这是修炼最

---

① 摘自晋葛洪《抱朴子·地真篇》及《云笈七签》卷五四《说魂魄》。

基本的智慧操持法。以上混元道事中的以画代魂的作法，与楚辞《招魂》的文学事象记忆一脉相承，隔史映证。

魂魄一词之提出，亦是阴阳两分法的辩证思维所产生的比照论，与人鬼关系、天人关系、神物关系等，同一审视范畴，其实这是从古代中医内丹、胎息学中借助来的被雷时中常用的修道法则，而在胎息理论指导下，雷时中尤其颇有心得，他常常打坐十天半月不食人间烟火，其间最核心的技法就是自我关闭魂魄之门，让其游离人体之外，留出或截断人体所需能量的供应值消耗量，从而节省出一个从新建立的能量功能场，这就是雷氏混元能量功能场。只要建立了这个功能场，其生命状态将无比健硕强大，不仅能抵抗饥渴，更能抗击疾病的侵袭。如果说雷师羽化后近两百天其尸骨不腐是真实的存在，那么雷氏混元能量功能场的修道之法，是之谓神矣。

（三）

双桥老人述："以此观之，有诡异丹经紫书不欲显言，反复譬喻，欲达者自悟耳，其真有男女之相炁哉，后世地狱种子，妄认迷真，借先贤之明撰造旁门小法，若咽龙虎精气，吞日月精华，收三魂，拘七魄，补五脏，烧三尸，交姹女，养圣胎，转辘轳，补脑还精，收炁咽液，守顶上，存眉间，淫少女阴中之精，采室女口中之唾，纳清吐浊，叩齿集神，导引按摩，存想呼吸，不可枚举。此何等异见，只是骑牛不见牛，无事生事，诡谲万状，怖异百端，图画形象，诳惑迷愚，欺骗钱帛，饕餮酒食，直待意足而后传度。

其有得之，如获至宝，笃意行持，日夕苦志，勤心劳力，摇身摆骨，致使两腋筋脉沸腾，气血壅滞，精神溃乱，肢体炁羸，由错乱阴阳，不合自然之理故也。

行之不已，渐生恶疾，重则丧生，轻则残废甚极，又谓之魔障。何愚迷若此！凡此而逝者，予亲见数人，岂敢坐视而不言，由是不惧天条，焚香述此，以救来者。予所言妄诳有误同志之士，甘伏天诛，以明后世。”

很显然，雷真师在这里批判并指出有些修炼之人，将收心养真之根本修持法抛弃，而用所谓的雕虫小技诸如：“妄认迷真，借先贤之明撰造旁门小法，若咽龙虎精气，吞日月精华，收三魂，拘七魄，补五脏，烧三尸，交姹女，养圣胎，转辘轳，补脑还精，收炁咽液，守顶上，存眉间，淫少女阴中之精，采室女口中之唾，纳清吐浊，叩齿集神，导引按摩，存想呼吸，不可枚举。此何等异见，只是骑牛不见牛，无事生事，诡谲万状，怖异百端，图画形象，诳惑迷愚，欺骗钱帛，饕餮酒食，直待意足而后传度”，等等，最终走向反面成为“行之不已，渐生恶疾，重则丧生，轻则残废甚极，又谓之魔障。何愚迷若此！”雷真师最后还把恶果直白且真诚地指出：“岂敢坐视而不言，由是不惧天条，焚香述此，以救来者。予所言妄诳有误同志之士，甘伏天诛，以明后世。”可见雷真师的苦口婆心到了推心置腹的地步，真乃非大德者而不相传教也。

总之，凡用拘魂收魄来搞装神弄鬼之术的，雷真师都认为是很危险的事情，大不可取。其中对这种现象他称之为：“妄认迷真，撰造旁门小法，以致造成只见其牛，不见其牛，无事生事，诡谲万状，怖异百端，图画形象，诳惑迷愚，欺骗钱帛，饕餮酒食”等，用生动的比喻来给予明白地批评甚至挞伐。雷时中的这种唯实而论的哲学观是深值肯定的，从理义上已具备了唯物史观，作为宋代的一位资深道士能有这样的义理认识，堪为至人，史不多见。

（四）

双桥老人述：系之以诗曰：人人自有本然真，何必辛勤向外寻。但把精神如宝玉，免教魂魄乱商参。危机可达唐虞道，语默常存天地心。不得已言非好辩，心融意会有知音。

雷时中在文中引用了这首七律古诗词，道出本然就是人之本真，本真是人的与生俱来，人皆有之，其他都是外寻之因，精神是心性的表露，是人之最宝贵的东西，像玉石一样美妙，它的迷失可使魂魄离乱无着，最后会造成生命之危殆，这与唐虞先哲之大道至理一脉相承，因此，修真之人要常怀真心，不得以歪理进行狡辩，把智慧与大道融会贯通合成一统，寻觅所求的知音就会自然地来到你的心中。

现代社会有些人做事缺乏本真之心、善良之心，心性浮躁，私欲膨胀，大事做不来，小事不愿做，就像魂魄迷乱，没有依凭，长此下去，危殆不振。修正的方法是回头是岸，端正人生方向，从修德做起，从行善做起，从修真做起，返回到智慧之旅途上来。

（五）

双桥老人述：

内持（三法共源），精气神 心口意 贪嗔痴

内根：

诚 真一无伪

敬 主一无过

廉 无摇其精

谨 无耗其气

公 处己无私

忠 无乱其神

正 律己无邪

直 尽己无亏

这里说的“内持法”重在强调要“炼精、聚气、通神，合心、适口、遂意；防贪婪、嗔怒、痴迷”。这是指修真取法的内核，法正修明；“内根法”则强调以八字真言统领，即：勤、敬、廉、谨、

公、忠、正、直。强调修真先修德之重要性。八字真言是指对“诚”不虚伪，敬主无过失，精进不动摇，炼气聚其气，为公而忘私，神行不迷乱，身正而无邪，堂堂正正做人。

这何尝是修道？简直可以说是一个完善身心的锻炼秘方。雷时中如此对混元道人的谆谆教诲，既是出自他对人生的参透而得出的真悟，更是他自身人格的展示和写照。

（六）

双桥老人述：

四宗：以意定想 以念扫尘 以经敛心 以坐凝神

一义：无事于心 无心于事 两者俱忘 自然清净。

四宗、一义，讲的是修真时对心与身的准确把握。

所谓“四宗”既是对修真的科学总结，也是对修真者定想以意，导引入轨之大法，以念祛除尘垢和邪秽之心，用神定把狂妄的心收敛镇压，以坐挽静，把守清净；

所谓一义，是指心净如水，心明如镜，无心于事，无事于心，两者相忘，在自然而然中实现无为而为之。

（七）

双桥老人述：

外戒

一、孝养父母

二、忠于君王

三、毋淫非己之色

四、毋贪不义之财

五、毋入公门，以直为曲

六、毋醉酒恣食厌荤
七、毋傲忽至真，恃势凌人
八、毋怠慢行持
九、毋损德亏心
十、毋陷人不义

所谓外戒不是可有可无的事项，而是对修真的十个方面让修真者时刻警惕，加以戒备，凡事从小事做起，从日常生活做起，以达到防微杜渐。这里作者以律令的方式或师长的口吻对修真者发出的叮嘱，是对修真者作高位的指点，是以雷时中自己的诚心授法，以法护修的大爱之举。其戒理条清目晰，字字珠玑。内容以孝字为先，对人们易犯之诸多邪恶行为加以警示、框正与导引。

（八）

双桥老人述：

“混元六天：无为天（即无为万神天）、妙神天、都神天、玉神天、道神天、生神天。

混元无为六天宗基。混元一炁，开辟乾坤，剖判二仪，生育人物，独超祖渊之时，挺出阴阳之先，历劫长存，谷神不死，六天魔王不识混元一炁正道，太上以此化之，故曰：混元六天如意大法。师资精心斋戒，抱元守一，始终不替，则身与混元一炁自然符合，永劫无穷，何患不度，又何患不能普济群生，独超三界乎。”

“混元一炁”

“心传此炁即先天祖炁，人人有之，特明与不明尔，即佛氏所谓本来面目，父母未生前之妙也，含于一而为混，合乎万归乎元。”

这是本书理论阐述旨要的核心，即回答要弄清什么是“混元”的问题，为叙述方便，这里可简称为“混元六天理论”。

此论是雷时中道教哲学理论中最最重要的中心命题。这个命题因其开众派之先，将混元作为道派之一宗，使宋元道教文化展现出一代之新面，更新了中国南宋时期中国南方道教总体理论的沉闷格局；开创了“混元一炁”之新说。认为万物之生命莫过于一气之生长，并用老子道生一，一生二，二生三之原理，从唯物观上对乾坤开辟，始生两仪，两仪生化育人等问题，给予积极的探索，并总结出修真一气，可历万劫长存，食谷之精而不死，从而在太上老君点化之下而生出《混元六天妙道一炁如意大法》，并强调只要抱元守一，无难不度，无劫不解，能普度群生，独超三界。故在以下讨论中，雷真师提出了“混元一炁”说。

雷时中明确回答了什么是混元的定义，答曰“含于一以为混，合于万归乎元”。也就是说指的是“混元一炁”。这里的炁不是常态之“气”，而是形而上之“道”。气是物质形态的物，而炁则是指精神上的非物质态。

关于炁，是一个不可回避的课题。

气和炁在我们祖先的眼中，是两个不同意义的哲学概念。

“气”是宇宙间、时空中，万物生化的根本，是一种基本物质。《黄帝内经．素问》篇云：“气始而生化，气散而有形，气布而蓄育，气终而象变。”万物的化生、生长、繁殖、消亡，都是气贯穿始终，气乃万物的基础和根本。“人之生，气之聚也，聚则为生，散则为死。”中医学中的气化论将气的概念分得更为详细，例如，先天气、后天气、营气、卫气、宗气、经络气、脏腑气、元气、混元气、真气等。修真之士，修持中所运用的这一基本物质实乃先天中的升华物质——元炁。古人为了区别一般之气与修待之炁的区别，特以“气”“炁”相分别，以区别其二者之间存在着质的差异。真气中既有先天之炁，亦有后天水谷、天地之气的精华。简单地以气代之，实难概括也。

气这一物质，在不同修持阶段，其质量存在巨大的差异，只是肉眼难以观察而已。在“气”达一层次，其密度低质量不高；在“炁”的层次，其密度、浓度、质量大大提高，表现出光的性质，稍加注意肉眼亦可能观察到。在更高的层次，其光的性质就越明显，呈五色态；更高者而返八十一阳天，而返三清虚无自然之界。现代科学业已证实的量子纠缠原理的发现，比“炁”还“炁”，比神还神，但绝不是迷信而是科学。古人对“炁”的研究，早已是探索者与先觉者。

所谓“炁”，是一种视而不见的能量，一种非物质肉体所需要的能量，是人的第一个灵体所需要的能量，炁“乃先天之炁”，代表无极，比物质能量更为细腻。是现代科学所称的第四态、等离子态。

从理论上讲，所谓灵体是肉体的创造模板，如果人的灵体“炁”不足，则表现在肉体上就是多疾病，衰老快，若灵体“炁”充足，则人的肉体健康。古代中国所指的人体经脉穴位在灵体上，非肉体上，属中医脉学范畴。

“炁体”，现代科学叫“能量体”或“生命能量体”。在古希腊和古印度的传统中，称为“以太体”。古代中国称之为“真炁体”，指人的第一个灵体，离肉体最近。此灵体可以用“克里安照相术”拍摄到，这不是迷信，而是被证实了的科学。

混元道中相传印堂穴透视法可看到灵体或光体形貌，此时则需要入定法（使用灵眼）才能观察到。古中国的针灸，便是一种基于以太体能量结构的以太能量疗法，民被现代科学证实是唯物的，料在后世科学更为昌明的时候，其作为中国古典中医科学的再认识上，可能会像藜蒿素一样，荫泽于整个人类的健康事业。

（九）

双桥老人述：

《天君跋经语》

“经以心传，心以经悟，经悟心传，天人普度，以此存心，帝其汝顾，以心奉传，好事好做。

夫天君者，心也。行法之士但究竟元始先天祖气，以此契心，勤而毋怠。以神合神，专一而无二。念兹在兹，出处不忘。

天君每遇壬癸之日下降人间，代天宣化，扫荡妖氛。每清旦须澄心烧香，诵经礼拜，忏悔自己与玄祖累劫罪尤，然后静坐炼养元神，自然法圣符灵，与道契悟。常供养净茶枣汤，桃木香焚之，自然显现，切勿惊怖。天君未尝负人，人自负天君。行法之士，不干非理之事，不取非理财物，不起妄心，不贪邪欲。倘使漏泄灵文，败弄道法，殃及九祖，祸延一身，永坠酆都，转乖人道，可不戒欤！

原夫太易太初之极，中有至精焉，浮黎元始也，元始一而已，一者乃天地之祖，无极之宗，不言而化，莫知其神。自天地位，日月明，星辰著，岳渎形，雷霆现，风雨行，万物因之而生，号曰：道也。道即一，一即元始之殊名，分为玄、元、始三气。始，青之气，道之祖，一也，于浮黎说经，众真监度，授于玉宸道君。元，白之气，为灵宝君，经之祖，一生二也，宣演经教，立法度人，下传混元太上老君。玄黄之气为神宝君，二生三也，上作诸天之模范，下为百世之表仪，变化多端，灵通莫测。八十二化变为真武，主掌群黎，纲维万物，为天地主宰，为生民立命，为万世开太平，即三生万物也。藏于其中，显于物，一饮一啄无非此道也。”

这一最后的一自然段，是雷真师引述前贤天君写的一段经语之跋，作为《修炼直指》之结束语，不仅贴切，而且道出了真师对修真的独到见解，是与前贤的理论认知一脉相承的，具有精到而准确的普世价值和社会意义。其中说：“上为诸天之模范，下为百世之表仪，变化多端，灵通莫测。八十二化变为真武，主掌群黎，纲维万物，为天地主宰，为生民立命，为万世开太平，即三生万物也。藏于其中，显于物，一饮一啄无非此道也。”

从中不难看到雷时中“以真武崇拜为教主，以德修真为人格企及之门，以为天地作主宰，以为生民立生命，以为万世开太平”的混元哲学精义显现，同时也显现出他对中华传统理学的情有独钟，不愧是一位携古布新、开拓进取的宋元时期杰出的阴阳家和思想家。

早在混元道派诞生之前，以炁养真的方法，在中国传统道学理论中有着无数的门派，修真方法、门派不同，所持论调各不相同，功法亦千变万化。单就世俗民间的修真门派就有东派、西派、南派、北派、中派之别，隐世门派为古仙派。一般有：入门之法、静功之道、静功的外在动作等，但像雷时中这样独辟蹊径，融会贯通者不多。

在方法上，雷时中谆谆教诲修道者，指出道家修炼，归根结底是要修炼内在的精、气、神三宝。静功的采取坐式、站式或卧式，或散步亦无不可。

坐式，可以平坐凳上，小腿垂直于地面，或者交叉亦可；也可以盘腿坐在床上，盘坐困难者可先在座下垫个枕头；两手相叠，大拇指相抱成太极图形状，置于丹田即可，或者手抚两膝亦可。

站式，自然站立，双膝微屈，两手叠放丹田，或垂于体侧均可。

卧式，一般为侧卧，一手曲肱枕头，拇指与食指分开，耳朵置于虎口处，以使耳窍开通；另外一手置于胯上，或放于丹田；两腿亦成一伸一屈之姿势，与两手刚好相反。

散步之时，应当选择在人少安静的地方，公园或者大一点的庭院之内，没有其他干扰，而且道路又比较平坦。缓步徐行，如飘云端。散步之时，可以用静功之中的听息法，但是不要闭眼睛。

修炼姿势选择有多种。

一是全身放松，无论采取何种姿势，均须全身放松。这个放松，不是软作一团，须要保持头脊正直，以利经脉通畅；但也不要成为硬挺，变得僵直呆板，反而不利于放松，亦会阻碍经脉的畅通。放松的做法，首先要求双肩下沉。一般人平时身心紧张而不觉察，动作上就不符合放松的要求；现在我们做修炼功夫，首先从动作上调整过来，自然就能进入放松的状态。

二是双目垂帘，垂帘即微闭之义。为什么需要微闭双目，因为睁开眼睛容易滋生杂念，全部闭上又容易昏沉入睡，皆不利于练功。微闭之时的口诀，就是“睁三闭七”，即睁三分闭七分。具体做法从前皆是口传，在这是明白说出就是眼皮下垂，以看到眼前之物而又不能辨清为度。

三是舌顶上腭，兑为口，丹经上又谓之“塞兑”，即抿口合齿。舌顶上腭的做法，从前也是秘传，要把舌尖反卷过来，以舌尖底面顶到上腭部位。因在人之上腭有两个小窝，叫作“天池穴”，上通泥丸，最易漏神漏？故此练功必须堵信如同婴儿哺乳之状。

四是鼻息自然，即自然呼吸，但忌粗短。随着静功程度的为断深入，鼻息应当逐渐做到深、长、匀、细、微。

五是两手抱诀，两手的掐诀，又称“子午决”，两手抱诀这时，左手食指和拇指画圆，右手拇指放在圆内，右手4指放在左手4指下面从拇指方向看，就是一个“太极图”的形状。如此相抱，则人身之阴阳二气，自然接通，片刻之后，两手感到发热发胀，奇妙无比，即是二气接通之效。道家没有男女之分。除外，静功的内在法诀也有多种：首先是“听息”。静功的目的，在于入静。入静的含义，就是指身心安静下来。为了达到入静的要求，强调必须祛除一切杂念，这是静功筑基法最为关键的一大原则。但是人们的思想习惯，大脑总是在不停地考虑问题，即使睡觉也会做梦，要它一旦停止不动，很难做到。为了达到入静的目的，古代道家修士创立了许多法门，如听气、坐忘、守一、数息等。比较起来，以道家庄子所讲“心斋”之中，谈到的“听气”法为最好。

所谓“听息”，就是听自己的呼吸之气。前面我们说了，静功要求自然呼吸。听息的方法，就是两耳内听，即摒除外界一切干扰，如入万籁俱寂之境，去听自己的呼吸之气。初步入手只用耳听，不加任何意念。听到后来，心息相依，杂念全无，连呼吸也似乎不存在了，逐渐也就到达“入静”的境界。

所谓“观光”之法，是道家秘传的修炼法门，从前秘而不授，皆为师徒相传。观光的作用，就是为了炼性。吾人之性，原为虚无一光，在下生之前，来自宇宙。因此这时炼性的根本方法，谓之性功。有人以为道家所讲的“性”功就是道理，没有功夫，是未得明师传授性功之故。

性之根，在于两眉中间之一窍。此窍来自吾人下生之前，因而称为“祖窍”。初先静坐片刻，用前面所讲的“听息”法。身心入静之后，即将两目，似观非观，止于“祖窍”之前。这个“祖窍之前”，不在身内，亦不离身外，就在眼前约一寸二分的位置。

这里所讲“观祖窍”之法，是为聚起自己的元性。元性聚起，自然就会见光。但是，这个境界是自然的，万万不可追求；如果追求，也会见光，但为幻境，非为真性。许多练气功的人士，往往就是进入魔境，不自觉察，真是差之毫厘，谬以千里。须要用“若有若无，似看非看”的意思，在无意有意之间，不可着意，又不可无意。自然而然，这就对了。

心神微微放于“祖窍”，就能出现自己的性光。初则点点，飘移不定，其光微弱，心无旁骛；开始似乎由外而来，发现之后，此时以心神稍微收摄之，凝定之，即以意照于白光中，此为聚性之功；继之由点而渐渐凝聚成片，片片而来，由外归内，慢慢聚起；再继之则时聚时散，难以固定；如愚昧最后终于成为一片，而无波动，如此真性聚矣，而吾人已入大静。

光是性就有表现，观光即知自大性的聚散。光散性即散，光聚性即聚，光定生即定，光满性即满，光圆性即圆。王重阳祖师当初描摹其形状曰：“圆陀陀，光灼灼。”圆者，是言其没有不规则的形状，灼者，是言其没有黑色的漏洞，这样才能到达“性光”的最高境界。进入这一境界，生死可了。但是如果不是深入大定，而且具备极高功德，就不可能达到。

观光的功夫，虽用“观”而其实不是在观，一切都是自然而然。修炼此功，须循序渐进，由光小而到光大，由弱而到光强，从波动而以光定，从片片而光聚。亦有人修炼多日，两眼漆黑，而从未见光，故不可追求。

总之，在《修炼直指》中，雷默庵很精辟的论断阐述出：“夫修真之事皆是自己本真，非他外物而成者。其修炼亦自然之功，更不劳心费力。且四时代谢，为万物发生。天地何尝用力施工，皆自然而然。盖主宰天地者日月也，主张吾身者魂魄也。日月即天地之魂魄，魂魄即吾身之日月也。先贤所谓日魂月魄是也。日月常交会，天地所以无穷。魂魄常支离人身，所以有尽。”

雷真师认为“天地人三才之道”，无非是阴阳二气的变化规律而矣。故道是宇宙的大一统论，本体论，是宇宙的生存有序性及结构性。故其显者为象。其藏者为数，其交者为气。万事万物同在宇宙的大一统规律下，万化不离阴阳之变。其变化有隐，有显。故魂者阳气，魄者阴气。它们之间的交会化合，是自然的，不受任何人为的主宰。故道者公也。人同宇宙气运是统一的。然而，人的魂魄，时常游离本体。故常耗损。我们站在现代社会角度认识：通常将其游离之气喻为“能量”，能量是永恒的，是可互为转化的。这个看不见，摸不着的规律，即是道的本体。

对于魂魄论的对应于感应气机学说，雷默庵说：“故天地之造化不外乎魂魄，日火也，魂亦火也。而心为神舍，神即魂神。心赖肝木相生，则魂神居焉。故曰：‘龙从火里出。’月水也，魄亦水也。而肾为气海，气即魄。气赖肺金相生，则魄气依焉。故曰：‘虎向水中生’。圣人设教，千经万论，莫不教人收心养气。总而言之不过拘制魂魄而已。”

二　《混元六天妙道一炁如意大法》[1]考析

（一）主法

双桥老人述：

祖师混元启教一炁妙道普惠路真君（路大安·晋人）

① 雷时中：《混元六天妙道一炁如意大法》，原载于《道藏》收纂的《道法会元》卷一五五正乙部二十九。

祖师混元开教一气妙道普济雷真君（雷时中·宋人）

这是雷时中创作并被传承的一门混元道派除秽镇邪之大法入门纪要，原载于《道藏》编纂之《道元会法》一书中。

文始，明确假托晋代道人路真安是此法创法祖师，并称其为普惠真君，而称自己为此法的另一位祖师，称普济真君。奇怪的是两人相隔数百年时间，共同创造了《混元六天妙道一炁如意大法》，用普惠、普济各自冠号，这是一种什么样的情怀，让人费解。但有一点，往往道家得道在中国文化惯例中，绝大多数都会借托、附会于所谓的高人之梦、之象、之物、之魂等为依凭而得道，俨然使之成全自己的文化系统的惯例。雷时中的混元道故事中，有数次这样的托神、附会之事。例如天心派肇始于北宋道士饶洞天，被称作“天心初祖”。抚州临川（今属江西）人。初为县吏。据称，某夜梦神人告曰：“汝用心公平，执法严正，名已动天矣!”梦觉见华盖山上有五色宝光，上冲霄汉。寻光掘地，乃获金函一枚，开视，有玉篆仙经，题曰：《天心经正法》。声称仙人授天书，或掘地得神书，往往是道教诸多派别创始者创立道派的舆论准备。饶洞天自己撰写了一本名《天心正法》的经书，为了取信于人，才加以渲染和神化。《饶处士传》又称：“一日，率诸弟子登华盖之巅，授以至道。”雷时中一生中得道事件中与之相同的法门至少有五次之多。

最能说明上述事件的是雷时中在他 43 岁时那年的三月三日，进香于江西太平宫，梦中得到高人赐予的天心正法大典一部，他又在寻找出道寄寓地点时，曾受异人送灯相伴；又如他遇异人指引名言“逢池进、逢梯上、逢颜落”之牵动，而设坛于颜真观建醮立观等，乍看起来诡谲不经，但大体之法门大同小异，如法炮制或同出一辙，这样的附会已成为宋元时期修真得道的秘诀天机之一，只是在道教文化渲染下，人人皆知而不言其实罢了。

（二）帅将

主坛：三十三天雷霆大都督青帝辛天君，
混元主将：正一都统辖魁神灵官马元帅，
混元攻气副将：耿元帅。

（三）十大功曹众将

闾丘释，张大用，祝清，孙达，刘定光，张明远，田晖，王元，张元毅，赵钦。

（四）执事诸将领：

报事功曹路祥、布气功曹皇甫正、催召童子柴致兴、百药天医朱子荣，李绅、催生保产天丁高刁、风轮荡鬼将军周巨夫，腾魂倒降伐魔治病小翻山张肾圣元益，拔山拷鬼摺指报应大帅雷轰，腾天倒地究邪缚祟素练白蛇大将马充，捉鬼童子何鼐，缚鬼童子何焘，枷鬼童子何清，拷鬼童子何渊，掌剑印童子朱士登，临坛涤秽运炼十大太保，混元符图云篆百千官将。

这三个自然段记述的“主坛、功曹、执事”神谱众多对象，也是雷时中在此著的设计中，自我建立的一个完整的神谱家族体系。这些神祇的设置不是可有可无，而是混元道教内部的职责分工，职位认定，只有这样才具有等级森严，威武庄正、神圣无比的道的意义，更是道家通阴达阳、妙法一身的神界人才力量，他们无论上天入地，或是漂洋过海无所不能，无坚不克。这就是道家所杜撰出来的所谓斩妖捉鬼，为民除害的英才队伍，有了他们，可通神达天，无秽不除。

（五）

入坛变神步罡

A、掩耳勿听，瞑目勿视，闭口无言，存神定意。

一步天开二步地裂三步人生鬼自滅；

B、步罡毕，丁字立定，左手掐玉文，右手握剑诀

C、念咒曰：

头顶天圆，足履地方，手执河魁，体伩天罡，日为圆象，月为圆光，身披星斗，六律九章，能驱万神，消灭不祥，吾今一敕，鬼怪灭灭，急急如上帝律令。

D、咒毕，左右手剔南北斗及三台布坛罩身

魑鬼旨鬼火鬼天鬼尊鬼胜，剔于前，魁勺藿行魒甫魒，剔于后，上台一黄，驱却不祥，中台二白，护身镇宅，下台三青，朝谒帝君，台星到处，大赐光明，吾奉祖师北极大帝律令，

次念咒：咒法、占卜、辩卦

天雷隐隐在吾头，巽诀，地雷隐隐在吾足，坤诀、青龙神君在吾左，卯文，白虎神君在吾右。酉文、朱雀神君在吾前，午文、玄武神君在吾后，子文、三十万兵在吾前后左右，玉文午出，急急如混元上帝律令。

E、咒毕，念誓章，次却瞑目，存巽户有青气一团，即内运自己金光气冲上，以舌尖虚书一聻（zhān）字，吹送于前青气围上。《聊斋志异·章阿端》曾提及，“人死为鬼，鬼死为聻。鬼之畏聻，犹人之畏鬼也。”

F、次念：

唵吽吽，霹雳生，霹雳发，霹雳兴，霹雳摄，五雷使辛忠义速至，娑诃。

这是一段除妖斩秽的道家的修真方略，在深厚的迷信色彩中亦藏有一定的气功原理，主要从念咒、踩卦、掐诀三个内丹修炼层次入修，进行个人智慧上的筑基，从根本上厚实修真本领，为达到普度万灵，延年益寿之目的。

（六）

存前光气化为天君，见有电光烁烁，以左手握金牌诀，右手握玉印诀，诏下。就吹布北气一口，存昏雾蒙蒙，以两鼻吸引天君，咽下玄关，混合冲融，交姤数匝，结成青黄红气，运至泥丸宫出下明堂间，再用吸入，金桥接，呼出香烟上，布金光气盖，倏忽间见日月合璧，金光一团，以剑诀劈开，化现天君立于前。

这是雷时中对“混元一炁”施法具体实践的精到概括，这里的“前光”，是指功业阴德的积累，“电光”是指炼气时的“道象”，以诀持窍定令守则，用北斗之气，经五脏六腑，通脉运筋，任、督互济，在瞬息间洞天开明，金光一团，最终叩见天君于眼前。这种收获修真的快感与惬意，无与伦比，世间少有。此法明显带有天心正法中的三光两院法门中的诸多特征。

以上所述可以看出：《混元六天妙道一炁如意大法》的特点是“行法、布气、度人、救人”。以炼气返还，固本培元，再行罡布气治病救人。其宗旨辅国佑民。不参朝政。

雷真师在阐述何谓“混元一炁”时称：此炁是先天祖气，玄而上之炁，而非常气之物质态，人人皆有。明与不明之状，与佛界诠释的所谓本来面目相仿，父母未生前之妙也。含于一而为混，合乎万归乎元，也就是混元教义的定义。即是祖宗之气。故行教持教必先尊祖宗，是以孝道百为先。

三　简短的小结

笔者选择《修炼直指》与《混元六天妙道一炁如意大法》这两部作品进行评析，是因为在雷真师的遗作中，目前只发现这两部原著作品为标本来研究，所以不无遗憾。

从这两部遗作相较，前者从总体上它是混元理论的大法总纲，带有混元理论全局性的指导思想和修炼原则，是一种大思辨，大方略、大道德的理论呈现；而后者侧重于“术数”的研究，更重于修道力行的具体方法细节的运用与实践，因此说来，大体上这两部典藏经书，基本代表了雷时中混元理论的全部精髓和全貌，与其他的他所遗传于民间的百多部经典相较起来，未被收录者似乎可以视为是这两部著作的有力补充。窃以为不能说孰重孰轻，都是他精心创作留下的宝贵遗产。

值得注意的是：为什么《道藏》一书在选编时，独独将《修炼直指》《混元六天妙道一炁如意大法》两部书以双桥老人述的方式，全文给予录载？而将雷时中的其余著作如《心法序要》《原道歌》《双桥诗集》等书，仅以目录书名记录、查不到这些书的内容呢？这恐怕是编者筹划收录标准的所致：一因篇幅所限，二因这两部著作基本可以代表雷时中学术思想的最高境界和水平，笔者亦认为这是符合古人学术著作编辑标准的要求的。

可喜的是，现在颜子山混元道士中间，除了能看到《修炼直指》《混元六天妙道一炁如意大法》这两部雷真人的著作外，还在混元道的民间道士手中，尚有地域民间文学特色的非正式唱本传承，如《十月怀胎》《叹百花》《朝天忏》《卷珠帘》《醮诸神》《拜仙山》《安地祇》等。这些经典因不作为道士修真时的专用章典，主要是用来进行道士介入地域社会习俗时服务于信众的道事用典，而且这些典籍都是以供道士和俗人共同唱和的民间音乐形式出现，具有音乐的翅膀搭载其飞翔的优势，使得这些经典被民间自觉传承，又得力于其生态形式以音乐娱愉性包装后取胜，典章内容能无阻隔地飞到寻常百姓间，故生生不息，无惧失传。这是通常说的所谓“仙俗相济，道俗互补”的最好例证。因此说来，这些没被收进《道藏》等古籍中的经书，反而不因时代的变迁而失传，当然其前提是道俗不被失传。这也是我们在这里要将史籍记载、又不被寻常百姓能看到的雷时中的两部著作给予评析，多是通过这种束之高阁的知识，还返于乡土，从而真正藏经于民，那么，这样，我们的民间文化和草根文化就永远不会遗失了。

第四章　道俗故事

本章重点考察混元道教中的神仙故事。

余秋雨说："神话和梦，都会以'原型'（archetype）'原始意象'（primordial images）的方式成为一个民族的'自画像'（self-portrait），反复出现在集体心理活动中。"①

所谓神仙故事就是原本的神话，按鄂东南人的话说就是"神谈"，是一种梦呓中的文学台词，更是一种原始意绪在信众心中的情感编织，如同自画自己的像，并且尽是些集体的心理文化图影，成为集体人格的描绘与表达的载体。

鉴此看来，颜子山混元道教的神仙故事不仅不是迷信的东西，而是寄托着地域人类集体人格的情感结晶，所以这里很有必要对其作客观上的研究与省察，以平和与宽容的态度剖析其文化意义。

混元道教文化中有许多物质态的东西，代表性之一的是其道教音乐，二是其道教经典，除外还有道教坛场、道教绘画、道教乐器等。其中首要体现者是其庞大的经典文学系统，而道教文学中又莫过于道教神话故事的编织，初步统计，混元道内神话故事多达数十则，至今在道士与信众中还在传承。

其实，在混元道150多部经典中，尽管它以道士本人的手抄方式传承或用口传心记方式给予记录，但大多是道士在法事中与神灵的对话记录，而所谓神话故事，但从故事本义讲，道教经典还远不是神话，因为经典不是以故事取胜的文学样式，而神话则是以故事传达文化思想为其特征的文本样式。例如道教经典《北斗经》虽表现的是为自然宇宙崇拜和玄武崇拜而设，但它所颂扬北极星君或玄武神灵只是一位神灵，仪式中仅作为一个偶像而立，既无虚幻故事性，更无虚幻故事的情感纠葛，所以它不是神话。但道教神话极具故事情感、曲折多变的故事情节、人神互位的负现实性、善恶分明的伦理超常思辨。而且它的传播途径不在道内，而在道外。也就是说，道教神仙故事原本是地方百姓的精神餐饮，广泛传播于乡野俚巷，再则从文化形

① 摘自余秋雨《君子之道》，北京联合出版公司2014年版。

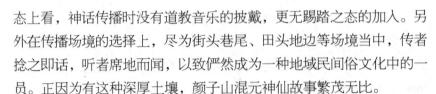

态上看，神话传播时没有道教音乐的披戴，更无踢踏之态的加入。另外在传播场境的选择上，尽为街头巷尾、田头地边等场境当中，传者捻之即话，听者席地而闻，以致俨然成为一种地域民间俗文化中的一员。正因为有这种深厚土壤，颜子山混元神仙故事繁茂无比。

混元文学中的神仙故事，总是将道观中具有深厚功夫的道人作为故事主人公，故往往能折射出人心的向背或世风、道风、道场之风的走向。一位高深的道士，往往会创造出许多关于其从道的奇闻异趣纪事，打造成典章、异闻、佚事等流入民间，这些传言并不在意于有否法事场合相配置，只要能无时无刻提供给信众消费即可，而这些传说故事，一般会加入到地域的民间故事群内，成为一方民间文学的重要一员，加入到老百姓日常的“话古”活动之中，成为人们精神消费之上品。尤其是道教故事中的神仙故事，备受欢迎。随之，这些道教神仙故事也就像野草一样，疯长于一片道教牧野之中、之外。

总的看来，混元道派文化内的许多色彩斑斓的道教故事，文学性强，结构新奇，情节曲折，意味深长。它不仅承载着混元道教教义之精深哲理的传播，而且还承载着地域习俗文化与道教文化的有机结合等传播功能，特别是对草根生态文化的亲近，大受众生欢迎。在近800年的流变中，混元道俗与民间习俗两者相互依承、竞衍相滋，取长补短，互利互济，大大厚实了地域文化的发育生长土壤，也厚实了地域文化的仓储积累，这个仓储内大多文化如其中的道教音乐、道场绘画、道教经典等，均能较好地反过来被地域文化接纳保存，是极具文化价值的瑰宝。其中单就混元道乐的四大声腔延绵流播，特别是这些声腔音乐对地方戏曲、曲艺艺术的形成，有不可替代的作用。可以说，它是地域文化建设不可或缺的精神食粮。沿着这个思路，撷取九则故事以飨读者。

故事一《异人指引入道途》

据《道藏》编纂《历世真仙体道通鉴续篇》卷五中第四四六页记载雷默庵载文：

真人姓雷，讳时中，字可权，号默庵。其先本豫章人，后家于今湖广之武昌金牛镇，所居溪水迴环，东西二桥，故又号双桥老人。生于宋嘉定辛巳年（1221）11月15日辰时。幼习词赋，后通诗经，三领乡荐，精心道学，专务性理。与九江吉甫亲，因己未（1259）、庚申（1260）之难，揭家依居吉甫。

甲子岁（1264，时中43岁）殿帅往太平宫酬醮。师从其行，夜宿太平宫之听雨轩。恍惚间见上帝亲谓语曰："卿，阳禄无份，阴官有缘。不须留意功名。"是夕，本宫知宫（太平宫住持）亦梦采访真君。告曰："来日午刻可精严祀事，五百灵官中有一灵官亲降于坛炷香。"次日午朝，殿帅谓师曰：我困甚，师可代烧香。及至坛中，知宫大骇，方知师五百灵官中人也。后知宫白于师，师愈留心道法，绝念功名。复回居金牛镇，置坛祀事。

庚午（1270，时中49岁）三月三日，玄武诞辰，师具表贺，焚香朗颂《度人经》，忽有一道人标格异常自外至，谓曰："贫道有一阶道法，特来授汝。因出袖中书一卷曰，可置此文于坛中，斋戒七日后方可开看。"师受之置于香案，回首道人已出，不知所在。方悟其为异人也。入坛拜谢，持诚斋戒七日，焚香拜礼开看其文乃《混元六天如意道法》。看毕，坛中白昼如夜，须臾雷火布满，雷霆辛天君立于案上曰："吾奉昊天敕命，付卿开阐雷霆之教，普济众生。吾教上帝为主，以吾佐之，以卿行之。前日授卿之文者，乃祖师路真君也。卿名在仙籍，七世为儒，三世行法，并无忏过，当大兴吾教。"

显然，这则雷时中得道的灵异传奇，充满了荒诞的神秘色彩，可它能作为史籍的《道藏》收载此文，并表述得有鼻子有眼睛，说明古人对此深信不疑。诚然，终究今人不能相信这是一则真实的历史，但并不妨碍我们可从文化学的角度去看待它、研究它，我们审视雷时中的得道过程时，也可以作为探秘他的丰富人生经历、传奇荒诞的人生之参照物。

也许这种浪漫的杜撰，体现了民间文学艺术创造的典型特征，这就是把历史的真实艺术化，把万事万物人格化。从表面上看，故事中异人的出现，其人格与人性与现实世界的比照往往虽有矛盾但多有合谐。这就是为什么《道藏》一书要收藏混元道教文化的原因所在。所以能理解这一点，灵异事件的真实也就不难理解了。好在是它所深含的虚幻性，又颇有历史真实的诸多元素，被文学性和虚拟性精心黏合了。下面将上述史料故事，依自然段分而评解。

关于第一自然段，记述了雷时中生平简况，其中于1259—1260年因家庭变故投靠九江亲戚曾几家，时有两年时间，雷时中处寄人篱下之境，虽然我们现今还不能知其家庭变故的具体细节，亦可想而知其常态下，处寄人篱下是非不得已而为之的艰难处境。是雷时中漂泊人生挥之不去的一个谜团。那么，雷时中一家到底出现了怎样的变故而全家不得不远离他乡寄人篱下呢？有人推断的主要原因：祖父仕途遭贬，举家迁往湖北金牛佃居，俗称“住庄屋”，即借雷姓宗族之公屋、佃种公田而求生。因为是佃居，故在现今的金牛镇双桥村雷姓宗谱中，未能有雷时中一家之宗传记录。

第二自然段的文中告诉我们：雷时中于1264年去江西太平宫酬醮，夜宿听雨轩，恍惚间上帝对其说：“卿，你在阳世间没有衣禄之份，但与阴界有缘而投，无须留意阳世功名仕途。”到了当天夜晚，知宫在梦中采访了真君，并告诉雷时中：“来日午时要精严醮酬之祀，在五百灵官之中有一灵官亲临祀坛上香。”待第二日正午时分，殿帅对雷时中说：“我困顿得很，你可来烧香敬祀。”待雷时中刚到坛前行香，知宫大为惊赅，如梦方醒，才知雷时中早是阴世间五百灵官中之一员。后来知宫对雷真师又说：“师尊此后要多加留心道法，忘记功名，切记。”这是典型的借神说人，借人得道，借道升格。此时的雷时中因得道于神赐之幻，故道也就有了更高的地位。也就是说，雷时中得道得的是天道，至高无上。

第三自然段指雷时中自太平宫遇异人指引道途后，他便回到金牛双桥村，并在家中设立道坛，开始探索修道之路的道法，并开始为积累混元道法的理论作准备，此中不少于六年之久，笔者推定，雷时中的《修炼直指》一书可能在这个时间段内开始进行了理论准备或写作构思。1270 年 3 月 3 日，玄武大帝生诞日又前往江西太平宫行香，在他诵读《度人经》时，有一身材魁梧的陌生人自外而至，并对雷时中说："本道有一道法，特来传授给你。随之从长袖中抽出一卷经书，说：你可将此书放置于坛中，要等七天七夜之后才能打开观看。"当雷把经书放到道坛之间，道人已然不见行踪而去。这时雷真师方醒悟这是一位高人、异人指点于他。于是入坛拜谢不止，并持诚斋戒七日后，焚香拜礼开看经文，谁知原是《混元六天如意道法》。看时，坛中白昼如夜，不一会儿雷火布满坛场，雷霆辛天君立于坛案上对雷说："吾奉昊天敕命，付卿开阐雷霆之教，普济众生。吾教上帝为主，以吾佐之，以卿行之。"原来这位异人是祖师晋人路大安。按说晋人路大安如何跑到了南宋呢？很显然这是道家神仙学说的常用手法，这就是假托、行梦、心授、移接等，造成无奇不有的虚幻世界。所惜，这只能是文学虚构，故两者找到了契合点。其中还若有其事地说："雷之名早有仙界有户籍，他七世为儒，三世行法，仁善大德，可大兴混元之道。"这就更加深化了故事的荒诞性，成为作品最具口承传播的亮点之一。总之，借助超自然力的神灵威力，达到实现不可抵达的彼界，似乎成为此则故事的基本套路或模式。

故事二《天灯之异》

据清代同治年纂《兴国州志．仙释志》[①] 记：

雷时中，字可权，累举不弟。遇异人授混元法书一卷。居东平（里）颜子山，为民祷雨晴，驱邪治病，捷如影响。著有双

① 摘自《兴国州志·仙释》下卷第 2227 页，台北世界书局 1984 年影印版。

桥诗集，卒葬颜山之麓。道场在山巅，朝谒者时见天灯之异。

据颜真观道人石则仁介绍说：

颜子仙山的灯异事件传说，不是虚幻，而是真实的存在，兴国州的百姓老幼皆知，而且兴国州志书里也有记载。民间与史书的传说版本大同小异，均指天灯的出现是一种灵异事件，而且我们民间故事的穿凿发展则更为完整。

相传这盏神奇的天灯，是真武大帝所赐，每年在真武大帝生辰的三月初三日当晚，或在雷时中之诞辰日的十一月十五日辰时，或在雷真师仙逝日之四月初五日深夜时间段，都会升腾在颜子山的空中，其飘悠状态常表现悬浮在山之腰、巅之下，时升时降，飘荡悠忽，远近十几平方公里内的人们都能见到，还传在水患严重的年成里，也时见天灯出现，不过这时只飘荡在湖区上空。据说是时有它的出现，这里的湖水就会不久消退，群生的家园就得以安然，并说这盏天灯就是雷真师的灵魂为民所附而不愿离开颜子仙山所致。

［采集地点：东源杉木；讲述人：石则仁；采记时间：1981/4/15；采记人：费杰成］

这则灵异故事被《兴国州志》记载，说明颜子山道士雷时中创混元道派的历史功绩得到了当时社会的广泛认可，真真切切地得到了该域广大信众的肯定。我们唯物论者不会相信真有其事，但不可不信真有其理，这就是雷时中创造的混元文化在一定程度上得到了人心，得到了口碑，故无传不奇，无奇不传，应该无可厚非，也是对雷时中品格的一种传承和记忆方式。虽然大多人们不会相信其真有其事，但不可不信真有其理，这里的真实与假设或虚拟，在恍恍惚惚之中，却自然而然地串连成一座理性之桥、文化之桥，为传播真、善、美，彰显出文学与人性之光，这种光就是天灯的显现，代表了信众对一种光明的期待与仰慕，也说明雷时中仍活在颜子山地域信众的心目中。

故事三《缸满自然流》

颜子山驻观道士王全振说：

雷时中刚进颜子山，杂草丛生，林深物瘴，身无遮肤之盖，日无三餐之粮，只好餐风饮露，辟谷度饥，以超人的毅力，亲自搭茅舍，睡石床，风雨无阻，建观立坛，终于感动上苍。

一年的冬日，大雪纷飞，漫无天际，雷真师和两位弟子刚起床推开蓬门，便发现门口新添了两口大水缸。时见有一位白发苍苍的老奶奶，用一把葫芦水瓢正在舀水往缸里倒，其实原本这口水缸之水早已装满，老人加多少就外溢多少，但老者还是不停地往缸里舀水。雷真师看在眼里，记在心中，惊奇中不免有几分迷惘与不解，思忖着这样的三九寒冬天气，点水成冰，孤山并无有人走近，怎么可能有如此健硕之老者来到这里舀水劳作？难道是上天作法于此么？思忖间，雷师一边上前欲接老奶奶的水瓢代其续水入缸，一边亲切地走向前问说："奶奶，有劳您光临，让我代您续水。再说您舀的水缸早已溢出了，还是歇歇吧！"老奶奶却用山歌作答于雷时中道："有道是哟嗬！曾何时哟嗬！莫怕缸满自然流喂！流到旱时灌田畴哦嗬。"谁知随着歌声，不断在耳间流转撞击，而老奶奶却遁去无影，不知所往？待人惊悸间，雷时中才如梦如幻，不觉一下子打坐在了石阶之上，半晌无语。

雷时中把这件事告诉了两位弟子，他们也不得其解，后雷真人悟出：这是高人对我的点悟、告诫我雷时中修真还不到火候，还远没有达到水满自然溢的程度，只有永不停歇，才能追求达到混元一炁的至高境界。自此之后，雷时中和弟子的修炼更加刻苦用心了，不到两年的功夫，他的《修道直指》一书便已写成，说是舀水的神仙助他完成如此道业，也是老神仙推助其以实际行动去圆满混元道业。

［采集地点：颜真观；讲述人：王全振；采记时间：2016/3/16；采记人：费杰成］

这则传说“水满自然溢”的故事之核，暗示一个哲理：就是修道不二，以心筑基，不要自满、不要停歇，不要被欲望所累、私利所迷，要追求圆满，直至目标。另外，这位老奶奶的出现，并非真有其人，但这个人，又是真实的存在、真实地存在于“天之高、地之厚”的幻化中，是一位“三尺头上有神明”之神在人心的上空鉴镜，因此可以认定，这位老奶奶的行动极具示范性，是上苍济度人类魂灵神圣的播撒，甚至到现在仍在颜子山一带鲜活、周流着，并护佑着芸芸众生。不难看出这则文学故事的价值就在于用艺术化的虚构手法，融进深刻的社会哲理给世人以警觉，醒悟。

故事四《天葬祖师坟》

祖师雷时中殁于1295年4月初5日午时，其实，这个殁去的日子，早在两年前的1293年雷真师就准确预测到了。因此，他于1294年腊月底徒步回江西丰城老家为祖坟扫墓，扫完墓后于1295年3月又徒步返回颜子山，在离他仙逝只有一月零五天前，自己为自己做好了寿衣。并留下遗嘱一帖给两位弟子说：“时中归远本自然，莫耗观中一铜板。”直到在其离世前三天，仍修坛建醮、为民祷福，从未休班，装着若无其事。等到4月5日凌晨，他便沐浴祷告，穿好寿衣寿裳，向上苍禀告生平功过，是日上午之巳时尾午时头时分，赋诗一首后即命弟子卢宗发、李宗阐扶其坐上藤椅，打坐入梦，不一会倏地飞升而去，安详如生，与做梦一般。待弟子明白过来，真师果真的飞升而去，其容颜怡泰，俨然像一朵祥云在颜子山上飘然，护佑着十方地界百姓。

奇的是雷真师仙逝后近半年多肉身不腐，为了安抚雷真师之在天之灵，十方信众和弟子们准备为其安葬，谁知这时其妻从金牛双桥村起来送葬，扶着他的遗体，大声哭泣，不经意间她的眼泪落在了雷真师的脸上，顿时便开始了腐烂，原来是仙体拒与凡物触摸被侵蚀，弟子们于是决定火速选择墓地，尽快落土为安。然而天公也动情，不舍其入葬，一连三天三夜风聚雨暴，使得八仙们挖坟坑不成，送葬路难走，无法，诸事皆只好暂时停歇，待风过雨过再议。谁知等到第四天天放晴，雷真师之棺材却不翼而飞，当人们明白过来时，对面一个叫猫儿山的山头上耸立起一冢新坟，原来是上天允诺雷时中先前之嘱咐，不让花颜真观一个铜板，故由上苍为其代掘新坟，以节省弟子与信众的财力人力物力。竟真也印证了他生前不用官观一个铜板之诺言遗嘱。从此这则灵异故事，成为这一带乡村百姓间说成是天葬的美谈。

［采集地点：颜真观；讲述人：汪祖棠；采记时间：2016/3/16；采记人：费杰成］

读了这则感人的故事，亦恍亦幻，亦真亦假，但仿佛觉得又实实在在，无不撞击着人的心扉。本来，一个人两手空空地赤条条地从自然中走来，那么也理应两手空空地归乎自然，这是天经地义的事。有的人醉生梦死，厚生厚葬，正是雷时中所不屑的，故他让上苍为其选择了天葬。但对于一般人来说做到此恐怕比登天还难，而雷时中做到了，这就是修道不二的善报，也终于得到了群生的赞美与崇敬，得到了历史的褒扬与记忆。如今这则故事，不仅成为了颜子山混元道教文化的重要传承元素，更是记录雷时中高尚人格的一块碑石。

故事五《草鞋打架》

在颜真观的福禄寿殿右侧，至今有一块面积约百平方米的山凹处，形似山窝又像干涸的水塘。元末明初，在颜真观建醮不久，这里有一伙强人强占山场，其共37名，除一人忠厚老实外，余36名全是作恶歹徒。他们强占宫观财物，强行侵扰无数，最可恨的是通过开矿挖煤，侵占颜真观道场设施与山场。这伙人还经常在附近乡里间无恶不作，抢盗拿要，不择手段，颜真观的道士衣物、粮食及供果、信众财物等无不成为他们掠夺的对象，一时搞得道事纷扰，观无宁日，道教正常活动锐减。

有道是恶人终有高人收，只是报时还未到。

说的是一天傍晚时分，由那位忠厚者看垅口，守火堂，正好垅下有位恶徒挑箕上来，趁机来到火塘歇脚。只见垅口火堂一侧放着的两只草鞋，瞬间上下翻滚，跳上跳下，活像两个恶人打架，把这两位一恶一善之人都惊呆了。于是恶人便疯一般地下到井下去喊同伙上垅来观看奇巧，谁知，在这位恶人下去不久，煤垅轰的一声巨响，地动山摇，瞬时全部塌陷，化为废墟。一共深深埋葬了这36名歹徒结成的团伙，唯逃过一劫的是这位老实忠厚矿工保住了生命。如今这块地方之地面还是塌陷时的模样，窝凹成冢，荆棘成丛。不过后人为了记住这个恶秽不经的地方，给其取名叫“三十六人塘”，好像是一则警戒意味的招贴告示，时刻在提示人们不要忘记三十六位恶人血的教训。

[采集地点：颜真观；讲述人：王义志；采记时间：2016/3/17；采记人：费杰成]

这则故事当属善恶有报、近乎荒诞的文学题材，不过别忘了其讲述的背景，则牵挂着真实的地点和发生的时代，但只要了解颜真观地域的历史者，皆知元末、明初之际，颜真观曾多有遭兵匪劫掠的史料记录，应该说是历史的真实被文学事件嫁接后创作了这则故事的缘故。信众编造这则故事的目的很明白，也很诚实，意在劝人向善，不可作恶。这也正是雷时中混元理论中始终宣讲的积极向善的文化力量之体现，故才会产生这样让人印象深刻的文学奇谈作品来。尽管其间带有浅薄而荒诞的事理成分，但不失它的文学劝善价值，对后人与社会均有积极的警示意义。

故事六《王运雷求雨》

颜子山道士罗显安介绍说：

王运雷，法名王应雷，雷时中门下的第18代高徒，明代颜子山驻观道士，在颜子山一带有较好的影响。在道事上深得雷真人的天心神霄雷法精义操守的嫡传，常为民众解惑消灾，尤其擅长于观天象，卜风雨。

说的是明朝万历年间，阳新曾一连三个月没有下一滴雨，庄稼焦渴，大片田禾枯死无救，百姓无不叫苦连天。这时兴国州的州官也慌了神，到处寻找高人为之求雨，于是在城南城墙上贴上告示，招贤纳士，帮助求雨。并承诺事成者可获稞田百担的奖酬。这时，正在城里路过的颜子山道士王运雷来到城下，偶尔见到这份告示，即便找到州官说："求雨？求雨，莫过颜子山道士王运雷！"州官说："谁是颜子山道士？谁叫王运雷？"称曰："我就是。""你是何方人士？""乐平里颜真观雷大真人的徒弟。"州官一见，半信半疑地问："你好大的口气，如真能求得天开眼，施雨给兴国州老百姓，大大有赏。但要限三天之内求雨到来，事成奖励按告示承诺兑现，奖稞田百担，决不食言，如果虚假行骗，罪不轻恕。"王运雷说，"非我莫属，抓榜去也"。

王运雷拿着告示，又接过州官旨令和押印，匆匆离州城返回颜真观求雷真师降神点化指引。只见他在当日中午赶回颜子山下，不待歇息，便从颜子山山脚一步一跪，向观堂处上行，直跪得四肢血肿肉绽。可知，从山脚跪到真师堂，足足有五华里之遥。待他跪到祖师堂，两膝鲜血模糊粘连，撑也撑不开，时已到半夜三更多天了，又累又饥，不觉倒在了真观堂上昏睡了过去，转瞬进入梦乡。这时雷真师托梦给他说："你求我，我求天，玉皇打我三百鞭。"又批评其说："警告你，此后在任何地方不可夸大言，以此为戒，不再有犯，明天你登坛，我助兴，记住口念一点、两点、万万点，如此便有甘霖倾泻而下。"

待他梦醒，大汗淋漓，惊诧不止。昏昏中方知已是第二天凌晨了，这时约莫四更头，公鸡正在打鸣，好像提示王运雷快快起步返州城践诺求雨之夸口，否则要坐牢杀身，不好对州官交待。王运雷带着梦的忐忑，不得迟延，便连夜再赶路去州城，因双脚浮肿如桶，走路步步如针钻心，当行至富川门处，此时已是第三天清晨。

终于王运雷走到了州官搭建的三星台求雨坛场，顾不得吃饭喝水，开始抓紧作法。只见王运雷按雷真师托梦之指，累功行香，施诀破厄，一关一关登达九层高坛，等到午时三刻，奇迹开始显现。只见城南颜子山方向接坛场上空，先飘来一朵红云，其状茫茫，光斑闪烁，继飘来黑云朵朵，风声呼噜，续一股混沌之气布满时空。只见王运雷以剑借势，左手发号五雷令，右手紧握七星剑，一跃飞步太爷堂，口念："一点、二点、又三点，时风时雨润禾田，解我农家干与渴，风调雨顺太平年！"咒歌刚歇，雷公电母引来小雨唱风，接着中雨伴闪，继而大雨夹雷，到坛场，到禾田，到山川；呼呼啦啦风雨致，雷电交加伏旱魔。只见王运雷所到之处，金光四射，声振天地。一时吓得州官四处躲藏，以为王运雷是个妖道。于是州官们都爬到了桌子底下，一个个淋成了落汤鸡。等大雨足足下了两个多时辰，王运雷觉旱象已解，收剑吹符止咒收卜，天公才慢慢收住了风雨。此时坛场上积水盈有余尺，还有许多的鲤鱼打挺在其中，窜发得让人心跳，引得乡亲和州官疯一样奔走相告，声声称说是颜子山道士如神仙。

据说过后，王运雷把州官奖的百担稞田交与了颜真观十方乡亲耕种，收得的稞金全部资助开办乡村蒙学，这里的百姓至今还在不时的叨念着，成为一段历史佳话。

［采集地点：颜真观；讲述人：陈开江；采记时间：2016/3/18；采记人：费杰成］

鄂东南地域民间关于呼风唤雨的事多有传奇故事流播，但以真人真事、有板有眼地讲述一位道士的求雨成功的事迹，甚至在州志中也把这件事记录进去，真有点让人不得其解。但这个故事的真与假，似乎在这里已不重要，重要的是故事的创造者不是在宣扬一则无稽不经的事件，而是说明修道行善、除恶济民是道家不可推卸的义务，也是混元道教张扬道义的最好载体。这则文学事象的塑造，让人看到了“愚公能移山，混元能唤雨，两者诚相怜，天地皆和顺”的远古意蕴。

故事七《三月三，鬼生蛋》

东源乡原颜山居观道士石则仁介绍曰：

荒古之时，农历三月初三玄武生日这一天，盘古下凡来到金鸡岭，落下彩云打住脚，游至岭下霞飞洞，见洞口有一股清泉流出，散发出阵阵姜汤香气，俚人常喝后用以治百病。原来这泉水由神农挖药时将姜头丢入泉中生成。这时，盘古因口渴捧起泉水就喝，正在饮用当中，忽然发现水中有两个卵状异物，像鸡蛋又比鸡蛋小，像鸟蛋又比鸟蛋大，这蛋见人还能跳动，正在众人窥看时，随之在地上打了几个滚，蛋壳裂开，跑出了两条形貌似鱼非鱼的东西，扑冬一声钻入泉中，其形一青一黄，还不时地像婴儿啼哭，甚是让人惊骇。人们惊悸间，两个异物还不时发出了嘤嘤之悲哀声，一时搞得盘古不知所措，心跳不止。（乡人把此物称之为“团子”，今天称之为鲵，即娃娃鱼。）盘古本是仁慈之人，顷刻便生起了收养之意。心想这古怪的姜汤泉水能生如此神物，说不定就是神灵所使，随之称道“大吉之物，大吉之物！”当即命童子将两物代为收养，带回昆仑。当这个消息传至兴国州，百姓都说是三月三，鬼生蛋，疑是玄武大帝施了法，才生了这两个宝物。于是兴国州一带百姓家家在三月三这天，家家兴起了点燃七星灯，用以遥祝两物降临，祈鬼蛋莫生灾，做好事，成为一方的保护神圣。

过了两年许，经盘古的精心饲养的两物一天一天长大，与盘古寸步不离，很是讨人喜欢。时间一久，盘古发现这东西嗜水如命，如果一天不戏水便心生躁动，啼哭打闹，死活吵着要戏水，弄得盘古左右为难。于是想了一个法子，将昆仑山下一口池塘给它俩居住，谁知不几天，这口塘的水便散发出一股姜汤香气，盘古觉得真是神了，便索性改此水塘名叫姜汤湖，从此似乎安静了些。为束缚其兽性，在传教两物雷法的同时，命其天天诵《救苦经》百遍，抑止其野性，以便关键时刻能让它为民除害，拯救百姓。通过安抚两物之后，日渐见其安分守己，相安无事。

此后，盘古似乎越来越对其有点放任。不觉间日复一日、年复一年，两物褪去了原本之鲵形鱼体，在一个风雨雷电交加之夜，一下子竟变成了两条巨龙，不仅能呼风唤雨，还有翻江倒海，顽劣不经，这倒让盘古异常惊悸且有几分不安。惊悸的是这畜生日渐不安分，久了怕是要害人生事的，不安的是能否将它们驯服，日后能否造福百姓这倒不得而知。

这里不表这两只异物能否被驾驭，也不寻找其成龙后连一点鲵的影子也没有了的原因，而着重驯化它，驾驭它，使其为己所用。

两物中一只变为青龙，性格暴躁，桀骜无羁；一为黄龙，性格温驯，好施行善。为了观其后效，盘古一面在静态中观察变化，一面用智谋试探其品性优劣。也好为其谋划点事干干。平常多锁在姜汤湖中，但总是不耐寂寞，时刻吵着要外出散心解闷。不过，盘古知道它俩生性顽劣，不好驾驭，少有放纵其自由外出，以观其变。

没过多少时日，躁动不安分的青、黄二物，急急嚷嚷，吵着要回到金鸡岭下的姜汤泉老家游戏。因此不待五更便起了床。未等禀告就叫醒了盘古大人，盘古只好也匆忙应允，一面命令随从管束好它俩，一面驾祥云匆匆来到这两物的出生地金鸡岭下的姜汤泉水畔，一来表示不忘根本，二来叮嘱这里来接风的土地神严加管束它们，不得危害百姓。

又是一年三月三，万物峥嵘，时和气清，兴国州一带黎民百姓正在进行耕播农事，忙着秧田治生，一面祈求上苍保佑，尽情唱起打起扬歌，扯起打秧号，享受自然美景和农耕的快乐。谁知两只异物偷偷来到富河牧羊湖畔就兽性大发，急急入水，翻浪逐波，一时间掀翻河神，翻江倒海，致使浪掀猪婆岭，水漫牛湖洞，洪水直漫过了富池口的江面。这下可苦了百姓，人畜死伤无计。此事一出，盘古气得跺脚，亲自大施雷法，抽出驱邪宝剑，撒出锁龙索，费了好大力气把两物收羁，为了让它们不再残害百姓，惩其恶性，盘古把青龙发配到了龙角山去镇守黄金炉，还拔去它的另一只角，插到了山头上，以示惩戒和羞辱于它，故现在的龙角山顶有一长一短的两支龙角状石头就是证明；黄龙则派驻到了下羊附过的扬明山，让它护守金鸡山的金鸡，不得有半点怠慢。自此，这里一方安稳，不再闹水患。

原来，这两条龙是天帝赐予兴国州十方信众的礼物，南宋道士雷时中先在黄梅小池时就得梦有两物与之结伴，梦中有两怪物请他在池口歇脚，说有高人要赐予龙鳞蛋两枚，可助道业有成，千万不可错过机会。梦醒时，只记其梦，不见其物。带着这份牵挂，师徒三人溯江而上，当雷时中与两位弟子坐船进富池口时，正是凌晨天未亮，迷迷糊糊中发现有两束绿光闪耀，走近一看是两枚龙鳞蛋，雷时中拿在手上泛出绿色的光芒，于是不失时机将此两蛋拾起，揣入怀中，一路依借绿光指引路行外，还悟出了梦中之缘，也应验了1278年8月，谐道友张真同行夜宿间之那一夜，指引“逢池进，逢崖上，逢颜落”之谜。带着这两枚龙鳞蛋，更加促使雷时中追赶他的道业之梦。

不到两天时日，雷时中一行三人终于沿富河上溯到排市，由南转东，寻到了颜子山，在汪姓族人的帮助下，立坛建醮，终成混元道业。所以现今的颜子山一侧有两只仙人脚印，山的另一侧还有两个像蛋一样的石头，说是雷时中将龙鳞蛋放在了崖坎上，引来了山上的不干泉，还保佑着颜真观香火旺盛不灭。从此，兴国州一域，再也不怕风雨如磐，共享太平安稳，也使颜子仙山八百年来香火不断，百姓安康。自此之后，阳新人俗传的“三月三，鬼生蛋，大水打，细水淹，自从鬼蛋变龙蛋，皇粮国课不用还”①。

［采集地点：东源杉木；讲述人：石则仁；采记时间：1981/9/26；采记人：费杰成］

“三月三，鬼生蛋”的故事在阳新地域广泛流传，不是无缘无故的文学虚构，而是与这里的地理气候紧密联系的。在《兴国州志》的记载里，阳新一带多在三月三前后的时间里发生洪灾风灾或起鲛起龙的事件多有记录，经验证实，三月三这天是阳新地域洪水泛滥的常发时间，形成一种气候常态或规律，有“三月三起风暴、龙带鲛过五洋”之传。可见，这里的百姓既寄望这一天不要有水灾来临，更寄望于龙鲛神物，给这里带来和风细雨，有个好年成。不难看出这则传说充分表达了人民百姓期望上苍恩赐福祉的美好愿望，而当这则故

① 石则仁，1895年生，殁于1983年，王英杉木乡人。1923年上颜子山学道，成为颜子山混元道士，道事中的五功四法样样精通，笔者1981年采访他时吹奏了多首唢呐道曲，特别是吹奏《拜仙山》一曲，一气呵成，印象深刻。

事的文学情节继续发展后，却把它与颜子山道教文化进行联姻，并把这个鬼蛋，变成了吉祥之蛋，又把混元道和鄂东南地域的自然气候等自然生态因素紧密挂钩，其中，盘古传说的神话意味浓厚，文学旨趣健康启人。

故事首选农历三月初三这个日子开言，展开后又把盘古神扯到了一起。在鄂东南一带口承文学中，独特鲜见。那么为什么这里的百姓要把三月三同样看着是盘古与玄武的生诞之期，这是历史的巧合还是有意为之？笔者认为两者均有可能。从颜子山混元派奉玄武为教主的事实看，确是指颜子山混元道教与玄武崇拜有关，但过中雷时中在富池口游方拾得龙鳞蛋的情节里，料不是无稽之谈，而是情理中的神话与现实合流现象，实质上，这里的盘古可视为最高一级的天神，而玄武则在神格上又次于一等。也正是混元道派奉玄武为教主的同时，用此方法来理顺神鬼世界的职位秩序颇是一个好的选择，也合乎人神同道、情理可感的现实世界意绪。不难发现这其间所蕴含着的地域人类文化的诸多文化因子。这些三月三的文化因子在鄂东南地域还有多个，可以说是一个交错不经的文化链条，例如：

上古老庄哲学中有对玄武北斗的宇宙崇拜诸事。到了汉代，三月三被国家正式认定为“上巳”节载入史册。富池的三月三民俗中，就是这种三月三文化的遗韵。

我们还在王羲之的兰亭序中找到故事背景的影子，则是指在上巳节三月三这天的“修禊”之事，为祭祀水神。这在富池三月三习俗中，无疑又是其文化遗迹。不仅是富池，在阳新的多个区间，三月三这一天，都要敬祀河神、水神。不过敬祀的地域多是湖区村湾，祀祭仪式多为宗族式的向水中抛撒米茶、纸钱等物，用以安抚水神。

而在颜真观的三月三这天，有大型法事“太平醮”，也是雷时中1264年在江西太平山当日得道纪念日。混元道的音乐韵腔有“北腔”之谓，即北斗星之意，而北斗腔又是玄武崇拜的直接文化反映。与此有牵扯的附带说一下：如今富池三月三庙会俗事，尽管其打着庙会之旗，但尽行道俗之诸多事象，莫不与玄武崇拜瓜葛不清。其中出现的

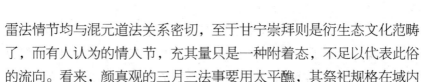

雷法情节均与混元道法关系密切，至于甘宁崇拜则是衍生态文化范畴了，而有人认为的情人节，充其量只是一种附着态，不足以代表此俗的流向。看来，颜真观的三月三法事要用太平醮，其祭祀规格在域内是最高等级的，这说明三月三的传说与混元道当有血缘关系，可说是玄武崇拜因子的衍生产物，故混元道中有北腔之名，即北斗腔或七星腔之名，以及表示对玄武的尊崇。域内的其他三月三崇拜，多是受混元道教文化影响所致。

看来，阳新采茶戏的声腔中的“北腔”之谓，已非地理方位之诠释，而更多的是明显与混元道中的“北腔”之谓血脉相连，何况在混元道乐与茶戏北腔两者的音乐旋律，如影随形，这恐怕不是巧合；除外还有兴国龙虎派亦有七星腔之说，所谓七星腔就北斗腔，即“北腔”，如此等等均与混元道之玄武崇拜有着不解之谜或难解的血缘。可见，道教故事的地域文化涵融性之大，也从不同角度为地域人类文化构成了地域文化无比繁茂的生态功能场，显然，这是研究鄂东南地域人类文化历史的重要参照物系。

从准民俗现象看，阳新一带在三月三这一天，广大民间有扯地菜煮鸡蛋之俗，这与龙鳞蛋的生命传承崇拜又有了血缘联系。随之见此域派生出崇蛋之俗，如在富河边上的渔人有将鸡蛋抛水中飨水神之规，还有农妇有这一天将母鸡抱窝的蛋翻动后将其压上镰刀、剪刀等镇器，防止蛋魂撞邪，有村人在十字路口处将蛋壳火化，据说是祈求路神为人驱赶邪恶污秽，等等。均是对盘古与玄武崇拜的蛋文化因子的外延与浸染。

故事八《逢池进、逢梯上、逢颜落》

1270 年蒙雷时中得路大安在醮坛上授予的《混元六天妙道一炁如意大法》后，已在修持筑基上有了一定体悟。于是一面精于道书的研读与实践，还广泛出游四方道林，以增加社会智慧贮藏，为出道修真作全面准备。

历史降至1278年8月，偕道友张真同行夜宿排市后山乡里茅屋之夜半，忽有一异人梦中对其说：你要想出道建醮，切记“逢池进，逢梯上，逢颜落”。于是二人沿着异人指引，从九江一路巡访加倍注意带有“池、梯、颜”的地名，只要有，决不放过。当二人乘坐小舟来到黄梅小池时，虽有池字相合，但无山峦相伴，决定放弃。于是顺着小舟沿江而上，来到富池口时，一见此地有池有山且有藏仙护道之幽深胜境，所惜无梯而登、无颜相合，于是又决定沿富河坐舟而上。当来到排市近郊，下舟步行往南而去。当来到乐平里石梯寺时，天色已晚，二人只好借宿此寺。第二日一早，雷时中坐在此寺的板凳上，系羁芒鞋待上路，谁知板凳凳脚深陷土中，怎么拔也拔不起来。雷觉此中有蹊跷，意为此处不可择更不可久留，还是趁早离开。当二人出得寺门登坡一望，只见对面峰峦林立，云遮雾霭，仙气扑面。于是怀揣向往，马不停蹄朝此方向赶路。至山前探问一村夫，问此处是何山？村夫说是颜子山。顿时二人不约而同说：“池已过，梯正爬，颜即落，天助我也。”恰好这时有王姓樵夫砍柴路遇，问能否在此借山修道？樵夫说此山山主为汪姓所有，你可同我一道前去商谈。在樵夫的导引下找到汪姓族长，族长当即满口答应，并表示在人、财、物方面助其建醮设观。真是天大的好事，于是，宋末的1278年之深秋时节，以雷时中携高徒卢宗发、李宗阐三人入驻颜子山，在汪姓民村族的帮助下，从此雷时中创造的江南混元道教流派就诞生了，第二年颜真观三座宫殿正式落成，不久，颜子山混元派道教享誉中国南方。

［采集地点：颜真观；讲述人：王义志；采记时间：2016/3/18；采记人：费杰成］

这则故事，其历史真实性颇为可信，虽然其中的异人托梦告诉雷时中在选择观址时带着虚幻情节，但文学走向没有故弄玄虚之嫌，并至今在汪姓百姓中口口相传这则故事，所见尽是这个版本。汪姓村族对颜真观的守护与拥戴也不减当年，其中历史上的四次大的兵燹损毁，在以汪姓宗族为首的十方众姓村族对其修复起了关键作用，加上颜真观混元道在雷时中的人格魅力影响下，不但淳厚了民风，而且增加了社会的和谐，其中除了现代社会的建设功劳的主渠道作用外，也有混元文化对文明善行的彰显了一份历史功劳。

故事九《与蟒蛇交友》

据颜山老道石则仁对笔者说：

雷时中多次夜行做道，每每在回宫观的路上，常遇到颜子山脚下的一条大蟒蛇，但雷从不伤碰它，相反为其让路放其先行，谁知这条灵物与雷师渐渐熟悉了起来，便有多次回访颜子山雷时中房舍，竟成了朋友。有一天，那灵物不知在哪儿碰伤了尾蛸，鲜血直淌，居然来到雷师的床边，似乎在哀求雷来救它。真师见状，二话不说，立即明白了它的来意，急忙拿出往日备好的草药为其擦洗止痛消炎，治完后雷师抚摸着它的身子对其言："畜牲听着，你没事的，回你家去吧！"灵物流着感激的泪心安地离他而去。谁知过了约莫半年多时日，此物口衔着一根灵芝仙草，隔夜竟出现在雷真师的门口，将灵芝放在门槛上，并将自己的两片蟒鳞作标记压在灵芝草药上面。第二天，当雷师起床后发现仙草一株，立刻明白是灵物昨夜光临并亲自送来的仙药，一时，雷师感动落泪。谁知自此，这灵物再也没来过颜子山，雷师一直担心它出了什么意外。但不久得知它的本根已到，被上帝收了回去，发派去镇守混江山，为此两者断了来往。从此使得雷真师多了一分思念和牵挂之苦，为了不忘此灵物之情，雷在其一次进坛时，刻意念了段《度人经》，借以荫泽于它，并特别加进了一句咒语"畜生有灵，世不可欺"句，助其一生平安。据说后来雷师用此蟒蛇送来的那枝灵芝草作药引，配制出了一服名药叫"万福丹”，此药百病百治，药到病除，成了雷时中创制药典中一味名方，在往后的数百年里，颜子山的徒弟们把此药方当作传家宝传承至今，使得此方世代相续，救治了该域数不清的风湿疼痛患者，受到贫苦百姓的交口称赞。

［采集地点：东源杉木；讲述人：石则仁；采记时间：1981/4/16；采记人：费杰成］

上述奇遇明确告诉我们，雷真师决定隐逸修真行善救灵的行为，不仅感动了上苍，还为自己人格的修炼，纯净了他创立混元文化的初心。从这一点上讲，“万物有灵”不是一句没有凭依的神话。从另一面，证实了混元道教珍惜生命的哲学主张，已到了一种极其崇高的境界，更加显现出混元哲学道法自然、尊重自然的博大胸怀。

第五章　混元音乐

混元道派在开山真师雷时中的创造与实践下，建立了一个相对完整的混元音乐体系，形成了以“韵腔”与“曲牌”组成的两大韵调系统。韵腔由“北腔、颜腔、叹腔、彩腔”组成，共有平板、一三板、流水板、忏板、汤板、火工板、散板等板腔样式；曲牌有锣鼓乐、吹打乐、唢呐独奏乐、管弦乐、丝弦乐等，以吹打相结合为主要表现手段，强调音乐的宫观殿堂韵味，凸显清净无为、缥缈仙逸之风。道士在法事中的音乐表现追求唱、奏、舞三者俱佳，一专多能，时有大型的器乐曲演奏活动，例如其间的《拜仙山》一曲，容量庞大，曲体完整，由十余种乐器演奏。旋律音调大多从鄂东南地域中的民间细乐《渔家乐》中选取而来，其在旋律与乐器配备上均有自己突出的技法表现与特点。如管乐器的长气口不歇音、花音炫指等；打击乐器的点、颤、摇、抛、轻、重、缓、急等均具一方特色。在乐器的选配上，突出地域人们的审美习惯，如海螺、钟、磬、三节号、牛角的运用，还有包锣、马锣的加入等，均对混元音乐的演奏增色添彩。

混元道教自雷时中仙逝后，因传人流散和社会动荡诸多原因，宫观的正常活动受到挤压与破坏，随之道士还俗或外流，最早约在元代早中期开始，颜山道与兴国龙虎宗、清微宗、洛河宗、灵宝宗等伙居道教合流，这当然影响到混元道教的融合问题。这种融合不仅在法事表现方式上开始有别于颜真观中的法事场境的传统，还因道俗的场境的改变而影响到道教音乐与经典的结合方式与方法的改变，以致产生变异。后来数次战乱，宫观多次遭兵燹、抢掠，使宫观文物和殿堂损失严重，道士流散无着，更使混元道教音乐的演奏班底朝不保夕，乐谱资料损失殆尽。到“文化大革命”时期，几乎仙音绝响，不见其踪。

考察表明，混元音乐的乐器大致有打击乐器的“鼓、锣、钹、钟、磬（铁质、铜质两种）、铜鼓（包锣）、木鱼、马锣、三心”等，吹管类有“唢呐、海螺、三节号、竹笛、笙、箫”等；拉弦乐器有“二胡、高胡、京胡”等；弹拨乐器有“古筝、古琴、三弦、月琴、扬琴”等。至今，弹拨乐器演奏传人断代，乐师少有能执业者，乐器的丢失严重。更为可惜的是原来较多的工尺谱抄录的道乐曲牌，以及众多神像的乐舞图谱已在“文化大革命”间被销毁。

考察发现：混元音乐内大量吸收地域民间音乐为己用，反过来又对该域的采茶戏、曲艺等民间音乐、富池三月三民俗的玄帝崇拜①等文化门类以深刻的影响，故这里的乡人均可即兴参与道场法事中的演唱活动，与道士们一起歌唱接腔，使之成为一种道场中的世俗音乐。如叹百花、划旱船、调子腔、摆酒宴、对花调等均是。

伙居在家道虽在全国均有分布，但其使用的经典、语言、音韵因地域的不同而音乐面貌则有很大不同，由于道教音乐是道教法事情感与精神的运动核心，它的重要传播特色，又是一个道教派别的重要标志。如混元道的《北腔》和《颜腔》，它们既是混元道教教旨的表达载体，更是混元音乐的精神表证，为独树一道派之个性而独立于道教之林，不得不大量吸取地方民间歌曲、戏曲、曲艺、器乐等音调为己用，使之创造出结构完整，唱腔丰富，体裁多样，格调幽深，具有较高审美情趣的民俗音乐，尽管仪式性成为它的传播手段，但并未成为它的桎梏，在仪式性的民俗框范下，形成自己相对完整的又不同于一般民间俗乐的道乐体系。可惜的是，在中国道教史《道藏》对混元道派的记录中几乎没有谈到混元音乐的基本情况。为此，我们今天在这里将混元音乐的近代传承的韵腔与曲牌给予充分的记录与研究，是我们窥视混元文化的一把钥匙。

---

① 富池三月三庙会，民俗核心是玄武崇拜，次为修禊、祭祀水神，为再生态。三月三是玄武的生日，玄武系上界真龙且管束龙，是当然的原生态。颜山道中的“三月三，鬼生蛋”传说，隐情深邃不经。这一天的阳新人历有点七星灯接龙神或煮荠菜蛋等俗。颜子山混元道奉玄武大帝为教主，这天颜真观要举行玄武大祀活动，即行“太平经”大法，俗核是点七星灯，史传约800年历史。相较下不难看出甘宁崇拜是其衍生态，至于称情人节、踏青节与求子节等，都是本庙会的色彩性生长态，因其各自民俗特征并不专一和成熟，尚不能用何种生长形态归纳。颜山道之玄武崇拜从某种程度上讲与富池三月三节日的形成隔史相呼应。一句话：玄武崇拜是其原生态，上巳修禊是再生态，甘宁崇拜是衍生态。

一　韵腔系统

颜子山混元道教音乐，可分为韵腔和器乐两大类型。

声乐类型主要有以下几种形式：一是韵曲，是一种旋律性强，调式调性明确，音阶形式与曲体完整，采用咏唱形式演唱的道教歌曲。二是吟诵曲，又分为“课诵”和“诰咒”两种形式，前者演唱风格类似于“吟诗”；后者演唱风格为带歌唱性的朗诵，风格具有朗诵特点。

器乐类型：在颜子山道教音乐中，又分细乐和大乐两种：细乐，又称小乐，主要在道观中以笛子或三心、钟磬为主奏乐器，发音灵巧晶透，音量较小；大乐一般是民间道坛采用，以唢呐和笙箫锣鼓场面加曲牌来演奏和演唱。

这种大小乐之分还有另一种说法，即又有文乐和武乐之分：文乐，又称南河调，主要在道观中以笛子或笙、当子为主奏乐器，发音柔和，音量较小，主要用于夜祀道场，为丧事场合出现；武乐一般是民间道坛的安龙、安山祭祀自然神采用，以唢呐和茶戏锣鼓场面和曲牌演奏和演唱。

颜子山混元音乐实践，除了主坛道士执一件打击乐器自唱自奏外，其声乐伴奏和间奏主要由仪职乐师完成，除外，他们还要按分工，努力完成法事中的音乐指挥、表演、道白和领腔的进行。

值得一提的是，混元派道乐，自元代以后与境内的青微派道乐互通有无，相互促进。雷时中的高足李宗阐，原是这里长于青微道乐的高手，在雷逝世后，游方西去青城山，在那里继续精研青微道乐，曾对青城山道乐起过积极的作用，据说后来还把青微道乐又带到了武当山。其中有名的《拜仙山》器乐一曲，通过他的不断演奏和改良，成为一支道教名曲。

韵腔是指混元道士在法事场合唱诵一切经文时所形成的声腔系统，用以区别于只用单独的音乐曲调而没有文字的曲牌体道事的器乐单曲。

在漫长的实践中，混元道教音乐的韵腔系统逐渐形成了四大声腔，即：北腔、颜腔、叹腔、彩腔。这些声腔因多有板式规范，如平板、慢板、一三板、哭板、火工板、散板等共同组成相对统一的韵腔体系，这些韵腔作为混元道教文化中的灵魂物，或者说是人神交感时的工具，不仅可通神达灵，也可娱愉俗人，用以张扬道教主张、审视生命道德，成为一方地域社会文化的重要组成部分，下面分而述之。

（一）北腔

北腔又称七星腔、北斗腔，用以纪念教主玄武真君，象征着北斗七星，所以取北斗之“北”命名，不是方位之谓。其首要特点是用将锣的七击法来描摹北斗七星要旨，配合混元教义中的宇宙思想，用法锣进行七击来体现。其基本锣击鼓点为：（匡　匡| 且匡 且匡| 且且 匡| 一除 一除| 匡　匡|）。按道士之口碑所传：七声之每一声都代表北极星之一颗星象，以此唤醒星辰之神性并来到坛场。古人历来与神沟通的办法有多种，但最为有效而常用的则是用音乐交流。故颜子山道士的演奏乐器样样神圣不可亵，不让常人触摸，故通常要藏于暗箱或以红黑两色布料包藏，避见世人眼。

七星槌的演奏不是非理性的出发点，而往往是要道士在北斗布踏罡中而事，以应合道家参拜北斗七星的信仰数理。道士称该腔是混元道乐中的“当家腔”，长于叙述大篇幅的经典故事、章表、礼诰之类的文学唱本和韵文咒语的演唱。其韵文词格常见七言单句和四言双句的二二三式和二二式，较讲究一韵到底的句读手法（这里不包括《诵经腔》）；音乐旋律多取自当地平腔山歌小调，时用地方曲艺、民间戏曲、地花鼓等音乐为素材作歌造声，其唱腔运动多为一领众合的单乐句，并把单乐句分成上下两个半句组成对偶，在总体风格上与当地的南、北河采茶戏，哦呵腔渔鼓等民间音乐十分贴近，音程多见七八度大跳，大多情况下用打击乐作为间奏，联结自如。

尚需说明的是，北腔的基本旋律腔型以宫调式为其特点，深刻影响着流传在这里的采茶戏北腔，两者相较，有诸多相似之处，或许采茶戏之北腔原本就是从混元道的北腔音乐传统中借用或演变而来，因此，阳新采茶戏之北腔被诠释为“流传于富河以北的腔”之说，很值商榷，也经不起推敲，起码有点望字生义之嫌。下而参见例一《酒文》：

酒　文

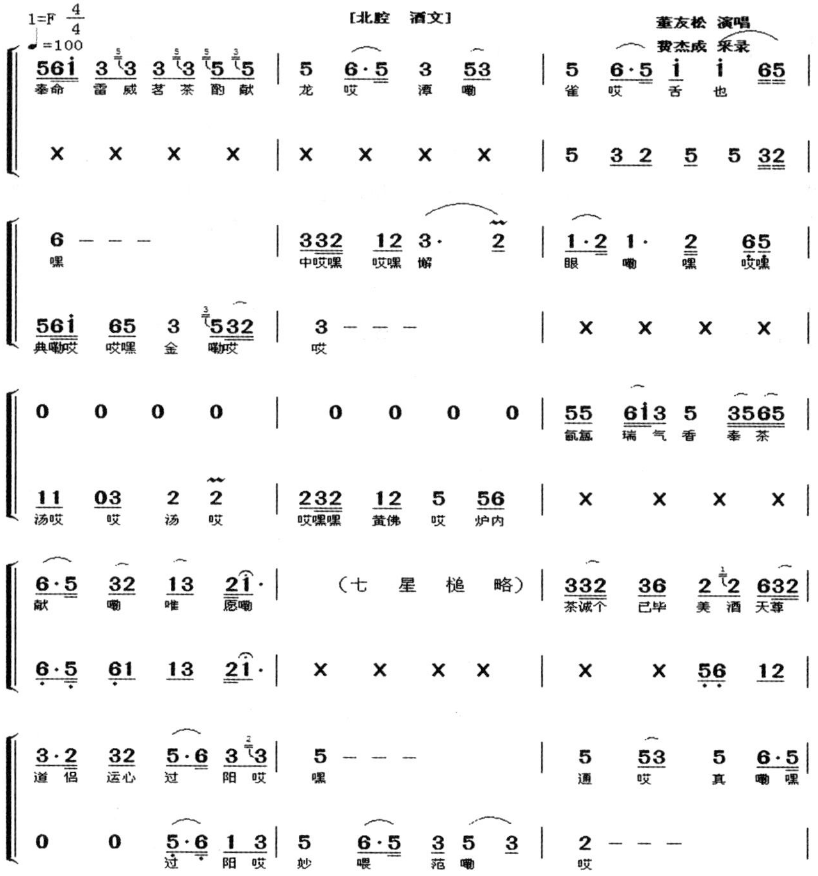

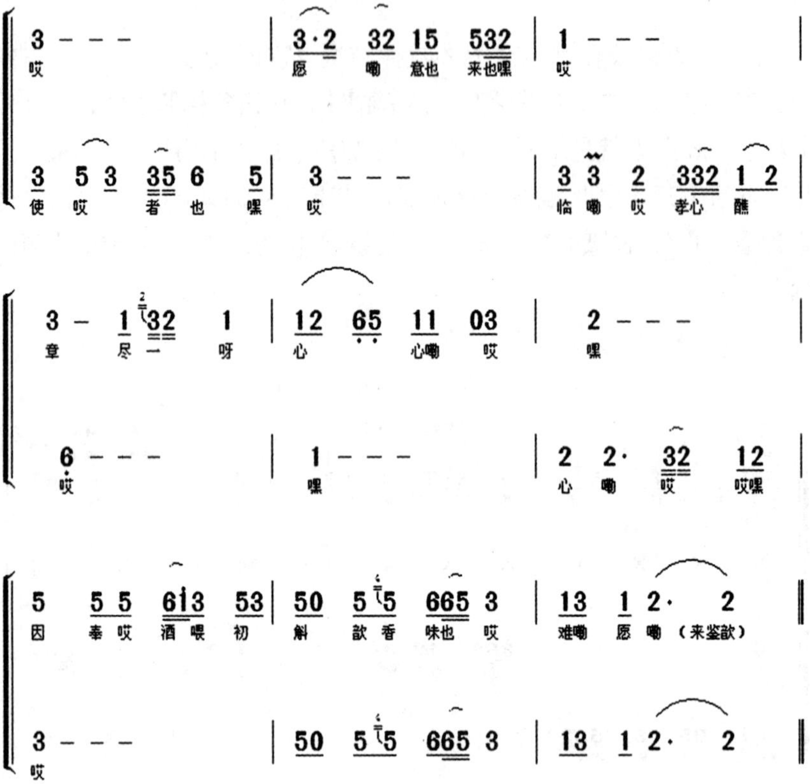

采集地点：阳新荻田　采录时间：1981/7/25

上例可视为 A 宫调式，但根据其结音应是一首五声 G 商调式的道腔，属异调终止性质。这在鄂东南的民间音乐中，经常出现在地花鼓的音乐中，节拍多见 4/4。作品整体音调虔诚而媚态十足，道士通过两个声部的有机呼应，用真、假声演唱，达到实现人神交往会话，并以奠酒辞的吟诵形式，去实现对神的敬仰媚态，与此同时，道士还要踏罡蹈斗，以一种特有的神秘姿态，释放道家情绪，预示着神灵被邀约来到坛堂，最后领合两个声部，选择在具有怡情超然的“商”音中结束此曲。

北腔的调式风格“宫、商、角、徵、羽”调调俱全，与之相对应的“羽”调颇具特色。如例二《经尾》：

经尾

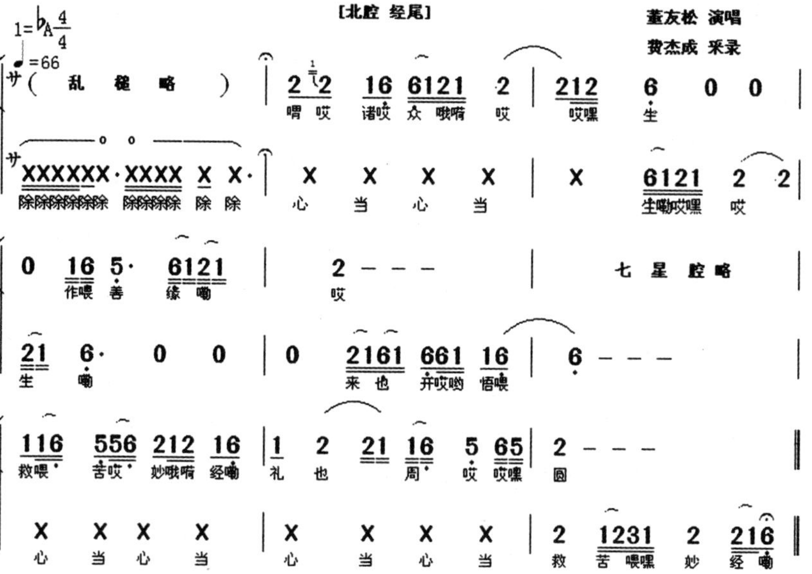

例二《经尾》4/4 节拍，五声 F 羽调式，领、合呼应，真假声演唱，曲前常以乱槌自由奏出一个空间，导引歌者进入其间，歌段安排一般出现在仪式之段落之间或仪式结束处。此段视经文之长短，用分节歌的形式重复多遍，其旋律句法基本为上下句结构，和声思维八度跳进多见，显得简明生动。

（二）颜腔

颜腔，因颜子仙山之“颜”而冠其名。颜腔又叫南河腔、茶腔，其中又分低腔和高腔，言其低腔者是取其歌腔多取地域小调成腔者，言其高腔是取其地域的高亢山歌为素材，如“过岭歌”就是。低腔演唱用本嗓，旋律抒情、娓娓动听；高腔发声用边音，高亢而自由，因其演唱时常将长音抛撒甩丢，无论演唱、声音动作和器乐的伴奏，都显得异常活跃，近似花鼓戏。

此腔通常在音乐句读中加入大量的“铜鼓”（又称包锣，其板式多称汤板，取其发声之汤音）伴奏而多显清亮激昂。多用在祈奠自然神时的《安龙》《安山》法事场合中运用。也见在为亡灵守夜时，道徒联合坐唱时用以“辞丧”，以驱赶寂寞与悲哀。其音调多取自这里的扬歌子的音调为素材，歌词不论山歌野词、民间故事，均可入曲成唱，高亢中亦有诙谐，很有特色。

颜腔的和声思维运用了较为普遍的八度组合，目的是充分表达在与上苍对话时的愉悦与向往的情感宣泄；也有时在为拯救孤魂野鬼时法事中，演唱到故事情绪或矛盾冲突激烈处，多用不谐和的和声，为的是给受伤的灵魂以宣泄与抚慰，促使孤魂冤鬼远离异域，从而得到生命重生的机会。

混元道教对于万物的生命观重在彰显“欢生恶死”观念，并积极地与疫秽、灾瘴作抗争。常用一些精神向上的音乐手段来对生命的正面礼赞，如例三《早课·三宝经》：

早　课

[颜腔 三宝经]

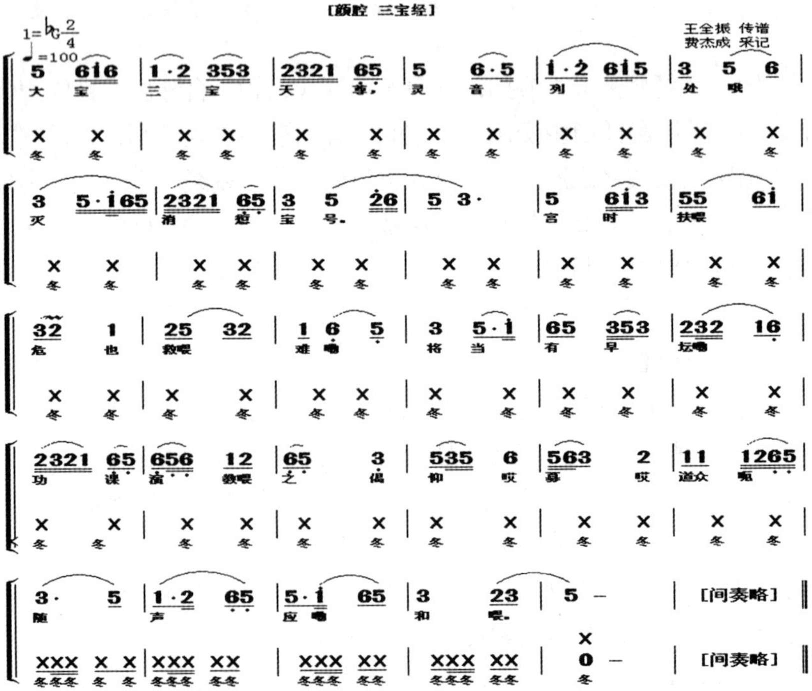

采集地点：颜真观　采集时间：2016/3/16

例三《早课·三宝经》实质是一首忏词性质、用吟诵之风演唱的道歌，其实歌唱性大于朗诵性，常出现在早课或晚课法事之开篇处，是一种半唱半说之咒词类文学样式；五声 D 止调式；其伴奏乐器鲜用木鱼，而用的是板鼓以击节，中途加入击磬、弱奏法钹，点缀其间。这种场境肃穆、娴静无尘，有一种洗心革面之意境渗透感，故音乐旋律婉转动听，极富人情味。

如果要考察《早课·三宝经》的音调范例出自何处，在鄂东南的地域音乐中，真的很难具体地找到这种大气的原始作品原作，旋律外貌与鄂南赣北之民间小调音乐，似乎约莫相融，风格接近。不知是谁化谁、亦此亦彼或亦彼亦此？也许是道士游方时进行的文化合流后的产物吧！奇怪的是在颜真观的早晚课中，这样的歌腔从不在大型法事坛场中运用，道士们回答说：“早晚课是神灵一天的趋吉之首，唯这种天籁以能独享为要。”说明道教音乐对于神灵来说，颇有一定分区，不同的神仙会享有不同的道乐，有一种“能用者、慎能用者”之分，或有“尊乐者、卑乐者”之别。就个人的听觉审美而看，这类音乐旋律受听、耐听而更能让人有愉悦之感是肯定的，不过，这种现象，也许是一些个例。

还值得一提的是传唱这首作品者颜子山道士王全真，晚年才从道，居观伺坛，虽只有 17 年道龄，但作为一名平凡的居士，能保存着这样的道乐作品，实属是一位忠诚的混元道教文化传播者。

颜腔有“宫、商、角、徵、羽”五种民族调式，用得最多的是“徵调、羽调”两种，下面请看一则羽调式的例四《解结》：

解结

[颜腔 解结]

董友松 演唱

费杰成 采录

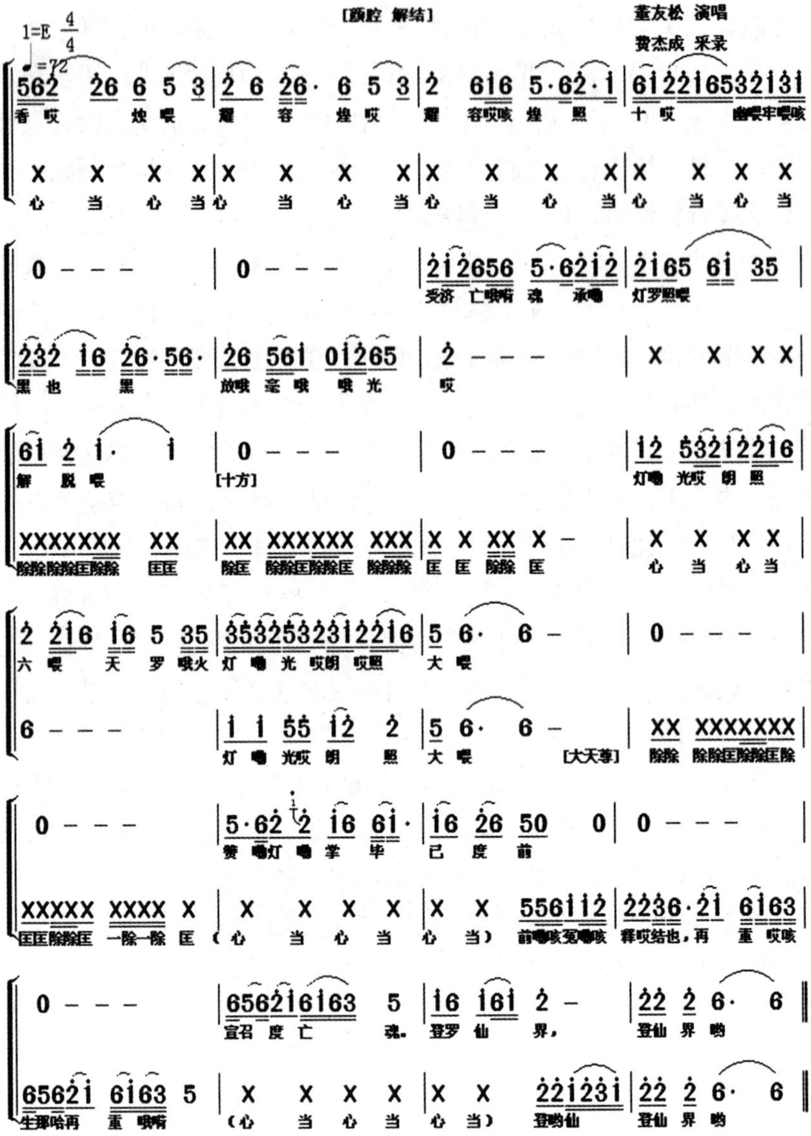

采集地点：阳新文化馆 采录时间：1981/11/26

《解结》出现在斋醮法事之中，是颜腔中具有代表性的一种。五声［B羽］，4/4节拍，领、合相间，旋律音程多见4、6度大跳，真假声结合，间奏锣鼓密集击奏，音乐情绪以一种救赎似的推进，始终在文学经典的牵引下为亡魂解开生死之结，目的是安抚生者，挽悼灵魂到该去而不愿去的地方。因情绪的需要，击乐锣鼓以密集的击点，诉说着家人及亲朋的安挽之情。其中有铜鼓与海螺伴奏，用以为加强通神之号召信息，创造一个和谐共振的特定氛围。下面再举例五：

稽首归一道

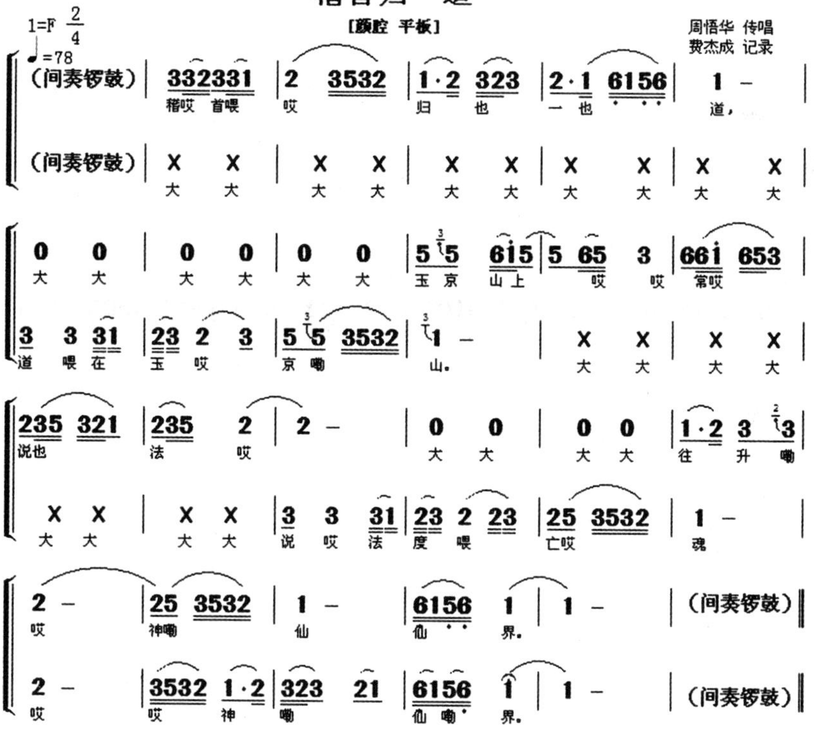
1=F 2/4
♩=78
[颜腔 平板]
周悟华 传唱
费杰成 记录
(间奏锣鼓)
稽哎 首喂 哎 归 也 一 也 道，
大 大
玉 京 山上 哎 哎 常哎
道 喂 在 玉 哎 京 嘞 山。
说也 法 哎 往 升 嘞
说 哎 法 度 喂 亡哎 魂
哎 神嘞 仙 仙 界。
哎 神 嘞 仙 嘞 界。

采集地点：颜真观　采录时间：2016/3/16

这是一支五声 F 宫调式的代表作，2/4 节拍，以领合为其歌唱特点，真假声结合发声，音调元素取自此域中“哦呵腔茶戏”的四平。

颜腔中的商调式也颇具特色，如例六《香文》：

上例为五声 A 商调式，4/4 节拍，领合相间，三心小乐伴奏，为早晚启之上香礼中的奠礼歌，情感真挚，中速偏缓。

香 文

[颜腔 早晚启]

董友松 演唱

黄杰成 采录

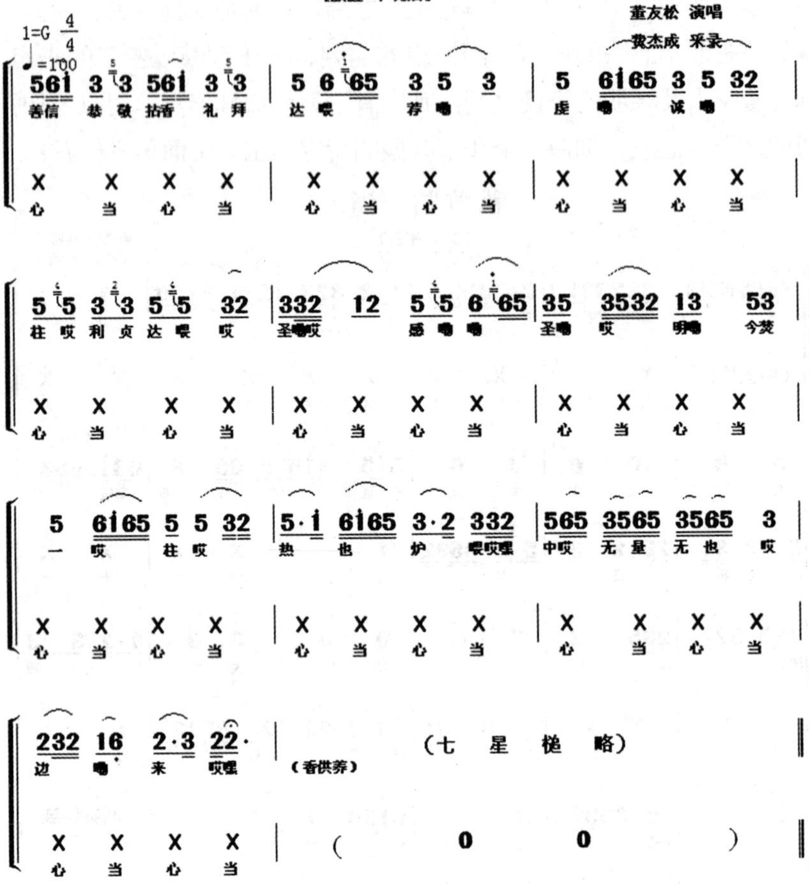

采集地点：阳新荻田 采录时间：1981/7/25

（三）叹腔

叹腔又叫螺腔，因演唱时有海螺乐器之介入来咏叹生命之无常而得名。是混元道乐中的第三大声腔，其音乐素材多取自地方花鼓戏中的《叹腔》、《还魂腔》等特色曲调，长于表现缥缈虚幻的法事意境。常常顶口起板，4/4 节拍，行板开始舒缓偏慢，中途媚态十足，高潮热烈欢快。一般用在清法事中，通过祈祷自然神而企图获取上苍的恩赐与佑佑。下面附例七《单珠口神》：

丹珠口神

［叹腔 平板］

费杰成 记
胡全真 唱

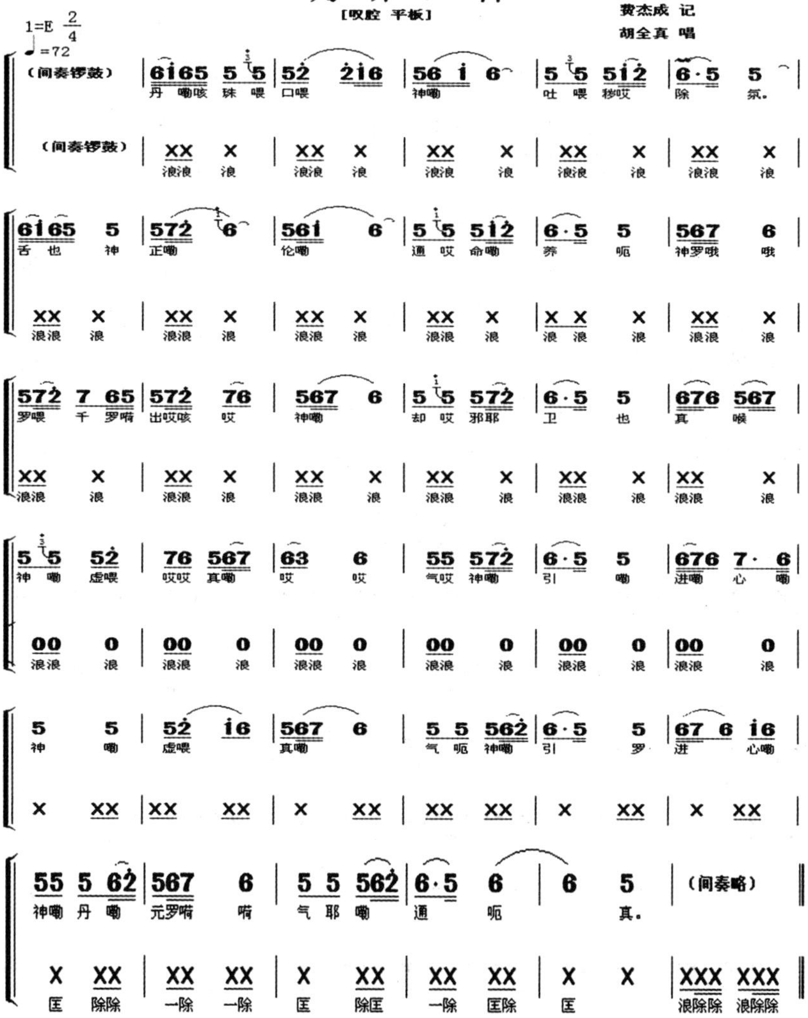

采集地点：颜真观 采录时间：2016/3/16

这是一首六声音阶的 B 徵调式作品，伴奏乐器中有海螺的加入，击乐间奏和唱腔部分内均有马锣的参与，2/4 节拍，艺人称之为平板，这与地域茶戏有一较多的联系，演唱中速偏慢，综合起来，感觉宗教意味浓厚，旋律中变宫“7”音的出现，点缀了混元之韵，具有一域特有的文化风情。

究其音乐思想，应该是道士在进行斋醮时，用来安抚在野之神灵所精心设计出的心语，因这种道俗场境，极为庄肃静穆，配合经咒中所指出的诸多流落成侵害人的秽神、恶灵，或游荡在极底层的魍魉，给它们以镇、以媚、以贿、以飨等手段，劝其回到正途，重新成为家族、家人与之“并耕而食，饔飧而治”的益神。故整个音乐深情而委婉动人。

叹腔中的《板桥道情》则是一例颇具特点的作品。首先是在嗟叹中有乐，有情亦有趣，也是仪轨之特定场境所规定，故其伴奏乐器加入了海螺、铜鼓，实际音乐效果是欢而不哀，带有玩世不恭的情致。音乐原素来自地域高腔道情。其词用郑板桥的原词。请看例八《叹骷髅》：

叹骷髅

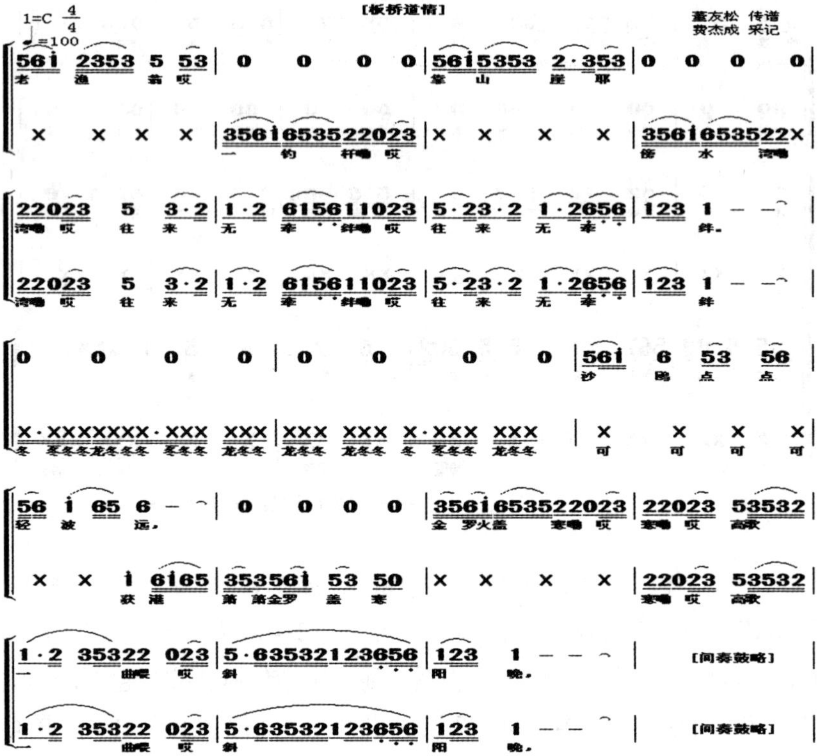

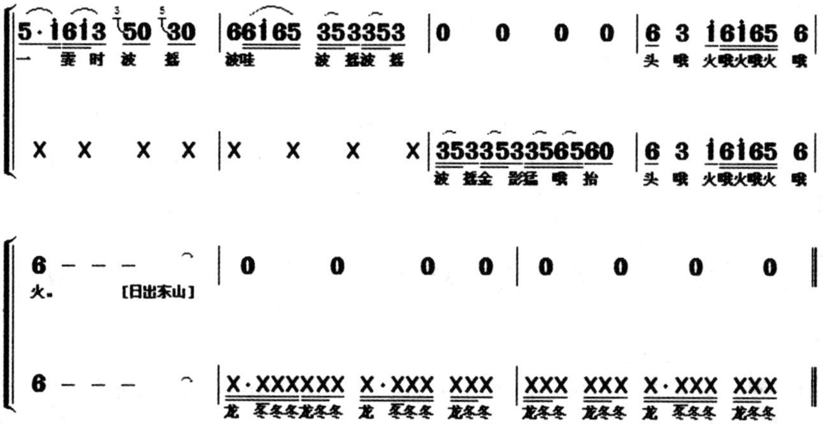

采集地点：旧阳新文化馆　采记时间：1981/11/27

上例为五声 A 羽调式，伴奏乐器有心当匡、大鼓、铜鼓、钟磬、海螺、牛角等，4/4 节拍，中速偏快，一领一合，真假声演唱。此曲是道士在夜醮场境中演唱，是对骷髅一类之冥魂野灵真诚的安挽，没有欺侮，没有冷落，而是一种心的慰藉与挚爱。

（四）彩腔

彩腔又叫“花腔”，是混元道中的第四大声腔。因多在《放食》施舍为神供飨仪式中，加入了钟与堂鼓的伴奏，用以赈济孤魂野鬼时的法事场境演唱，常见用地方民歌中的：玩灯、莲花落、竹马、车灯、四季相思、扇子花、抛彩球、绣荷包、叹妹、月望郎、九连环、高腔、道情、十月地方灯歌作原料，加以创造。先看例九《安龙神・龙船调》：

安龙神

[彩腔 龙船调]

罗祖武 演唱
费杰成 采记

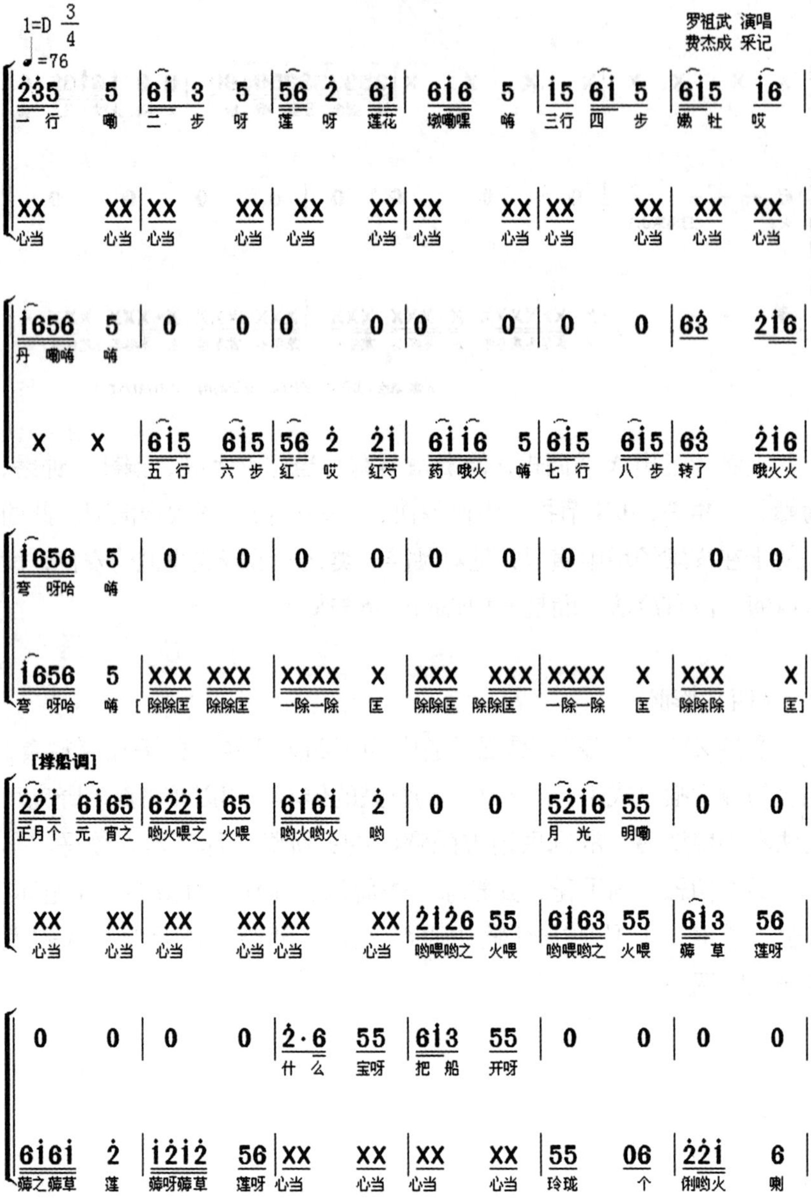

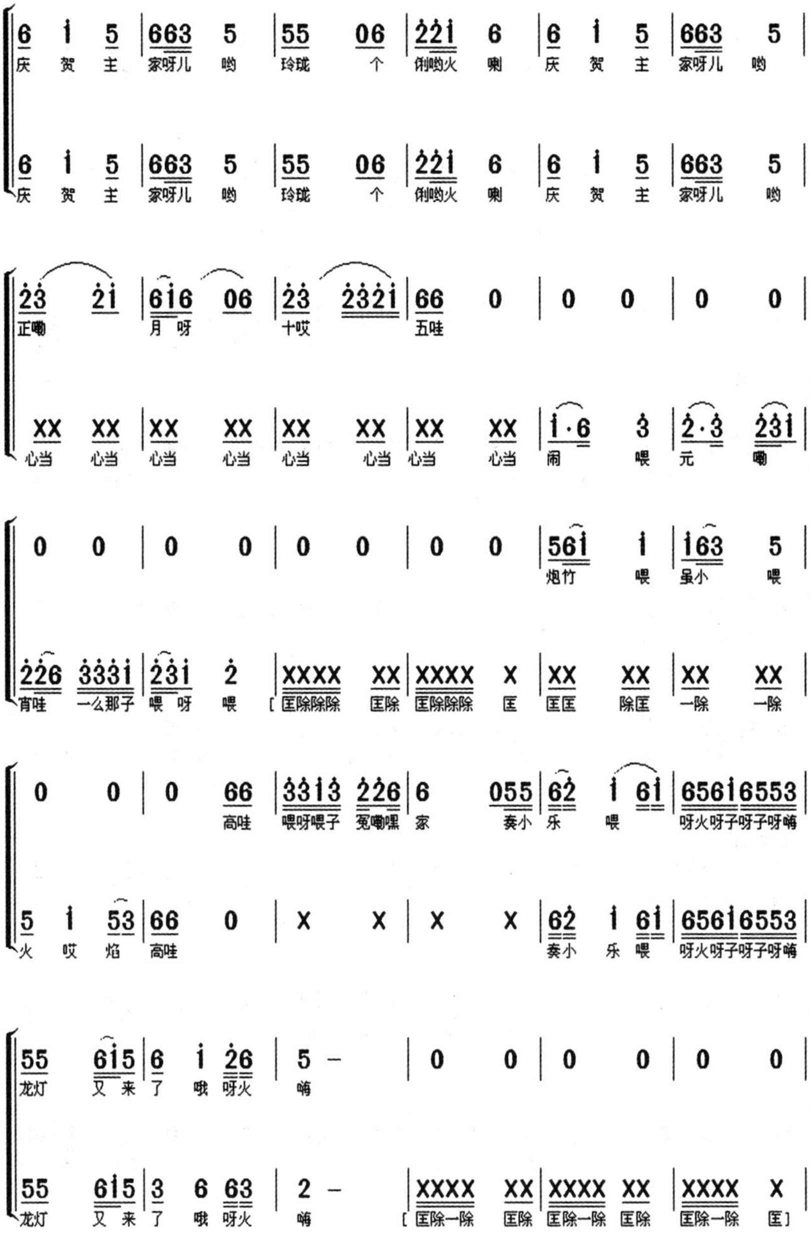
庆 贺 主 家呀儿 哟 玲珑 个 倒哟火 喇 庆 贺 主 家呀儿 哟
庆 贺 主 家呀儿 哟 玲珑 个 倒哟火 喇 庆 贺 主 家呀儿 哟
正嘞 月 呀 十哎 五哇
心当 心当 心当 心当 心当 心当 心当 心当 闹 喂 元 嘞
炮竹 喂 虽小 喂
宵哇 一么那子 喂 呀 喂 [匡除除除 匡除 匡除除除 匡 匡匡 除匡 一除 一除
高哇 喂呀喂子 冤嘞喂 家 奏小 乐 喂 呀火呀子呀子呀嗨
火 哎 焰 高哇 奏小 乐 喂 呀火呀子呀子呀嗨
龙灯 又 来 了 哦 呀火 嗨
龙灯 又 来 了 哦 呀火 嗨 [匡除一除 匡除 匡除一除 匡除 匡除一除 匡]

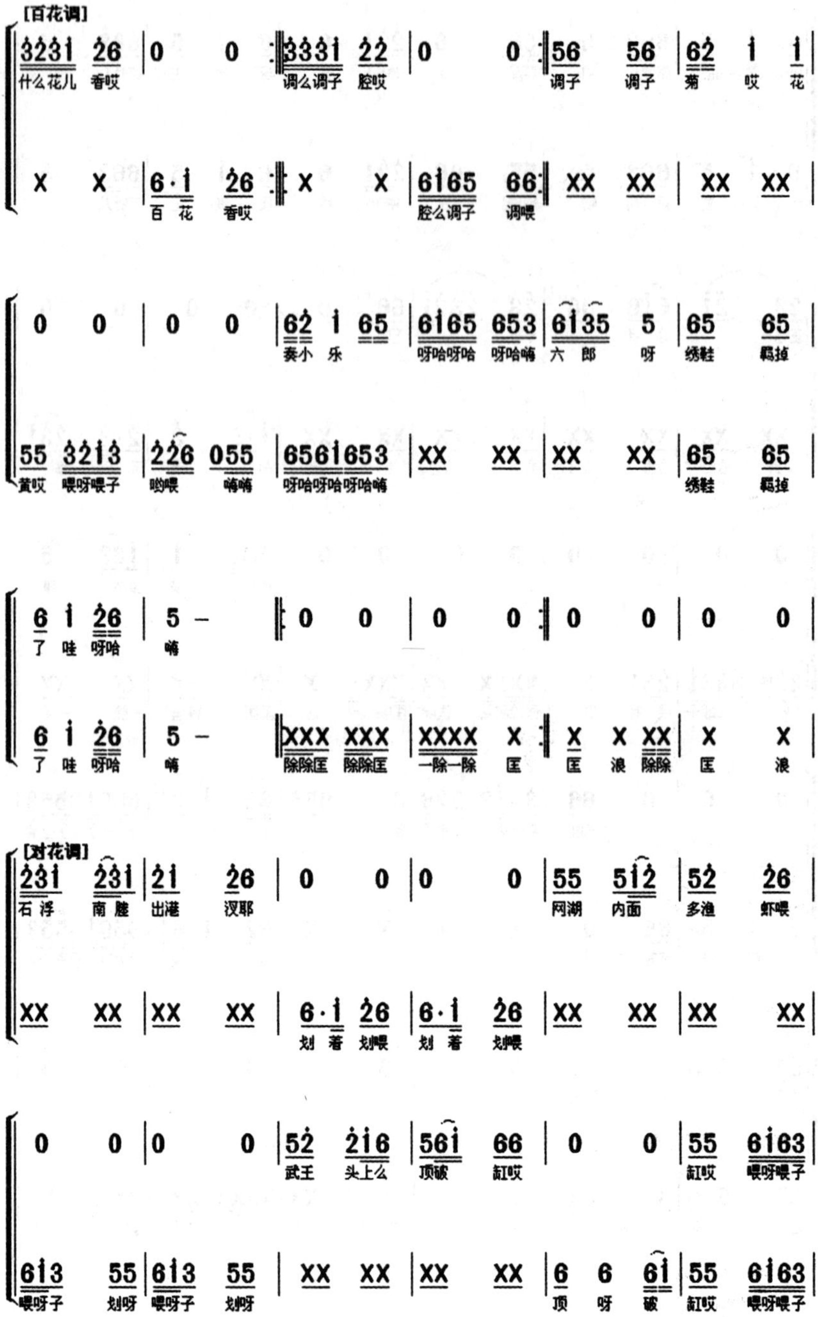
[百花调]
什么花儿 香哎 调么调子 腔哎 调子 调子 菊 哎 花
百 花 香哎 腔么调子 调喂
奏小 乐 呀哈呀哈 呀哈嗨 六 郎 呀 绣鞋 羁掉
黄哎 喂呀喂子 哟喂 嗨嗨 呀哈呀哈呀哈嗨 绣鞋 羁掉
了 哇 呀哈 嗨
了 哇 呀哈 嗨 除除匡 除除匡 一除一除 匡 匡 浪 除除 匡 浪
[对花调]
石 浮 南 腱 出港 汊耶 网湖 内面 多渔 虾喂
划 着 划喂 划 着 划喂
武王 头上么 顶破 缸哎 缸哎 喂呀喂子
喂呀子 划呀 喂呀子 划呀 顶 呀 破 缸哎 喂呀喂子

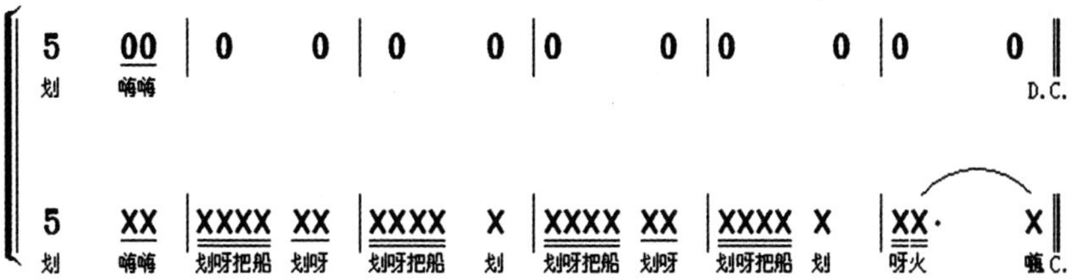

采集地点：颜真观　2016/3/29

彩腔是混元音乐体系中，最为自由选择、能歌则歌的腔别，只要规定场境适合就可把山歌野调拿来，即兴成唱，故行内称之为“百花歌”。上例一曲就包括了“撑船调、百花调、对花调”等多歌组合。

大多的彩腔长于表现人神相戏的欢乐，特别是在祭自然神或丧事场境中，用来和顺自然、安挽亡灵、安抚生者，具有一定的积极作用。

二　曲牌撷介

器乐类型，在颜子山混元道教音乐中，又分文乐和武乐两种：文乐，又称南河调，主要在道观中以笛子或笙、当子为主奏乐器，发音柔和，音量较小；武乐一般是民间道坛采用，以唢呐和茶戏锣鼓场面和曲牌演奏和演唱。

混元道乐有较丰富的器乐曲牌组成，除了给韵腔的演唱进行伴奏，尚有配合声腔的启腔、接腔、收腔、踏罡等各区间的空白时间进行间奏，完成音乐曲调之承上启下的功能，增添道乐流动中的连贯性与统一完整性，达到充分诠释经典旨意、调节道士在法事进行中的劳动强度，传达宗教情感、渲染道场气氛，提振场境观赏效果，消除寂寞等发挥重要铺垫作用；还有给人以悠然入道的精神安抚，达到人乐相融，道俗相济；尚有很多的曲牌配合法事时道士的更衣、坛场转换或道场道士的画符等。除外，在祭奠自然神时，还出现与上苍交感互敬的雅趣乐曲，这种乐曲编制庞大而长，具有很浓的世俗性和娱愉性，提供给信众与道士共同赏析，例如知名的曲牌如《哭皇天》《拜仙山》《大开门》《小开门》《郭子仪上寿》《一江风》《过街》《薤露珠》等均是。这些曲牌后来都流向了民间，被用在各种节庆或丧事场境中，例如此域的地花鼓等民间艺术形式所收藏传承的这类器乐作品相当丰富。

混元道乐曲牌的曲式结构多为单曲体分节歌的形式，如唢呐曲、丝弦曲、锣鼓乐牌子等多是这种情况。只是在一些器乐合奏曲中，偶尔有多段式的例子出现，常见的曲式结构是［A+B］+［A1+B1］，如《拜仙山》等就是。这时的乐器介入是全方位的。大多有三弦、唢呐、二胡、高胡、钟磬、海螺、牛角、三节号和击乐器的鼓、锣、钹、三心、木鱼、铜鼓、马锣等。乐手配备有单乐制和双乐制，最多有24人之多。这种合奏乐的演奏通常是在颜真观中进行，乐手用蒲垫当坐位，近似一种席地之态，一边由高功掌坛行香，加以渲染宗教气氛。此时有信众于坛堂四周依地而席坐，以示仙俗共享的场境姿态。当然，这类演奏仪式也有司仪的道士，由领班道士喊号指挥乐曲进行或转换章节，这样，演奏者循规蹈矩，却运用自如。例如大型合奏乐例十的《拜仙山》，取自南乡一带地方民间细乐中的《渔家乐》，在旋律和曲式上作了一定的创造，增添了道家音乐的仙味，是鄂东南一带的民间音乐中最具代表性的实证。

《拜仙山》一曲原出自宗祠祭祀音乐，在龙港一带叫《渔家乐》，在北乡的大多地区称《细乐》《飨乐》，概因其曲调缠绵婉约的缘故。有人认为《拜仙山》疑源自隋唐时代的宫廷音乐流入民间。《拜仙山》在混元道教场境中，则主要于大型斋醮活动中出现。其曲体结构与《渔家乐》有了大的发展或变异，旋律明显的带有宗教音乐的清净、恬淡风韵，更加贴近人神间的交流方式，其中竹笛的半拍漏板与幕阜山地域采茶戏音乐联系紧密，可说明两者是近亲。例十《拜仙山》：

拜 仙 山

[颜腔 器乐曲牌]

传谱者：石则仁
记录者：费杰成

```
1=F  2/4

78
6̆tr  -  | 6̆tr  -  | 5̆tr  -  | 5̆tr  -  ‖ 06  06 | 06  06 |
XX  XX | XX  XX | XX  XX | XX  XX ‖ XXX  XX | X  X |
匡泡 兑泡  匡泡 兑泡  匡泡 兑泡  匡泡 兑泡   匡一个 台累    台

05  05 | 05  05 | 331  23 | 1·235  2 | 55  67 | 5·6  53 |
X·X XX | X   X  | XX   XX | XXX    X  | X·X XX | XX   XX |
台才 累台  匡      匡才  一才  一累台   匡     匡才 一才  匡才  一才

53  2 | 2·1  61 | 1235  2 | 0  - | 0  - | 5·6  53 |
XXXX X | XXXX X | XXX  X | XXX | XXX  XXXX | X  X | X  X |
一个累台 匡 一个累台 匡  兑累台 匡 另另匡 另另匡 一个兑 匡  心  当

235  3 | 0  - | 0  - | 6·5  35 | 321  2 | 0  - |
X   X | XX  XX | XXX  0 | X  X | X  X | XXX  XXX |
心当  心当  心得得 当  心  当  心  当  另另匡 另另匡

X  - | 5·6  53 | 25  3 | X  - | X  - | 6·5  323 |
XXXX X | X   X | X   X | XX  XX | XXX  X | X  X |
一个累兑 匡  心  当  心  当  浪才 浪才 浪才才 匡  心  当
```

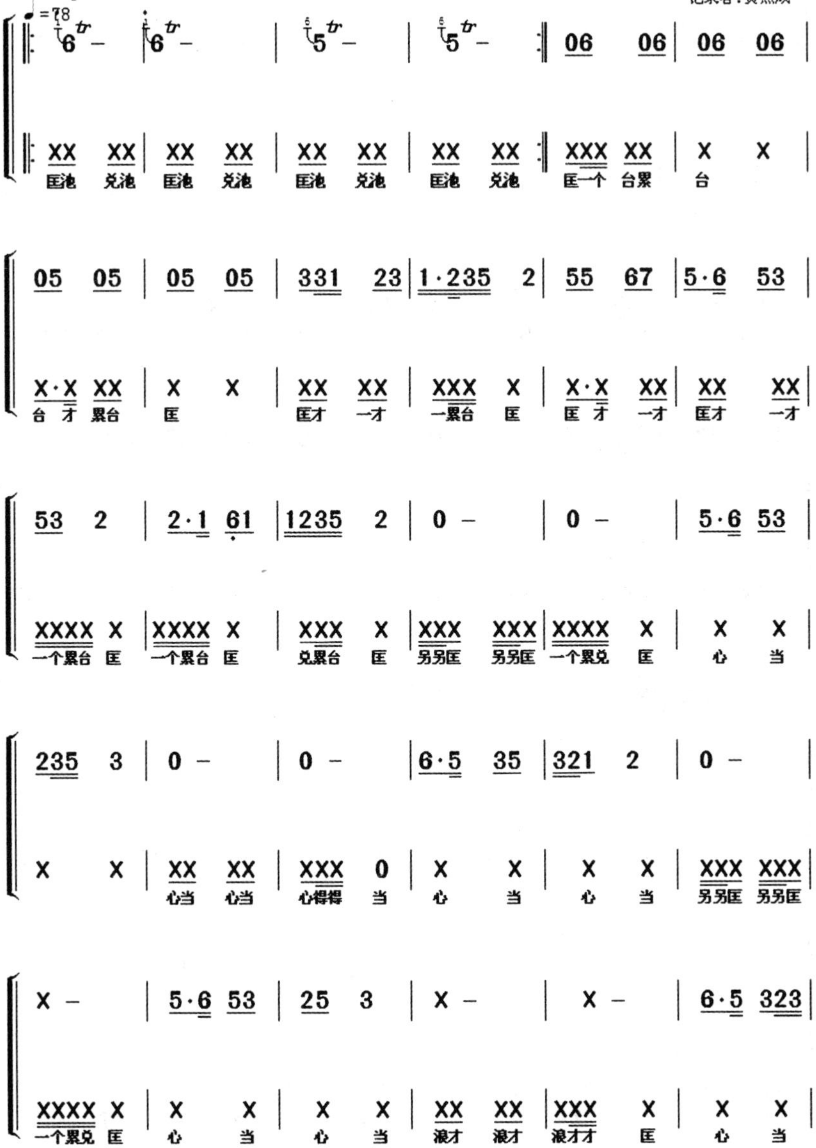

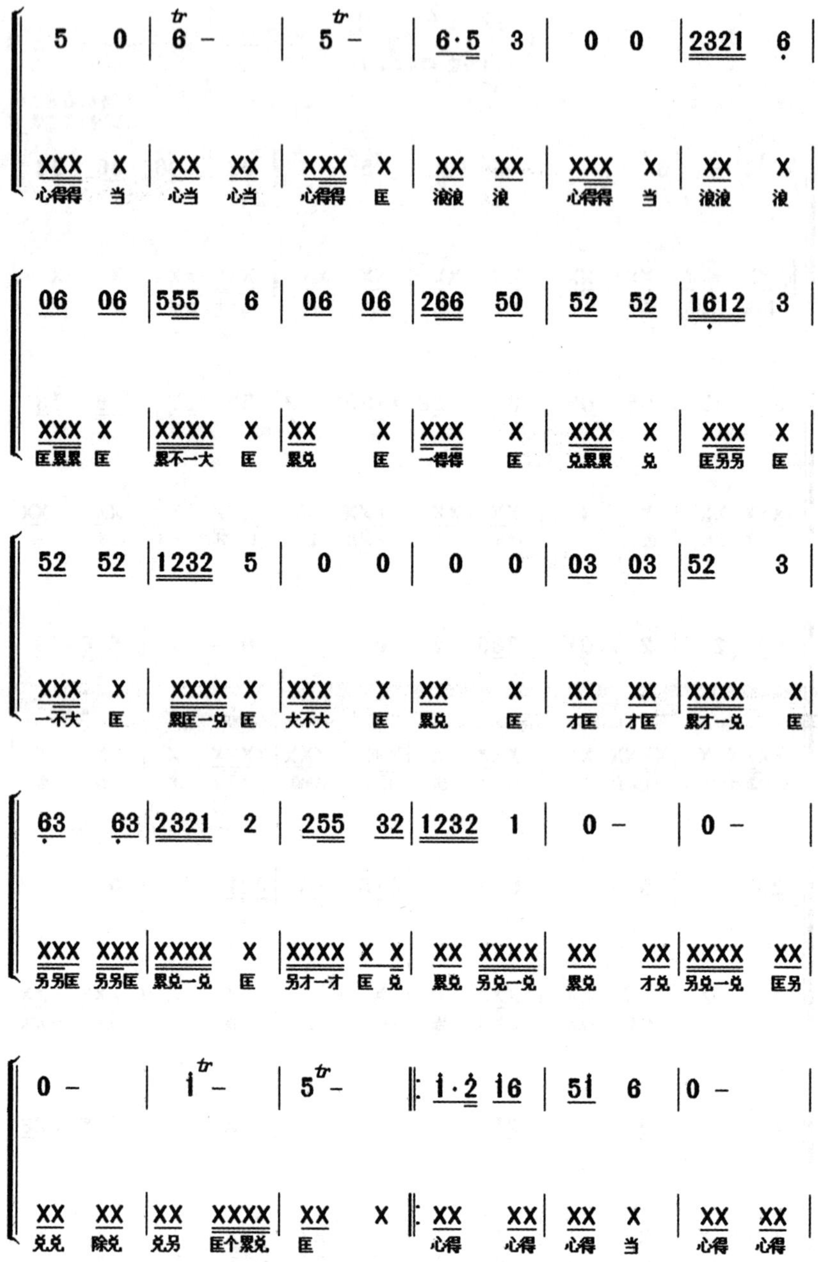
心得得 当 心当 心当 心得得 匡 浪浪 浪 心得得 当 浪浪 浪
匡累累 匡 累不一大 匡 累兑 匡 一得得 匡 兑累累 兑 匡另另 匡
一不大 匡 累匡一兑 匡 大不大 匡 累兑 匡 才匡 才匡 累才一兑 匡
另另匡 另另匡 累兑一兑 匡 另才一才 匡 兑 累兑 另兑一兑 累兑 才兑 另兑一兑 匡另
兑兑 除兑 兑另 匡个累兑 匡 心得 心得 心得 当 心得 心得

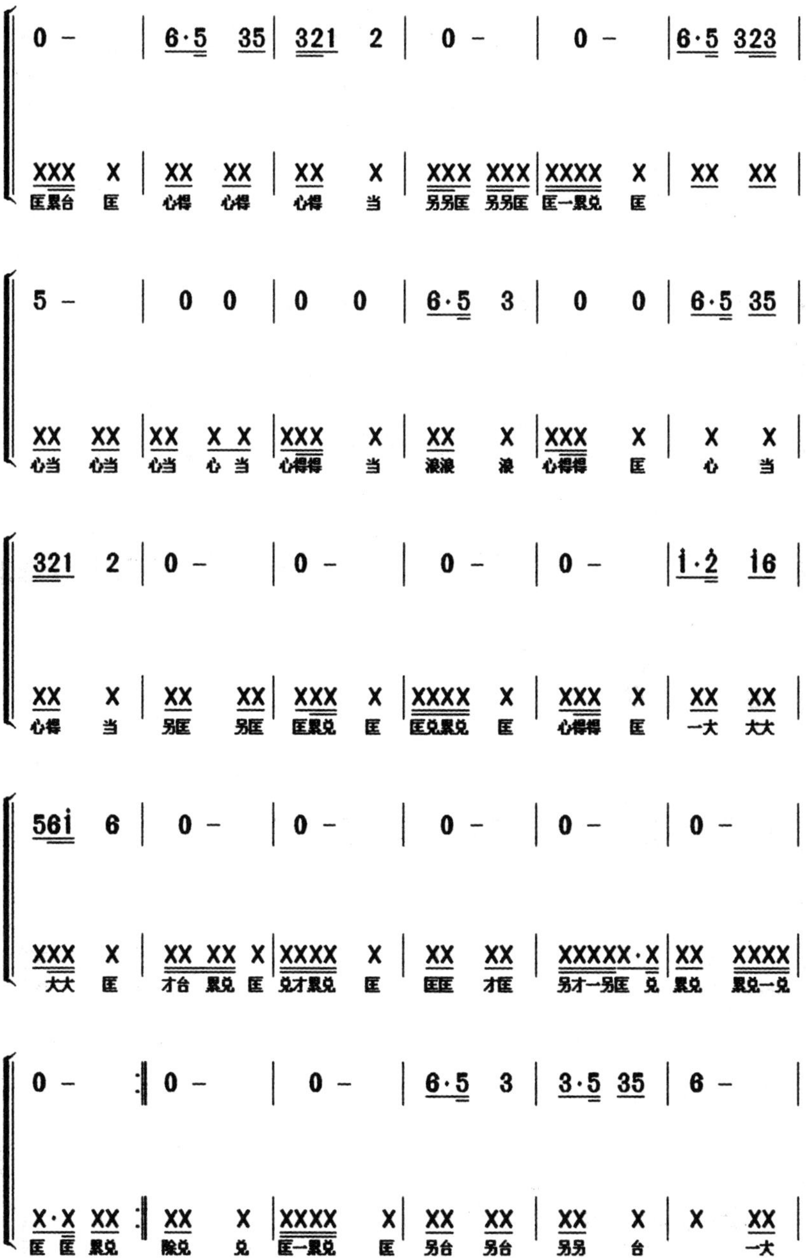
匡累台 匡 心得 心得 心得 当 另另匡 另另匡 匡一累兑 匡
心当 心当 心当 心 当 心得得 当 浪浪 浪 心得得 匡 心 当
心得 当 另匡 另匡 匡累兑 匡 匡兑累兑 匡 心得得 匡 一大 大大
大大 匡 才台 累兑 匡 兑才累兑 匡 匡匡 才匡 另才一另匡 兑 累兑 累兑一兑
匡 匡 累兑 除兑 兑 匡一累兑 匡 另台 另台 另另 台 一大

$$0 - \ |\ \underline{3 \cdot 5}\ \underline{35}\ |\ \underline{6\dot{1}\ 63}\ 5\ |\ \dot{6}^{tr} - \ |\ 1^{tr} - \ |\ \underline{3 \cdot 5}\ \underline{35}\ |$$

XXX	X	XX	XX	XX	X	X	X	XXX	X	X·X	XX
一不大	匡	另台	另台	另另	台	当	当	匡另另	匡	浪个	一浪

$$\underline{6\dot{1}\ 65}\ 3\ |\ \underline{1 \cdot 2}\ \underline{35}\ |\ \underline{321}\ 2\ |\ \underline{1232}\ 1\ |\ \underline{65}\ \dot{6}\ |\ \dot{6} - \ |$$

XX	XX	XX	XXX	XX	XXX	XXXX	X	X	XX	XXX	X
一卜	浪卜	龙冬	龙冬冬	匡匡	才才匡	匡个累兑	匡	匡	心得	心得得	匡

$$0 - \ |\ 0 - \ |\ \underline{066}\ \underline{06}\ |\ \underline{066}\ \underline{06}\ |\ \underline{055}\ \underline{05}\ |\ \underline{055}\ \underline{05}\ |$$

XX	X	XX	X	XX	XX	XX	X	XX	XXX	X X	XX
匡兑	匡	匡兑	匡	匡兑	匡兑	一累	兑	一大	一大大	匡另	匡另

$$\underline{1265}\ 1\ |\ \underline{1232}\ 3\ |\ \underline{2353}\ 2\ |\ \underline{1232}\ 5\ |\ \underline{66}\ \underline{66}\ |\ \underline{55}\ \underline{55}\ |$$

XX	XX	XX	X	XX	XX	XX	X	XX	XX	XXX	X
匡池	兑池	匡池	匡	匡池	兑池	匡池	匡	匡池	兑池	匡一个	匡

$$\underline{33}\ \underline{33}\ |\ \underline{22}\ \underline{22}\ |\ \underline{11}\ \ \underline{11}\ |\ \underline{66}\ \ \underline{66}\ |\ \underline{55}\ \ \underline{55}\ |\ X - \ |$$

X·X	XX	XX	X	X·X	XX	XX	X	X·X	XX	XX	X·X
台才	累台	匡池	匡	匡才	一才	一台	匡	匡才	一才	匡才	一才

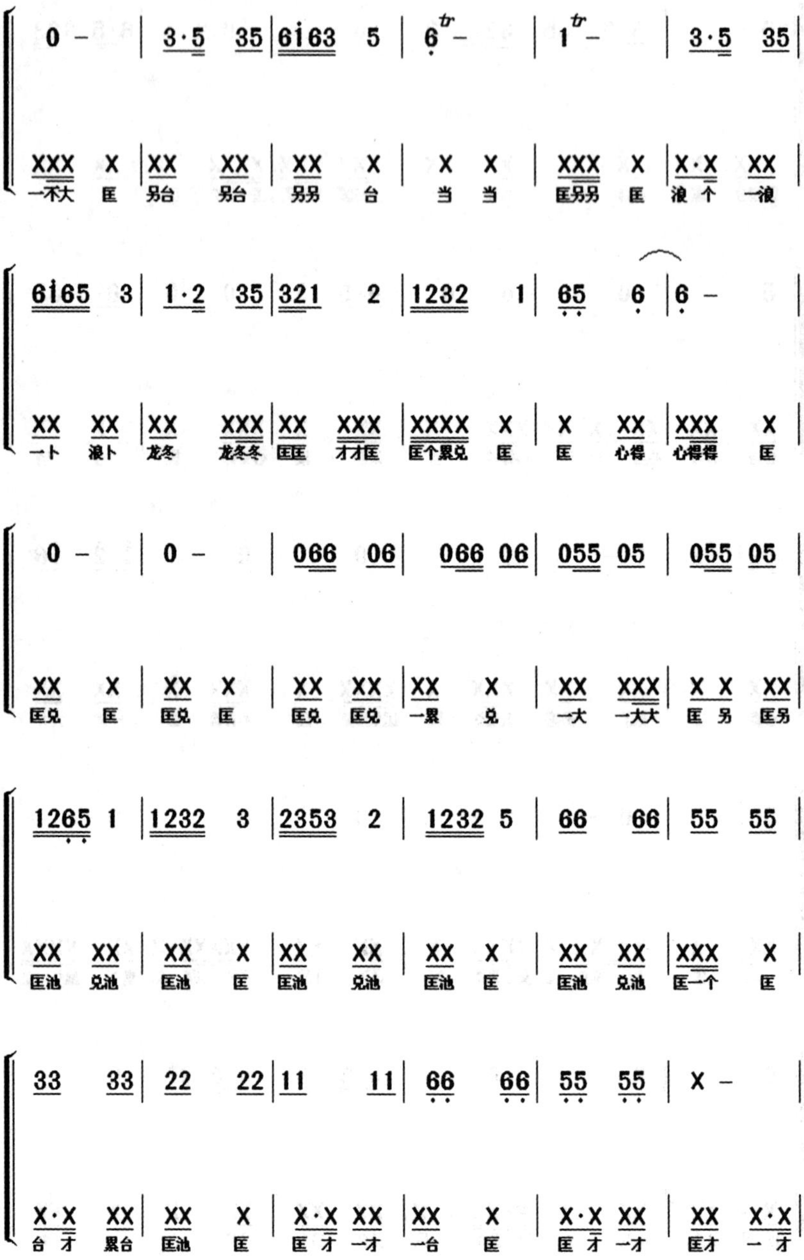

$$\begin{array}{c|c|c|c|c|c}
0\ - & 0\ - & 0\ - & \underline{56}\ \dot{1} & \underline{65}\ 6 & \underline{56}\ \dot{1}
\end{array}$$

$$\begin{array}{c|c|c|c|c|c}
\text{XX XXXX} & \text{X X } 00 & \text{XXXX X X} & \text{XX XXXX} & \text{X·X XX} & \text{XXXX XX} \\
\text{匡才 一个累台} & \text{匡才 一才} & \text{一个累台 匡才} & \text{台才 匡兄累台} & \text{匡 才 累台} & \text{匡才一台 才台}
\end{array}$$

$$\begin{array}{c|c|c|c|c|c}
\underline{63}\ 2 & \underline{23}\ 5 & \underline{32}\ 3 & \underline{12}\ 3 & \underline{16}\ \underset{\cdot}{5} & \overset{\frown}{5}\ -\ 0 \\
& & & & & \text{D.C.}
\end{array}$$

$$\begin{array}{c|c|c|c|c|c}
\text{X X XX} & \text{XXXX X X} & \text{XX XX} & \text{XXXX X·X} & \text{X X X X} & \text{XXXX X0} \\
\text{累 台 才台} & \text{匡才累台 匡才} & \text{一才 一才} & \text{匡才累台 匡 匡} & \text{才 匡才} & \text{匡台累台 匡 D.C.}
\end{array}$$

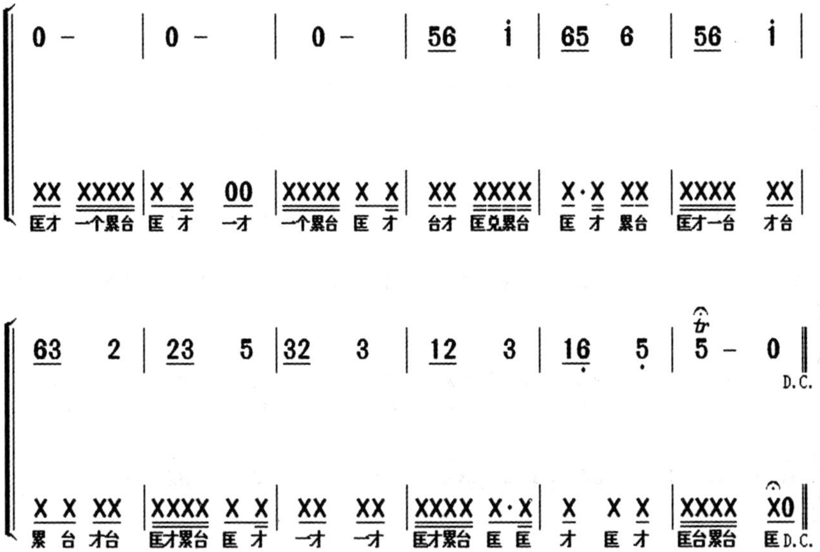

采集地点：阳新东源杉木　采录时间：1987/8/17

　　以上例十的曲体分三段式的旋律变奏手法进行，旋律进行由吹奏乐领，小击乐合，如同两人对话，一呼一应，灵巧活泼，极富于音乐变化；五声 C 徵调式；2/4 节拍；吹管乐器的弱起泛奏并加入海螺、牛角类乐器进来，诙谐多趣，呈现出人神对话时的童稚、顽皮的韵味。体现了乐曲标题之拜仙山时，仙俗交流时的媚娱之风，可以说：乐曲非常贴近主题，乐思极其智慧，说明混元音乐确实不是一般的"俗乐"，而是沾了"仙气"的"雅乐"。也说明造乐者在这个特定场境中，用拜之礼祀、用乐之大和，远不是单纯的坛场作态，而是超世俗的朝圣担当。

　　老子说："道可道，非常道。"联系以上乐绪牵引，不难让人感到《拜仙山》一曲确是一首非常之道乐，有"此乐何得几回有，不尽仙风拂凡尘"之感。可谓滋味绵长，百听不厌。每当它在乡村节日中出现，老百姓无不争相欣赏。

　　再看例十一《大开门》（敬神调、唢呐曲）：

大开门

[唢呐 锣鼓]

罗祖武 传谱
费杰成 采记

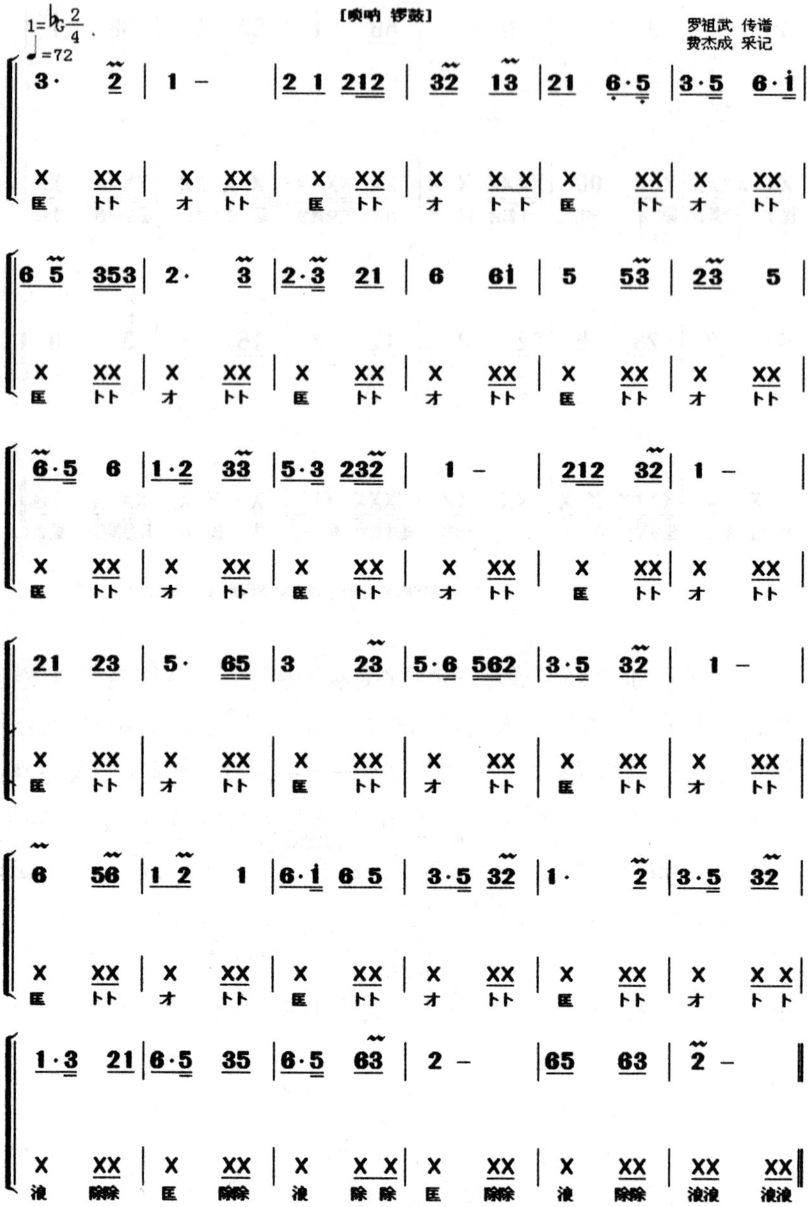

采集地点：颜真观 采录时间：2016/3/16

上例为六声#F 宫调式，出现变宫音“7”，虽是一个过渡音，但因它的点缀，改变了全曲的韵味，这在鄂东南地域的民间器乐曲中是少有的个例，窃以为道教仪轨需要之色彩而致。有道是在鄂东南一带的民间音乐中，清角音与变宫音历来不被常用，这种现象的出现，我猜想可能与幕阜山地域的方言声调多尾音变调甩腔有点关系。

曲牌系统中还有纯粹的打击乐牌子，如《七星槌》就是代表，特点是用大锣的七击作标志，以示圆满。这种牌子常为道士在法事于野外“放祀”礼仪中，常见伴随道士行路时演奏，并作为唢呐曲的间奏或串奏时添场，也见用在混元音乐的四大声腔的起始、终止处作过门。如例十二《七星槌》：

七星槌

[锣鼓曲]

费杰成 采录
张丙富 传谱

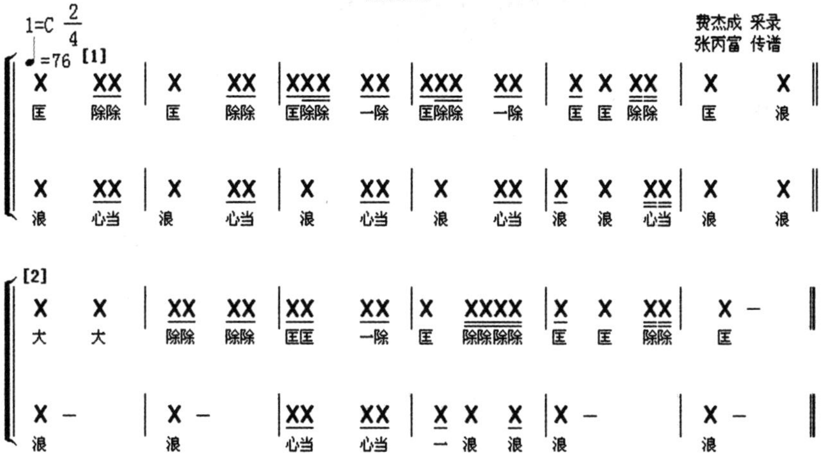

采集地点：颜真观　采录时间：2016/3/16

三　主要乐器

（一）铜鼓

混元道乐伴奏乐器，又名“包锣”。铜质，状如铜锣，只是锣面中心突出有一小球击点。一般直径 28 厘米，卷边宽 2.6 厘米，锣心突出击点高 1.2 厘米，直径 3.5 厘米，音质低沉洪亮，飘逸深邃，给人一种超自然的感受。

（二）三心

又叫“心、当、匡”“心、得、当”“三星乐”等。混元道乐中的打击乐器。一般有两件大小不同的当锣加一碰铃组成，并系挂在一个“8”字开的铁匡支架以便击打造声。常用支架长 24.5 厘米，柄长 7 厘米，内安一大一小的当锣两面，大的直径约 8 厘米，小的约 6 厘米，另外的碰铃在支架顶上，可随时拆装。

据道徒介绍，三心一名最早是指道家神谱中的“天、地、神”三物，在法事中，通常由掌坛者摘下碰铃不用，再指派专人演奏。其因由相传“三心一送天，二送地，三送神，因神不见，以心相送也，故击器化三存二，以取圣洁明德，与神沟通”。

（上图中除了铜鼓还有三心、海螺两件乐器）

（三）海螺

海螺又名法螺，吹管乐器，无高低音调变通，一般用在［打钟螺］声腔中配合帮腔的出现而吹奏，通长21.5厘米，吹口直径10.5厘米，其音量宽宏悠长，悠然深邃。

（四）法铙

铙是一种铜质的打击乐器。凡有歌唱的法事场合都有运用。其音量低沉宽宏，常由道长击奏，也有乐人演奏，转换曲牌。

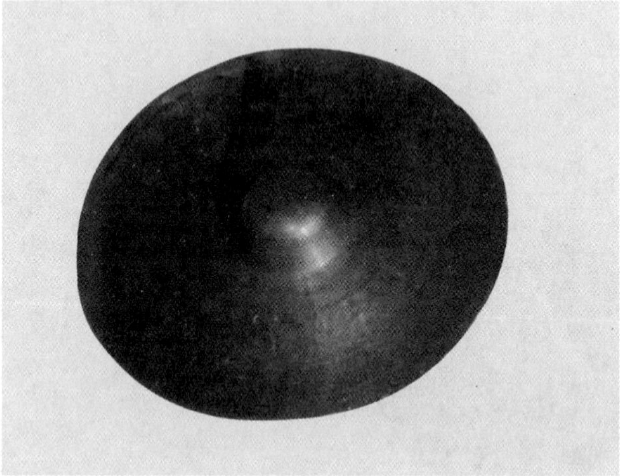

（五）木鱼

木鱼，拍板打击乐器，主要起节奏约束的功用，一般用泡桐树雕塑成鱼头状的空心击器，发音清脆而醒耳。另外，混元道乐除了以上所谈的主要声腔正曲外，还有供道场行香礼拜，仪节交接之用，多用唢呐吹奏。如：谢香、尚飧、大开门、哭皇天、小开门、上寿、正宫调、宵大、金钱花、朝阳歌、卷帘、八板头、叹孤魂等。

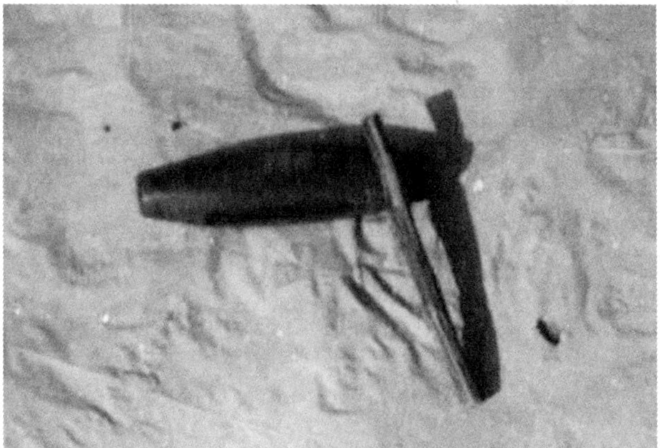

（六）法磬

磬，打击法器，铁质，声如钟，其形酷似风雪帽。相传老子喜欢戴这种帽子修炼，铸此为不忘业祖。一般直径有 28.6 厘米，高 35.5 厘米，用小木棒击奏，音色剔透幽亮，传递甚远。

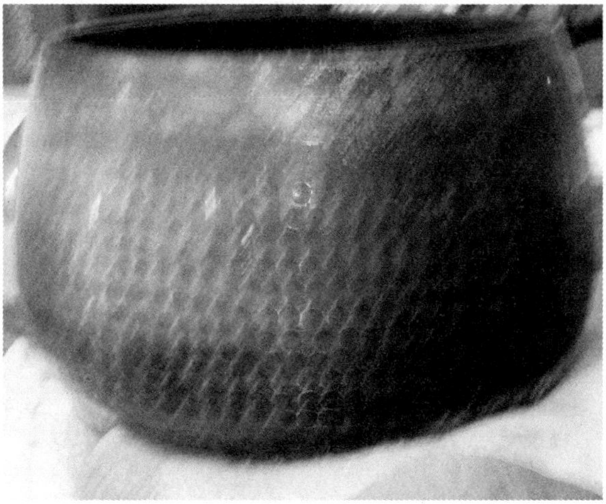

下图为铜磬

（七）告签

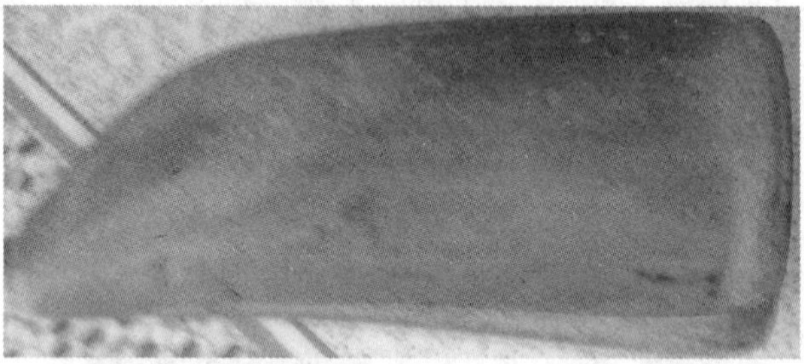

（八）木鱼

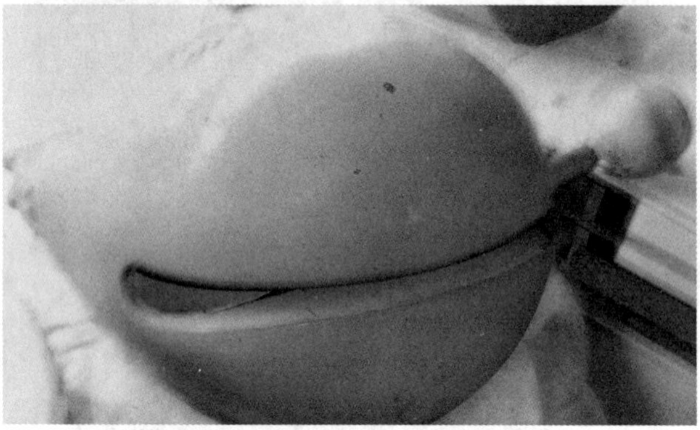

（九）古琴

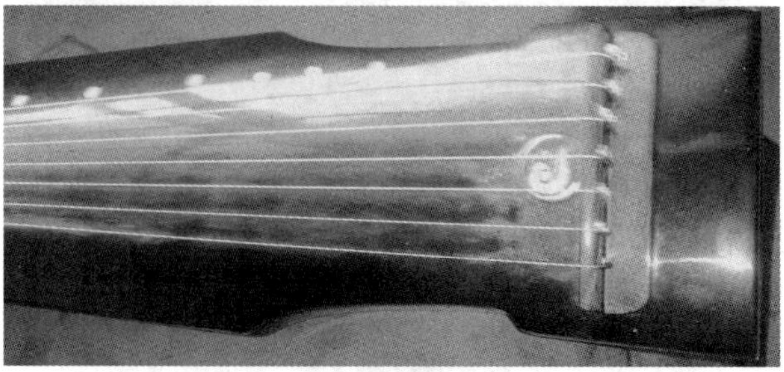

（十）古筝

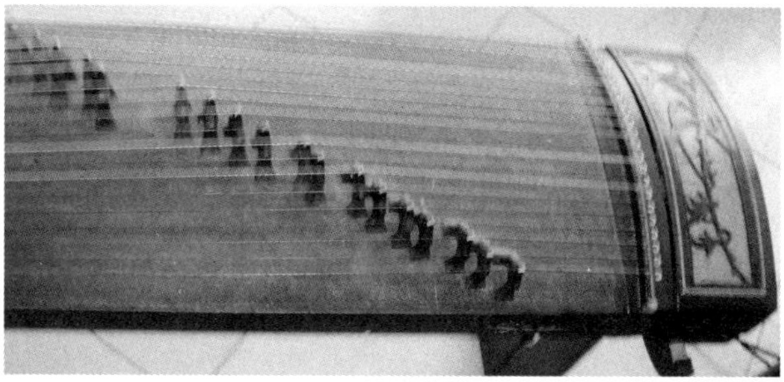

（十一）三弦

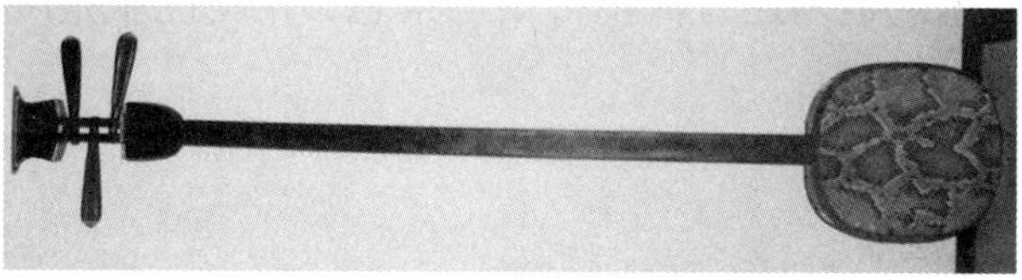

（十二）竹笛

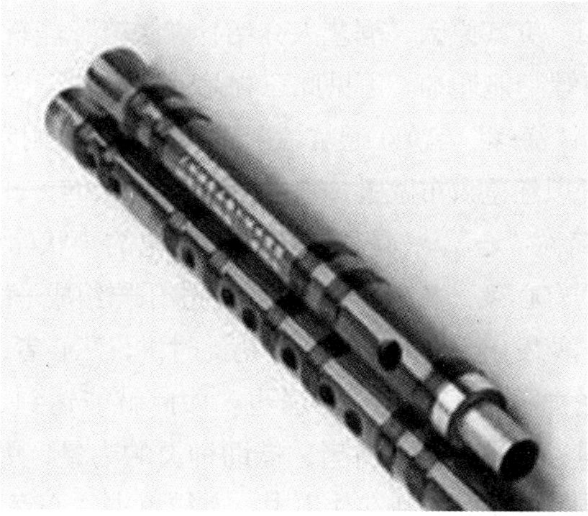

（十三）唢呐

另外，拉弦乐器类的二胡、京胡、高胡等，这里从略。

四　道场俗规

混元道乐的运用还有许多行规与禁忌，常见的就是障面文化的展现。

（一）藏法器

藏法器是障目习俗的延伸或转移，是指对禁忌见世人眼的人或物进行藏匿。在鄂东南的伙居道各大流派中，均存在藏匿主要法器的现象。尤其是道长管的“法镇”“铜鼓”“海螺”，一般情况下，常人难以见其面目。究其原因，据艺人介绍：“法镇”能斩妖；“铜鼓”能驱惊；“海螺”能通神。可见此三物为道家的“三宝”：（也有把“法剑”代之“海螺”者）。通常情况下，这些法器用麻布染成黑色做面，内层托以红色太布做里，避见阳光。另外，有一件重要的法器“三心”，又简称“心”。（是取其击打时发出的声状而得名）。一般情况下，此器有心锣、当锣、小锣三小件击乐器组成一组，但在法事中，心锣是不能发出声音的。艺人介绍此时讲，三心者，一送天，二送地，三心送神不送声，以心相送也。如此就能达到“通神悟仙”的境界。可见，这是法事主持者，借助神灵的力量，用“心锣”在无为中与神沟通的手段，故在法事中，道徒不击“心锣”，以达“障耳”之目的。

（二）吃口

法事中的“唱腔吃口”，又叫“障面”。是道家阴阳学中鬼神观念的寄生物，具有辩证思维方法，这时往往如把唱腔中的字词留几个字“吃掉”不唱，放进肚里藏匿 。一般在一段相对完整的乐段的结尾句使用，原则是以句的字数单隐单、双隐双原则，即七字隐三字、六字隐两字的方法隐藏略去不唱。这样好端端的一句完整唱词，留着几个字不发声，让法器和击打乐去填充未完成词意，以此“送神通仙”。这种方法多在道家祭祀“自然神”时运用，每隔一个乐段四句“吃口”一次。（俗有单吃单、双吃双，即七、五字句吃隐三个字，八、六字句吃隐四个字或两个字）。如“宣圣班”、颜腔中的一则例子“偶吃偶”，四句四言体隐去最后一句例：（下面唱词中的方括号内的字不唱，谓之“吃口”）

（例一）：门开仙路，风扫尘台，

香烟臣意，（愿闻三界）

（例二）是七言四句体，吃口隐去三个字不唱，如《早晚启酒文　颜腔》：

龙潭雀舌典金黄，煮沸炉内现液汤，

汤液氤氲奉香茶，奉献唯愿（来鉴赏）

此外，道教场合中的“转丧”之“围棺旋转”，其功能也是一种“晕目”的行为，目的是“障”世人眼，以求消灾除孽。

（三）禁忌

混元道俗中的禁忌五花八门。一是对无血缘关系的人不传道授业，以避道路荒芜断代、道业走样失传，也是为了防止道家自身法术秘密外泄，谨防歹人生祸损德。

二是禁忌俗完不外宿客家，防止邪魔缠绕殃及东家。

三是禁忌夜行顾盼或赤手空拳，如斯，出发时心诵北斗经咒一遍方可迈步，一般情况下须备携道符、镇山、青剑中的任何一件出发，以防妖孽侵袭。

四是法器用完须用红黑包裹，藏收于箱底，藏时先诵《律律令》诀，禁忌他人目见。

五是行道时禁忌任意跨界揽活，忙时可邀约同行相向而行，互通有无。

六是禁忌经典外传。

五　音乐审美

混元道教音乐是鄂东南地域民间音乐文化遗产中的重要组成部分，也是此域的一座天成的民间音乐仓贮。它对一方土地的文化记忆不仅深刻，而且藏量丰厚，诱人向美，启人智慧，也对道教职业者的道业修持具有行为引导的意义。因此对十方信众的人格塑造也有积极影响。作为一种历史存在，道教音乐实在是影响着文化贫乏的农村信众的审美兴趣，激发他们的生活热情，有着重要的社会功能，即传播知识、指引向善、向往美好等起到过一定积极作用。

“形而上谓之道，形而下谓之器。”而“形而上”又莫过于用道教音乐来诠释这一定义。因道乐物理属性是听觉艺术，声出即逝，但它是“有声无形亦有形”的物质形态，形在目中而远在天际；故道乐虽“无象亦有象”，但象在眼前可感又不可触。这就决定了道教音乐是地域音乐系统中，最具特殊性、不可捉摸性。故支配其生生不息的就是道教思想中的混元运动法则，也就是所谓的“含于一以为混、合于万归乎元”的哲学思维法则，实质是指“阴阳辩证”的思维法则。这里可从如下几个方面来讨论。

（一）阴阳互补

道教音乐作为道教独到的语言系统中的灵魂或灵魂中的语言，不啻是一种宗教手段，从它的内核到外延，极大地包容了自然、社会等多元视角的思维方法，这种方法在其独有的法事中得以宣泄和实践，以全方位地弘扬自己的主张。

混元道教音乐首注重“含一合万”的思维方法，按道教法理的理解应该指无极生太极，太极生阴阳，一生二，二生三，三生万物的法则。

我们可将混元看作无极之态、一元之始，从它之后顺生出《周易》之阴阳八卦说，其代表人物从老子乃至晋之张道陵，执二律辩证主张，历经了一个漫长而系统的发展和经营过程。《周易》说：“一阴一阳谓之道”。是明确指出“道”这个根本法则就是混元之后的阴阳二律这个辩证法则。这一点，在我国的道教音乐中，尤其在颜子山地域的道乐中，表现得淋漓尽致。调查表明，域中的道乐不仅在它的腔体上、旋律运动上、调式调性上、和声构建上、演唱方法上等方面，均用阴阳辩证法来解决其对道经的传承，更重要的是大量地把这一思维方法，运用到“人与人、道与儒、道与人、道与自然、道与世俗”的诸多俗事仪节之中，成为道教经典内涵最好的展示工具和基本创作原则，所以，这种方法创造出来的道乐作品，大多结构灵活、乐思缥缈、情致浪漫、思想含蓄、风格乡土；在音乐形态上，仙俗相济、人神共娱而生生不息，从而把道乐演绎成一系列具网状结构的矛盾运动链，并依附这些矛盾运动链进尔推动自身的创造思维。真所谓闻其乐有如“高真淋朗清韵响，激绎纯和遍法界”的奇观，达到“假一缕之清音，达万灵之毕聚”。

混元道乐在运用含一合万的过程中，具体的方法可谓撩人耳目。主要表现在：“音乐曲调的苦与欢、哀与乐、浓与淡、静与动、婉与庄”等；在旋律思维上的“疏与密、横与纵、起与伏、繁与简、谐与杂、人声与击乐、人声与人声、击乐与击乐”等；在曲体结构上的“奇与偶、单与双、抑与扬”等；在演唱方法上的“领与合、唱与念、说与唱、分与合、真声与假声、吐与隐”等；在乐器配备上的“断与续、滞与泄、多与少”等；在内容选材上的（主要指韵文声腔方面）“雅与俗、纯与杂”等，不尽列举。其音乐的创生不息的精神境界，不仅是道教经典宣泄的需要，同时对拓展自身的音乐受众，以至立足“草根”而不坠。从而使道乐“视之不见其形，听之不见其声，扪之不可得也，望之不可极也”，（《淮南子·叔真训》）达到“无形而有形生焉，无声而五音鸣焉，音数不过五，而五音之变不可胜听也”（见《淮南子·道原训》）的境界。这大概就是混元道乐创造的玄奥之处吧。

以上混元道乐的这些创造方法，莫不是在“道乐无形”学说的指导下生存发展的。在谈到它的音乐特点时，颜山高功道士罗显安认为：“有乐有无，无乐无有。”这是说：“能听到的道乐你们觉得它存在的时候，实际上不存在，你认为存在着的音乐那是你的错觉；反之，当你没有听到道乐时，虽然你觉得没有，只要存心冥想，道乐已在你的心中了。”绝妙的诠释却是让人有绝妙的冥想。比如混元道乐中使用的法器“三心”，本来由三面大小不一的当锣组成一个完整的演奏组合，但在实际演奏中，只有两面当锣演奏，把一面当锣省而略之。艺人在解释这一现象时说：“三心是通神达仙的声音语言之器，三心一送天、二送地、三送神，而送神者隐之不见，留给人心相送也，故此当锣隐而不见其面。”又是绝妙的诠释，把略去的当锣归之于“无形生有形”的道教理论基础之中。不过，当我们不断地揭开这块面纱时，都是道家自己的杜撰与附会。不过，这种无形对于道乐的创造来说，则提供了创作思想上的解放，这就是“无形相生生有形”，感于万物，最终是感于人这个万物之灵。道士也是人，尤其是伙居道士的世俗生活状态，这种玄之有玄的音乐，莫不是对道士自身人格的最好磨砺。只是对于道乐来说，因其音乐的可听不可触、音乐语言具象的不可捉摸性，只能全靠在赋予单个人的听觉感受后，产生情感联想。这正是道家巧妙地为自己宣传道教主张找到了一个最好的传播载体。对于道家来说，真是“视天地有大美而不言”（《庄子·知北游》）的大好事。

混元道教的思维方法，实际上规范了混元道乐的最高审美原则。

因此，摆在它们面前的首要问题是音乐形象的创造问题，这就是极大地开拓了审美主体的视觉感受中的核心问题，即“身心的愉悦”，使之受众的身心被吸引到“道”这个“含一合万”的思维框扶之中，进而推动受众的欣赏品位，从而达到“致虚极，守静笃”（《老子·十六章》）这样一种天人合一的崇高境界。

（二）实践原则

毫无疑问，混元道乐的实践原则是含一合万的创作指导原则。这是审美主体与道家思想的一种创造默契和需要。因此，也为道乐的传承与发展提供了理论上的支撑和保证，其运用在道乐的创造上最为贴切的莫过于“约而能张，幽而能明，弱而能强”（《淮南子·原道训》）的思想概括。其具体表现有如下五个方面。

一是混元道教法事均有乡村俗民的全方位介入和唱，道家只是作为它的俗事主持者，或者说是通神者，在完成一项应该完成的任务，这就首先体现了它的极大包容性。因此，为道乐在寻找自身音乐资源上找到了用之不尽、取之不竭的民间音乐作其靠山。故这种混元道乐不仅极具生命力，而且，为道家道义的传承找到了极好的生存土壤。可以说，混元道乐在这种思想的指导下，本域内的所有民间音乐成了它的音乐构成元素。从横的方面看，混元道乐几乎囊括了这里的民间戏曲音乐、民间曲艺音乐、民间歌舞音乐、民间器乐音乐等。究其这种原因，莫不是道教“欢生恶死”的生命观念、“拥抱自然、和谐万物”的开放意识所然。

初步统计：混元道乐的四大声腔，百分之九十都是本域民间音乐稍做变化后再创作的产物，大到长篇经文的诵唱，小到仪式的器乐间奏，都离不开民间音乐的影子。其中被运用的民间音乐最典型的品种主要有：在【北腔】中渗进了《哦呵腔渔鼓》中的“高腔、四平腔、彩腔、叹腔”等；在【曲牌】中渗进了民间器乐曲中的《祀稷锣鼓》《渔家乐》《穿打》等；在【彩腔】中几乎将本域中的《灯歌》《小调》等；有的填词披乐，有的还成为脍炙人口的作品再度返回到民歌当中成为另类的歌种“儒道歌”，用在丧事中，被乡人传唱不衰。如民歌《叹四季》《叹孤魂》《十月怀胎》《薤露珠》等；余有大量的民间器乐曲如《牛擦痒》《小开门》《八板头》等。此外，还有大量的爱情民间歌曲被吸收，如《游春》《叹四季》《月望郎》等。其中最有影响力的《板桥道情》一曲，则广泛流入民间被传唱。这一切均体现了道乐的包容性、世俗性与合群性。

混元道教文学，为了支撑道教音乐的丰富性，在取材上极富开放意识，唱爱情、歌怀胎等是常有的事，从不拘泥于宫观之内，而把主要传播对象放在了民间民众之中而牢牢地生存于乡土之中，把混元音乐的创造智慧权归之于道教民俗中的老百姓，这就成全了它的音乐资源永不断流。因为这里的每一个道教法事，都是民间习俗的一个有机组成部分，而道事与民事无不合而为一。如本域中的“生产民俗、信仰民俗、婚丧喜庆民俗、自然崇拜民俗”等，都有道家的主动介入。以丧事场合道家介入后产生的乐歌就有：“薤上露、叹百花、道情、侑食、踏踏歌、蓼蓼歌、螽斯羽、蒿里”等，而且这些道歌大多会返回到民间又成为生活歌。这种现象，这里可称之为“返哺歌”，所以在鄂东南地域的民间音乐中，很多歌种本来就是道教歌，彼此似乎从未分过家。因为在本域内的许多民间音乐都有混元道乐的成果。这也是一种仙俗相济、人神共享的音乐生态的创造行为，深含着阴阳辩证之法在道乐创造中的自为本质。试想，混元道乐历八百余年路程，至今在颜子山十方域内传承不失，莫不就是它生之于土，长之于土、还之于土的原因所在。

人们都说道教是一种“玄学”。其实这是一种误解，起码混元道教音乐不是，甚至可以说它就是民间俗乐，是老百姓的音乐，是下里巴人的音乐，和者甚众。

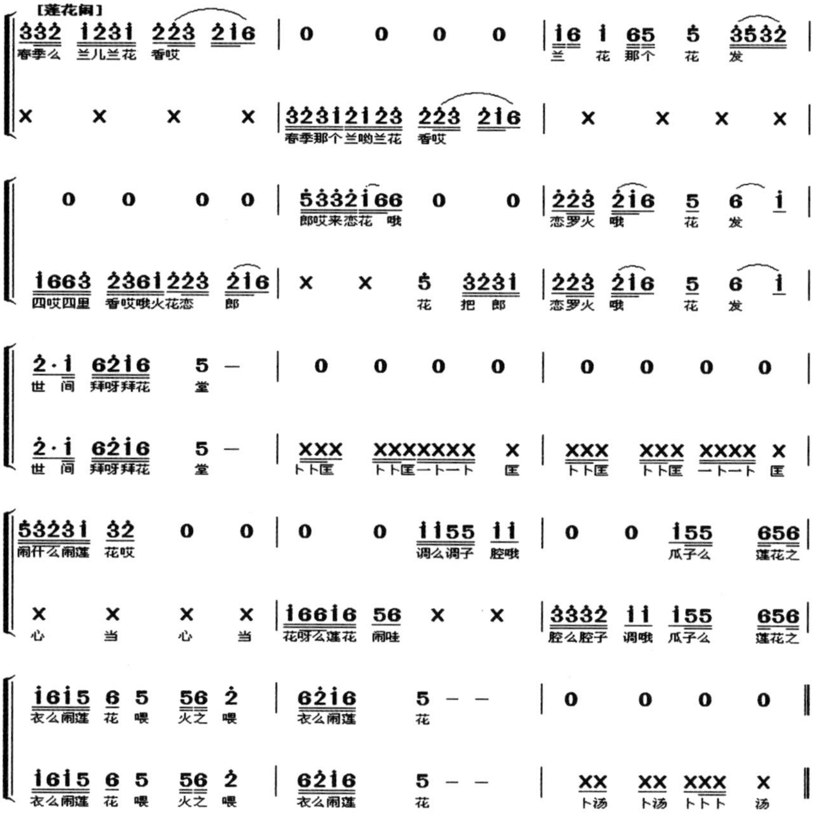

上例小调《莲花调》是混元道俗斋醮法事中的一段彩腔，其音乐曲调基本是鄂东南一带地花鼓的旋律的加花再现，在当地的节庆花灯歌舞“龙灯”系列中常用，当它披上道教经腔的外衣后，由原来的一首情歌变成了非常活泼、欢快的仪式音乐。用在道事放食的场境中，用以娱神或贿神、媚神。整个实词简洁精短，而大量的是没有实词意义的衬腔，支撑着整个作品，速度也相对中速偏快，加上歌时有道乐中的吹打乐介入，更催化了作品的人神同娱气氛，更加贴近法事的规定场境。全曲七言双句体，用增生旋律长度的办法，大大扩充了乐句的规整性，变方整性为非对称性。其中颇具特色的要算领、合频繁交替出现，头咬尾的接腔、启腔，一环扣一环，和音乐十分俏爽而

贴切；中间加入的锣鼓间奏，圆满了音乐情绪的御接与深化，莲花调这种样式的混元音乐衬词，还大量地对将地域民歌的众个品种进行有机的嫁接，其中的“调么调子腔”亦从这里的枫林、瑞昌一带的山田歌中拿来，原本是古扬越人唱的扬号子，道士们将之巧妙运用道乐这个俗事场境，将这句民间音乐衬词道俗化了，如今这里的百姓插秧时，还将道乐中的这种衬词运用到《怀秧》民俗之中，从而又返哺溯源，这就是可贵的“道俗世俗化，世俗道俗化”的互融现象。也是混元道乐的“世俗本质”特点所在。上例的曲调风格是典型的鄂东南茶山小调常见歌例，五声征调，与之风格对比的例如《茶文》：

茶 文

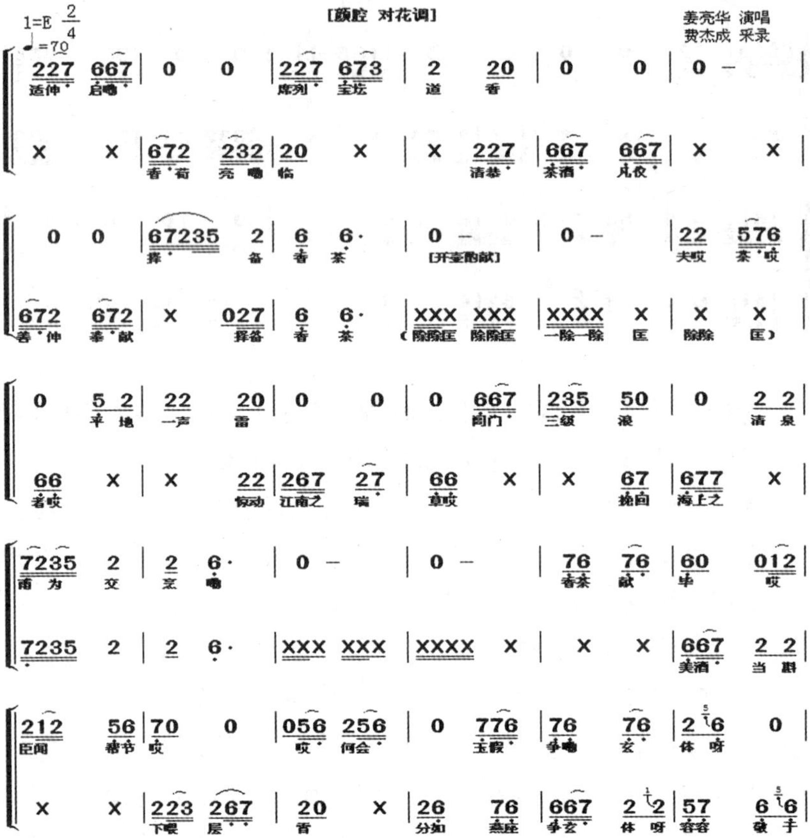

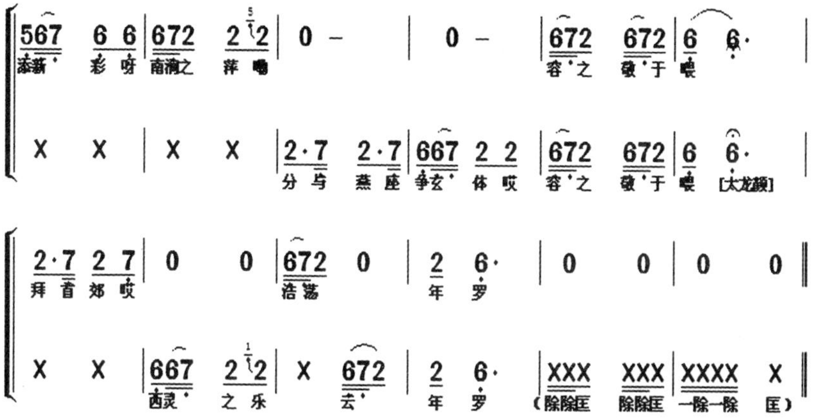

采集地点：阳新东源　采录时间：1982/11/19

这是一首加了变宫音的羽调例证。

歌中句尾［］内的字是“吃口字”，代表此字送神，这个特点，这是道家们常讲的“送神语”，意指这些吃口字为送神时隐去不唱，隐去无言，不是不唱，而是让神灵为之接唱，可称最典型的“有无互补”辩证思维方法体现。这里至少可以让我们看到：最后三字被吃口时，其空间由七星槌锣鼓乐伴奏填充取代，其声腔中的实词，说的是让人用心去悟去获取；其二，所谓不唱的之字，不仅是哲学意义上的辩证表象，更是道与“信众”获取阴阳照应的一种交流方式；其三，运用道乐这个俗事场境，将民间音乐道俗化，同时又将道家俗事民间化，均体现了混元道乐它的“入世和出世的人生观”。

当然，混元道乐的生存不单是民众的参与，还要有一定的民俗生态来保证。在其道的哲学思考上，最主要的是“清”与“幽”法事的平等严格分野，这就造就了混元道乐的不同体裁、不同题材、不同品位、不同风格的作品诞生，这也是道乐之“玄”的主要原因。

关于“清”法事。

“清”法事是指道家对崇尚自然神灵之主的祈祀，其产生的音乐或乐歌、经典均有自己的特点。这类俗事以“安龙”和“安山”为例，前者禳祈的对象是天体，祈求获取风雨和顺、五谷丰登、四极安稳、国泰民安等；后者则是崇地祇，如地公、地母、山神、水神、五岳、九州、奇树、怪兽等。祈禳对象的不同，必然会产生不同的表达语言和情感，道乐正是表现这种各自相异情感的最好表述工具。如祈祀上苍的道乐多为庄重恢宏、气势磅礴；而表现祈祀山神水神的音乐则以媚、娱为主，有时是人神平等，人神共娱的情致和意境出现。

关于“幽”法事。

幽法事是指道家对所崇尚的“社会神”进行禳祈。其中产生的音乐品种也是十分丰富多彩的。例如在丧事中产生的孝歌，就有“薤上露、蒿里、踏踏歌、螽斯羽、茶歌、清酒歌”等数十种。但无论怎样，它受法事场境的框范，又分“斋”与“醮”，斋事道乐是对亡魂演唱演奏的，其风格当然以安搀亡魂为主，同时实际上也是慰藉生者的心语，这时的道乐，就是冥界与阳间的一道心意间交流的桥梁和纽带。这类道乐的整体风格旋律凄婉、一字多腔，故乡人称其为“苦路腔”，即指生途与亡道的交接处所留下的音腔。因此，音乐的整体情韵是婉约多情、曲调缥缈亦不失辉煌之气韵。

（三）创造手法

混元道乐深深受阴阳二律浸染，有着一个完整的二律矛盾运动链条框扶，为了拓展自身的审美功能，故在不断的创造中完善自己。

一是混元道乐有自己的经典来明确规范自己的音乐理论构建。在其《混元道 · 杂文》中明确指出：“乞降钧天之妙韵，下浮钟鼓之乐音，谐律吕之调和，庶天人之欣美。”其意可解读为：“追求的是上苍所爱听的妙音，尤为钟爱钟鼓之乐，谐律合吕，阴阳和顺，达到天人合一，仙俗相济。”可见，混元道乐不仅是仙乐，也是庶民的音乐，更是人神、道俗、天地和美之乐。正是这种音乐理论上的指导与框范，混元道乐才内涵丰富、传承不衰。下面请看混元道乐在其音乐创造中的二律辩证法则的运用智慧。

1. 旋律进行中的“吐”与“吃”。如《早课．颜腔》：

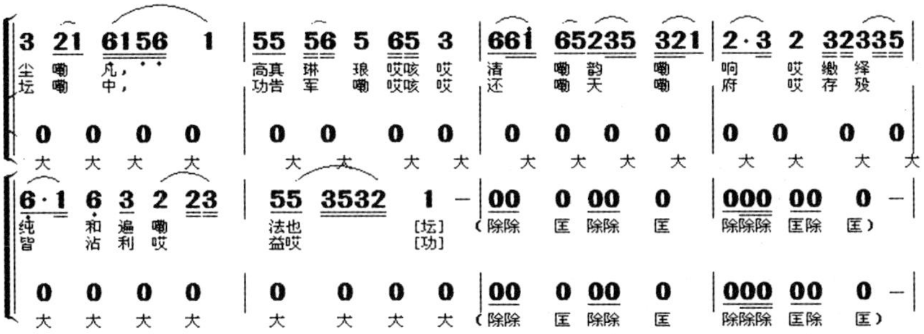

上例是典型二律框范下的“吐与吃”手法，所谓吐是词曲均明白表达，而吃是指将尾字隐藏不唱出，让间奏曲取代，俗传吃口，即将字吃掉送给神灵。以领与合的形式出现用在早朝对诸神的诵咒场合，其音乐带有民间咒歌的成分，通篇地用这样的旋律贯腔，显得庄重、平实。如下例【北腔·三宝赞】则是呼应相谐，长短相宜：

三宝赞

（北腔 平板）

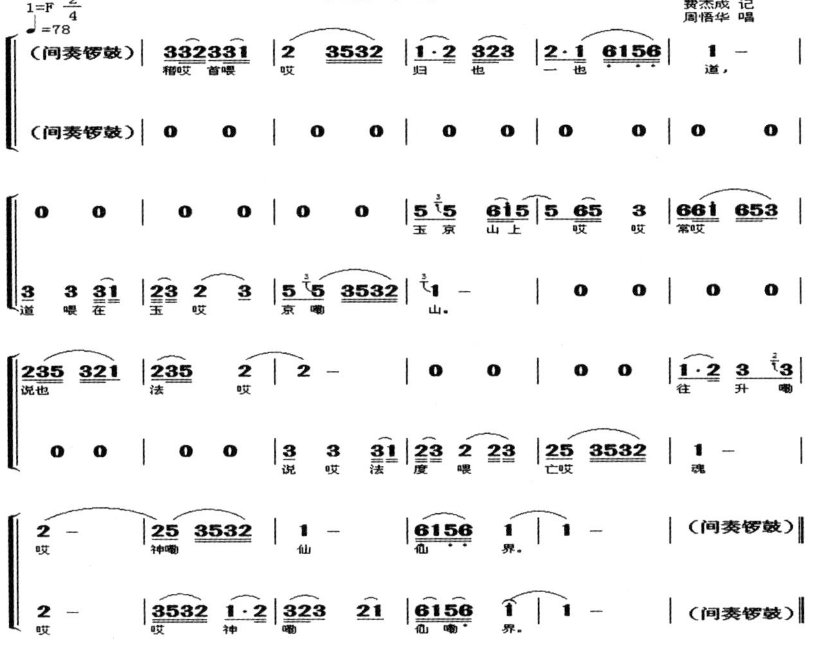

如例三：器乐《拜仙山》：

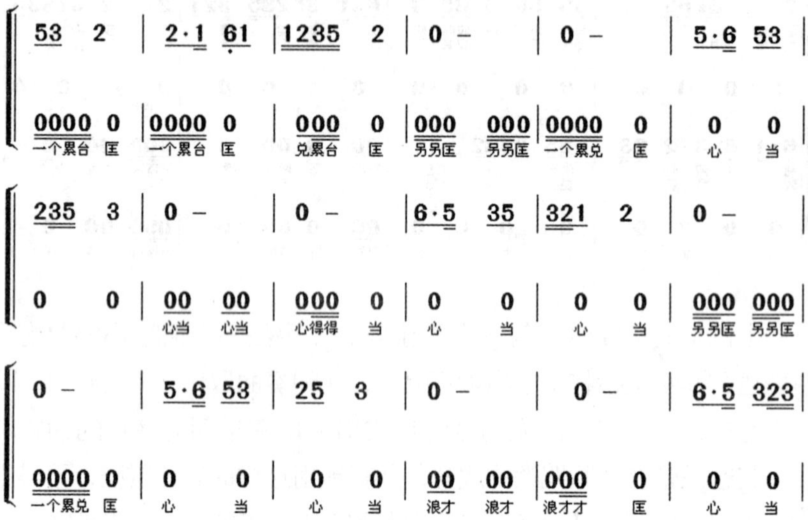

53 2	2·1 61	1235 2	0 -	0 -	5·6 53
0000 0	0000 0	000 0	000 000	0000 0	0 0
一个累台 匡	一个累台 匡	兑累台 匡	另另匡	另另匡 一个累兑 匡	心 当

235 3	0 -	0 -	6·5 35	321 2	0 -
0 0	00 00	000 0	0 0	0 0	000 000
	心当 心当	心得得 当	心 当	心 当	另另匡 另另匡

0 -	5·6 53	25 3	0 -	0 -	6·5 323
0000 0	0 0	00 00	00 00	000 0	0 0
一个累兑 匡	心 当	心 当	浪才 浪才	浪才才 匡	心 当

　　此例用细乐中的笛、箫、笙、三弦等乐器作为第一声部的主奏乐器，第二声部则全用小击乐器三心、当锣、小鼓、小钟、钹等乐器演奏，体现一种道观法事场境中清幽缥缈的仙风意韵。其旋律取自地方宗堂音乐《渔家乐》，具有典型的阴阳二律缠绕，体现仙俗相济的深刻意境，在大型祭祀自然神时的法事中出现。

　　例四：颜腔中的叹腔《叹孤魂》是一例具有代表性的唱腔，其特点之一是它的调性在清角音的注入下，使终结句的中终感出现极不稳定的意绪，明显带有生者对亡魂的怜悯与感伤，因此用音乐的调性变化来造就道事进行中的赈济目的，用以安慰生者。这就是说在民族音乐调式思维常见的"清角为宫"方法。

　　第二个特点是在间奏里，乐器加入了铜鼓与海螺，器乐性表现突出，这是为了加强俗事场境从沉闷的丧事气氛中走出来，给审美客体以较宽松的娱神空间，把有限的时空交给可资逃遁的生命之门，从而调节受体的道乐消费情致，给人以向上的存在感。

叹孤魂

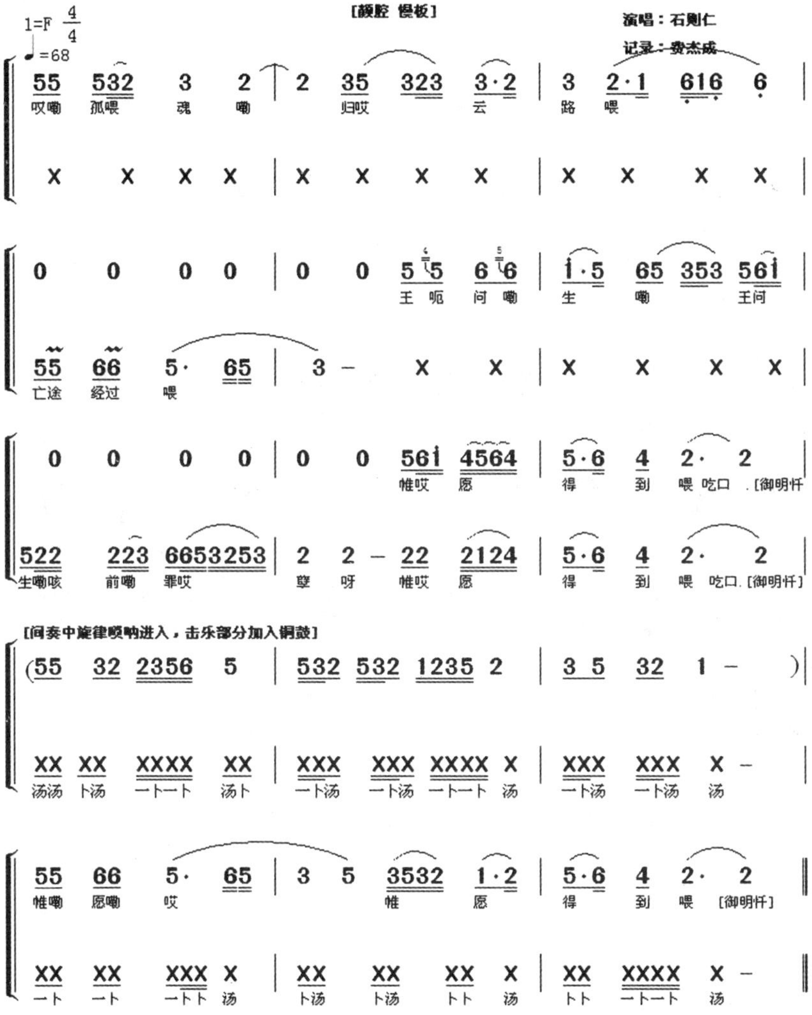

采集地点：王英杉木　采集时间：1981/11/14

上例不具有真假声演唱时发出的高低声对应，其高腔部分是假声演唱，低腔部分用真嗓演唱，目的是用此法表达对生命的嗟叹与怜悯，常见在赈孤法事中，音乐旋律带有浓厚的哦嗬腔茶戏的四平腔的特点，其音乐情绪在轻快中不失悠长抒情，一唱三叹，感人至深。

例五，再看北腔雷火经中的流水板，表现出和声思维的谐与燥。

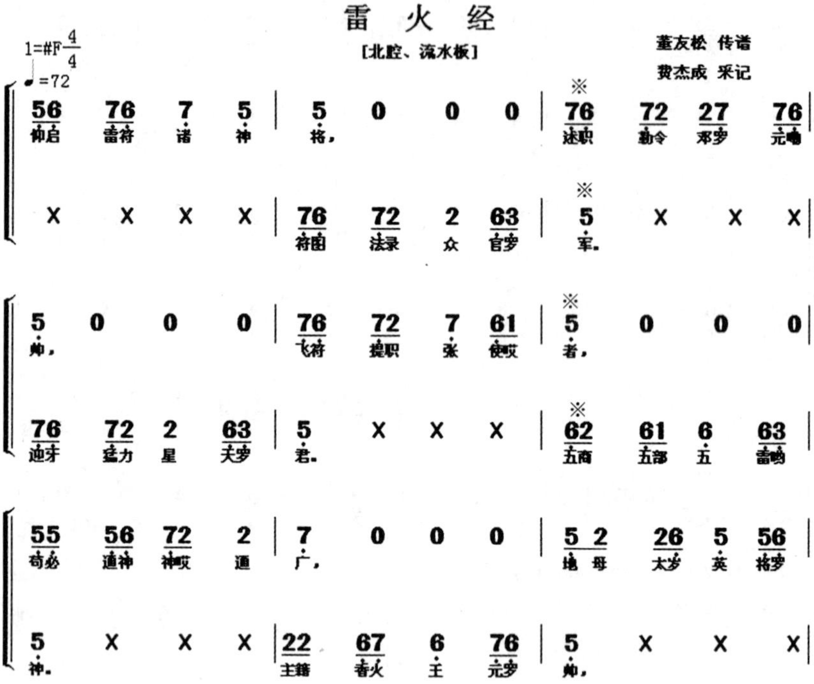

上例（带※号处）出现两声部（#C徵与B羽）大二度碰撞，除了歌唱时的随意性，但更多是追求人神之间对话时的各有所求，在各自意愿得不到实现时之非理性举动，终于选择了不谐和与不谐和碰撞，这是宣泄或带有宣泄后之必然选择。

2. 审美型的声腔

混元道乐中的音乐声腔以其二律辩证思维为其音乐审美创造的最高原则和主要手段，当然也有一些纯器乐的作品出现，但道教经典的诠释，离不开声腔这个工具，也许这是面对下层民众为主的文化群体的消费之需，用声腔去传播深奥的道经，不能不说是一种必然的选择和借乐化俗，从而达到道家思想的传播。具体到道教音乐中的声乐运动时有如下几个方面。

一是“领与合”互补。用以增强俗事的表现功能，拓宽声乐作品的音乐表现广度和深度，增强法事的群体性参与氛围，打破全真道的清高远离现实的不足，达到传承自身的文化观念所致。

二是“边音”与“本音”的对比。道歌中很多用边音（假声）发音的技巧，这不仅增加了乐曲的表现力，同时也适合于一些道俗法事中“飘飘欲仙、高雅曲幽”等音乐思想的雕造。这种方法又与地方花鼓戏、高山田歌等民间艺术环环回应，是道家性格张扬的极好手法。

三是道乐中的“吐”与“隐”。这种方法按道士的说法叫“吃口”，把该唱的字不唱而吃掉“隐”去，隐去的字不是不唱，而是留给神灵帮唱。除了这是法事的规定场境之外，另外还有音乐在运动中的艺术规律要求所然。因为对于大篇幅的唱腔，时间一长不仅会有使受众的听觉疲劳，还会使音乐的流动效应大大降低，从而损失它的美感。

道教音乐是中华民族音乐的重要组成部分，混元道乐就是一个好的范例。正如混元道经中所言“高真淋琅清韵响，激绎纯和遍法界”。只要你心怀默契，混元道乐当是你所赏听的人间难有几回闻的“天赖”。因此可以说，混元道乐是“审美型”的音乐，以上的二律思维方法，正是受这一审美思想的框范而得以生存和运动的，从而使它生生不息，具有极大的艺术魅力。

混元道乐既是道家的语言，更是民众的世俗语言，既为混元道教而生，也为乡村百姓而流，为道教主张的伸张、为世俗生活的和美而生生不息。有道是，道家欢生恶死的积极精神和道法自然的生命主张，莫过于用道乐去诠释。真所谓闻之感受大美，播之奉为天籁，让世人无言而倾心领略到它的大美。混元文化在《放食》经典中记：“高真清韵琳琅响，激绎纯和遍法界。”也许正是对混元道教音乐最合适而生动的概括。

混元道乐的典型特征是指阴阳二律的辩证思维方法，不仅是其创造过程中的核心思想，而且也是道教音乐的审美原则。在它的艺术实践中，始终依二律的框扶，并能动地运用它进行推衍、变格，使之生出众多的矛盾运动链，大大丰富了道乐的内涵；再是混元道作为伙居民间的宗教，能动地走进草根民众之中，把道规世俗化，又把世俗高雅化，从多视角、多层次进行音乐审美创造，既厚实了道乐的受众面，也借此弘扬了道教音乐自身的文化价值。其音乐运动是的主要表现手法不外乎：领唱与合唱、清音与混音、谐和与燥烈、守常与变异、真声与假声、放开与收缩、抑压与扬播，等等，大大扩大了音乐思维空间，最大限度地张扬道家的主张。

如例北腔中的平板《三宝赞》：领合对比明洁深情，句逗音以商、宫出现，不同于混元其他声腔的行腔句逗法，因此，其风格为之一变，据道士说，这样的腔型原是赣北道士在元代后，许多道士参与颜真观的法事活动坐堂，久之，把他们赣北的民间道乐中的特性旋律法与调思维方法以，融入混元道中的北腔之中，并用他们习惯的演唱方式一同渗进这里的经典，成为一种北腔中独树一帜的腔型例证。其中终止式在用法上，混元音乐中的北腔则很少见到宫调式。

三宝赞

（北腔 平板）

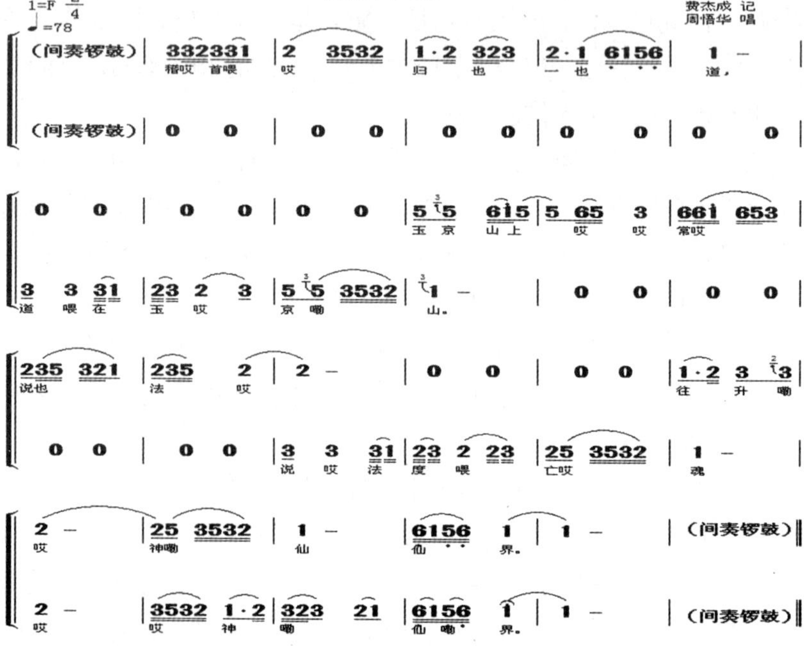

混元道乐既是道家的语言，更是民众的世俗语言，既为混元道教而生，也为乡村百姓而流，为道教主张的伸张、为世俗生活的和美而生生不息。有道是，道家欢生恶死的积极精神和道法自然的生命主张，莫过于用道乐去诠释。真所谓闻之感受大美，播之奉为天籁，让世人无言而倾心领略到它的大美。

第六章　韵腔曲牌

一 北腔

登 场

[北腔 一三板]

姜亮华 传唱
费杰成 采记

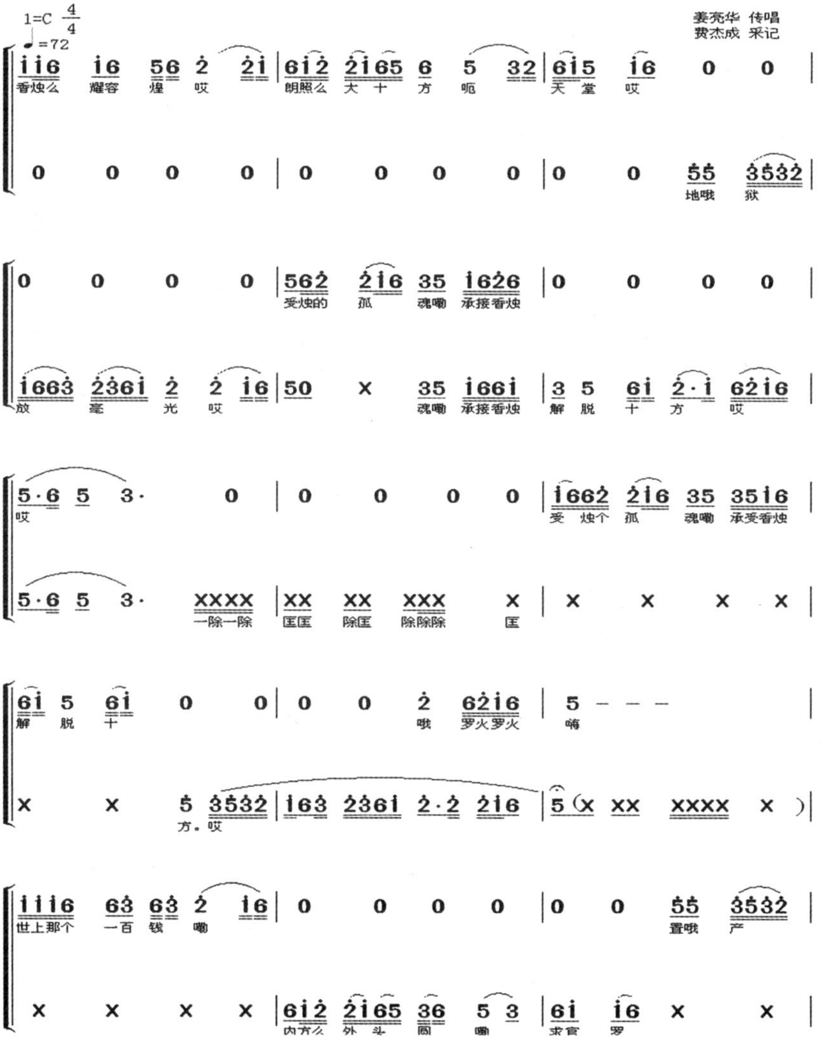

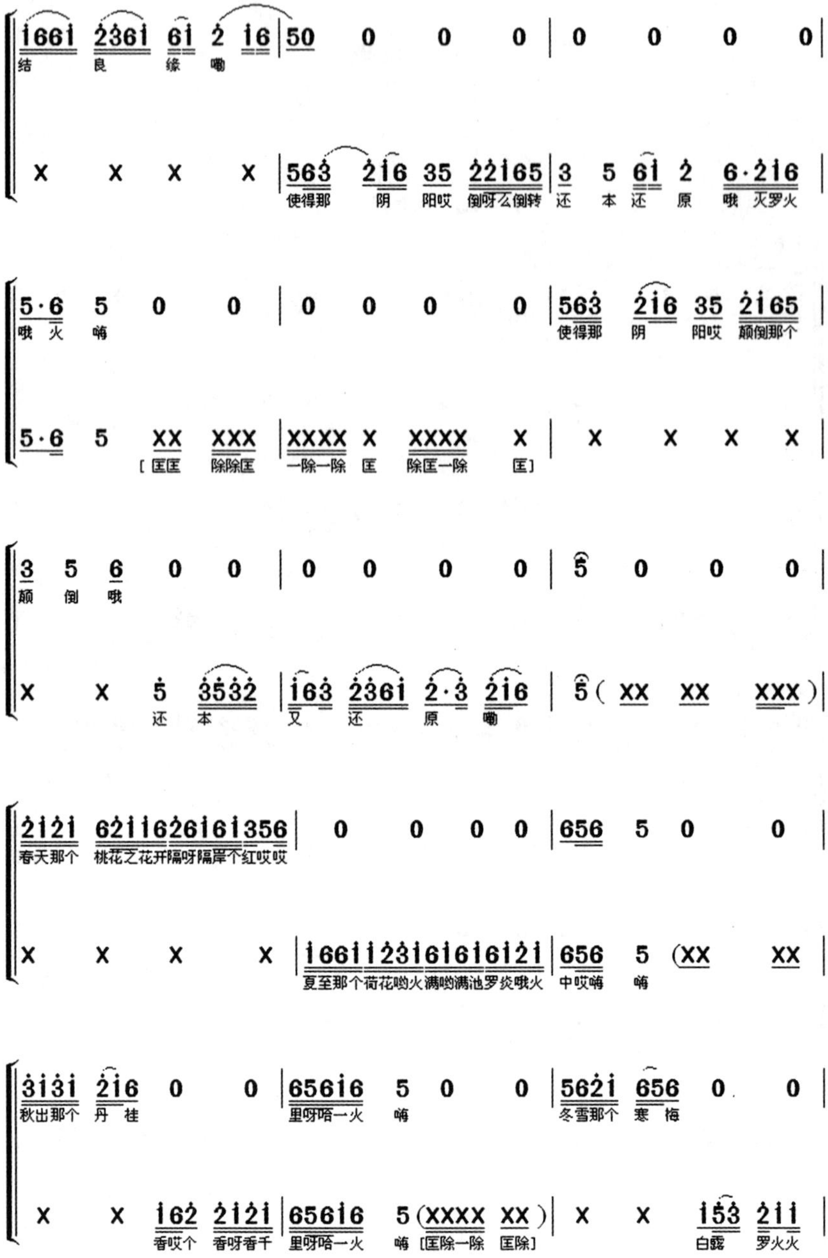
结 良 缘 嘞
使得那 阴 阳哎 倒呀么倒转 还 本 还 原 哦 火罗火
哦 火 嗨
使得那 阴 阳哎 颠倒那个
[匡匡 除除匡 一除一除 匡 除匡一除 匡]
颠 倒 哦
还 本 又 还 原 嘞
春天那个 桃花之花开隔呀隔岸个红哎哎
夏至那个荷花哟火满哟满池罗炎哦火 中哎嗨 嗨
秋出那个 丹 桂 里呀咯一火 嗨 冬雪那个 寒 梅
香哎个 香呀香千 里呀咯一火 嗨 [匡除一除 匡除] 白露 罗火火

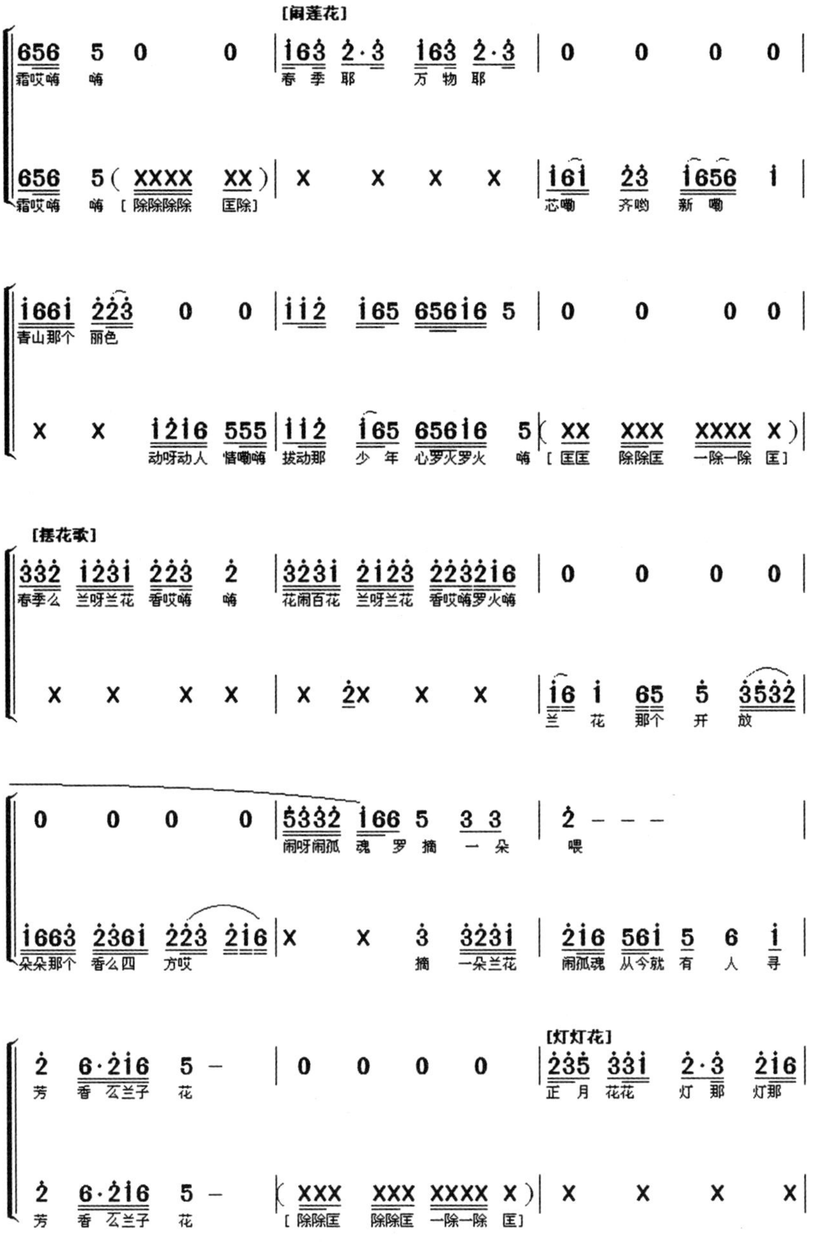

[闹莲花]

$\widehat{1 6 3}$　2·3　$\widehat{1 6 3}$　2·3 | 0　0　0　0 |

656　5　0　0
霜哎嗨　嗨
春季耶　万物耶

656　5（XXXX　XX）| X　X　X　X | $\widehat{1 6 1}$　$\widehat{2 3}$　$\widehat{1 6 5 6}$　1 |
霜哎嗨　嗨　[除除除除　匡除]
芯唧　齐哟　新唧

$\widehat{1 6 6 1}$　$\widehat{2 2 3}$　0　0 | $\widehat{1 1 2}$　$\widehat{1 6 5}$　$\widehat{6 5 6 1 6}$　5 | 0　0　0　0 |
青山那个　丽色
动呀动人　惜唧唧　拔动那

X　X　$\widehat{1 2 1 6}$　555 | $\widehat{1 1 2}$　$\widehat{1 6 5}$　$\widehat{6 5 6 1 6}$　5（XX　XXX　XXXX　X）|
动呀动人　惜唧唧　拔动那　少年　心罗火罗火　嗨　[匡匡　除除匡　一除一除匡]

[摆花歌]

$\widehat{3 3 2}$　$\widehat{1 2 3 1}$　$\widehat{2 2 3}$　2 | $\widehat{3 2 3 1}$　$\widehat{2 1 2 3}$　$\widehat{2 2 3 2 1 6}$ | 0　0　0　0 |
春季么　兰呀兰花　香哎嗨　嗨　花闹百花　兰呀兰花　香哎嗨罗火嗨

X　X　X　X | X　$\dot{2}$X　X　X | $\widehat{1 6}$　1　65　$\dot{5}$　$\widehat{3 5 3 2}$ |
兰　花　那个　开　放

0　0　0　0 | $\widehat{5 3 3 2}$　$\widehat{1 6 6}$　5　3　3 | 2　—　—　— |
闹呀闹孤　魂罗摘　一朵　喂

$\widehat{1 6 6 3}$　$\widehat{2 3 6 1}$　$\widehat{2 2 3}$　$\widehat{2 1 6}$ | X　X　3　$\widehat{3 2 3 1}$ | $\widehat{2 1 6}$　$\widehat{5 6 1}$　5　6　1 |
朵朵那个　香么四　方哎　摘　一朵兰花　闹孤魂　从今就　有　人　寻

[灯灯花]

$\dot{2}$　$\widehat{6 · 2 1 6}$　5　— | 0　0　0　0 | $\widehat{2 3 5}$　$\widehat{3 3 1}$　2·3　$\widehat{2 1 6}$ |
芳　香　幺兰子　花
正月　花花　灯那　灯那

$\dot{2}$　$\widehat{6 · 2 1 6}$　5　—（XXX　XXX　XXXX　X）| X　X　X　X |
芳　香　幺兰子　花　[除除匡　除除匡　一除一除匡]

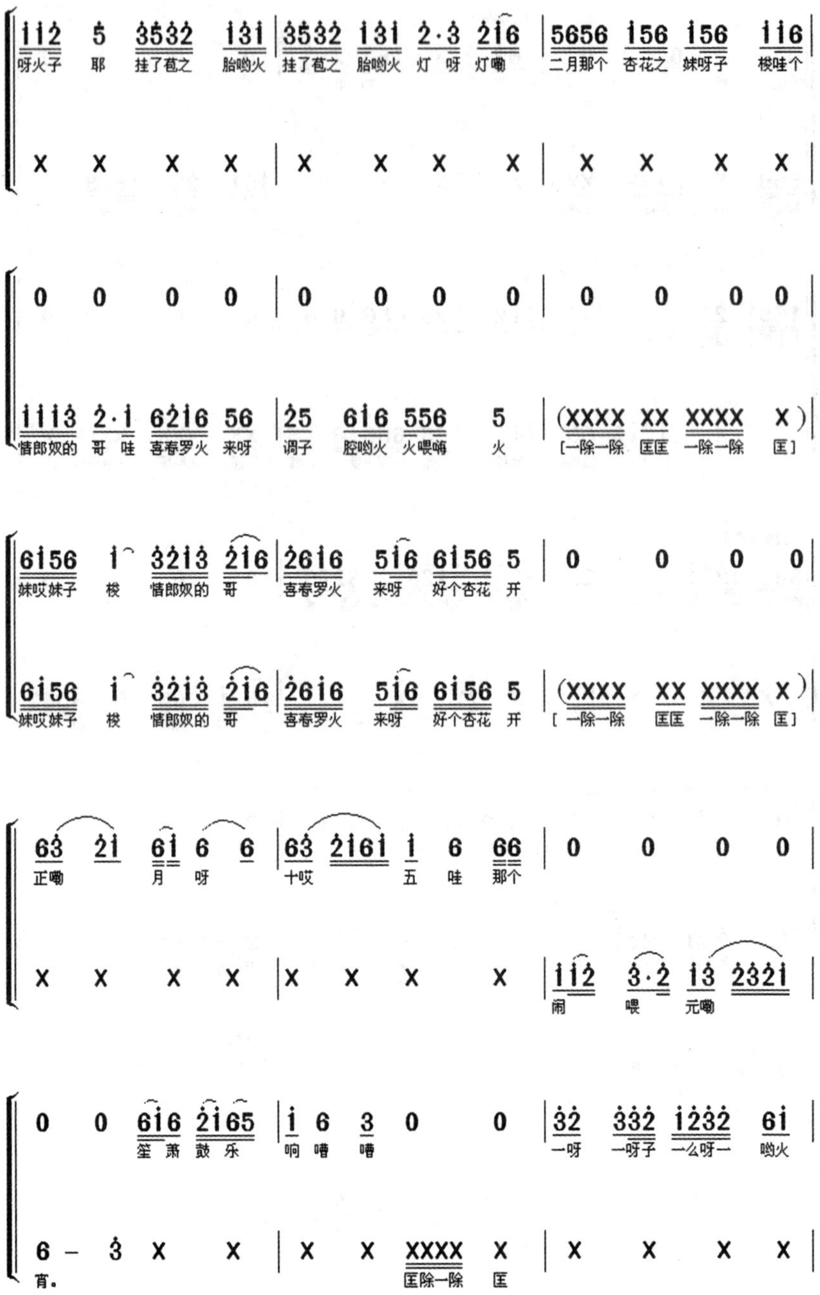
呀火子 耶 挂了苞之 胎哟火 挂了苞之 胎哟火 灯 呀 灯嘞 二月那个 杏花之 妹呀子 梭哇个
情郎奴的 哥 哇 喜春罗火 来呀 调子 腔哟火 火喂嗨 火 [一除一除 匡匡 一除一除 匡]
妹哎妹子 梭 情郎奴的 哥 喜春罗火 来呀 好个杏花 开
妹哎妹子 梭 情郎奴的 哥 喜春罗火 来呀 好个杏花 开 [一除一除 匡匡 一除一除 匡]
正嘞 月 呀 十哎 五 哇 那个
闹 喂 元嘞
笙 萧 鼓 乐 响 嘈 嘈 一呀 一呀子 一么呀一 哟火
宵。 匡除一除 匡

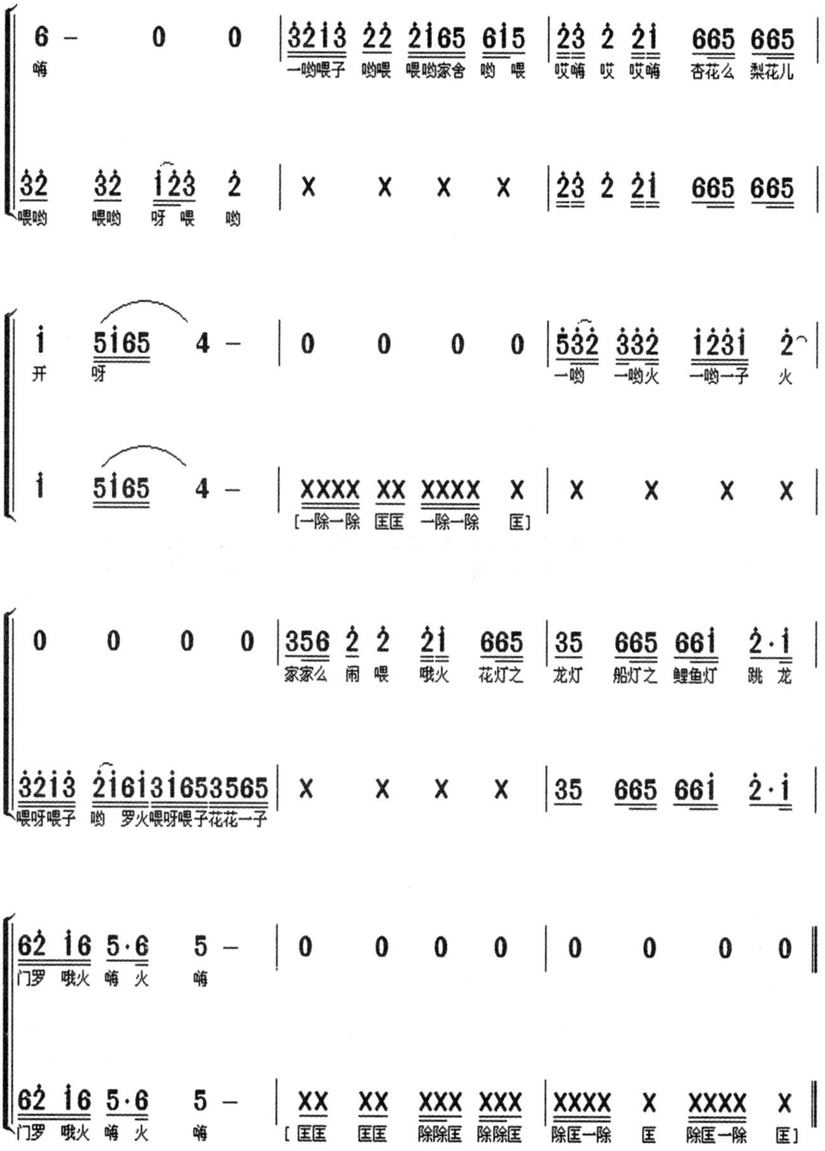

采集地点：阳新文化馆　采录时间：1981/11/28

诰　　词

[北腔　平板]

石则仁 演唱
费杰成 采记

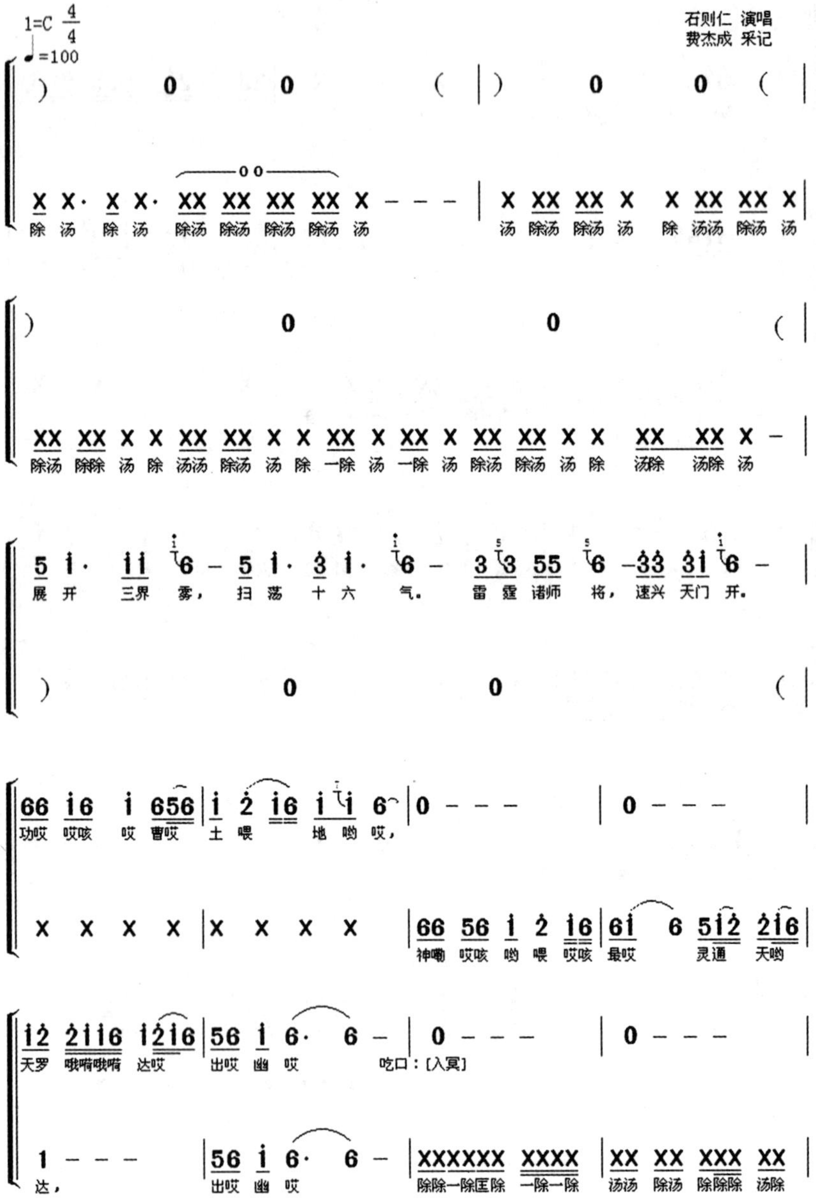
1=C 4/4
♩=100
除 汤 除 汤 除汤 除汤 除汤 除汤 汤
汤 除汤 除汤 汤 除 汤汤 除汤 汤
除汤 除除 汤 除 汤汤 除汤 汤 除 一除 汤 一除 汤 除汤 除汤 汤 除 汤除 汤除 汤
展 开 三界 雾， 扫 荡 十 六 气。 雷 霆 诸师 将， 速兴 天门 开。
功哎 哎咳 哎 曹哎 土 喂 地 哟 哎，
神嘞 哎咳 哟 喂 哎咳 最哎 灵通 天哟
天罗 哦嗬哦嗬 达哎 出哎 幽 哎 吃口：[入冥]
达， 出哎 幽 哎
除除一除匡除 一除一除 汤汤 除汤 除除除 汤除

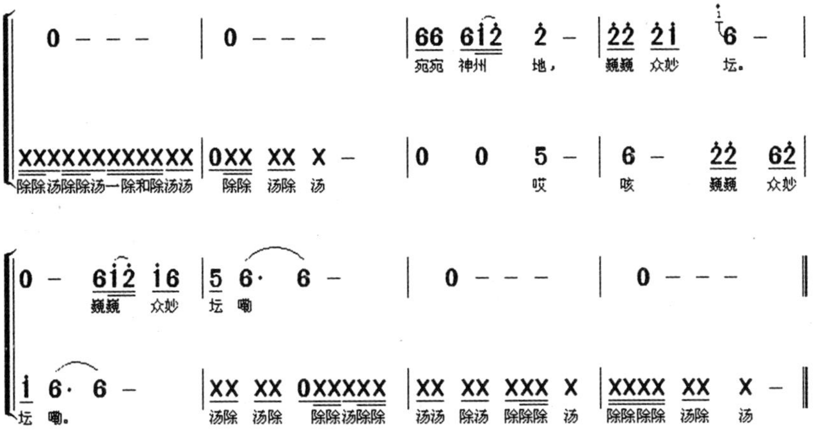

采集地点：阳新东源杉木 采录时间：1981/8/23

经 尾

[北腔 经尾]

董友松 演唱

费杰成 采录

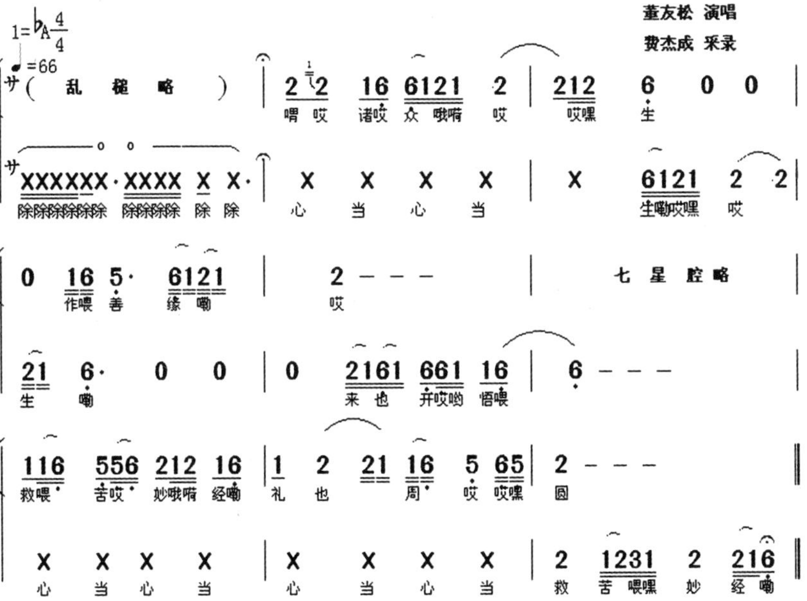

酒　文

[北腔　酒文]

董友松 演唱
费杰成 采录

1=F 4/4
♩=100

| 5 6 i | 3 3　3 3 5 5 | 5　6·5　3　53 | 5　6·5　i　i　65 |
| 奉命 | 雷威茗茶酌献 | 龙 哎 潭 嘞 | 雀 哎 舌 也 |

| × × × × | × × × × | 5　3 2 5　5 32 |

| 6 - - - | 3 3 2　1 2　3·　2 | 1·2　1·　2　65 |
| 嘿 | 中哎嘿 哎嘿 榭 | 眼 嘞 嘿 哎嘿 |

| 5 6 i | 65　3　532 | 3 - - - | × × × × |
| 典嘞哎 | 哎嘿 金 嘞哎 | 哎 |

| 0 0 0 0 | 0 0 0 0 | 55　6 i 3　5　3 5 65 |
| | | 氤氲 瑞气 香 奉茶 |

| 1 1 0 3 2　2 | 2 3 2　1 2　5　56 | × × × × |
| 汤哎 哎 汤 哎 | 哎嘿嘿 黄佛 哎 炉内 |

| 6·5　32　13　2 i· | （七 星 槌 略） | 3 3 2　36　2 2　632 |
| 献 嘞 唯 愿嘞 | | 茶诚个 已毕 美酒 天尊 |

| 6·5　61　13　2 i· | × × × × | × ×　56　12 |

| 3·2　32　5·6　3 3 | 5 - - - | 5　53　5　6·5 |
| 道 侣 运心 过 阳哎 | 嘿 | 通 哎 真 嘞嘿 |

| 0 0　5·6 1 3 | 5　6·5　3 5　3 | 2 - - - |
| 过 阳哎 妙 喂 范 嘞 | | 哎 |

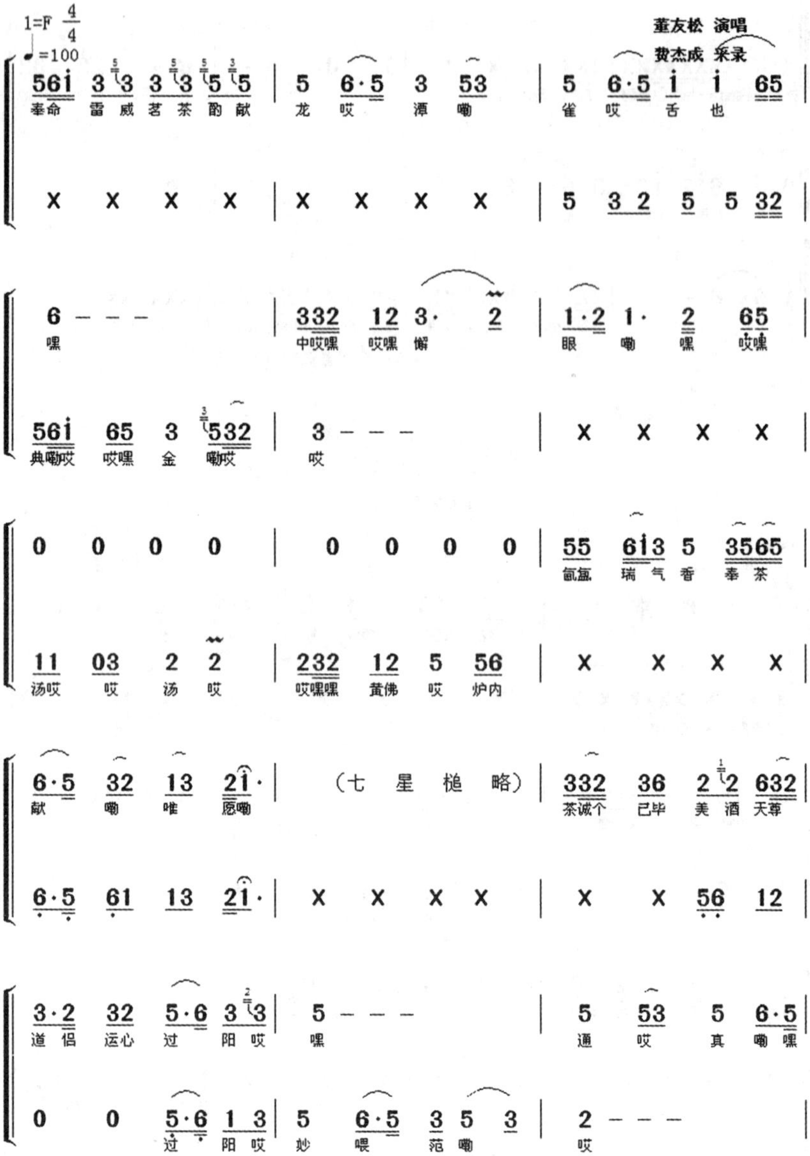

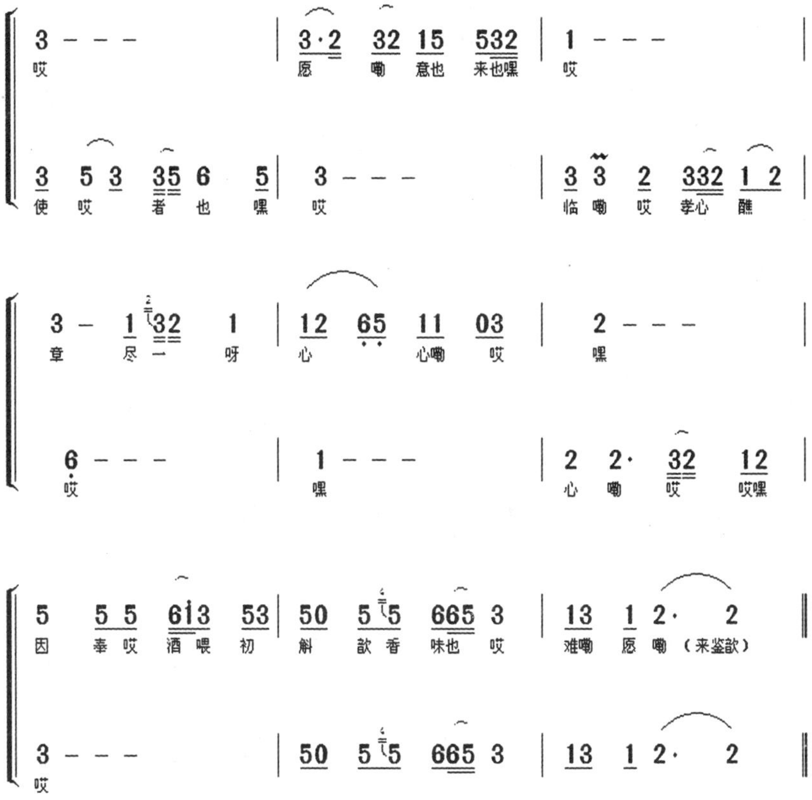

采集地点：阳新荻田　采录时间：1981/7/25

款　亡

[北腔　醮仪]

石则仁 演唱
费杰成 采录

1=C $\frac{2}{4}$

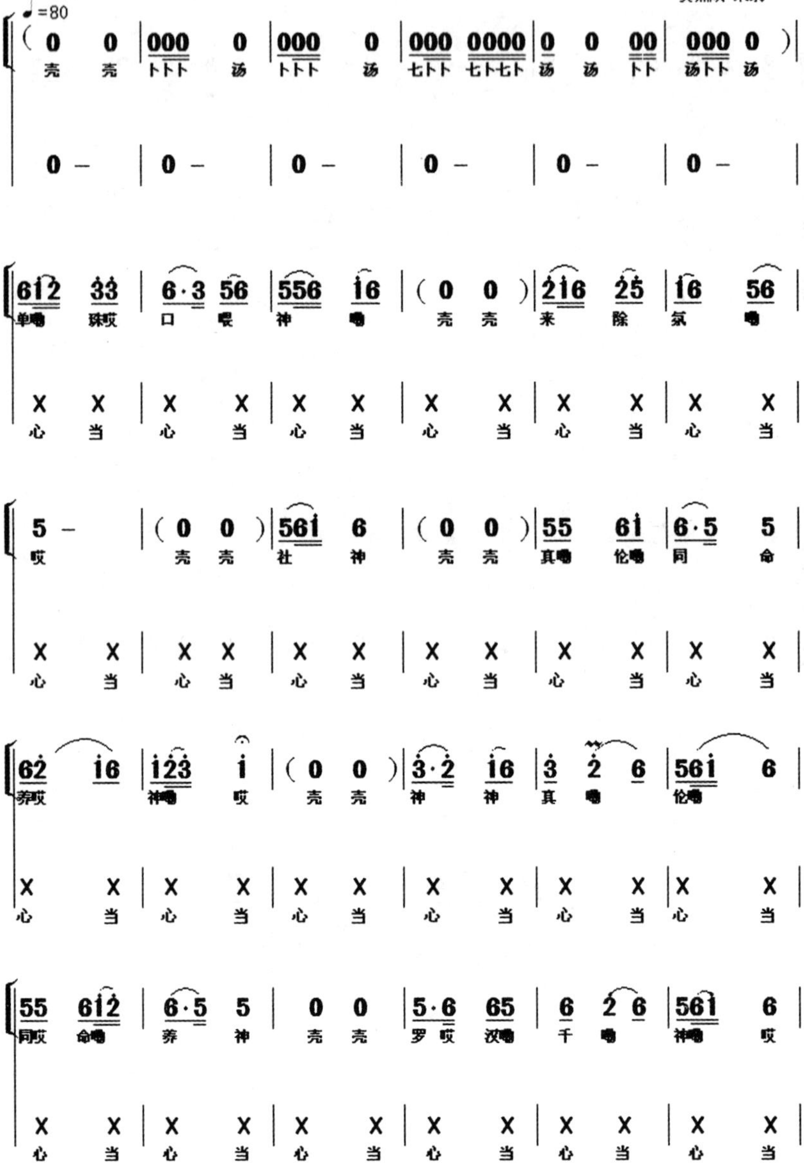

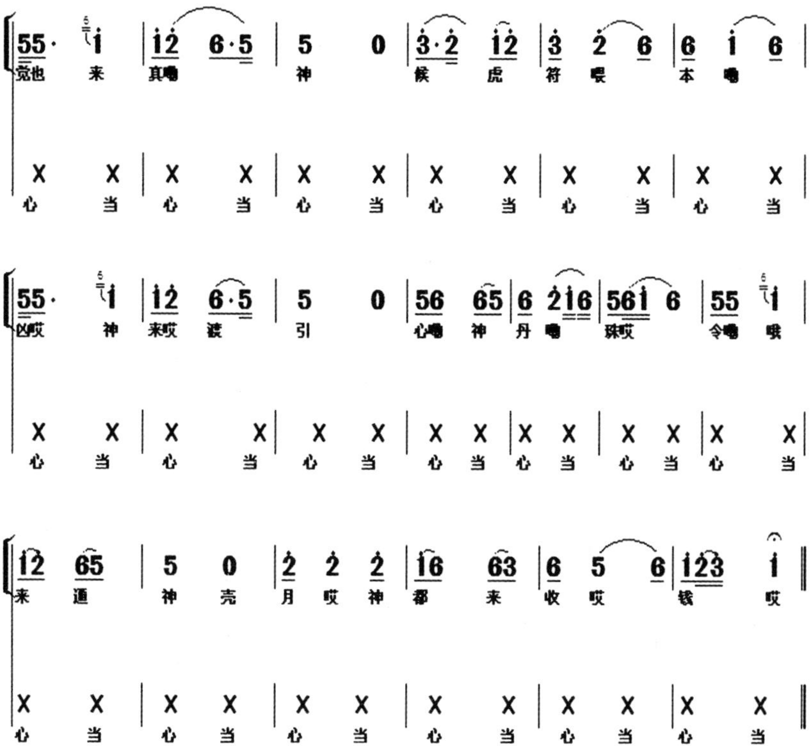

采集地点：阳新东源 采录时间：1981/4/18

述　职

[北腔 流水]

1=E 4/4

♩=100

董友松 演唱

费杰成 采录

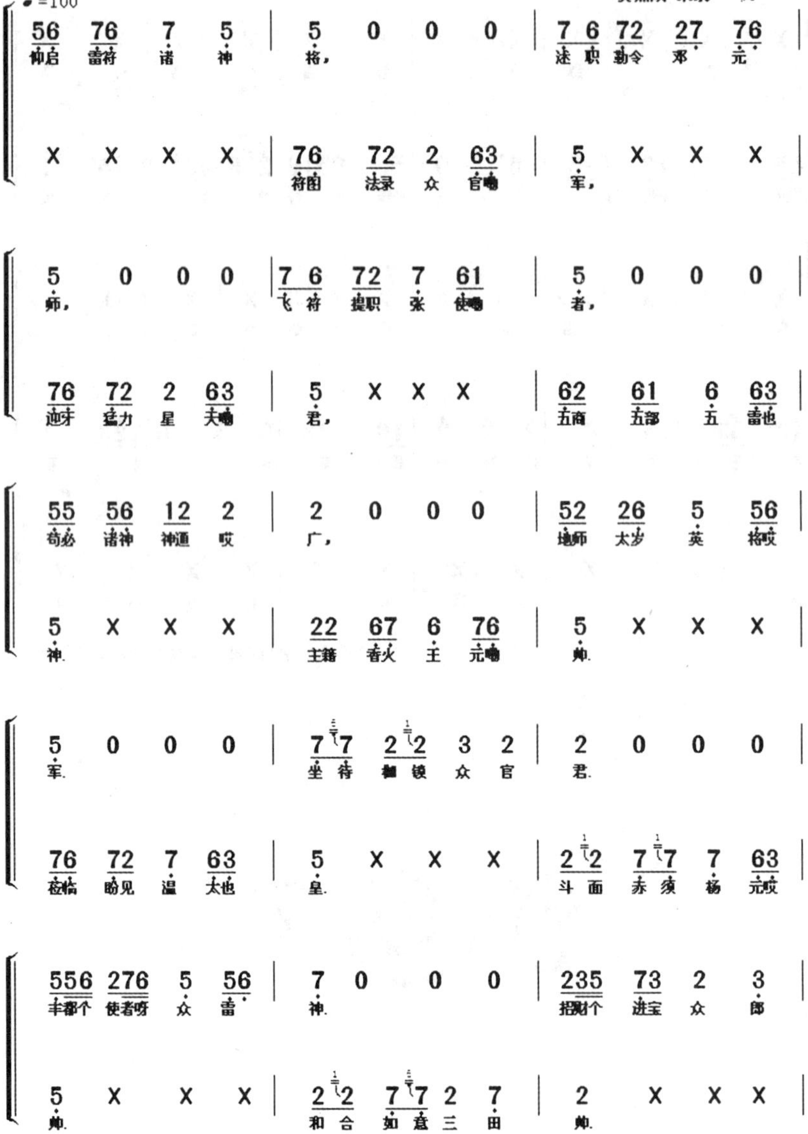
帅启 雷符 诸 神 将， 述 职 勤令 邓 元
符图 法录 众 官嘛 军，
师， 飞 符 提职 张 使嘛 者，
迪牙 猛力 星 夫嘛 君， 五雷 五部 五 雷也
奇必 诸神 神通 哎 广， 地师 太岁 英 将哎
神. 主籍 香火 王 元嘛 帅.
军. 坐 待 锁 众 官 君.
夜临 盼见 温 太也 皇. 斗 面 赤 须 杨 元哎
丰都个 使者呀 众 雷 神. 招财个 进宝 众 郎
帅. 和 合 如 意 三 田 帅.

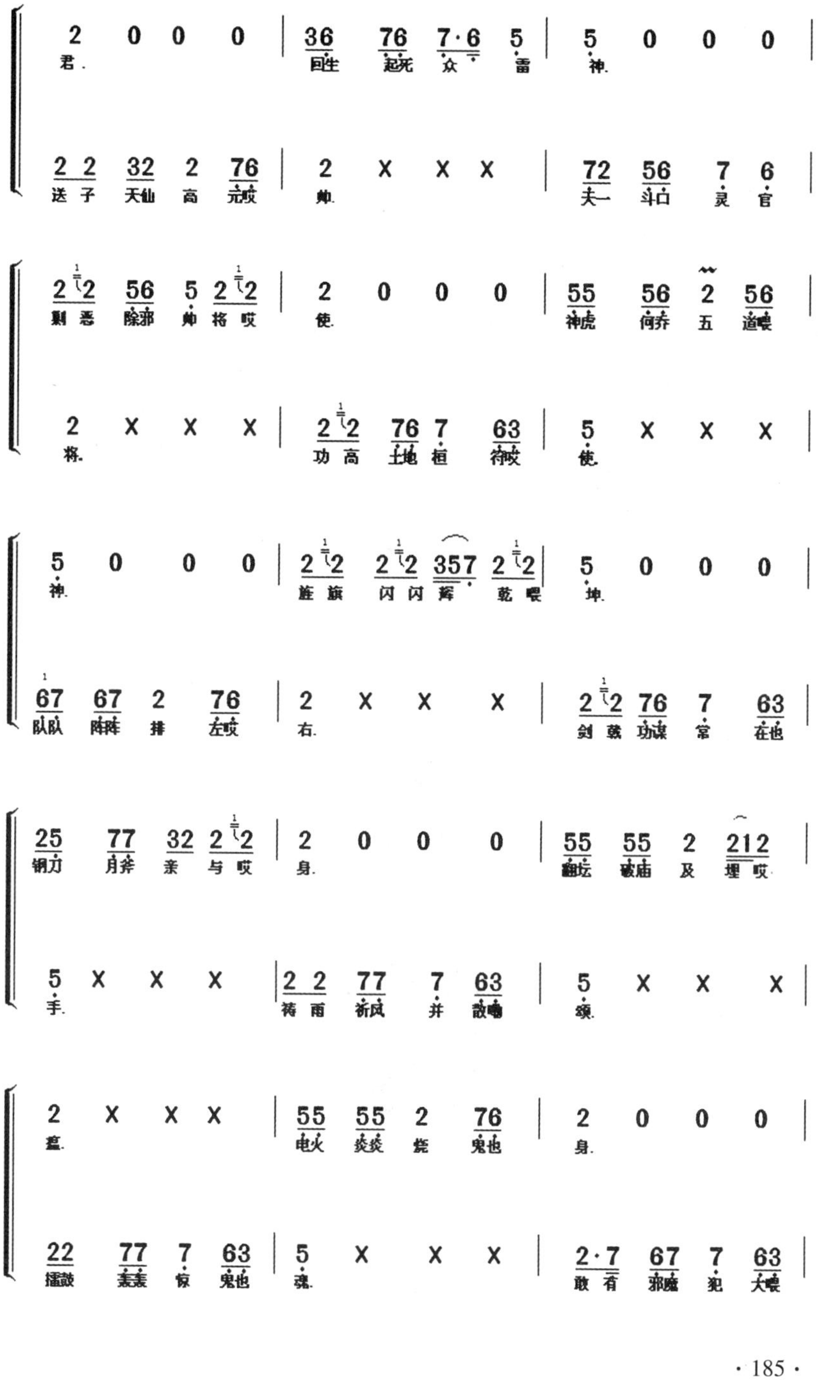
君.
回生起死众雷神.
送子天仙高元哎帅.
夫一斗口灵官
剿恶除邪帅将哎使.
神虎何乔五道喂
将.
功高土地桓衍哎使.
神.
旌旗闪闪辉乾喂坤.
队队阵阵排左哎右.
剑戟功劳常在也
钢刀月斧亲与哎身.
翻坛破庙及埋哎
手.
祷雨祈风并敌嗡颈.
瘟.
电火炎炎烧鬼也身.
摇鼓轰轰惊鬼也魂.
敢有邪魔犯大喂

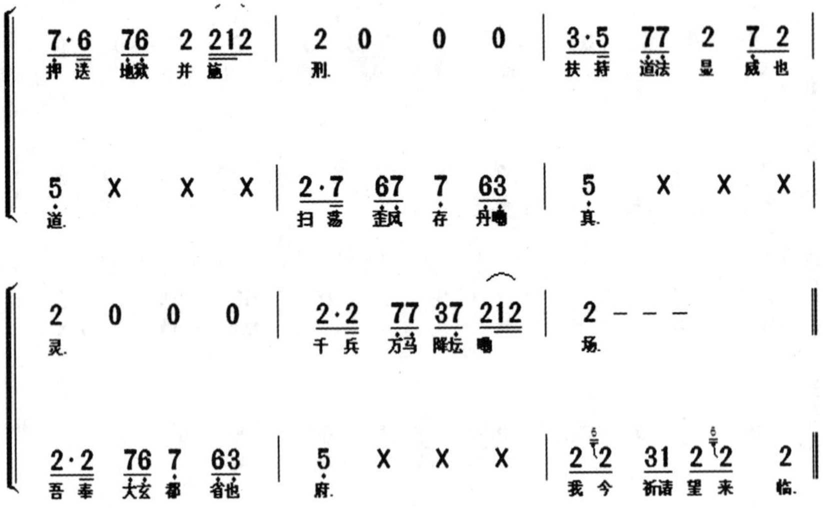
押送地狱并施刑.
扶持道法显威也
道.
扫荡歪风存丹嗰
真.
灵.
千兵万马降坛嗰
场.
吾奉太玄都省也
府.
我今祈请望来临.

采集地点：阳新文化馆　采录时间：1981/11/28

宣圣班

[北腔 流水板]

董友松 演唱
费杰成 采录

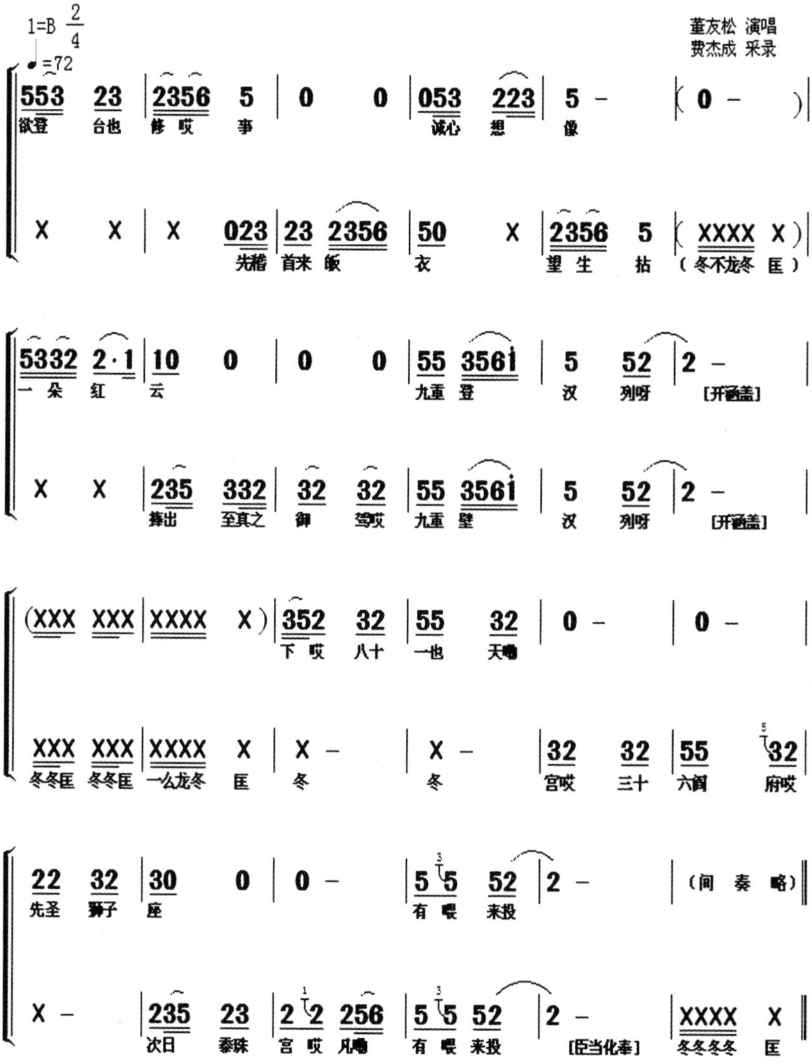
1=B 2/4
♩=72
欲登 台也 修 哎 事 诚心 想 像
先稽 首来 皈 衣 望 生 拈 （冬不龙冬 匡）
一 朵 红 云 九重 登 汉 列呀 [开涵盖]
捧出 至真之 御 驾哎 九重 登 汉 列呀 [开涵盖]
下 哎 八十 一也 天嘞
冬冬匡 冬冬匡 一么龙冬 匡 冬 冬 宫哎 三十 六阙 府哎
先圣 狮子 座 有 喂 来投 （间 奏 略）
次日 黍珠 宫 哎 凡嘞 有 喂 来投 [臣当化奉] 冬冬冬冬 匡

采集地点：阳新三溪　采录时间：1982/10/15

救苦诸品妙经

[北腔　打安龙]

董友松 传谱
费杰成 采录

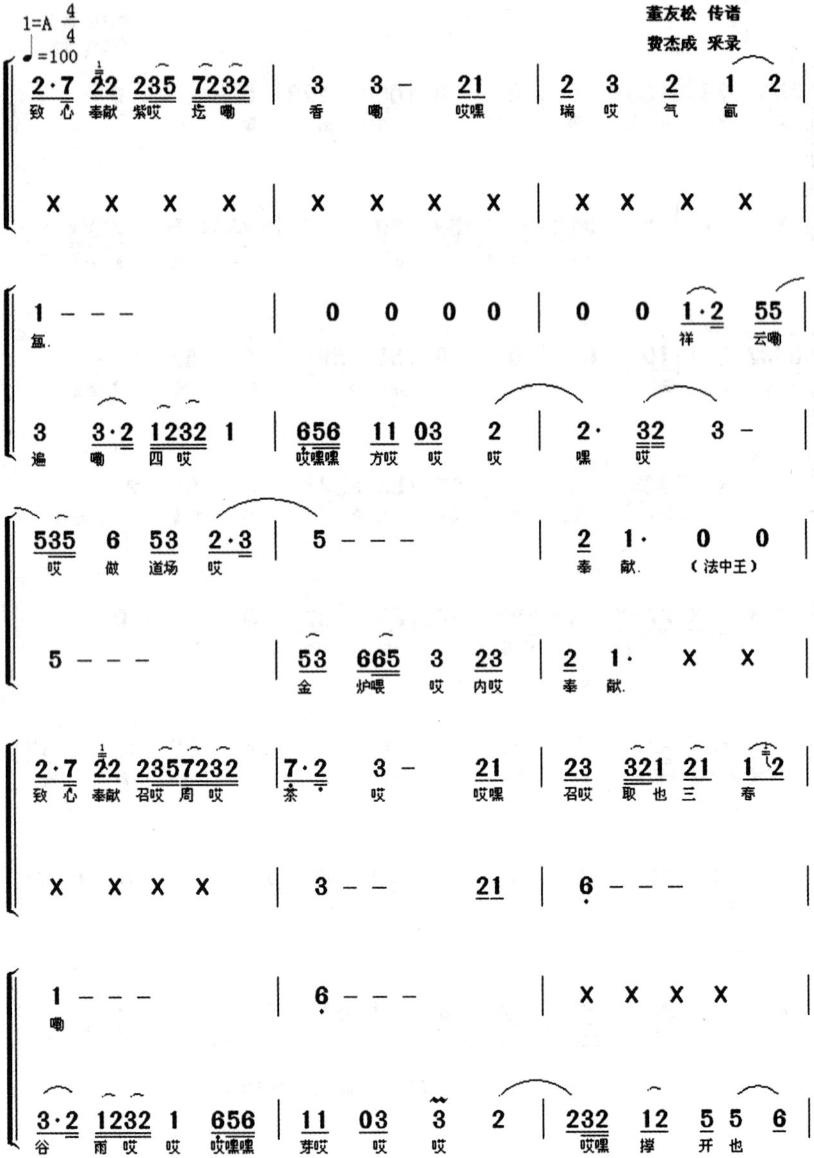
1=A 4/4
♩=100
致心奉献紫哎坛嘞 香嘞 哎嘿 瑞哎气氤
氲.
遍嘞四哎 哎嘿嘿方哎哎哎 嘿哎
祥云嘞
哎做道场哎 奉献.（法中王）
金炉喂哎内哎 奉献.
致心奉献召哎周哎 杀 哎 哎嘿 召哎取也三春
嘞
谷雨哎哎哎嘿嘿 芽哎哎哎 哎嘿撑开也

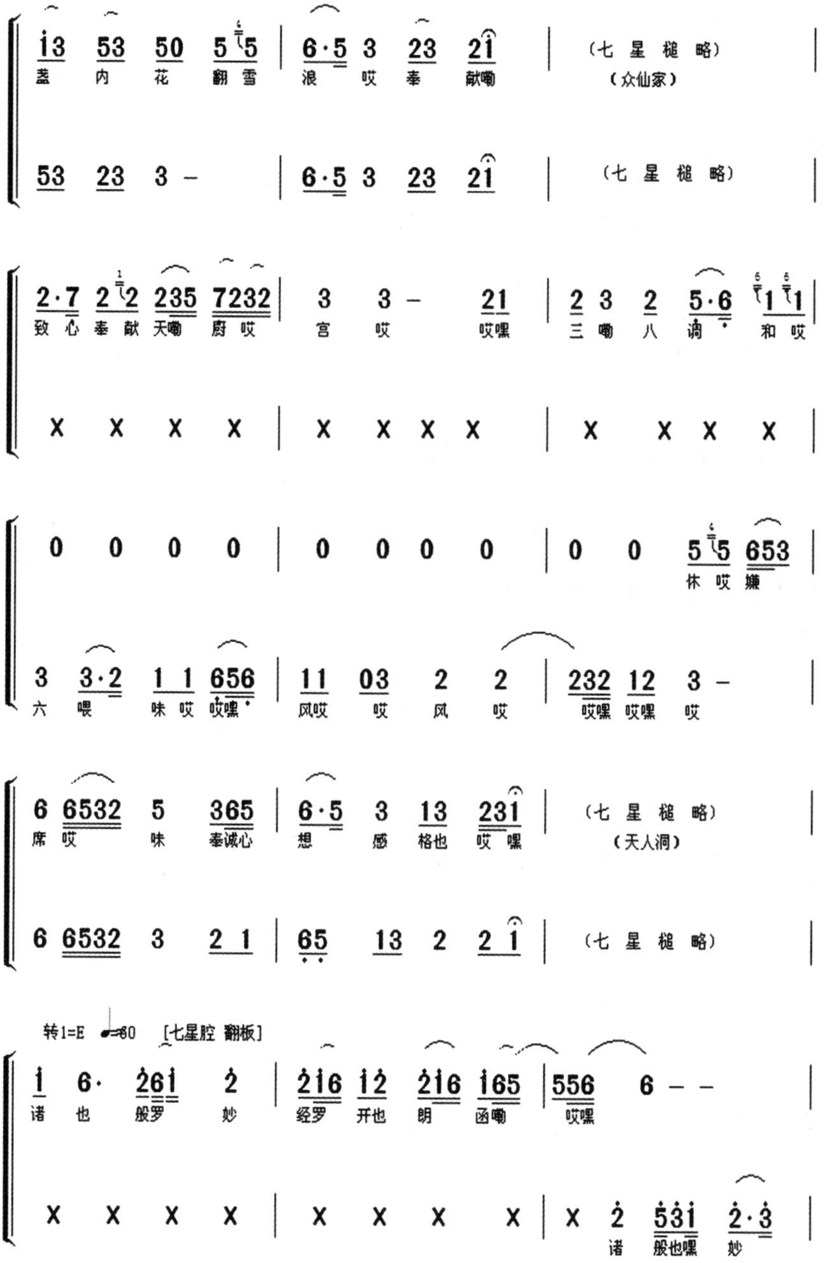
盏 内 花 翻 雪 浪 哎 奉 献嘞
（七 星 槌 略）
（众仙家）
（七 星 槌 略）
致 心 奉 献 天嘞 厨 哎 宫 哎 哎嘿 三 嘞 八 调 和 哎
休 哎 嫌
六 喂 味 哎 哎嘿 风哎 哎 风 哎 哎嘿 哎嘿 哎
席 哎 味 奉诚心 想 感 格也 哎 嘿
（七 星 槌 略）
（天人洞）
（七 星 槌 略）
转1=E ♩=60 [七星腔 翻板]
诸 也 般罗 妙 经罗 开也 朗 函嘞 哎嘿
诸 般也嘿 妙

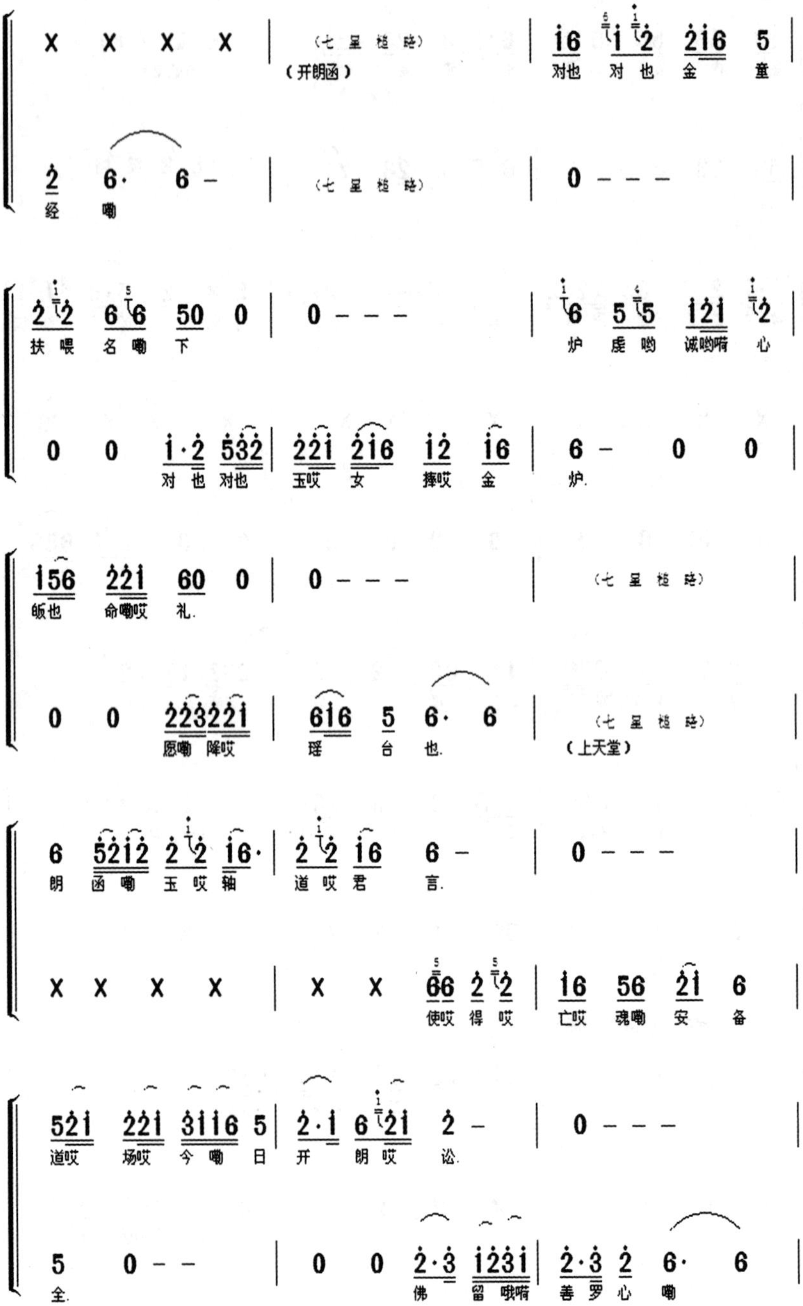
（七星桅睦）
（开朗函）
对也 对也 金 童
经 嘞
扶喂 名嘞 下
炉 虎哟 诚哟啃 心
对也 对也 玉哎 女 捧哎 金 炉.
皈也 命嘞哎 礼.
愿嘞 降哎 瑶 台 也.
（上天堂）
朗 函 嘞 玉 哎 轴 道 哎 君 言.
使哎 得 哎 亡哎 魂嘞 安 备
道哎 场哎 今 嘞 日 开 朗 哎 讼.
全.
佛 留 哦啃 善 罗 心 嘞

（七星槌昭）
（开朗函）　　　　$\dot{1}\dot{6}$　56　$\dot{2}6$　$\dot{1}$ ｜ $\dot{2}\dot{1}$　6　4　5　6 ｜
　　　　　　　救哦　苦哦　妙　经　　开哟　朗　函　嗽　哎

（七星槌昭）　　　｜ X　X　X　X ｜ X　X　X　X ｜

2 － － － ｜ （七星槌昭）　　　｜ $\dot{2}\dot{1}6$　5　$\widehat{\dot{5}\dot{1}\dot{2}\dot{1}}$　$\dot{\dot{1}}\dot{2}$ ｜
嗳　　　　　　　　　　　　　　道喂　场　众哎哎　等

$\widehat{223}$　$\dot{1}\dot{2}\dot{3}\dot{1}$　$\widehat{2\cdot3\dot{2}\dot{1}6}$ ｜ （七星槌昭）　　　｜ X　X　X　X ｜
救哦　苦　哦嗬妙　喂经罗　（开朗函）

6 － － － ｜ $\dot{1}\dot{6}$　$\dot{2}\dot{1}6$　0　0 ｜ X　X　X　X ｜
嗽　　　　　　寻　颂哎

656　$6\dot{1}\dot{2}\dot{1}2$　$\widehat{\dot{2}\dot{1}6}$ ｜ $\widehat{\dot{1}0}$　0　$\widehat{6\dot{1}\dot{2}\dot{1}\dot{2}\dot{1}6\dot{1}}$ ｜ 2　$\widehat{\dot{2}\dot{1}6}$　$\widehat{6\dot{2}\dot{1}}$　$\dot{1}$　$\widehat{6}$ ｜
人嗽喂　各喂运　嗽　　心　　宝哦嗬哦嗬嗬　经嗽　腑　坐喂

（七星槌昭）　　　556　$\widehat{\dot{2}\dot{2}\dot{1}}$　6　$\widehat{\dot{1}0}$ ｜ 0 － － － ｜
（大天尊）　　　高哇　登嗽　宝座

（七星槌昭）　　　｜ X　X　X　X ｜ 2　$\widehat{\dot{2}\dot{1}6}$　$\dot{1}6$　5　35 ｜
　　　　　　　　　　　　　　　　大　哦嗬嗬　天　罗　哦嗬

$\dot{1}\dot{1}2$　$5\widehat{33}\dot{1}$　$\dot{1}2$　$\widehat{\dot{2}\dot{1}6}$ ｜ 6 － － － ｜ （七星槌昭）
高哦嗬　登罗嗬　宝喂　座哇

53　5　$\dot{1}\dot{2}\dot{3}\dot{1}$　$\dot{2}3$ ｜ $\dot{2}$　$6\cdot$　6 － ｜ （七星槌昭）
高　喂　登罗嗬　宝喂　座哇　　　　　　　　（大天尊）

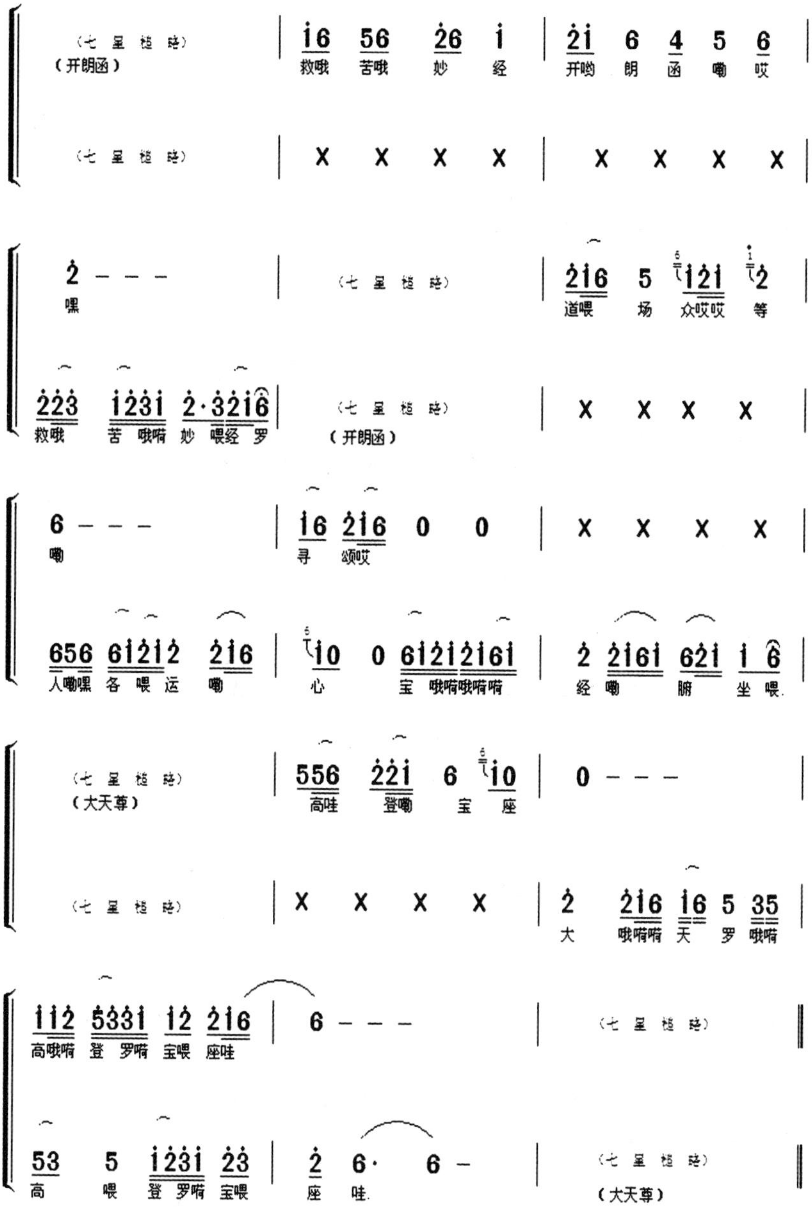

采集地点：阳新银山　采录时间：1980/7/28

做勋旗

［北腔　除灵］

石则仁　唱

费杰成　记

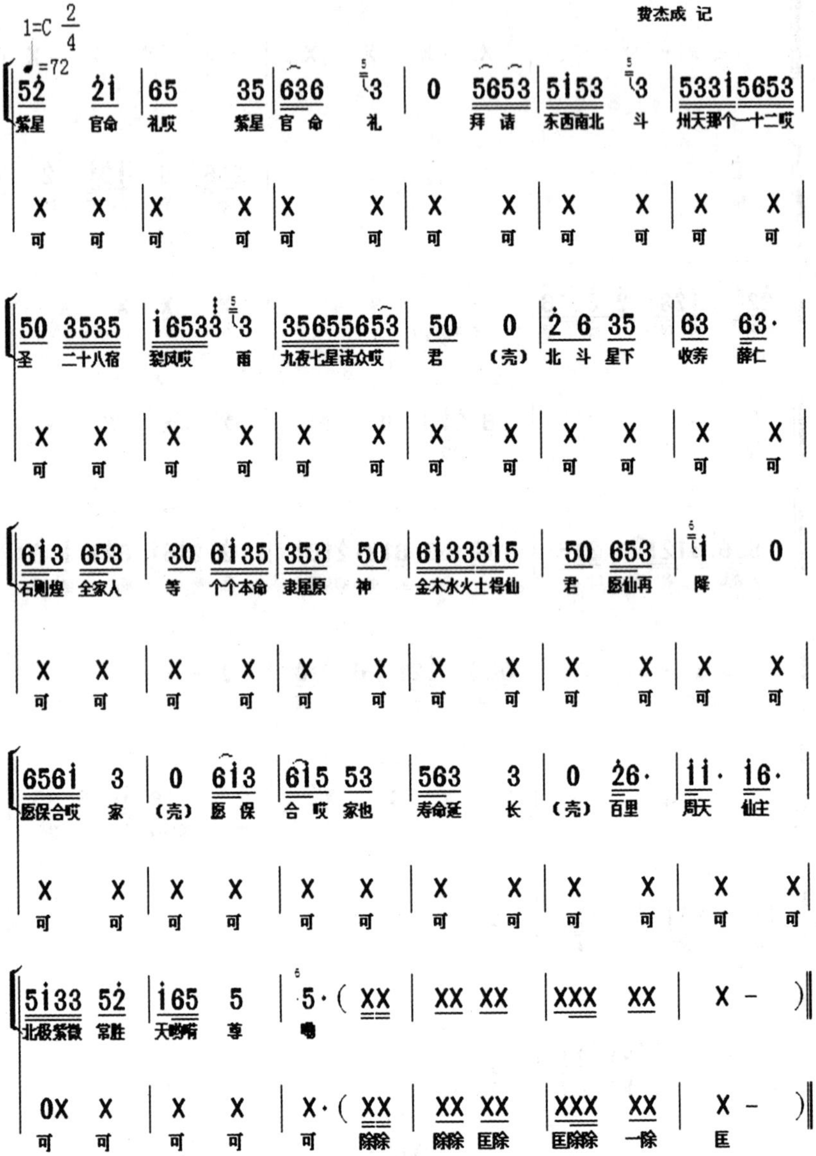

采集地点：阳新杉木　采录时间：1980/4/6

升 度 午 朝

[北腔 一三板]

费杰成 采记
赵殡卿 传谱

1=#F 4/4
♩=100

22	53	2	2		2	35	33	2̂1̂6̂	3	2·1	616	561
东哎	极哎	宫	哎		哎唷	黄哎		金喔	殿	喔		金罗

| X | X | X | X | | 22 | 531 | 2 | 2 | X | X | X | X |
| | | | | | 东哎 | 极啊火 | 宫 | 哎 | | | | |

| 561 | 3 | 5 65 | 3 | | 0 | 0 | 0 | 0 | 353 | 561 | 353 | 535 |
| 奎罗 | 殿 | 哦 | 哎 | | | | | | 五喂 | 彩啊 | 哦火火 | 凤哎 |

| X | X | X | X | | 55 | 656 | 1̇·5 | 6·5 | 6 - - - |
| | | | | | 随风 | 哎 | 转 | 喔 | |

| 6·3 | 323 | 5 | 2 | | 2 32 | 12 | 561 | 4545 | 64 | 4 | 2· | 2 |
| 江 | 南 | 雨 | 哎 | | 龙哎 | 凤 | 九头 | 狮 | 子 | 哎 | [跳高台] |

| 6·5 | 161 | 3 | 2 | | 216 | 1 | 2 | 3 | 12 | 1 | 2· | 2 |
| 江 | 南 | 雨 | 哎 | | 龙 | 凤 | 哦 | | 九头 | 狮 | 子 | [跳高台] |

| 0 | 0 | 0 | 0 | | 55 | 532 | 5 | 2 | 35 | 33 | 23 | 216 |
| | | | | | 金喔 | 灵 | 台 | 耶 | 哦火 | 金喔 | 灿 | 烂 |

| XXX | XXX | XXXX X | | X | X | X | X | 55 | 532 | 5 | 2 |
| 除除匡 | 除除匡 | 一除一除 匡 | | | | | | 金喔 | 灵 | 台 | 耶 |

| 3 | 2·1 | 61 | 6· | | 553 | 561 | 5 5 | 65 | 3 - - - |
| 金 | 灿 | 烂 | | | 水洒 | 杨柳 | 枝 哎 | | 哎 |

| 3 - | 5 - | | 33 | 216 | 1 - | 35 | 65 | 165 | 1 |
| 哎 | 唷 | | 金灿 | 哦火火 | 烂 | 水洒 | 杨柳 | 枝 | 哦 |

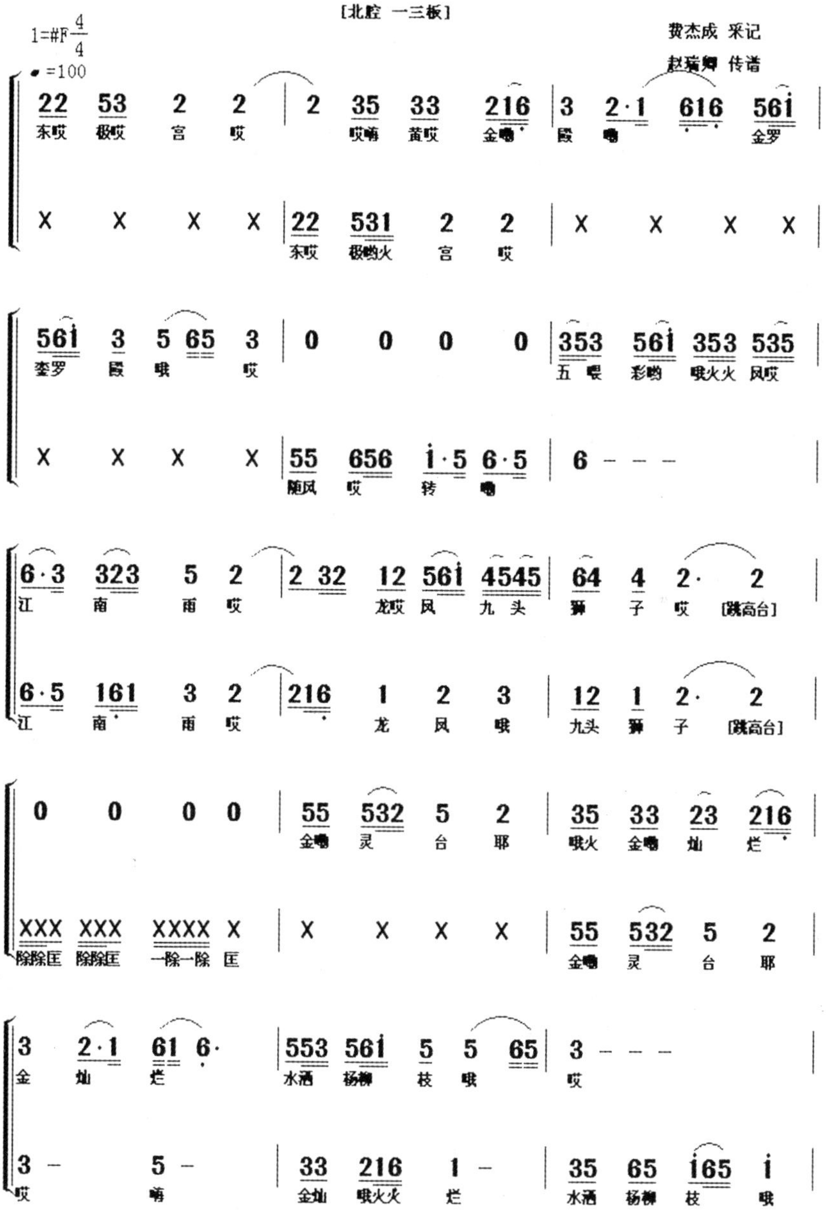

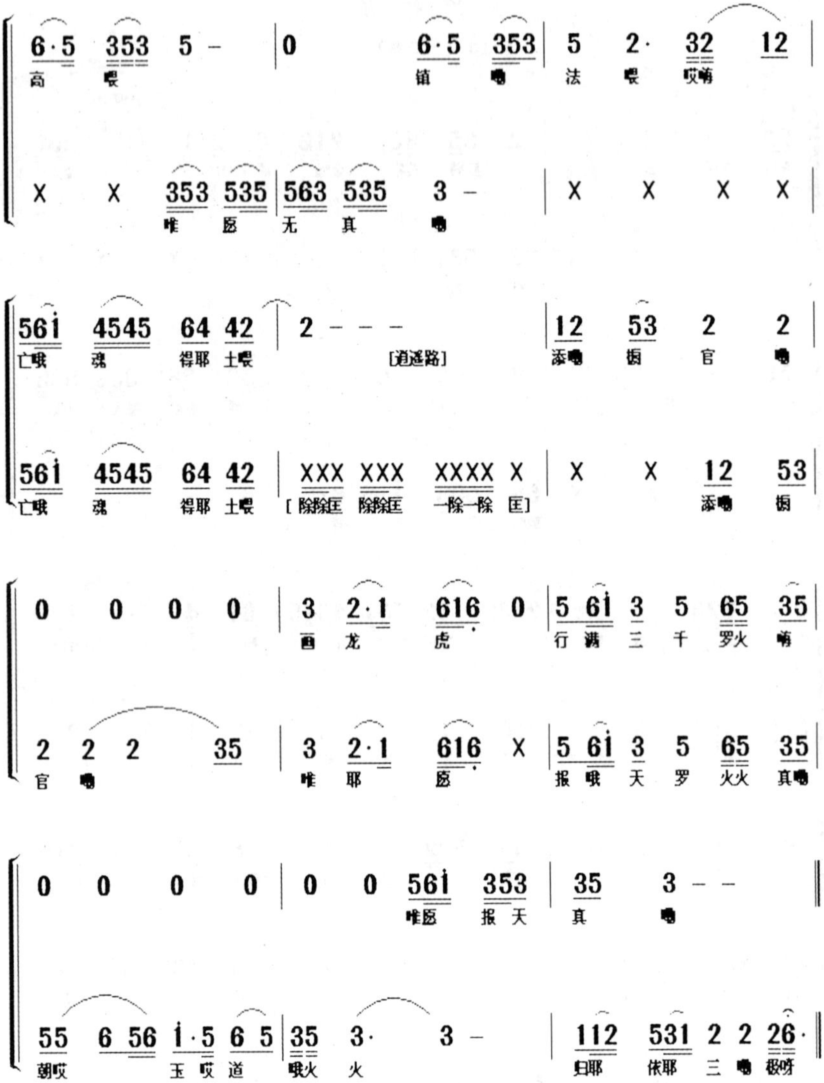

采集地点：阳新文化馆　采记时间：1981/11/26

北斗经

[北腔. 引曲]

石则仁 传谱
费杰成 采记

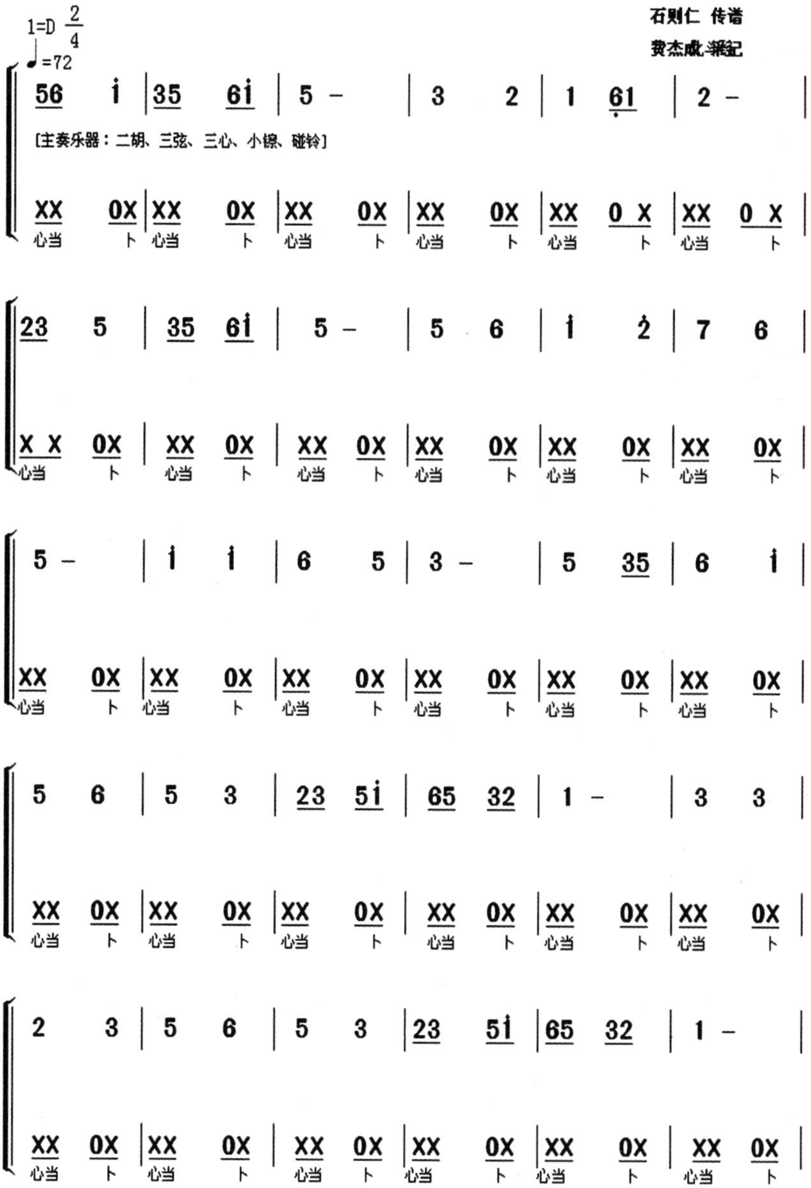
1=D 2/4
♩=72
[主奏乐器：二胡、三弦、三心、小镲、碰铃]
心当
卜

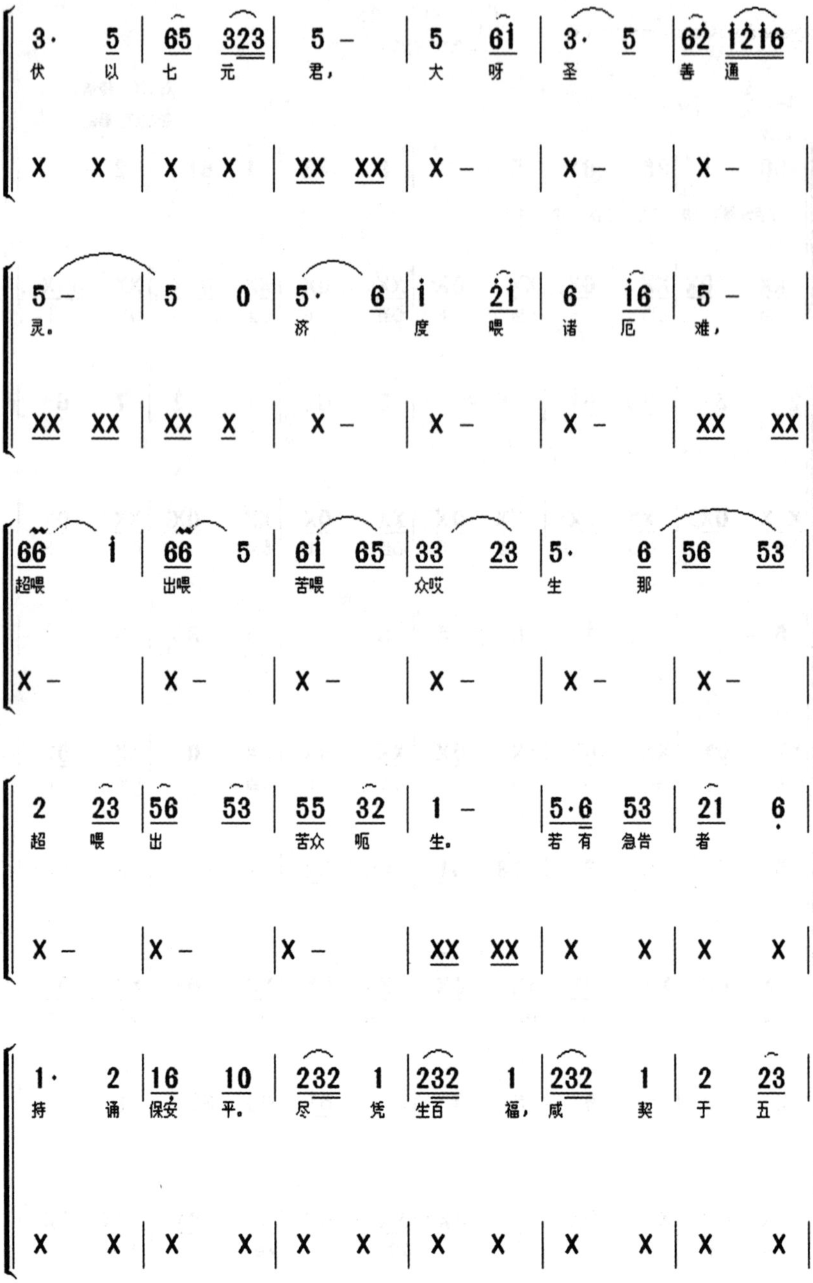
伏以七元君，大呀圣善通
灵。济度喂诸厄难，
超喂出喂苦喂众哎生那
超喂出苦众呃生。若有急告者
持诵保安平。尽凭生百福，咸契于五

5·6 | 3·5 6i | 55 32 | 1 - | 5·6 53 | 2i 6i6 |
行　呐　三　魂　得　安　　健。　邪　魅　不　能

X - | X - | X - | XX XX | X - | X - |

1·2 | 16 10 | 6 65 | 6 60 | 6i 23 | 2i 6 |
停　　不能　停. 五　方　降　哎　降　真

X - | X - | X - | X - | X - | X - |

5 - | 656 i6 | 56 53 | 21 23 | 5·6 | i 2i |
炁，　万福　自来　骈。　长生　超八　难　皆

XX XX | X - | X - | X - | X - | X - |

6 - | 6·i | 5 65 | 35 61 | 565 32 | 1 - |
由　　奉　　奉七　星。

XX XX | X - | X - | X - | X - | XX XX |

12 53 | 2 23 | 21 6i6 | 1·2 | 16 1 | 0 0 ‖
生生　身自　在，　世世　保神　清　　保神　清。

X - | X - | X - | X - | XX XX | XX XX ‖

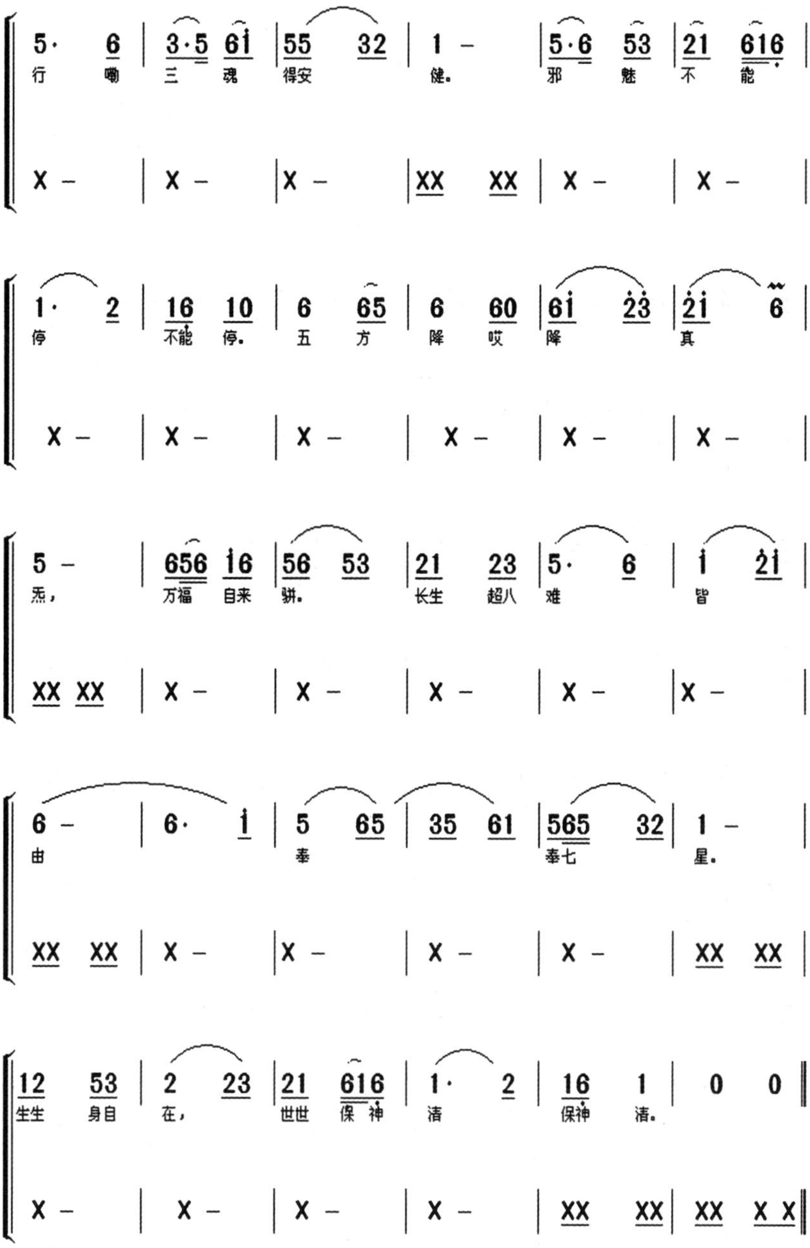

采集地点：阳新东源杉木　采集时间：1981/4/25

解 厄

[北腔 北斗经]

石则仁 传谱
费杰成 记录

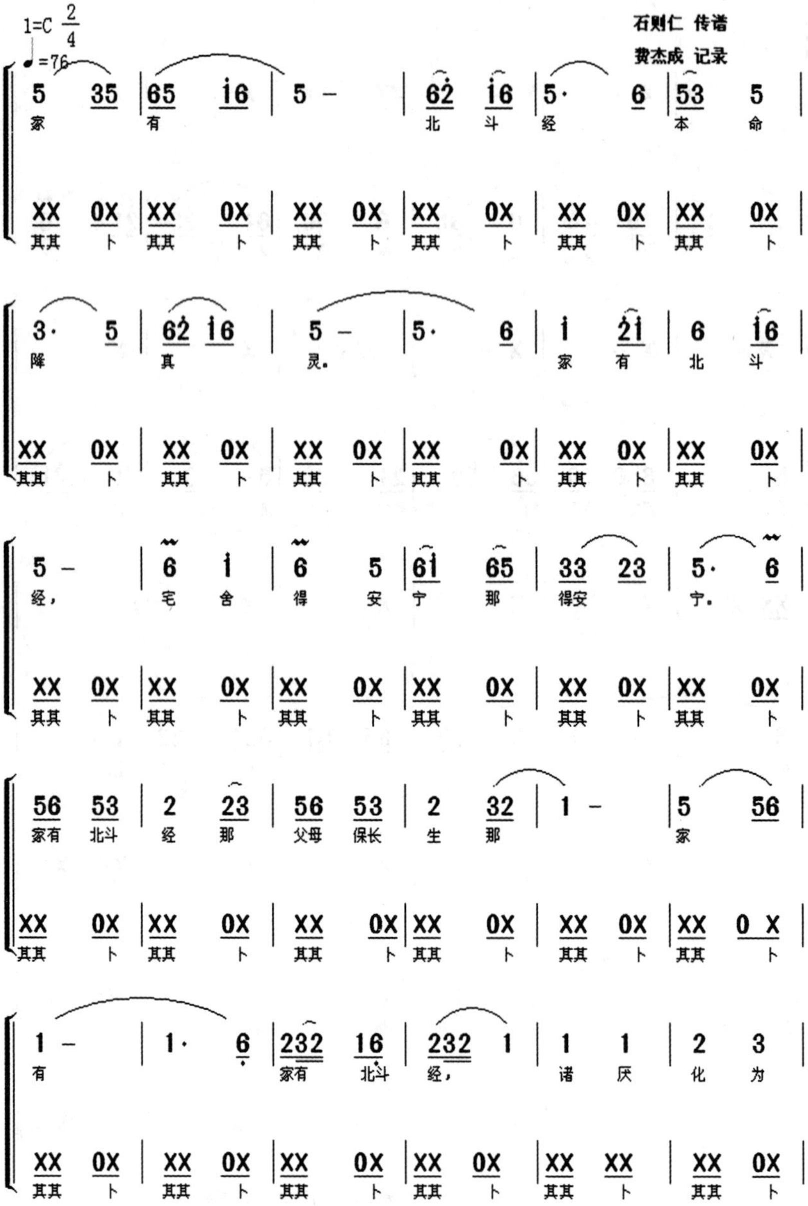
1=C 2/4
♩=76
家 有 北 斗 经 本 命
降 其 灵。 家 有 北 斗
经， 宅 舍 得 安 宁 那 得安 宁。
家有 北斗 经 那 父母 保长 生 那 家
有 家有 北斗 经， 诸 厌 化 为
其其 卜

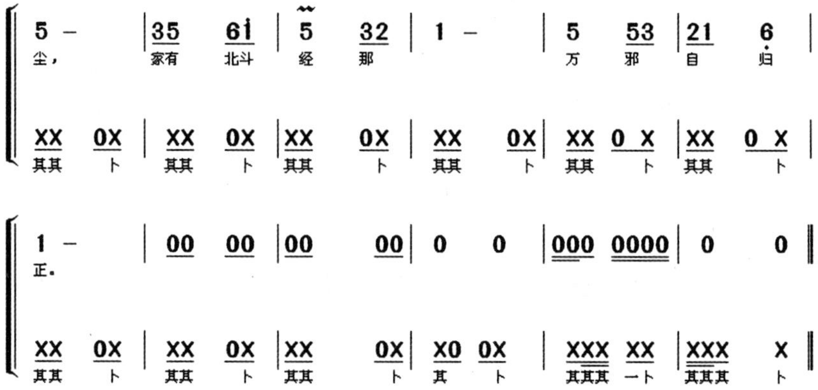

采集地点：阳新东源杉木　采录时间：1981/4/25

北斗咒

[北 腔]

石则仁　传谱
费杰成　采记

1=D 2/4
♩=78

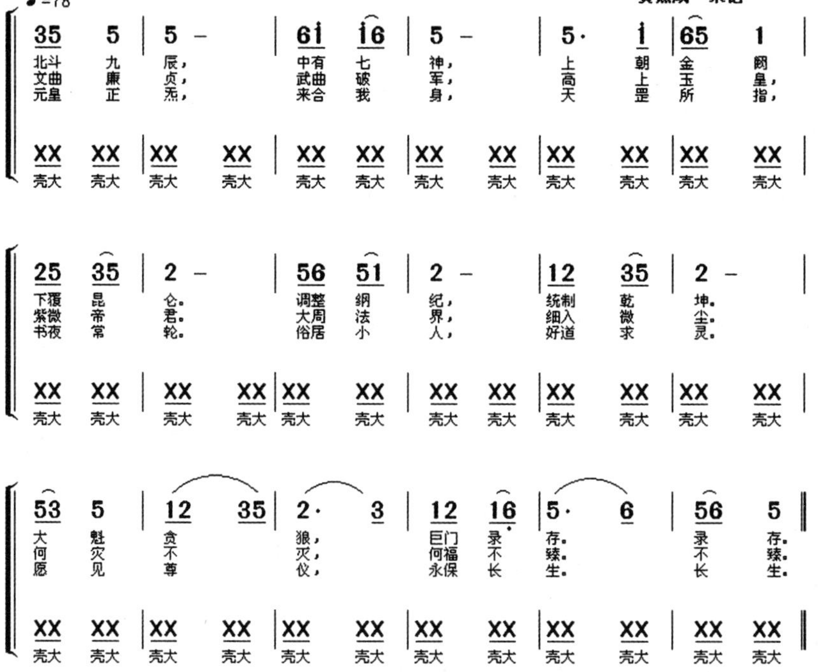

采集地点：阳新东源杉木　采集时间：1981/4/25

老 君 咒

[北腔 木鱼板]

石则仁 传谱

费杰成 采记

1=D 2/4

♩=108

66	6i	66	i6	55	56	33	55	33	55	66	i6
本命	神将.	本宿	星官.	常垂	阴佑.	主持	人命.	使保	天年.	凡俗	无知.

| XX | XX | XX | XX | XX | XX | XX | XX | XX | XX | XX | XX |

（伴奏乐器木鱼，始终跟字行走）

55	56	33	22	35	55	66	i6	55	56	33	53
终身	不悟.	本命	星官	每岁	六度.	降在	人间.	降日	为之	本命	限期.

| XX | XX | XX | XX | XX | XX | XX | XX | XX | X X | XX | XX |

22	23	5 5	32	11	23	12	16	55	56	53	35
有南	陵使	者三	千人.	北斗	星君.	七千	神将.	本命	真官	一齐	降驾.

| XX | XX | XX | XX | XX | XX | XX | XX | XX | XX | XX | XX |

66	62	i2	i6	56	53	22	32	11	23	55	62
众真	悉来	一齐	拥护.	可以	消灾	一慨	忏罪.	请福	延生.	福德	增崇.

| XX | XX | XX | XX | XX | XX | XX | XX | XX | XX | XX | XX |

i2	i6	56	32	11	62	1 -	3 -	2 -
其有	本命	限期	将至.	自身	木知.	耶	哎	咳

| XX | XX | XX | XX | XX | XX | XX | XX | XX | X |

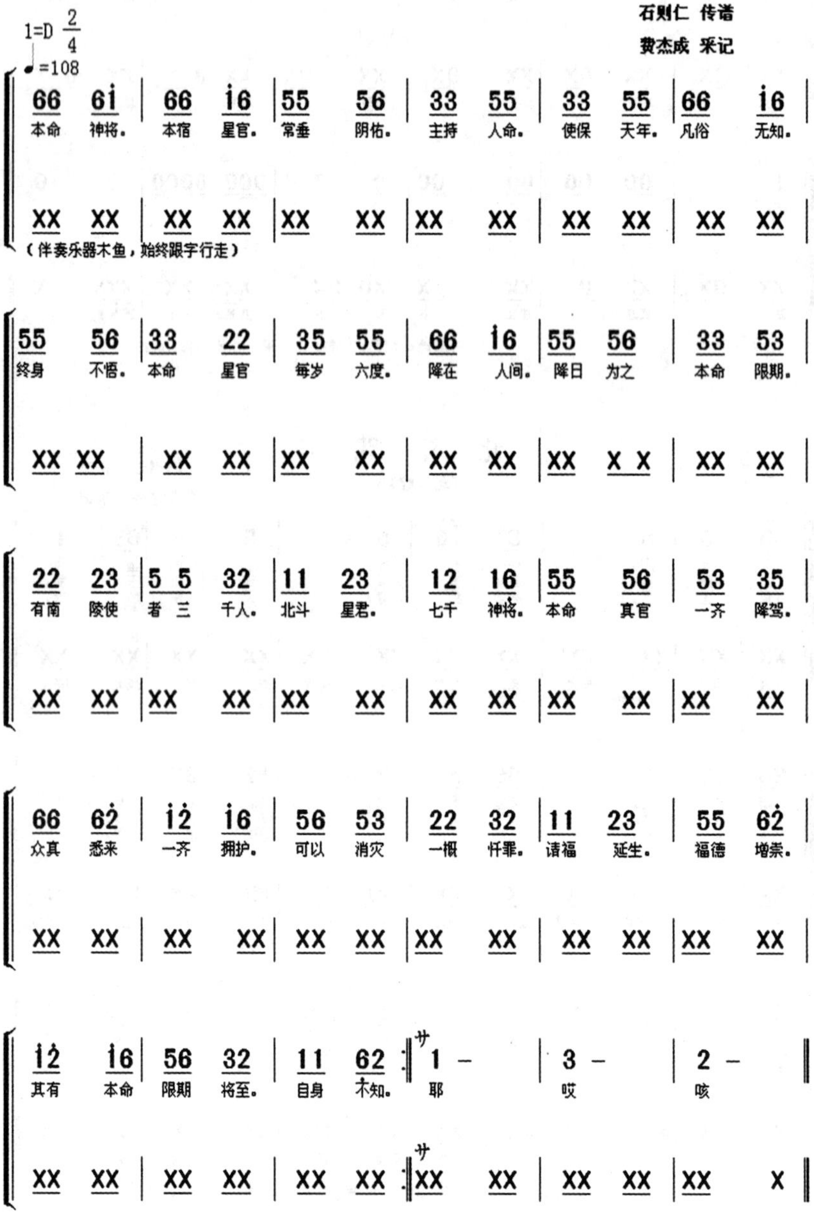

释结

［北腔　划船调］

演唱：石则仁

记录：费杰成

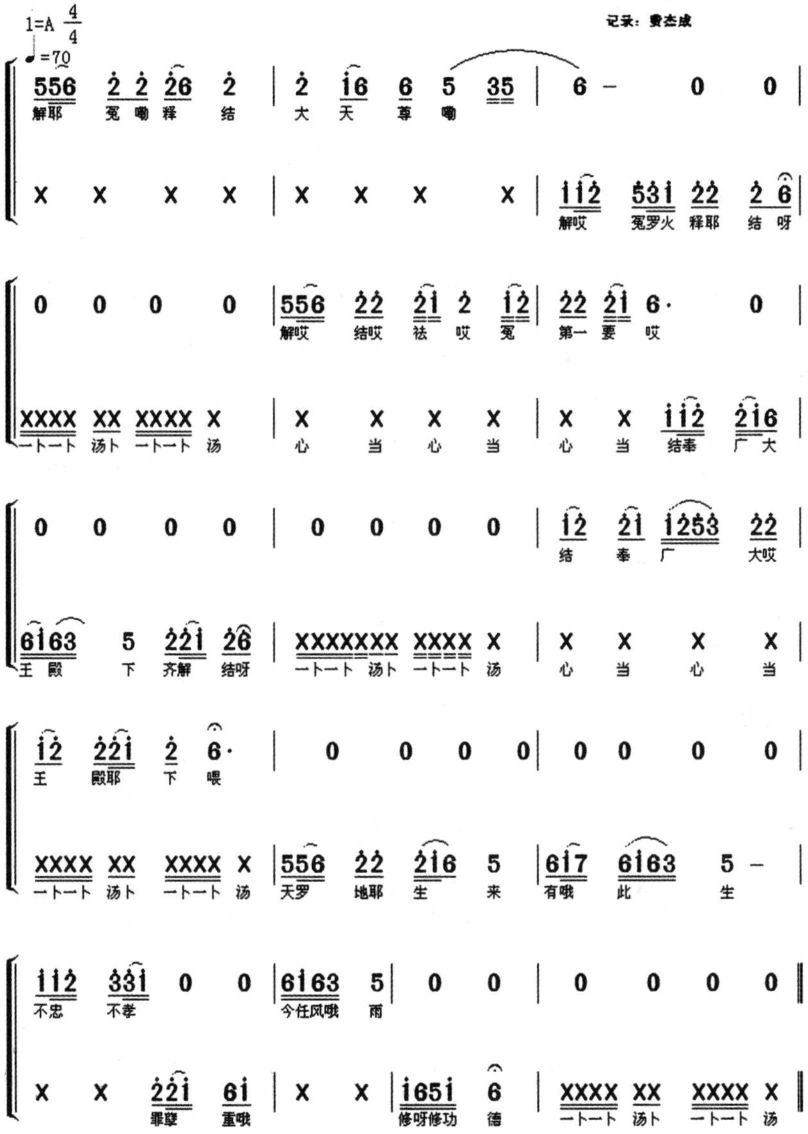
1=A 4/4
♩=70
解耶 冤嘞 释 结 大 天 尊 嘞
解哎 冤罗火 释耶 结 呀
解哎 结哎 祛 哎 冤 第一 要 哎
一卜一卜 汤卜 一卜一卜 汤 心 当 心 当 心 当 结奉 广 大
结 奉 广 大哎
王 殿 下 齐解 结呀 一卜一卜 汤卜 一卜一卜 汤 心 当 心 当
王 殿耶 下 喂
一卜一卜 汤卜 一卜一卜 汤 天罗 地耶 生 来 有哦 此 生
不忠 不孝 今任风哦 雨
罪孽 重哦 修呀修功 德 一卜一卜 汤卜 一卜一卜 汤

采集地点：东源杉木　采集时间：1981/11/25

二 颜腔

参礼调

[颜腔 平板]

罗祖武 演唱
费杰成 采记

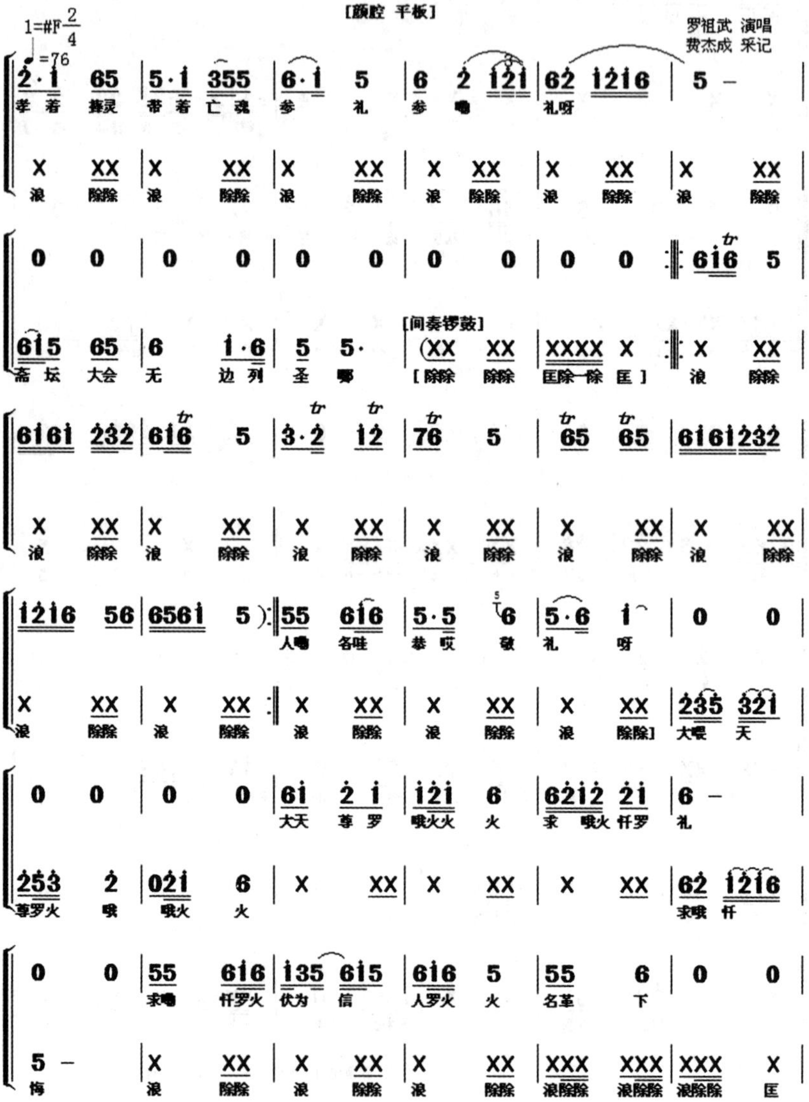

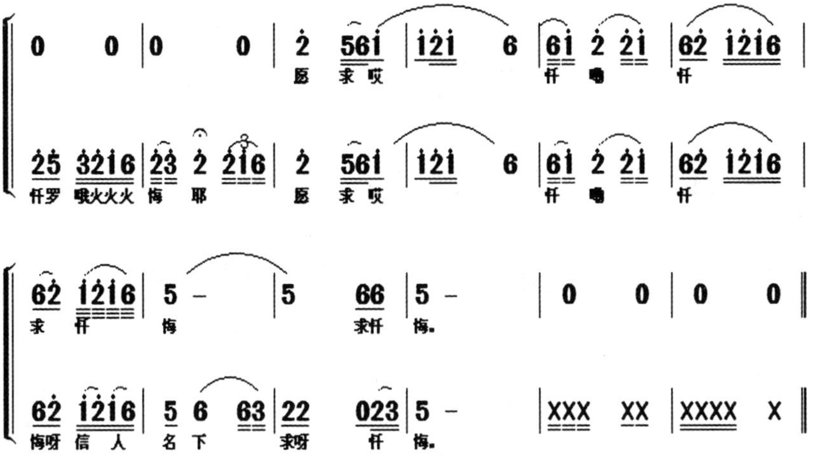
愿 求哎 忏 悔 忏
忏罗 哦火火火 悔 耶 愿 求哎 忏 悔 忏
求 忏 悔 求忏 悔。
悔呀 信 人 名 下 求呀 忏 悔。

采集地点：颜真观　采录时间：2016/3/30

茶 文

[颜腔 对花调]

姜亮华 演唱
费杰成 采录

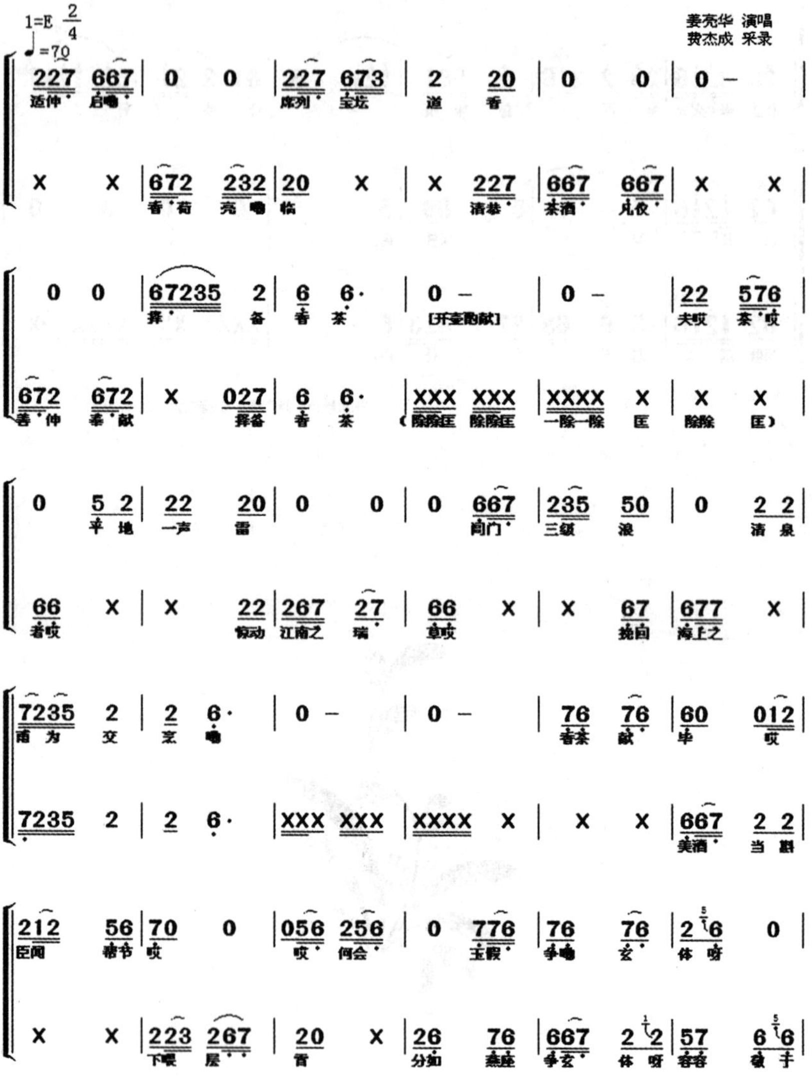

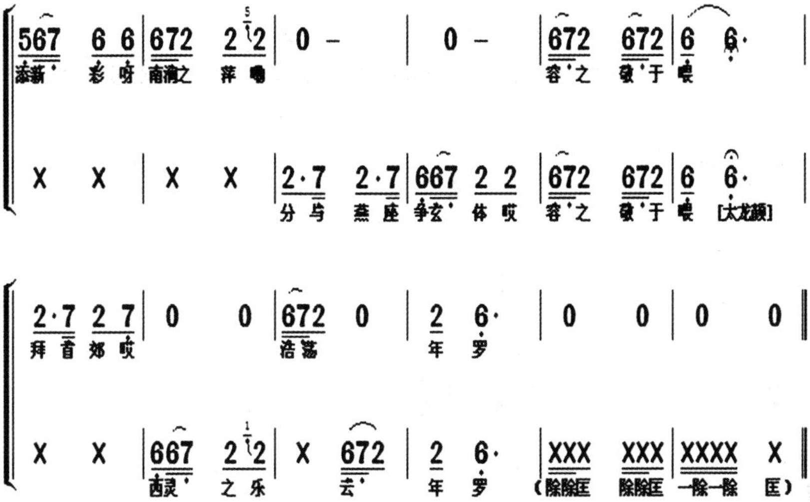
添新彩呀南湳之莽嗯
容之發于喉
分与燕座争玄体哎
容之發于喉
[太龙颜]
拜音郊哎
浩荡
年罗
西灵之乐
云
年罗
（除除匡 除除匡 一除一除 匡）

采集地点：阳新东源　采录时间：1982/11/19

朝 天 忏

[颜腔 哭板]

费杰成 记

周悟华 唱

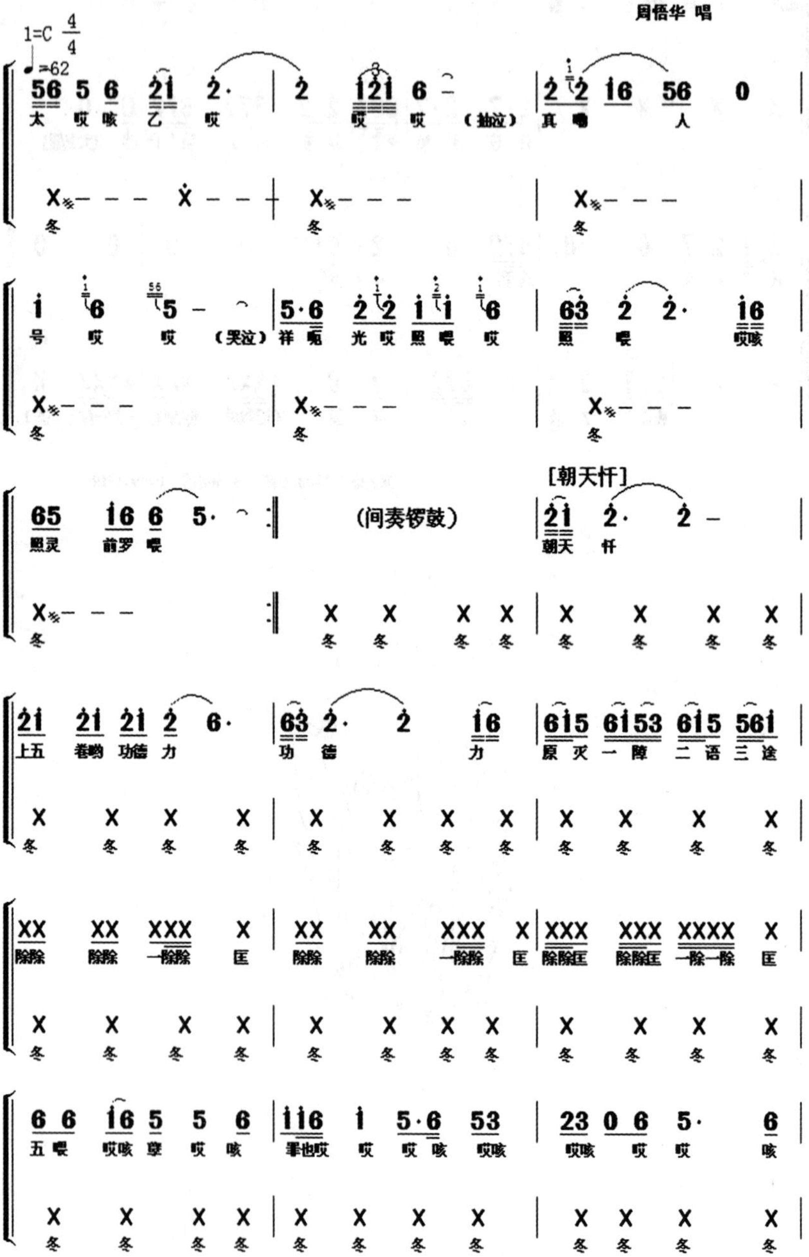

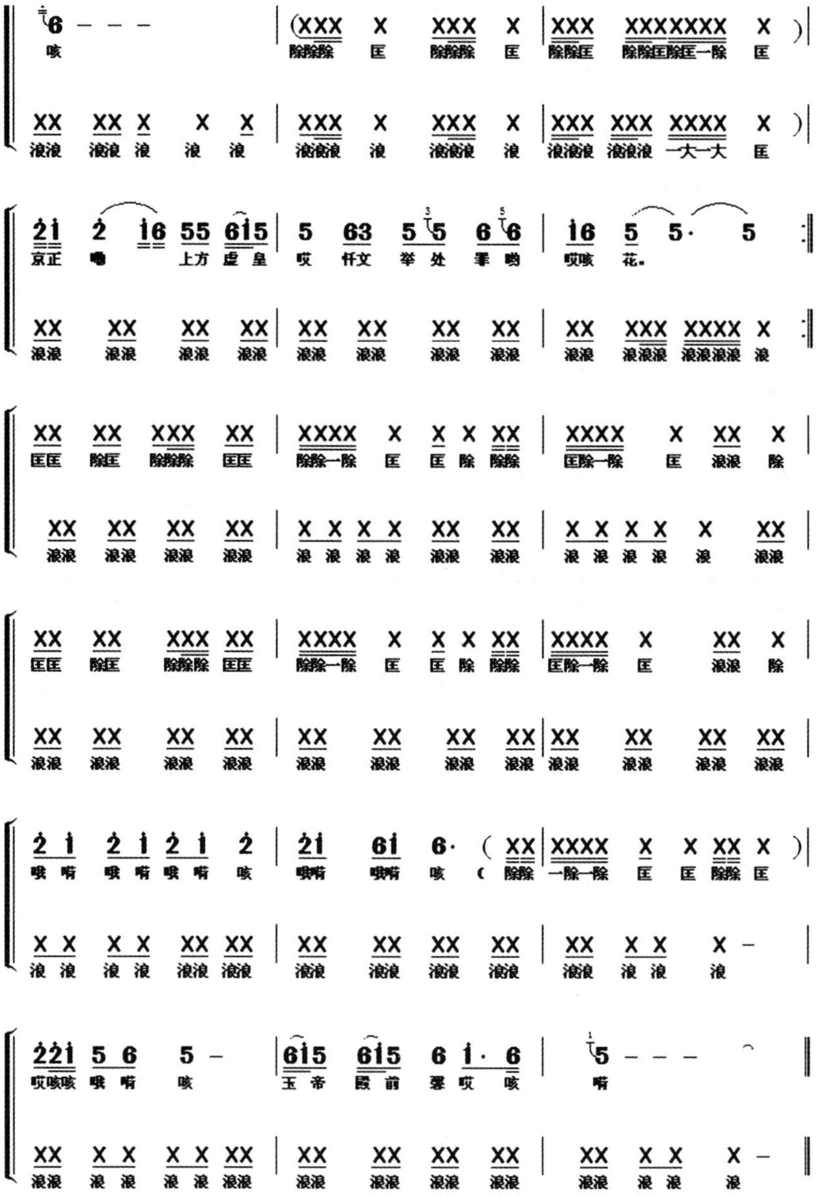

采集地点：颜真观　采集时间：2016/3/16

发文科 步虚

[颜腔 平板]

罗祖武 演唱
费杰成 采录

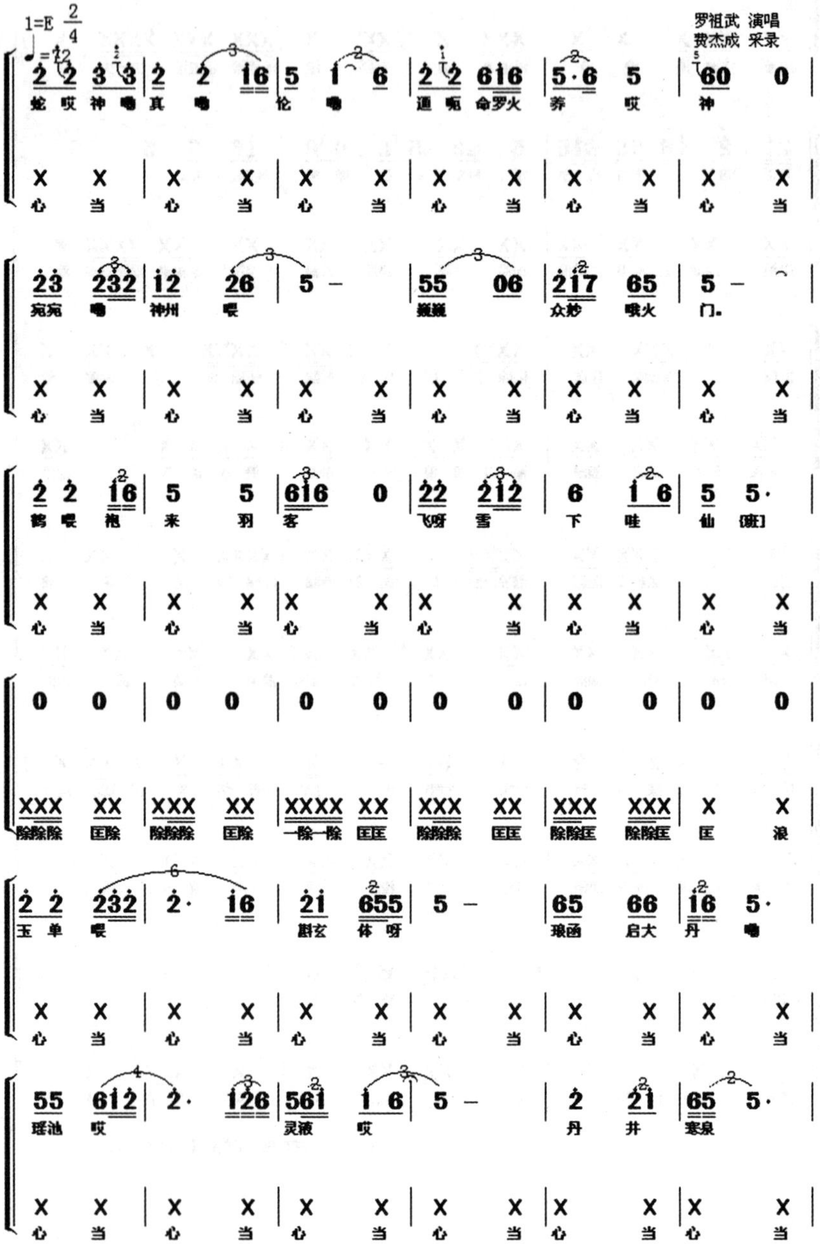

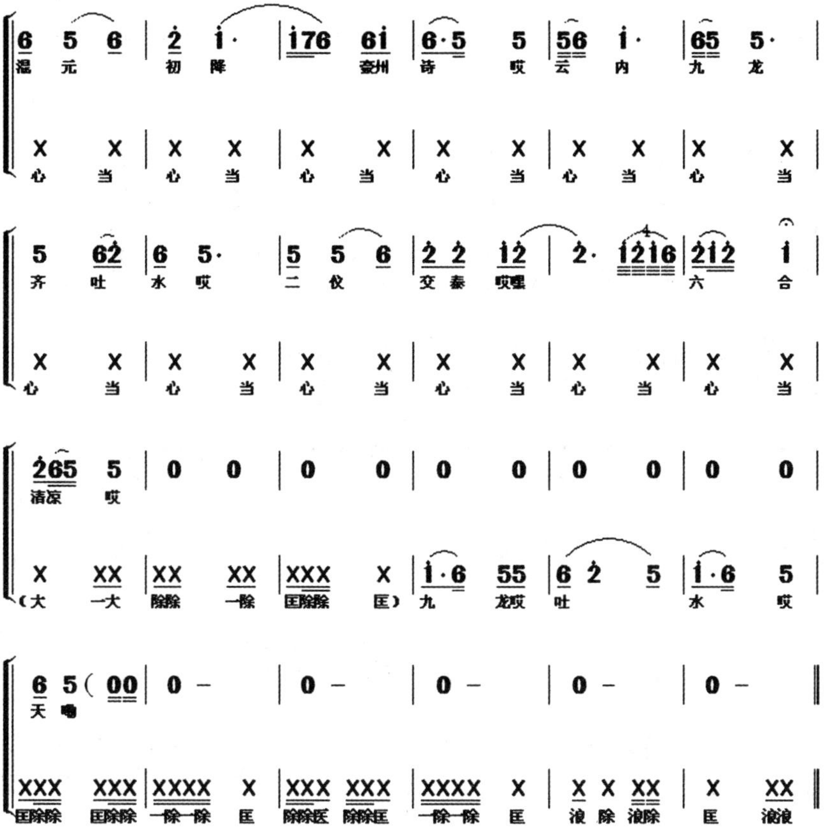
混元初降壶州诗哎云内九龙
心当心当心当心当心当心当
齐吐水哎二仪交泰哎嘿六合
心当心当心当心当心当心当
清凉哎
（大一大除除一除匡除除匡）九龙哎吐水哎
天嘞
匡除除匡除除一除一除匡除除匡除除匡一除一除匡滚除滚除匡滚滚

采集地点：颜真观　采录时间：2016/3/30

冠 衣
[颜腔 平板]

周悟华 传唱
费杰成 采记

1=C 4/4
♩=100

6 6 3 — — — | 1 6 1 6 5 — — 1 | 1 1 1 1 2 — — — |
香 烟 嗯 璨 入 哎 九 重 门 嗯 哎;
七 祖 嗯 重 科 哎 传 玉 辇 嗯 哎;

X X X XXXXX | X X X XXXXX | X X X XXXXX |
冬 冬 冬 冬冬冬冬 冬 冬 冬 冬冬冬冬 冬 冬 冬 冬冬冬冬

1 2 1 6 5 — 1 2 | 1 6 5 6 5 — — —) | X X (|
金 阙 瑶 台 哎 处 处 哎 闻 云 嗯
群 仙 万 众 哎 驾 红 哎 云 嗯

X X X X XX XX XX | X X X XXXXX — — XXXX X X | XX |
冬 冬 冬 冬 冬冬 冬冬 冬 冬 冬 冬冬冬冬 冬冬冬 冬 冬 冬冬

0 0 0 ‖ 0 — | 0 — | 0 — | 0 — | 0 — |

XX 0· ‖ XX XX | XX XX | XXX XX XX | XX XXX X |
冬冬 匡除 浪除 匡除 浪除 匡除除 浪除 除匡 除匡 除除除 匡

0 —) | 353 615 | 1 2165 | 5 — | 353 616 | 5·6 1 |
名 姓 愿 书 词 表 状, 恩 流 陛 信 与 哎

XX X) | X — | X — | X XX | X — | X — |
浪浪 才 冬 冬 冬冬 冬 冬

6 6 5 (间奏略) | 5 616 | 53 565 | 5 0 | 61 2 16 |
玄 嗯 哎 伏 嗯 以 建 坛 行 嗯

X X (间奏略) | X X | X X | X X | X X |
冬 冬 冬 冬 冬 冬 冬 冬

1 2 1 6 0 | 0 0 | 0 0 | 2 2 332 | 2322 1165 |
道 嗯 谒 嗯 圣 嗯 趋 哎

X X | 5 5 6 2 6·5 5·3 | 5 X X | X X | X X |
假 乐 音 嗯 调 嗯 和.

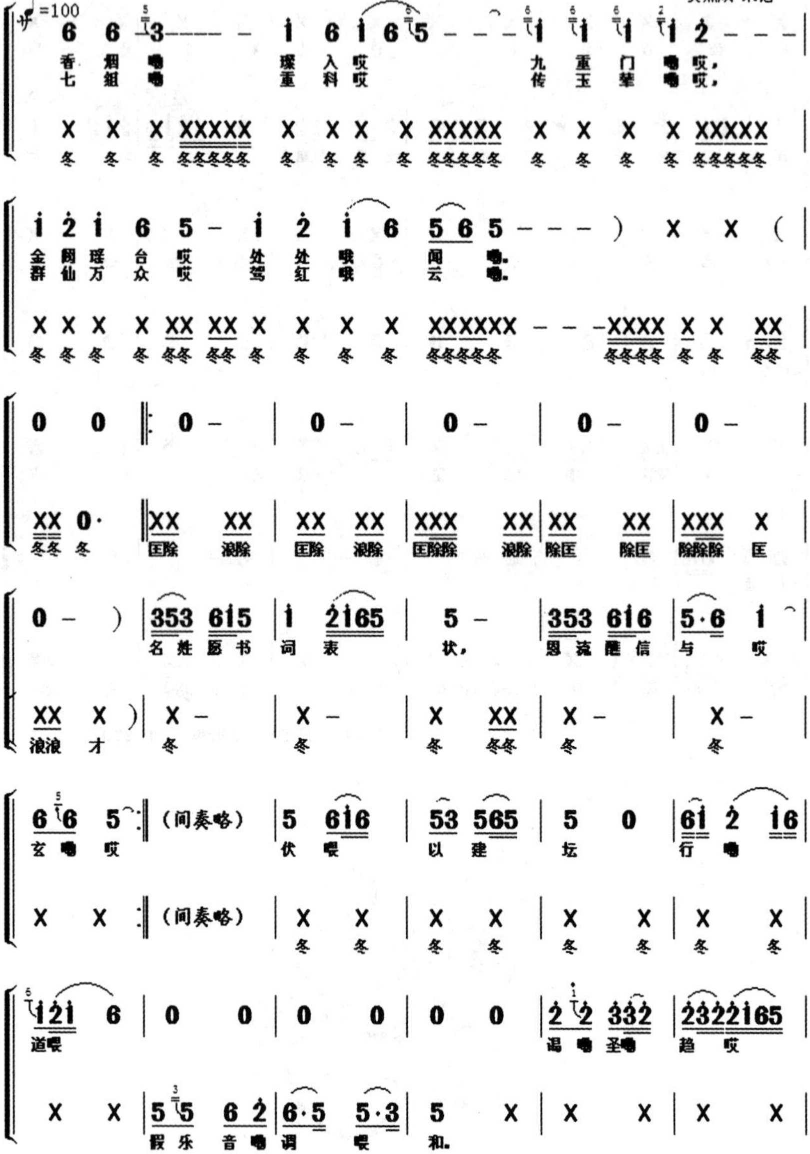

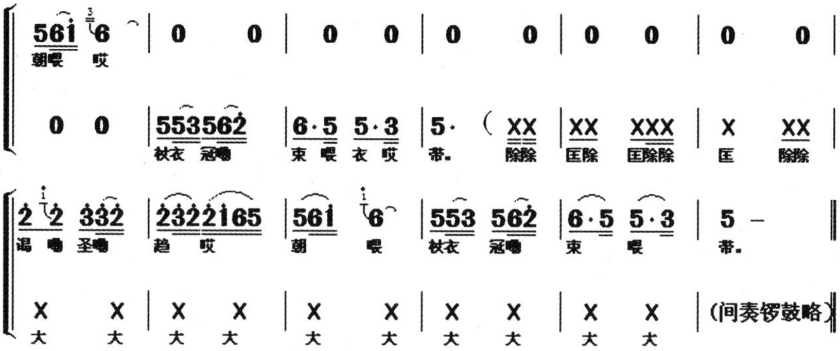

采记地点：颜真观　采录时间：2016/3/16

稽首归一道

1=F $\frac{2}{4}$ ♩=78

[颜腔 平板]

周悟华 传唱
费杰成 记录

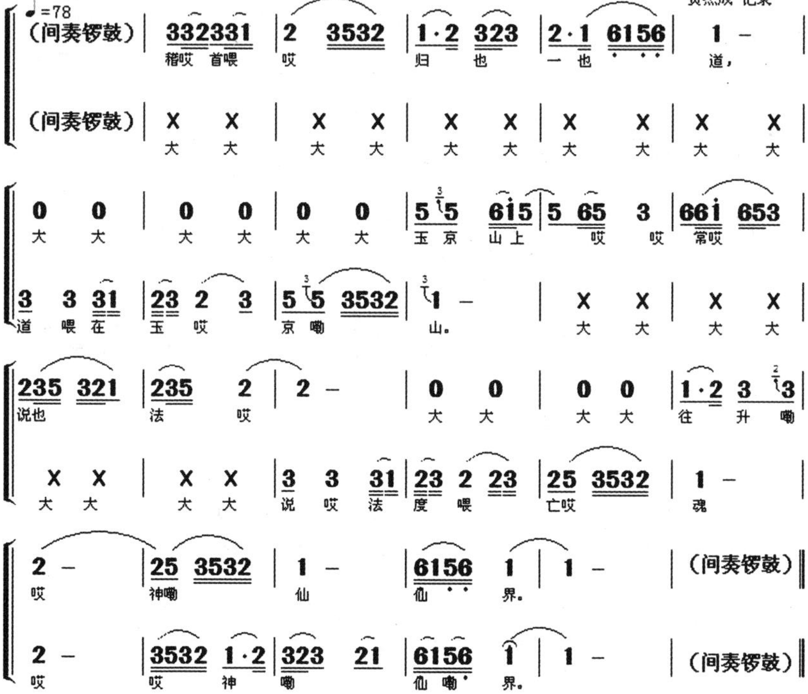

采集地点：颜真观　采录时间：2016/3/16

解　结

[颜腔 解结]

董友松 演唱
费杰成 采录

1=E 4/4
♩=72

```
562  26  6  5  3 │ 2  6  26·6  5  3 │ 2  616  5·62 1 │ 61 22 165 32 131 │
香哎  炼喂  霾 容  煌哎  霾 容哎咳 煌照   十哎   幽晏牢喂咳

X   X   X   X │ X   X   X   X │ X   X   X   X │ X   X   X   X │
心 当 心 当 心    当 心 当 心    当 心 当 心    当 心 当 心 当
```

```
0 - - - │ 0 - - - │ 212656 5·6212│ 2165 61 35 │
                     受济 亡哎精魂 承喂  灯罗照喂

232 16 26·56·│ 26 561 01265 │ 2 - - - │ X  X  X  X │
黑也  黑 放哎毫哎 哎光  哎
```

```
61 2 1· 1 │ 0 - - - │ 0 - - - │ 12 53212216 │
解 脱喂    [十方]                 灯喂光哎明照

XXXXXXX XX │ X XXXXXX XXX│X X XX X X │ X  X  X  X │
除除除除匡除 匡匡 除匡 除匡除匡除除 匡匡 除匡     心 当 心 当
```

```
2 216 16 5 35 │ 353253231 22216│5 6· 6 - │ 0 - - - │
六喂 天 罗哎火 灯喂光 哎明 哎照  大喂

6 - - - │ 11 55 12 2 │5 6· 6 - │ XX XXXXXXX│
灯喂光哎  明 照 大喂  [大天尊] 除除 除除匡除匡除
```

```
0 - - - │ 5·62 2 16 61·16 26 50 0 │ 0 - - - │
          赞喂灯喂掌毕  已 度 前

XXXXX XXXX X │ X  X  X  X │ X  X 556112│2236·21 6163│
匡匡除除匡除 一除一除匡 (心 当 心 当 心 当)前喂咳冤喂咳 释哎结也,再 董哎咳
```

```
0 - - - │ 656216163 5 │ 16 161 2 - │ 22 26· 6 │
          宣召 度亡   魂,登罗 仙 界, 登仙界喂

65621 6163 5 │ X  X  X  X │ X  X  221231│22 26· 6 │
生那哈再 董 哎精 (心 当 心 当 心 当)登喂仙  登仙界喂
```

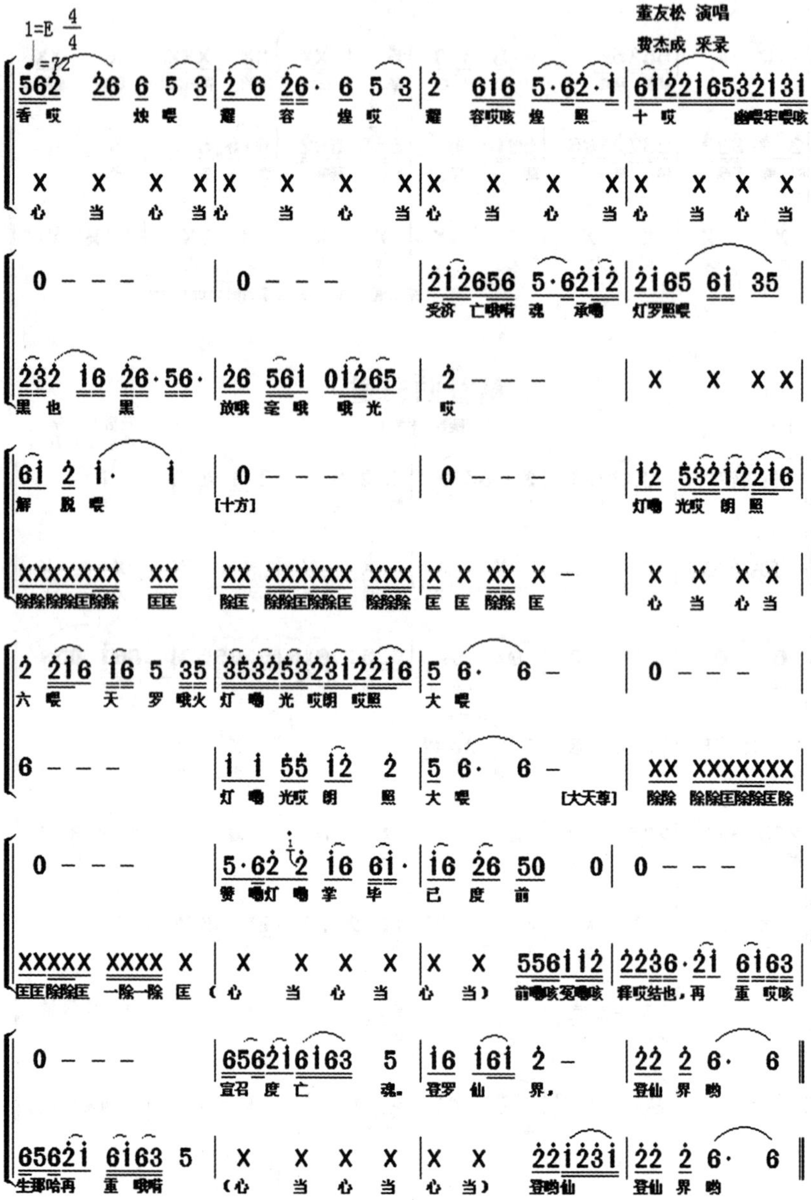

采集地点：阳新文化馆　采录时间：1981/11/26

借乐请神

［韵腔 一三板］

周倍华 传唱

费杰成 采录

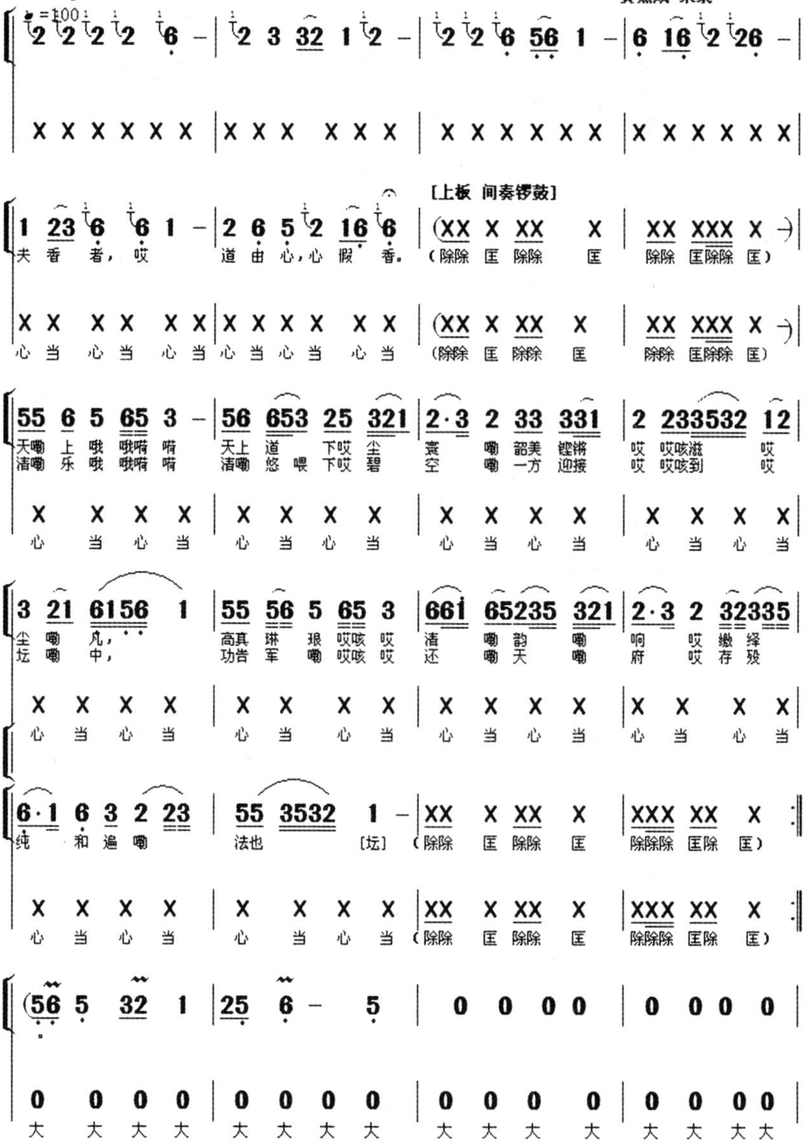

三宝经

[颜腔 早晚课]

周悟华 演唱

费杰成 采录

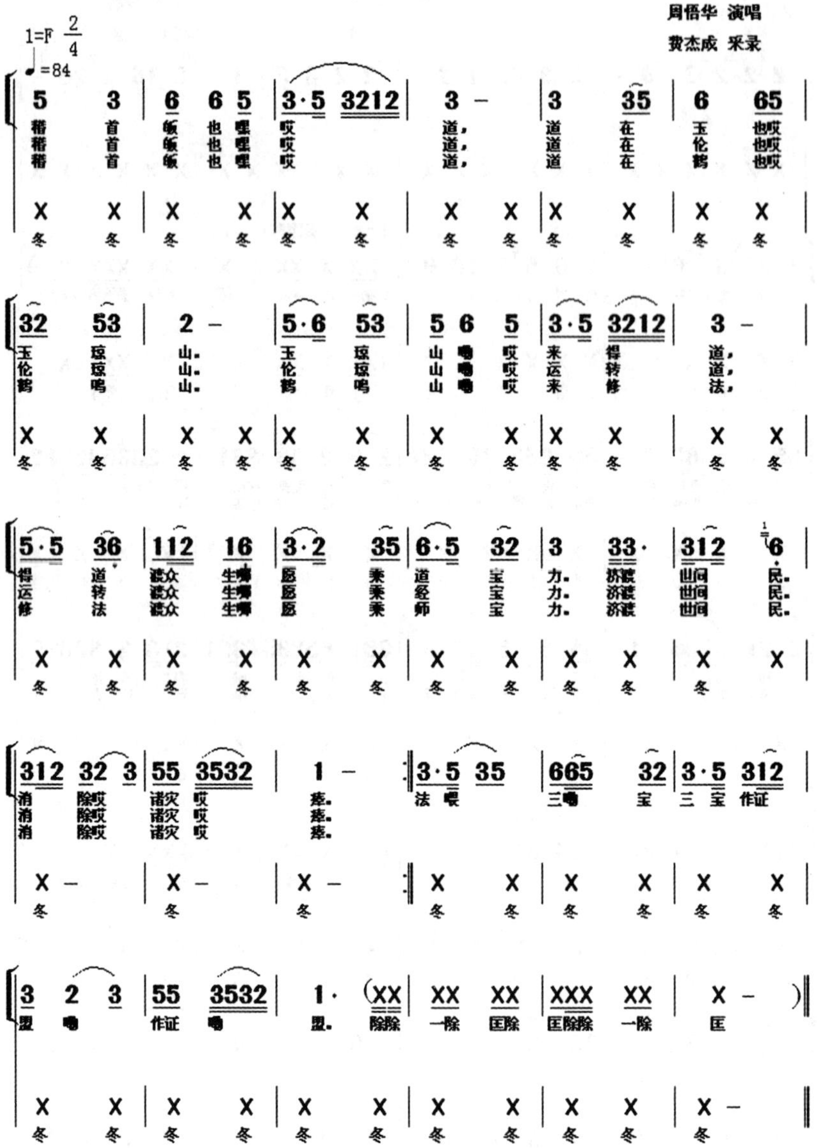

采集地点：颜真观　采录时间：2016/4/15

早 课

[玉皇心印妙经 四字韵]

王全振 传谱
费杰成 采记

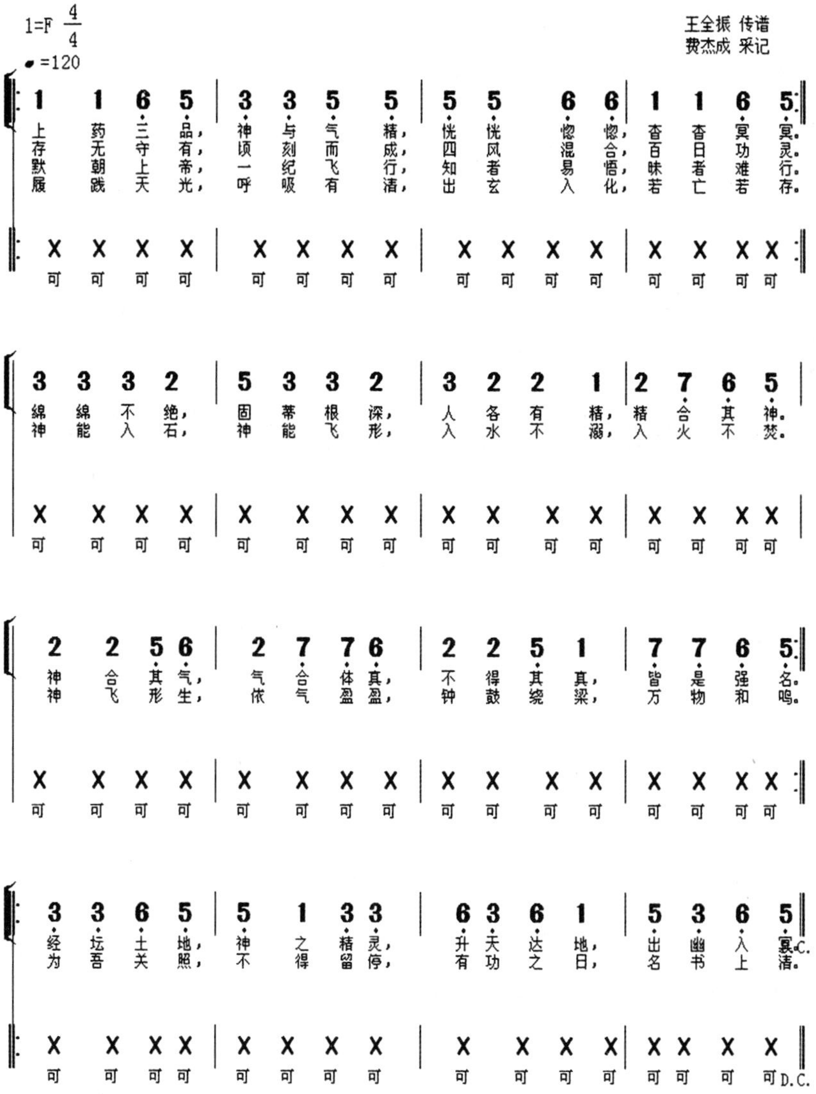
1=F 4/4
♩=120
上药三品，神与气精，恍恍惚惚，杳杳冥冥。
存无守有，顷刻而成，四风混合，百日功灵。
默朝上帝，一纪飞行，知者易悟，昧者难行。
履践天光，呼吸有清，出玄入化，若亡若存。
绵绵不绝，固蒂根深，人各有精，精合其神。
神能入石，神能飞形，入水不溺，入火不焚。
神合其气，气合体真，不得其真，皆是强名。
神飞形生，依气盈盈，钟鼓绕梁，万物和鸣。
经坛土地，神之精灵，升天达地，出幽入冥。
为吾关照，不得留停，有功之日，名书上清。
D.C.

采集地点：颜真观 采录时间：2016/3/16

献香调

[颜腔 火工调]

罗显安 传谱
费杰成 采录

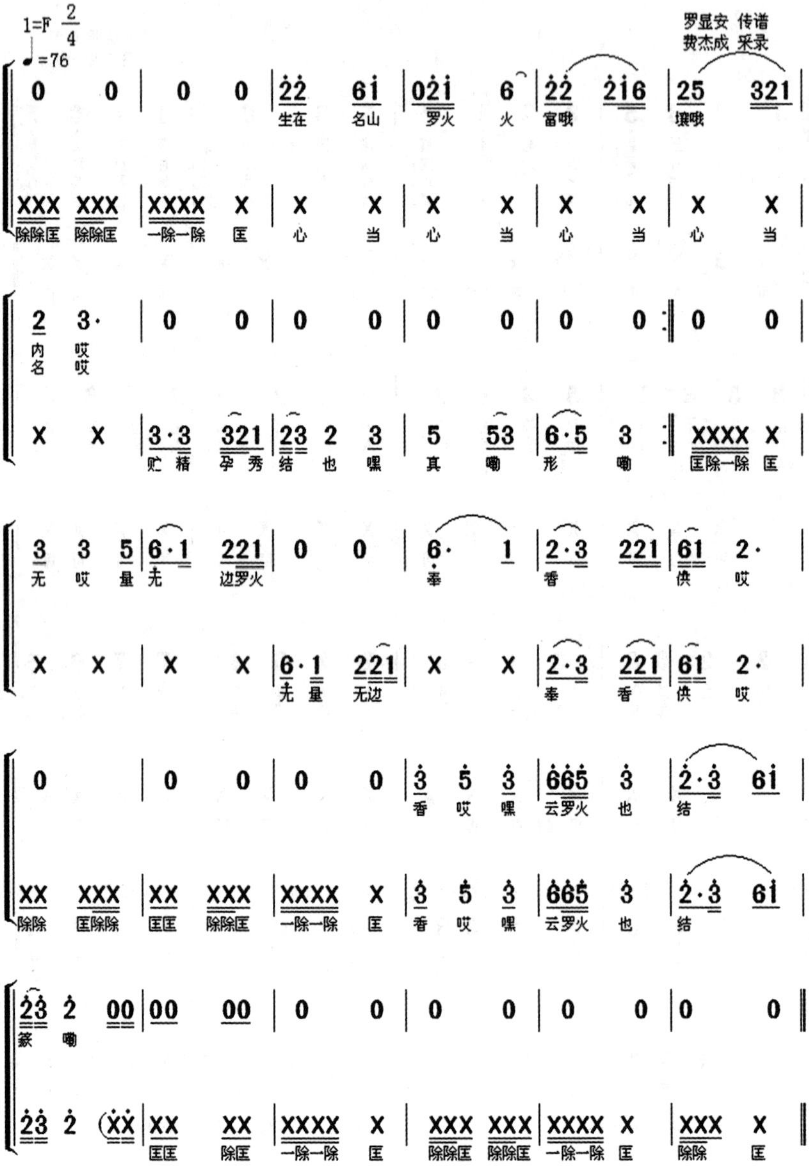

采集地点：颜真观　采录时间：2016/3/30

香　文

[颤腔 早晚启]

董友松 演唱

龚杰成 采录

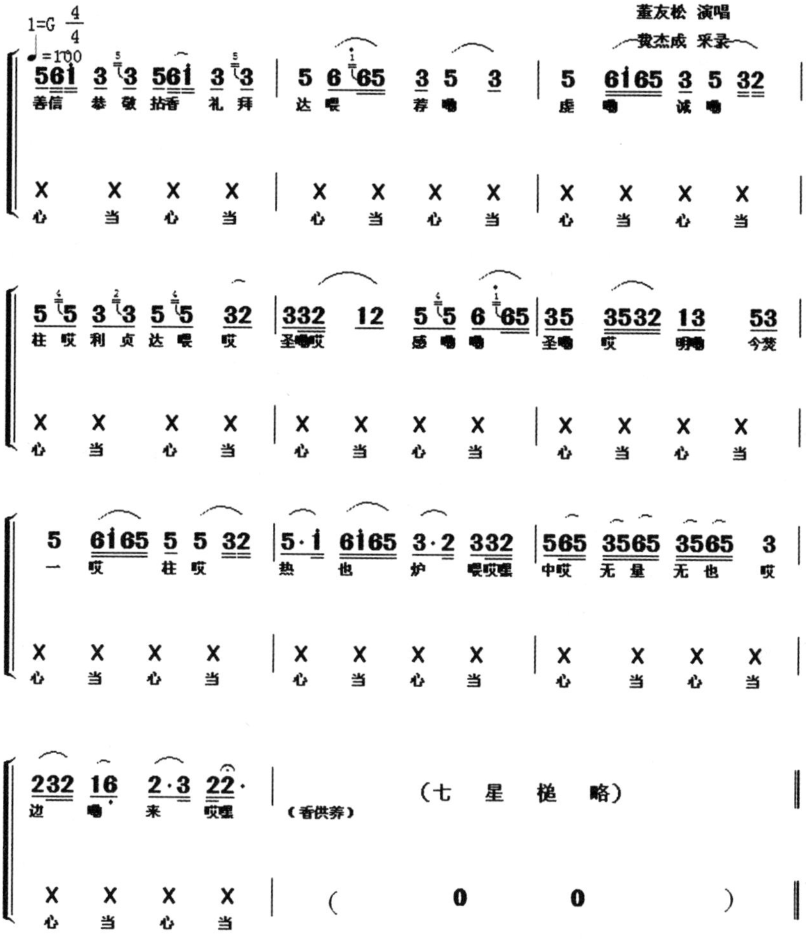

采集地点：阳新荻田　采录时间：1981/7/25

香　文

[颜腔 早晚启]

董友松 演唱
费杰成 采录

1=C 4/4
♩=100

```
5 3 5  6 3  5  5 3 | 5 5  6 1 6 5  3  5 3 | 3 5 6  6 5  3·2 3 2 3 | 5 5  3 5 3 2 1 3 0 2 |
一呀   枝哎  凤哎     尾也   宝哎哎咳 炉哎哎咳   烟嘞枭枭 盘嘞 哎

X X X X | X X X X | X X X X | X X X X |
心 当 心 当  心 当 心 当  心 当 心 当  心 当 心 当

1 3 2  1 3  5  6·5  3  3 2  5 | 3 5 3 2 | 3 - - - | 0 0 0 0 |
旋嘞   达喂  九喂 天 欲奏    喂

X X X X | X X X X | 3 3 0 2  3 3 2 1·2 | 1·2  3  1 3  2 1 |
心 当 心 当  心 当 心 当   高喂 咳 真嘞 哎   离 哎 上哎 哎咳

5  6 1 5  6·5  3 | 2 1  1 6  3·2  1 2 | 2 - - - | 5 5  6 3  3  5 3 |
界 仙迹 使 哎 者  除 哎咳        [除法曼]   祥哎 云嘞

3 - - - | 2 - - - | (X X  X X X X X X X) | X X X X |
哎        咳         除除 除除匡一除一除匡     心 当 心 当

0 - - - | 3  0 2  3  3 2 | 3 - - - | 3 3 2 1 2  5  1 6 5 |
排  空 呃咳 哎             下喂 森嘞 到 喂哎

5 5  6 5  1 1 6 5 | 3 - - - | 5 5  3 5 3 2  3 3 0 2 | 3 - - - |
密哎  密哎           下哎   森嘞 哎

6 - - - | 1·2  3 1·2 3 | 2 1  3  1 3  2 1 | 3 3  5 3 5 6·5  3 |
座        媒 涵嘞 归也 紫哎   府喂 一时 关 嘞

3  3·2  1 3  2 1 | 1·2  3  1 3  2 1 | 2 - 3 5 3 2  1 2 | 0 - - - |
座哎 前哎 亲领媒 涵嘞 归 也    紫哎

3·2  1 6  3·2  1 2 | 2 - - - | (X X  X X  X X  X X | X  X X  X X X  X) |
期  限 嘞      [去不返]     除除 除除 匡匡 除除 匡 除除 匡除除 匡

3·2  1 6  3·2  1 2 | 2 - - - | 0 - - - | 0 - - - |
```

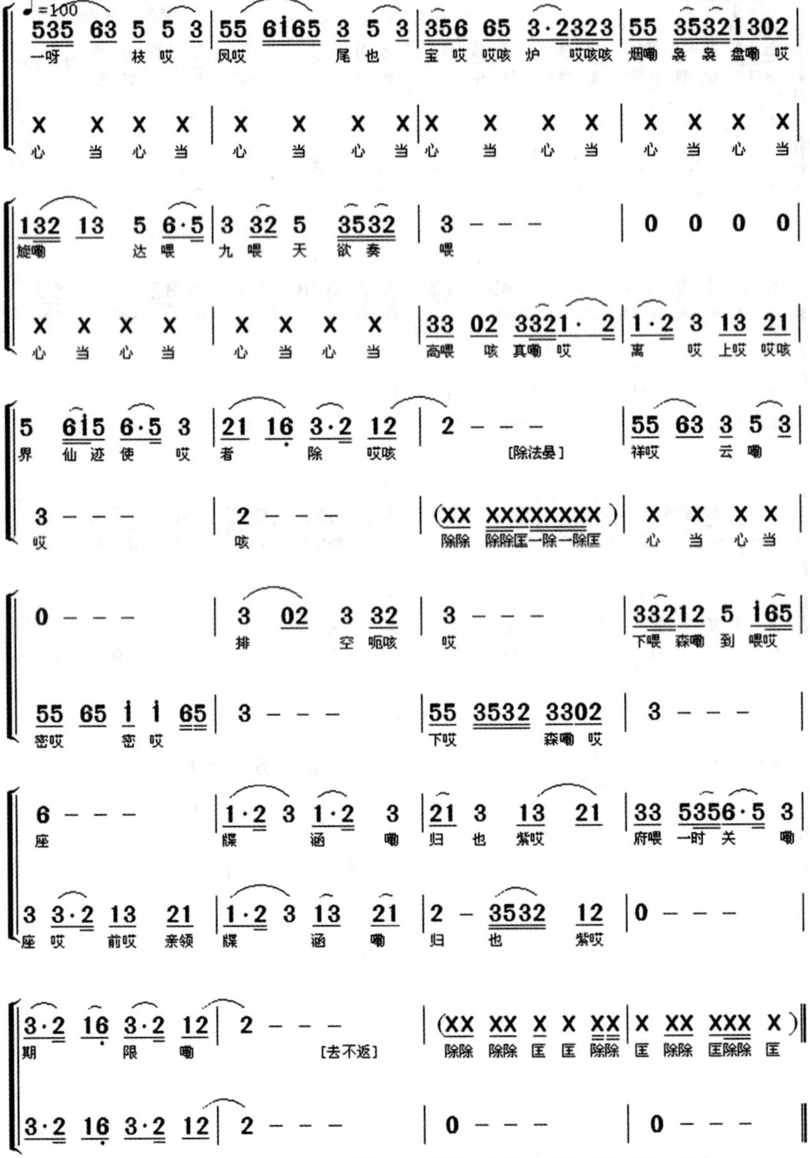

采集地点：阳新文化馆三楼　　采录时间：1981/11/16夜

薤露珠

[颤腔 转表]

费杰成 采录
陈思源 演唱

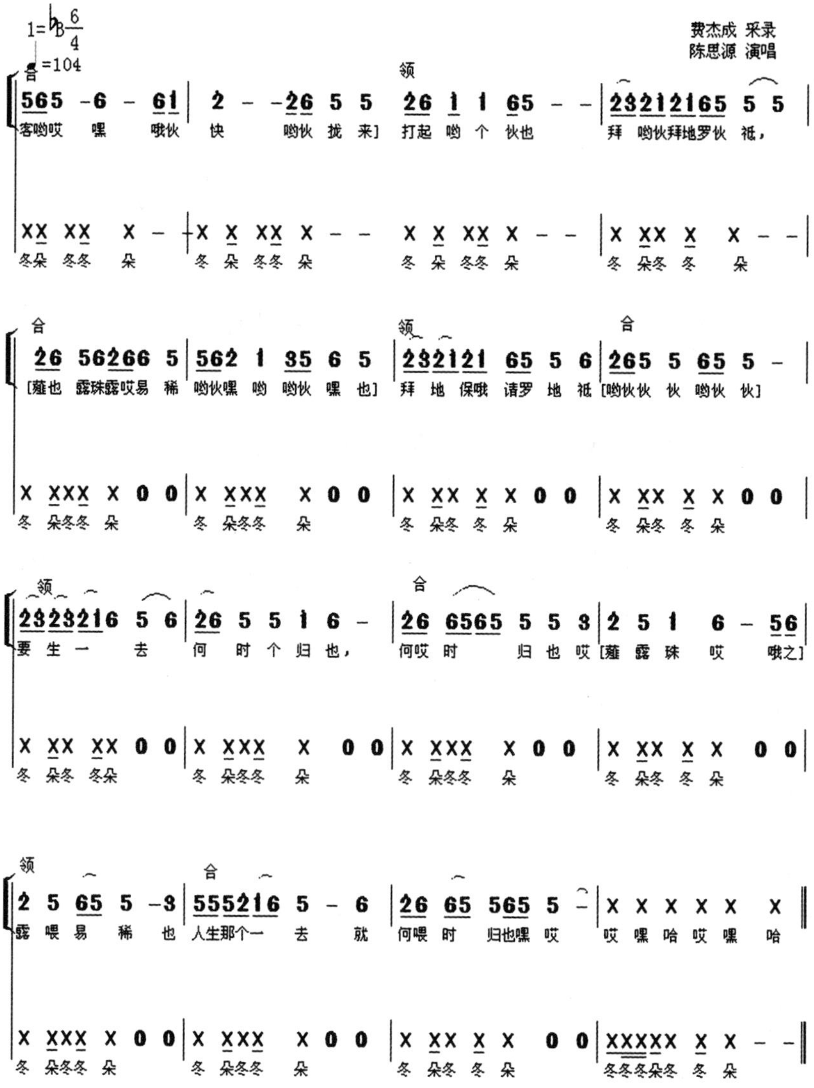

采集地点：阳新东源 采录时间： 1981/4/28

迎驾

[颜腔 步虚]

罗祖武 演唱
费杰成 采记

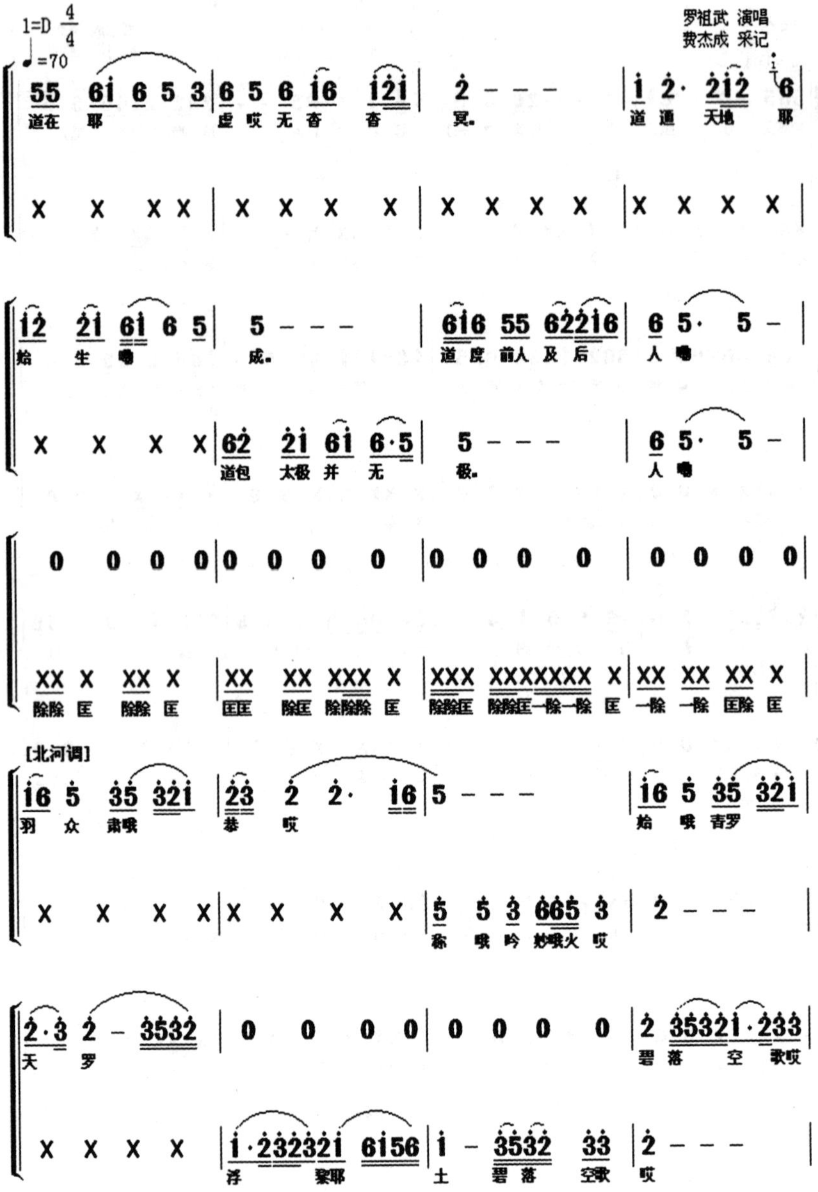

采集地点：颜真观 采录时间：2016/3/30

早 课

[颜腔 三宝经]

王全振 传谱
费杰成 采记

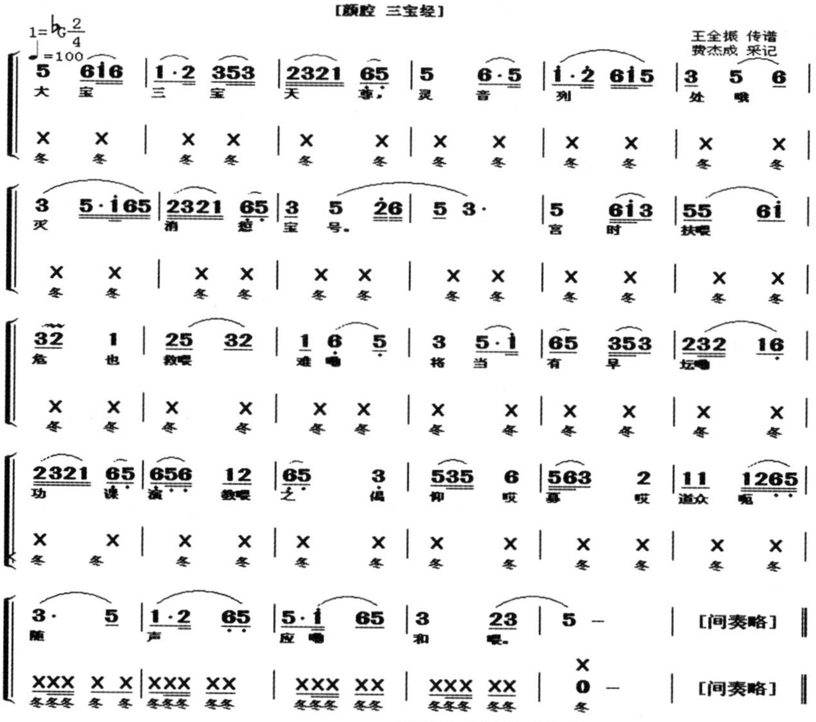

采集地点：颜真观 采集时间：2016/3/16

度孤魂

[颜腔.一三板]

1=C 4/4
♩=80

传谱：石则仁
采记：费杰成

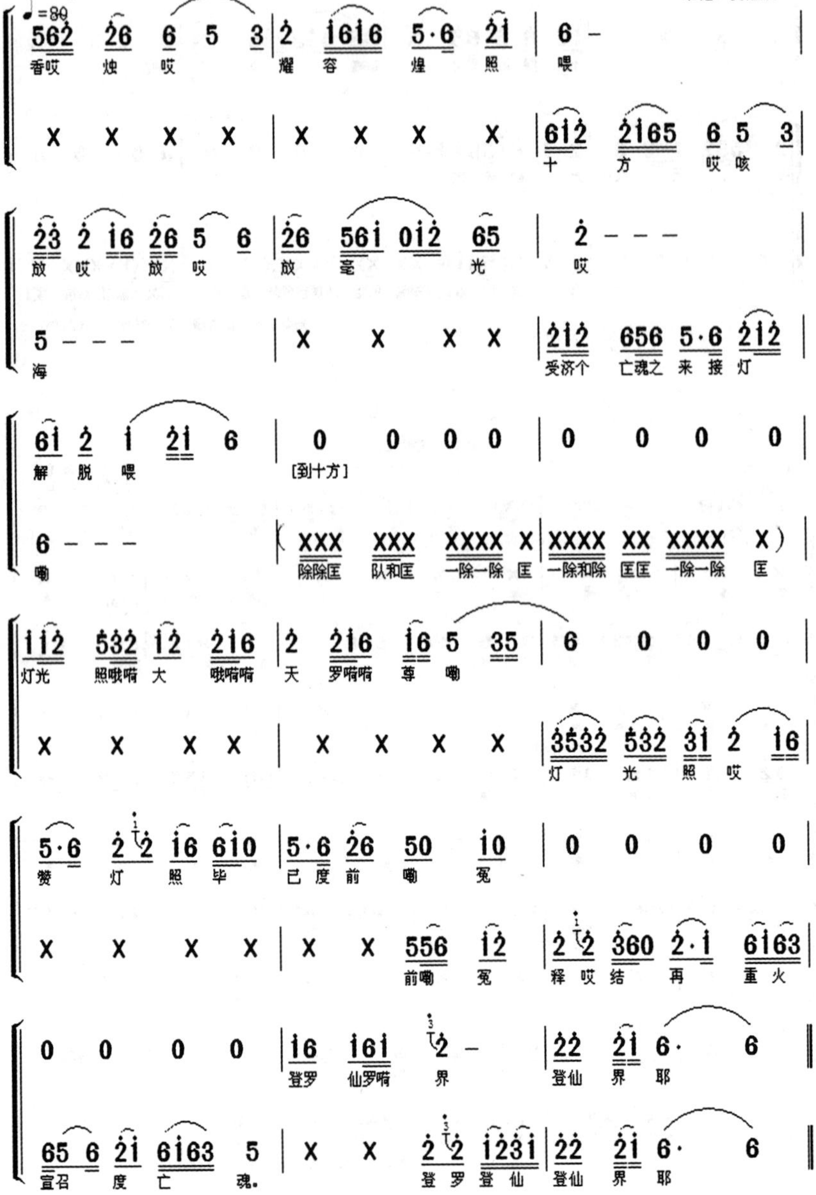

叹孤魂

[颤腔 慢板]

演唱：石则仁

记录：费杰成

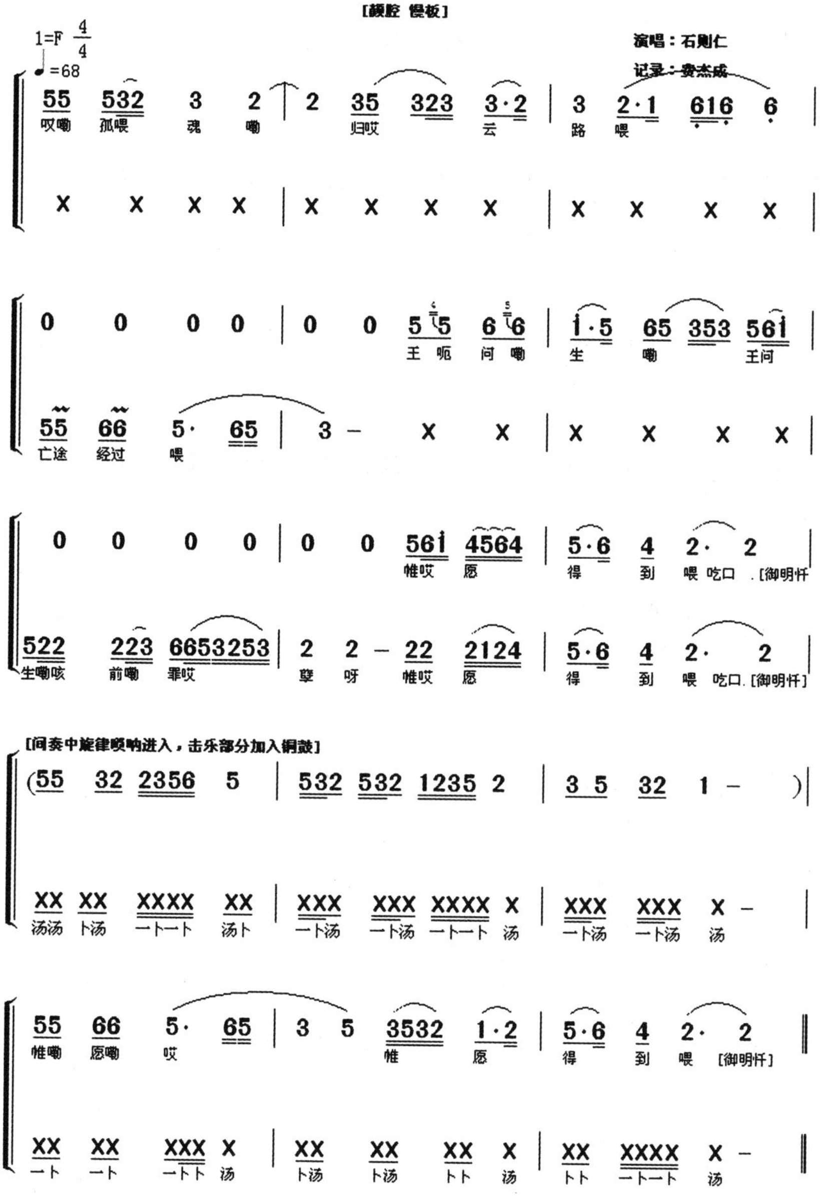

采集地点：王英杉木　　采集时间：1981/11/14

礼诰

[颜腔 忏板]

记录：费杰成
传谱：田守业

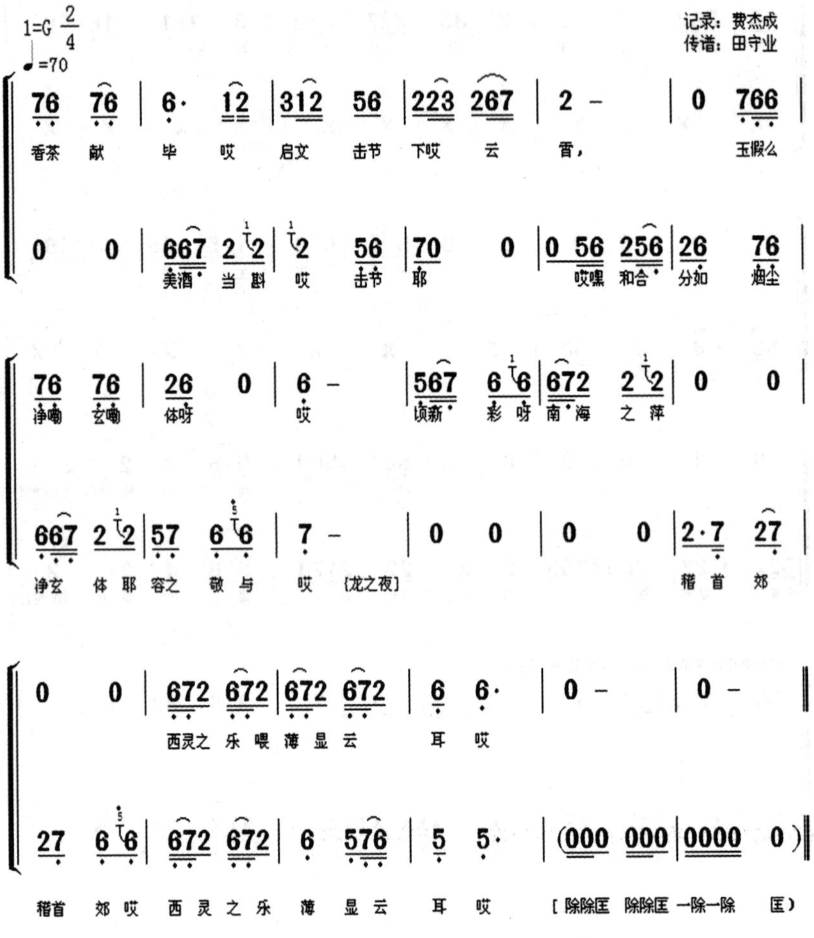
1=G 2/4
♩=70
香茶 献 毕 哎 启文 击节 下哎 云 霄， 玉假么
美酒 当 斟 哎 击节 耶 哎嘿 和合 分如 烟尘
净嗡 玄嗡 体呀 哎 颂新 彩 呀 南 海 之 萍
净玄 体 耶 容之 敬 与 哎 [龙之夜] 稽 首 郊
西灵之 乐 喂 薄 显 云 耳 哎
稽首 郊 哎 西 灵 之 乐 薄 显 云 耳 哎 [除除匡 除除匡 一除一除 匡]

采集地点：排市后山　采记时间：1982/5/29

礼 诰

［颜腔 流水板］

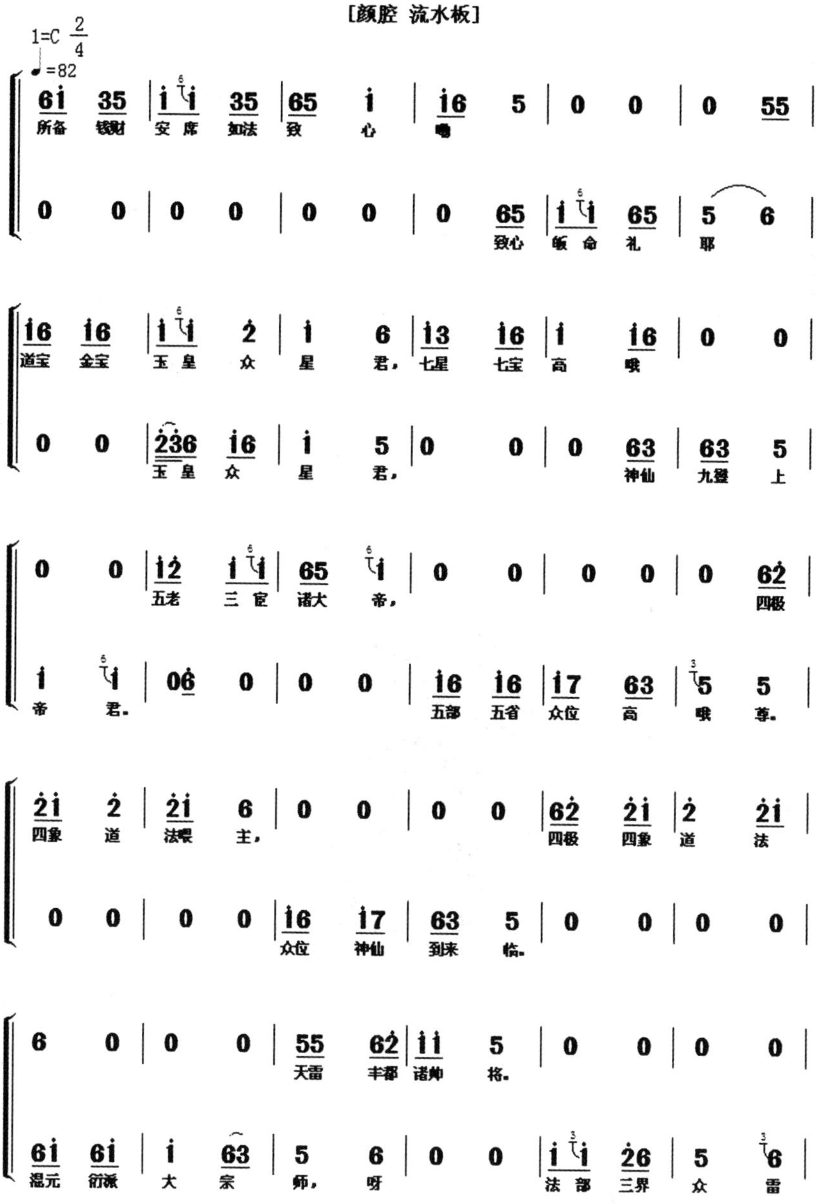
1=C 2/4
♩=82
所备 钱财 安 席 如法 致 心 嗡
致心 皈 命 礼 耶
道宝 金宝 玉 皇 众 星 君，七星 七宝 高 哦
玉 皇 众 星 君，神仙 九叠 上
五老 三 官 诸大 帝，四极
帝 君。五部 五省 众位 高 哦 尊。
四象 道 法喂 主，四极 四象 道 法
众位 神仙 到来 临。
天雷 丰都 诸帅 将。
混元 衍派 大 宗 师，呀 法 部 三界 众 雷

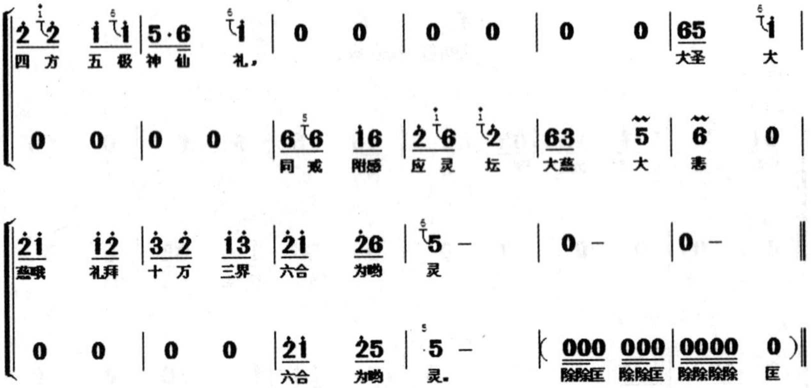
四方 五极 神仙 礼。 大圣 大
同戒 附感 应灵 坛 大慈 大 悲
慈哦 礼拜 十万 三界 六合 为哟 灵
六合 为哟 灵。 除除匡 除除匡 除除除除 匡

采集地点：东源杉木 采录时间：1981/6/18

忏文咒

[颤腔.汤板]

传谱：石则仁
采记：费杰成

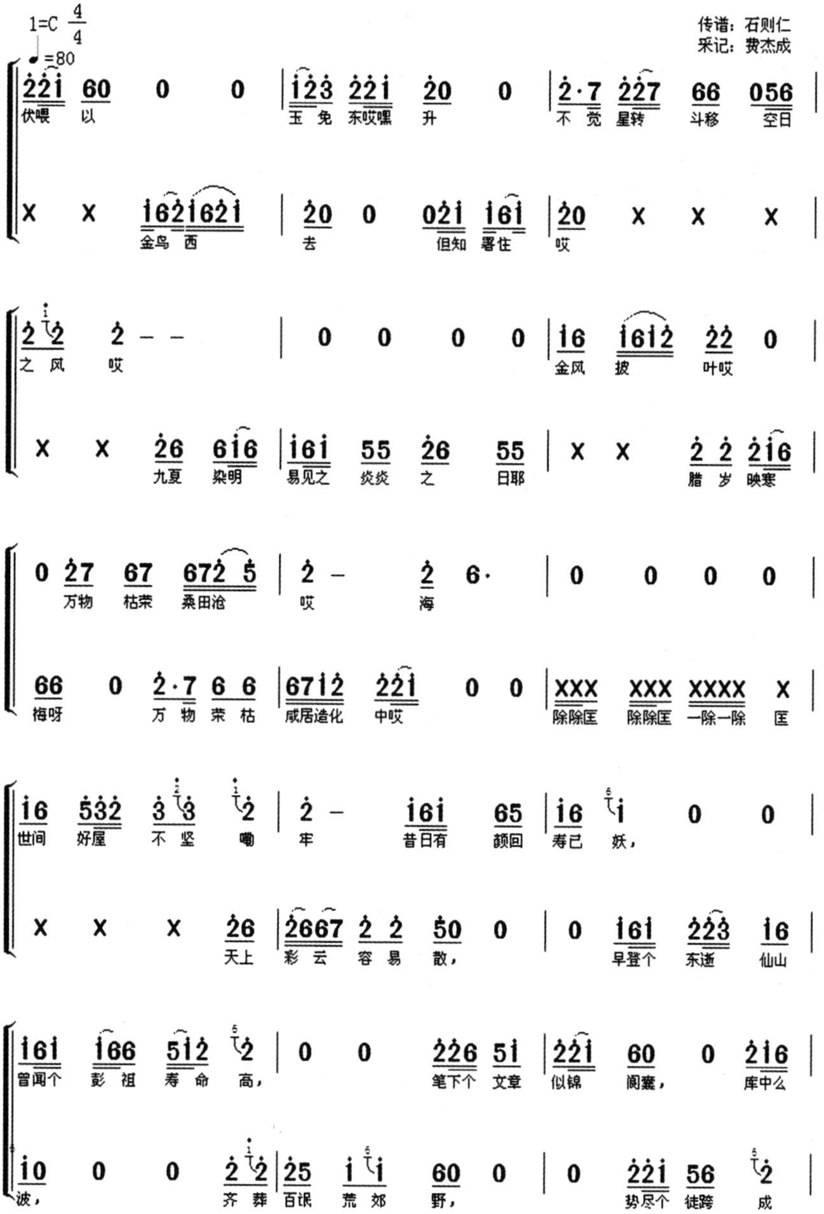
1=C 4/4
♩=80
伏喂 以 玉 免 东哎嘿 升 不 觉 星转 斗移 空日
金乌 西 去 但知 暑住 哎
之 风 哎 金风 披 叶哎
九夏 染明 易见之 炎炎 之 日耶 腊 岁 映寒
万物 枯荣 桑田沧 哎 海
梅呀 万 物 荣 枯 咸居造化 中哎 除除匡 除除匡 一除一除 匡
世间 好屋 不 坚 嘞 牢 昔日有 颜回 寿已 夭，
天上 彩 云 容 易 散， 早登个 东逝 仙山
曾闻个 彭 祖 寿 命 高， 笔下个 文章 似锦 阆囊， 库中么
波， 齐 葬 百岷 荒 郊 野， 势尽个 徒跨 成

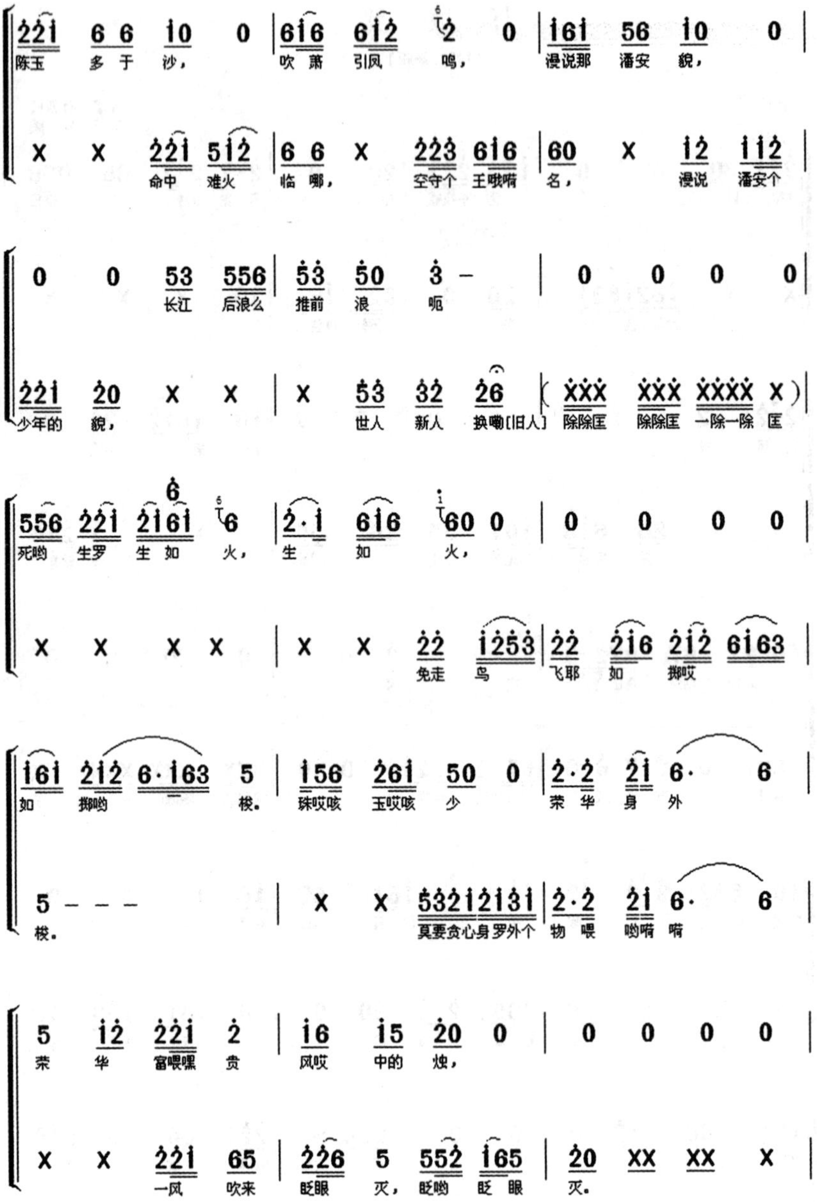
陈玉 多 于 沙， 吹 箫 引凤 鸣， 漫说那 潘安 貌，
命中 难火 临 哪， 空守个 王哦唷 名， 漫说 潘安个
长江 后浪么 推前 浪 呃
少年的 貌， 世人 新人 换嘞[旧人] 除除匡 除除匡 一除一除 匡
死哟 生罗 生 如 火， 生 如 火，
免走 鸟 飞耶 如 掷哎
如 掷哟 梭。 珠哎咳 玉哎咳 少 荣 华 身 外
梭。 莫要贪心身罗外个 物 喂 哟唷 唷
荣 华 富喂喂 贵 风哎 中的 烛，
一风 吹来 眨眼 灭， 眨哟 眨 眼 灭。

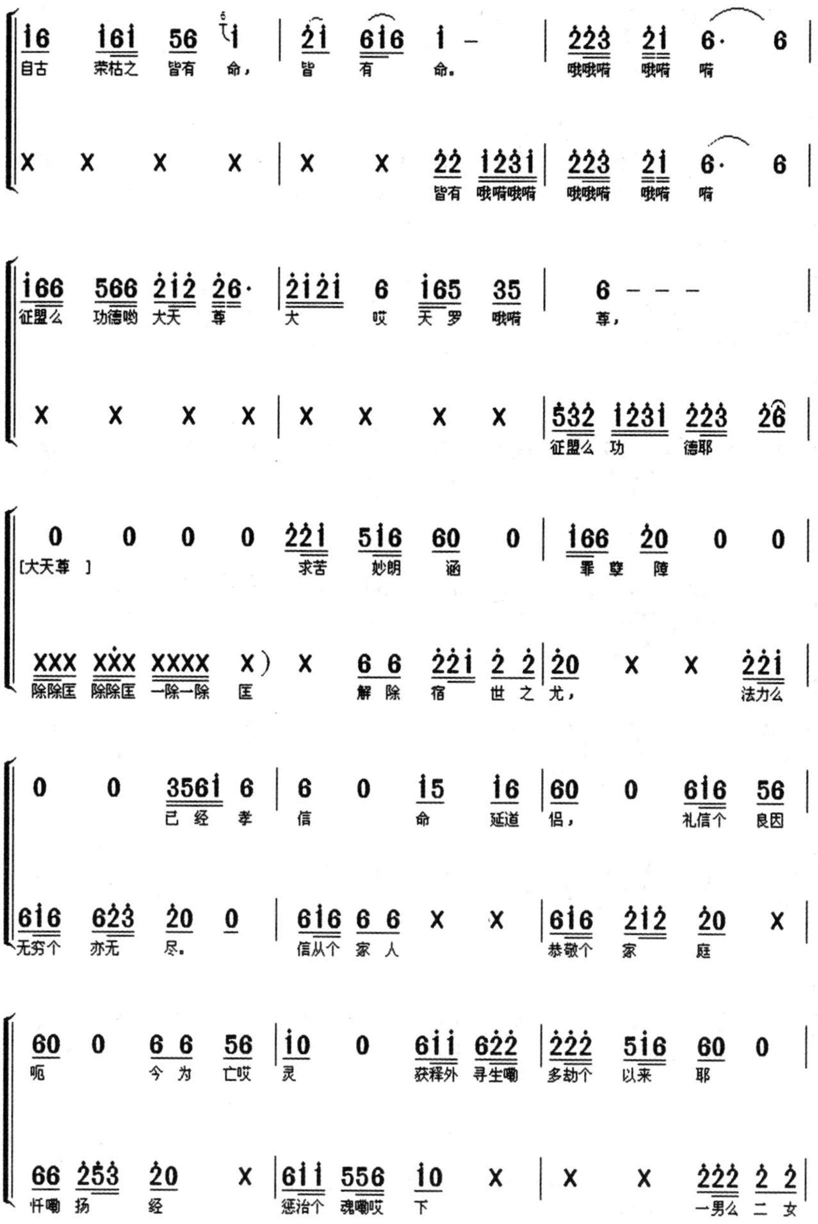

自古 荣枯之 皆有 命， 皆 有 命。 哦哦嗬 哦嗬 嗬
皆有 哦嗬哦嗬 哦哦嗬 哦嗬 嗬
征盟么 功德哟 大天 尊 大 哎 天 罗 哦嗬 尊，
征盟么 功 德耶
[大天尊] 求苦 妙朗 涵 罪 孽 障
除除匡 除除匡 一除一除 匡 解 除 宿 世 之 尤， 法力么
已 经 孝 信 命 延道 侣， 礼信个 良因
无穷个 亦无 尽。 信从个 家 人 恭敬个 家 庭
呃 今 为 亡哎 灵 获释外 寻生嘞 多劫个 以来 耶
忏嘞 扬 经 惩治个 魂嘞哎 下 一男么 二 女

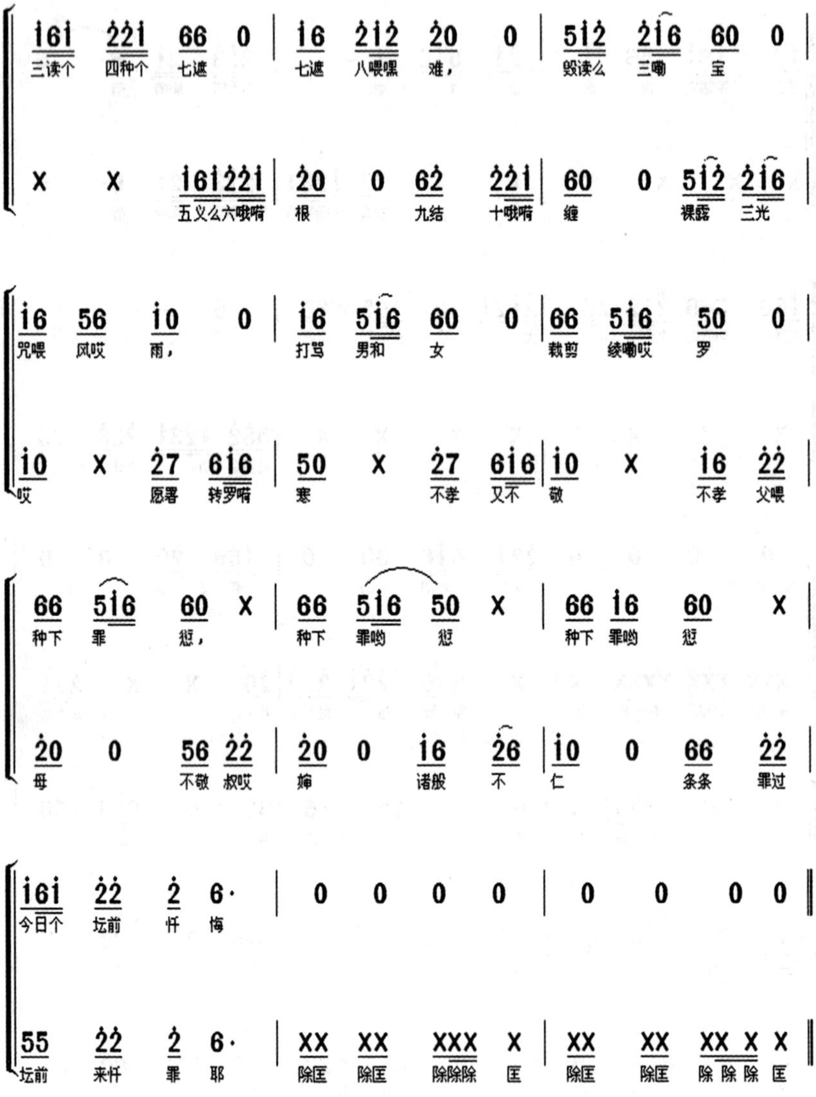

采集地点：阳新东源　采记时间：1981/6/23

注释：“汤板”，指演唱中伴奏乐器加入了“铜鼓”打击乐器，即包锣。

三 叹腔

步虚

[叹腔 闪板]

罗显安 演唱
费杰成 采录

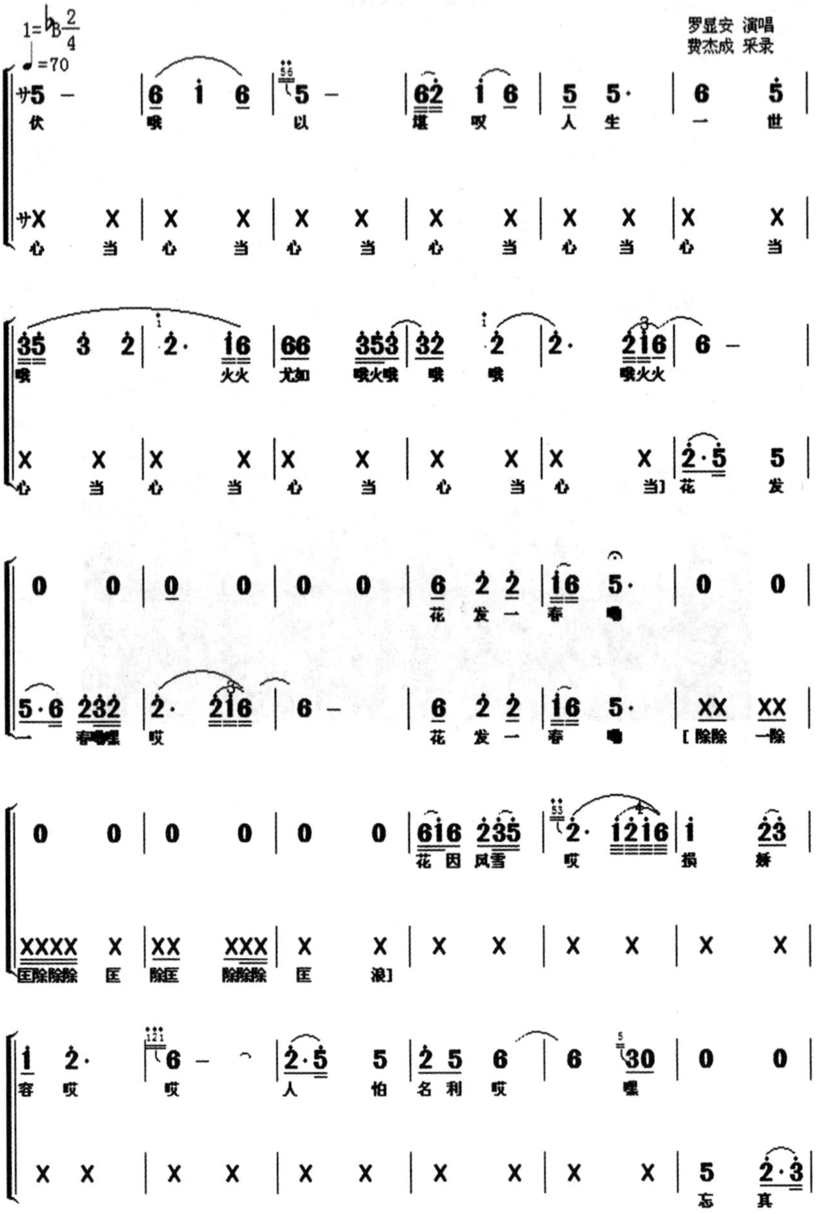

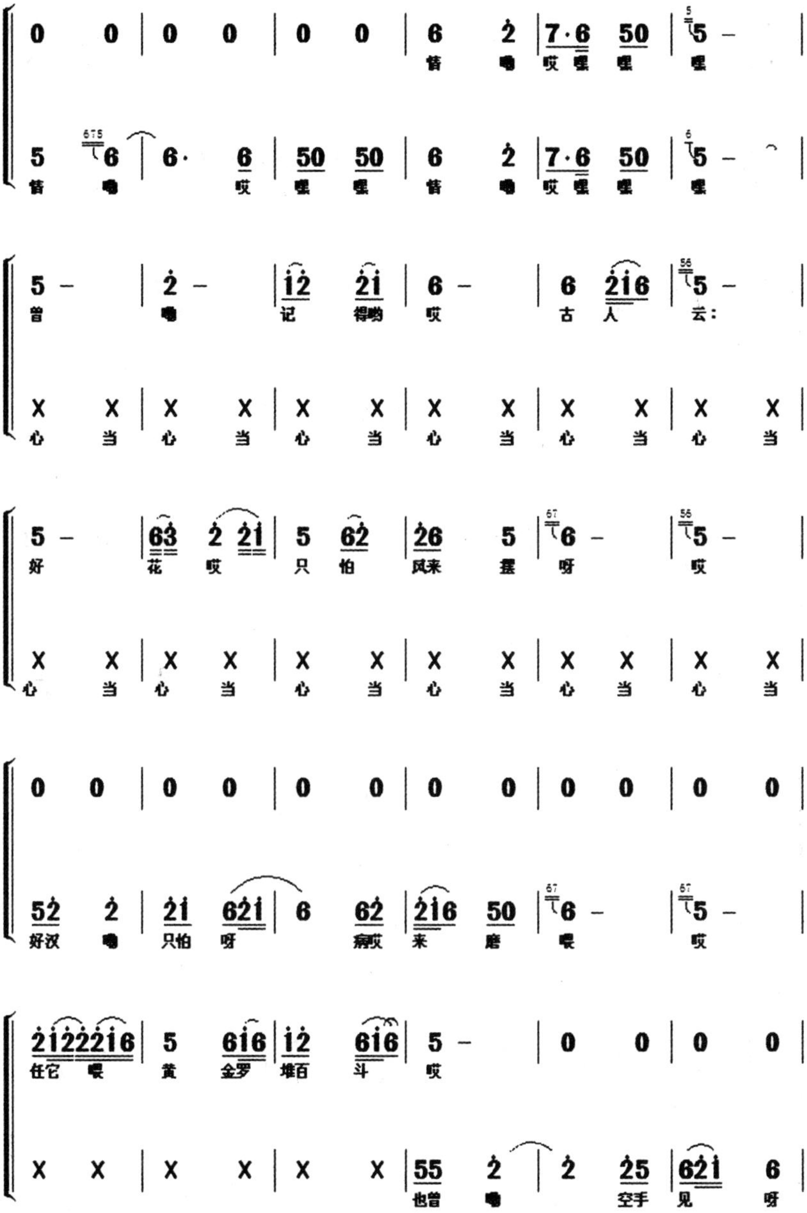

皆 嗡 哎 嘿 嘿 嘿
皆 嗡 哎 嘿 嘿 皆 嗡 哎 嘿 嘿 嘿
曾 嗡 记 得哟 哎 古 人 云：
心 当 心 当 心 当 心 当 心 当 心 当
好 花 哎 只 怕 风来 摆 呀 哎
心 当 心 当 心 当 心 当 心 当 心 当
好汉 嗡 只怕 呀 病哎 来 磨 喂 哎
任它 喂 黄 金罗 堆百 斗 哎
也曾 嗡 空手 见 呀

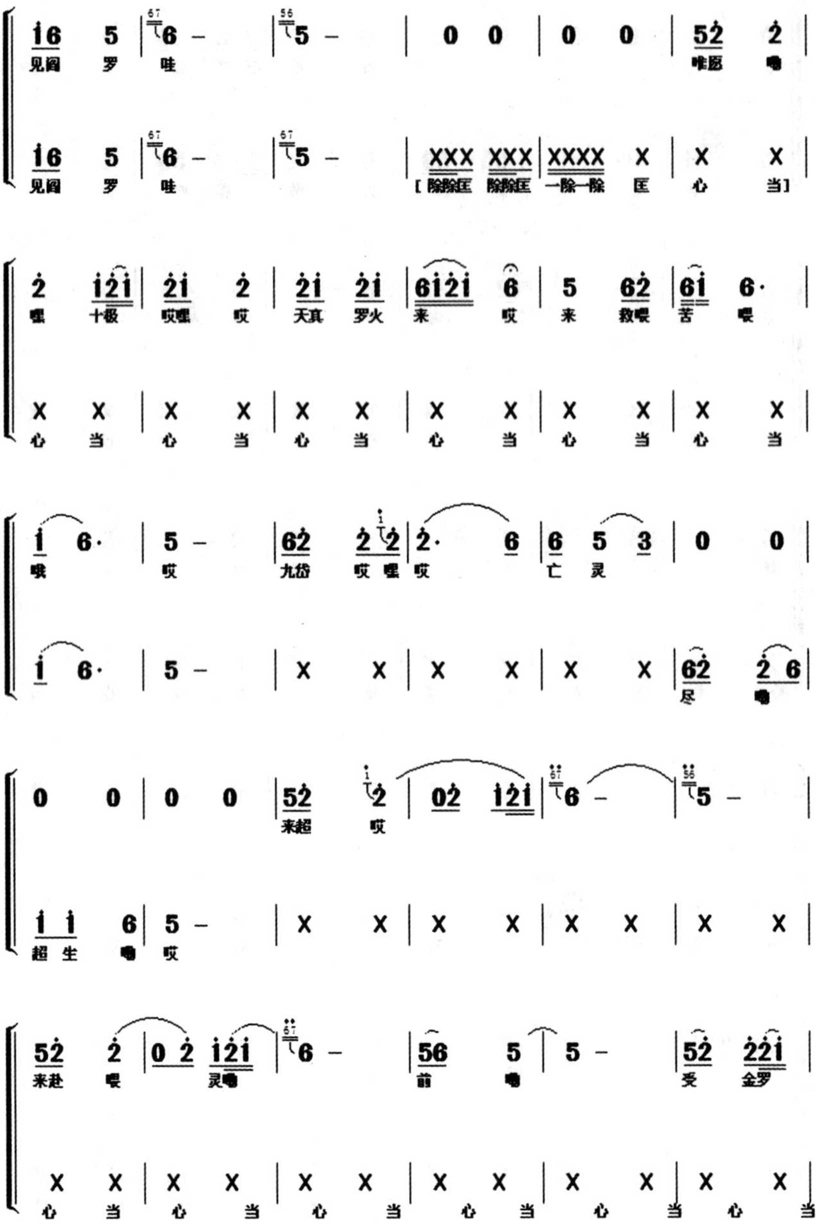
见阎 罗 哇 唯愿 嘞
见阎 罗 哇
[除除匡 除除匡 一除一除 匡 心 当]
嘿 十极 哎嘿 哎 天真 罗火 来 哎 来 救喂 苦 喂
心 当 心 当 心 当 心 当 心 当 心 当
哦 哎 九份 哎 嘿 哎 亡 灵
尽 嘞
来超 哎
超 生 嘞 哎
来赴 喂 灵嘞 前 嘞 受 金罗
心 当 心 当 心 当 心 当 心 当 心 当

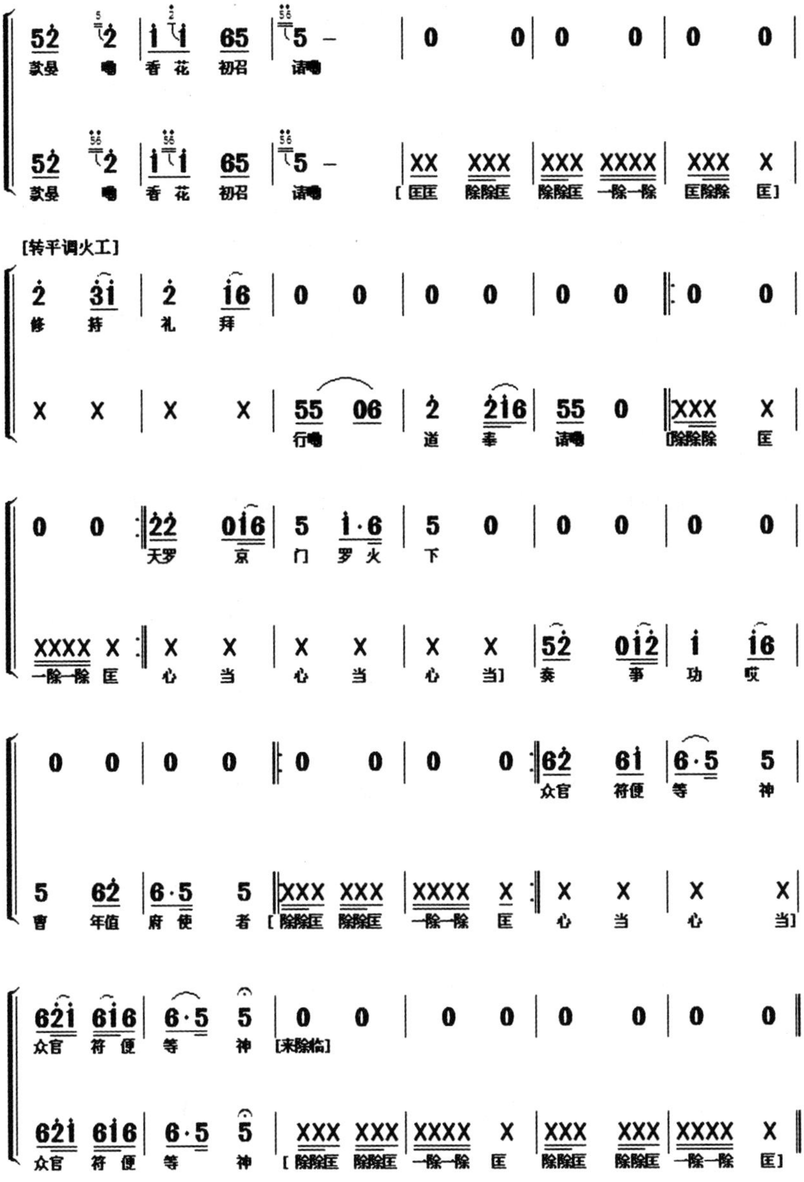

采集地点：颜真观 采录时间：2016/3/30

丹珠口神

[叹腔 平板]

黄杰成 记
胡全真 唱

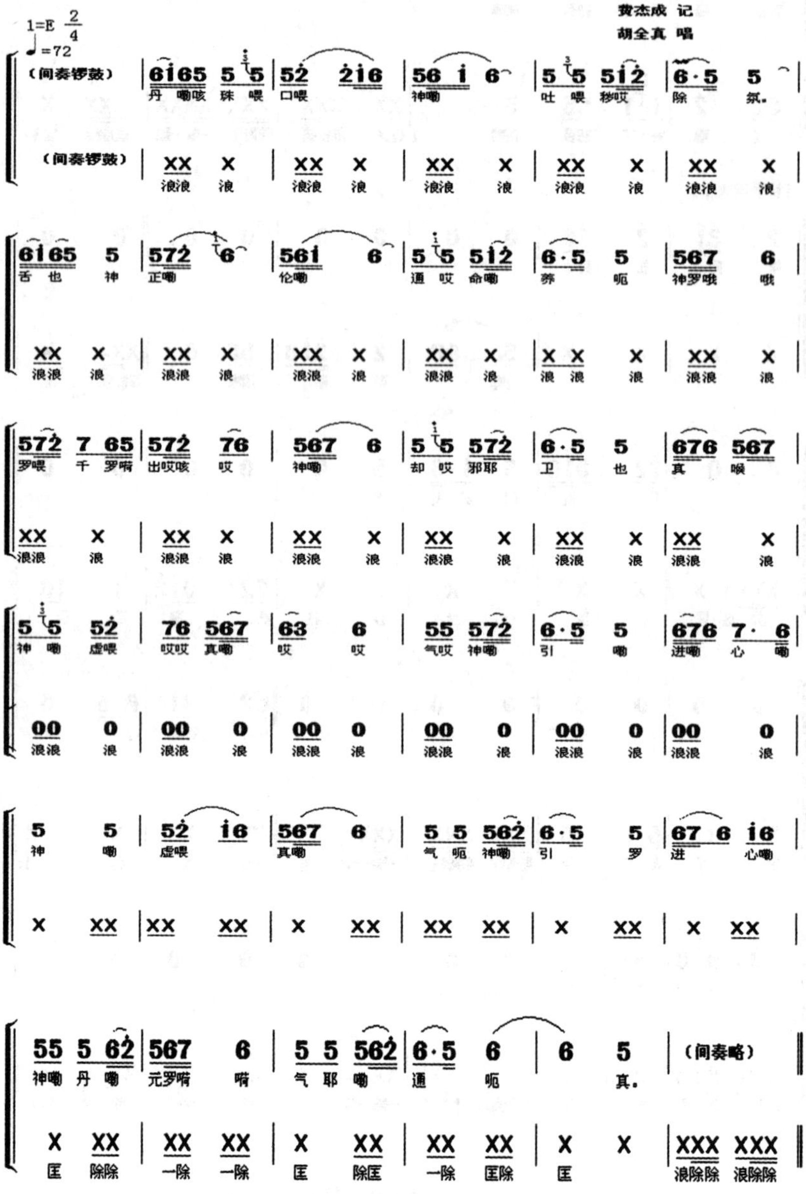
1=E 2/4
♩=72
（间奏锣鼓）
丹 嘞咳 珠 喂 口喂 神嘞 吐 喂 秽哎 除 氛。
舌 也 神 正嘞 伦嘞 通 哎 命嘞 莽 呃 神罗哦 哦
罗喂 千 罗嗬 出哎咳 哎 神嘞 却 哎 邪耶 卫 也 真 喉
神 嘞 虚喂 哎哎 真嘞 哎 哎 气哎 神嘞 引 嘞 进嘞 心 嘞
神 嘞 虚喂 真嘞 气 呃 神嘞 引 罗 进 心嘞
神嘞 丹 嘞 元罗嗬 嗬 气 耶 嘞 通 呃 真。
（间奏略）
匡 除除 一除 一除 匡 除匡 一除 匡除 匡 浪除除 浪除除

采集地点：颜真观 采录时间：2016/3/16

放 食

[吹腔 一三板]

赵瑞卿 演唱
费杰成 采录

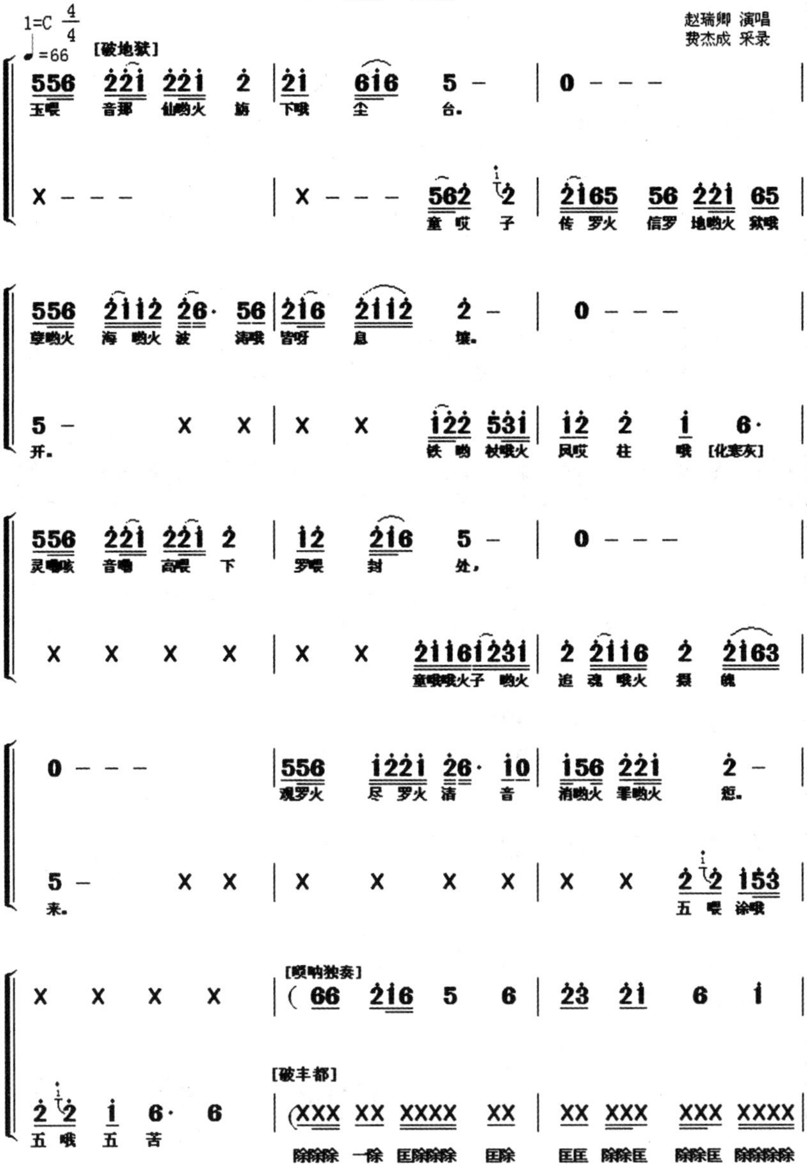

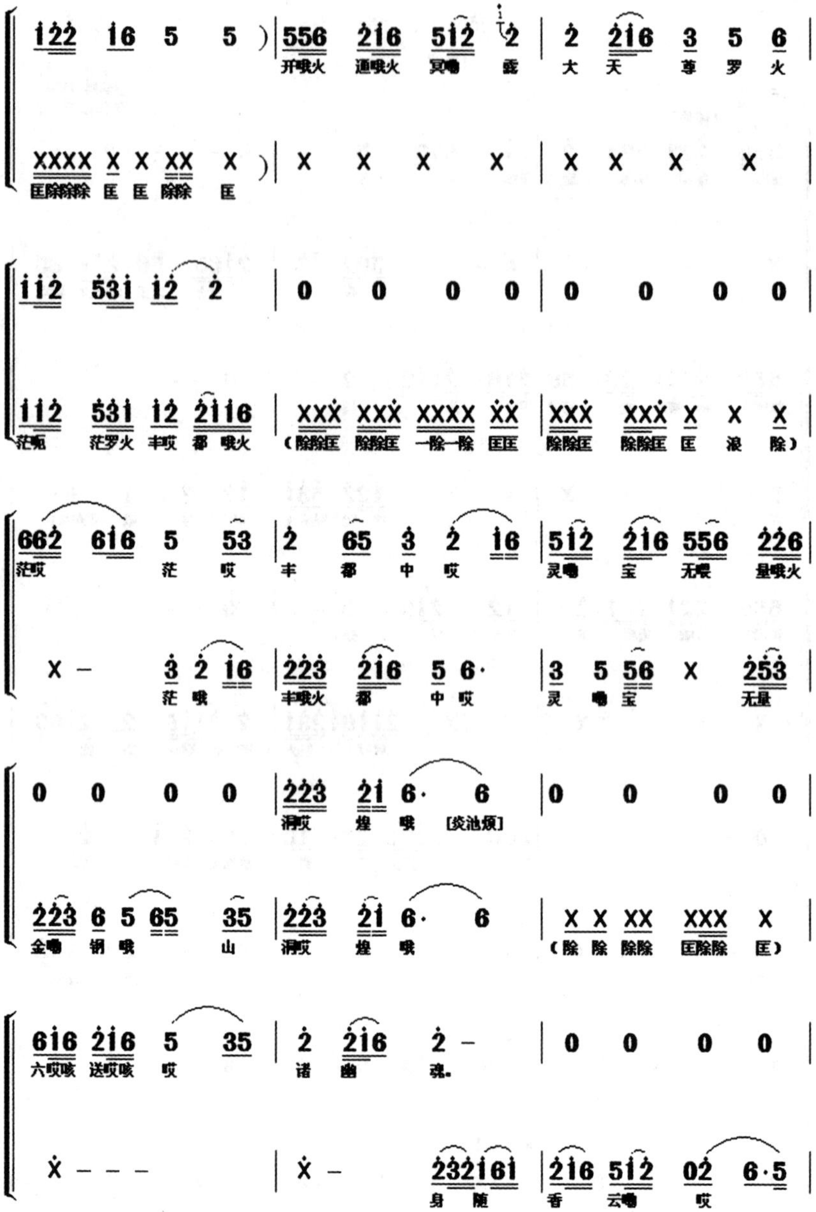
开哦火 通哦火 冥嘞 霞 大 天 尊 罗 火
匡除除除 匡 匡 除除 匡
茫呃 茫罗火 丰哎 都 哦火
（除除匡 除除匡 一除一除 匡匡 除除匡 除除匡 匡 浪 除）
茫哎 茫 哎 丰 都 中 哎 灵嘞 宝 无嘿 量哦火
茫 哦 丰哦火 都 中 哎 灵 嘞 宝 无量
洞哎 煌 哦 [炎池烦]
金嘞 钢 哦 山 洞哎 煌 哦
（除 除 除除 匡除除 匡）
六哎咳 送哎咳 哎 诸 幽 魂。
身 随 香 云嘞 哎

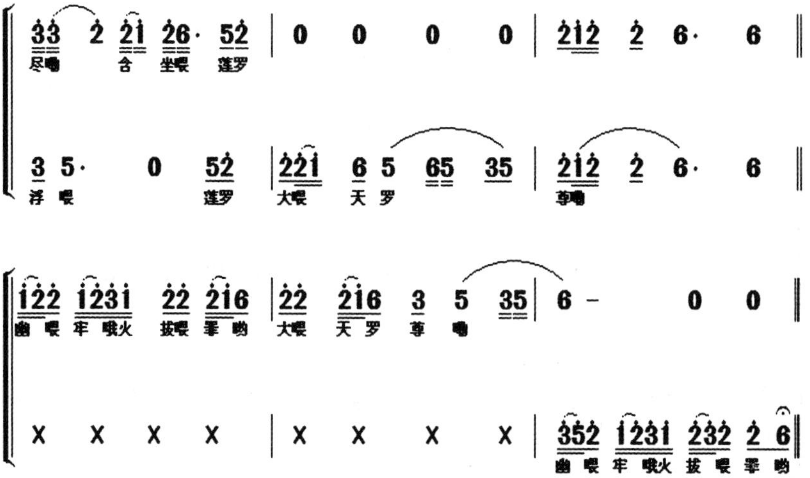

采集地点：阳新文化馆　采录时间：1981/11/25

河图洛书

[哎腔 一三板]

赵瑞卿 演唱
费杰成 采录

1=E 4/4 ♩=62

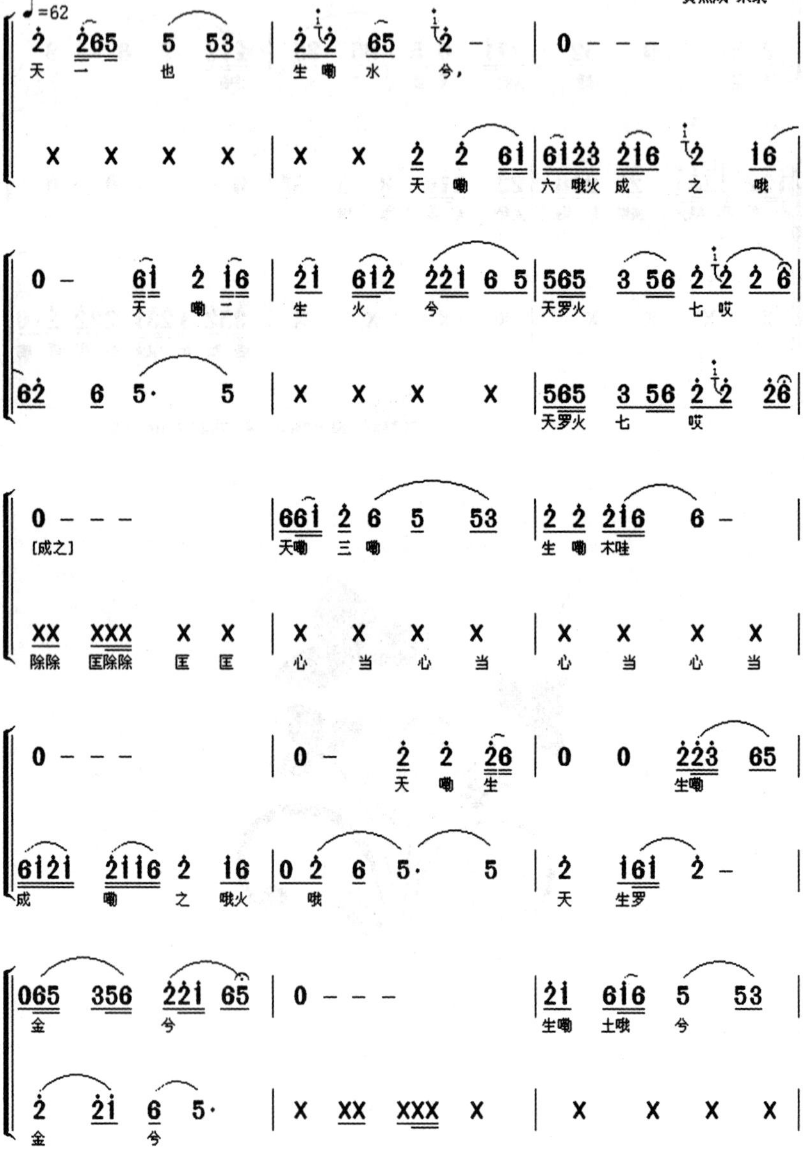

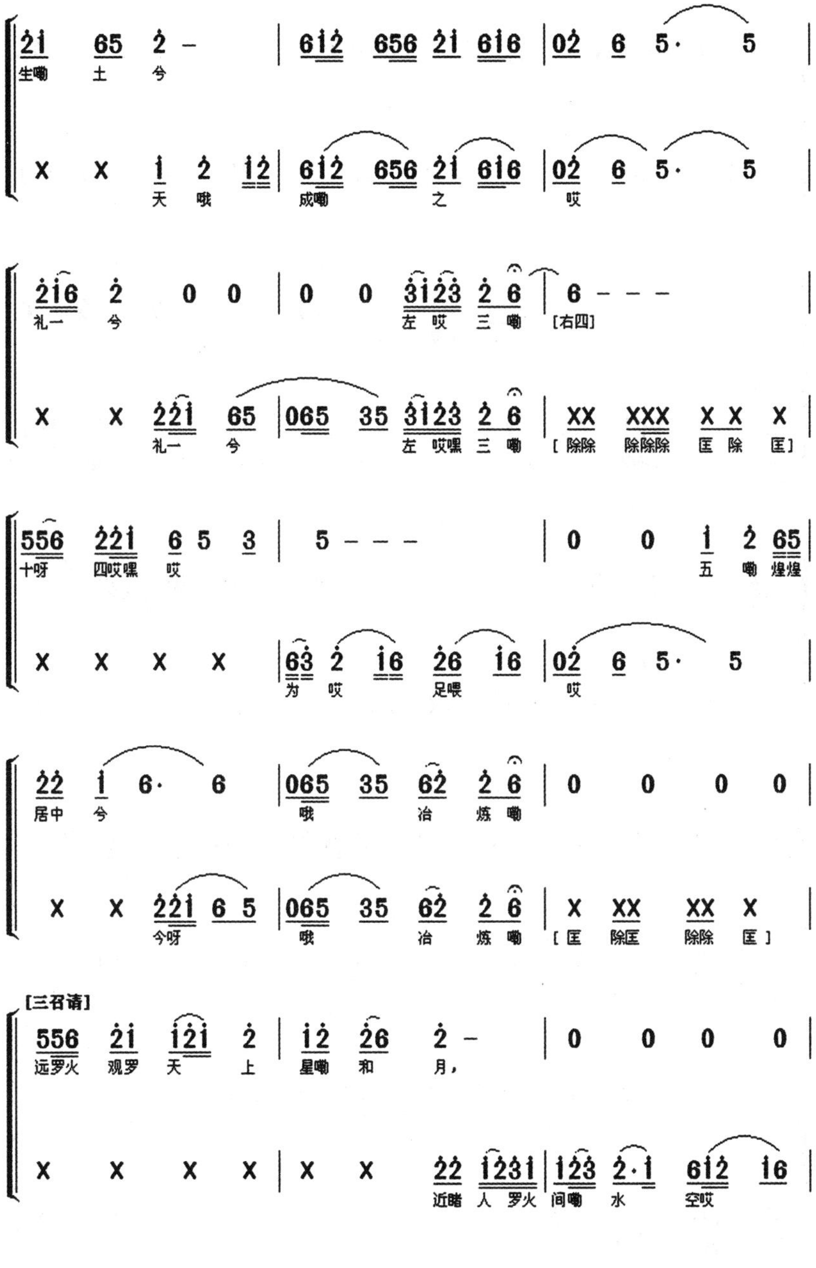
生嘞 土 兮
天 哦 成嘞 之 哎
礼一 兮 左 哎 三 嘞 [右四]
礼一 兮 左 哎嘿 三 嘞 [除除 除除除 匡 除 匡]
十呀 四哎嘿 哎 五 嘞 煌煌
为 哎 足喂 哎
居中 兮 哦 冶 炼 嘞
兮呀 哦 冶 炼 嘞 [匡 除匡 除除 匡]
[三召请]
远罗火 观罗 天 上 星嘞 和 月，
近睹 人 罗火 间嘞 水 空哎

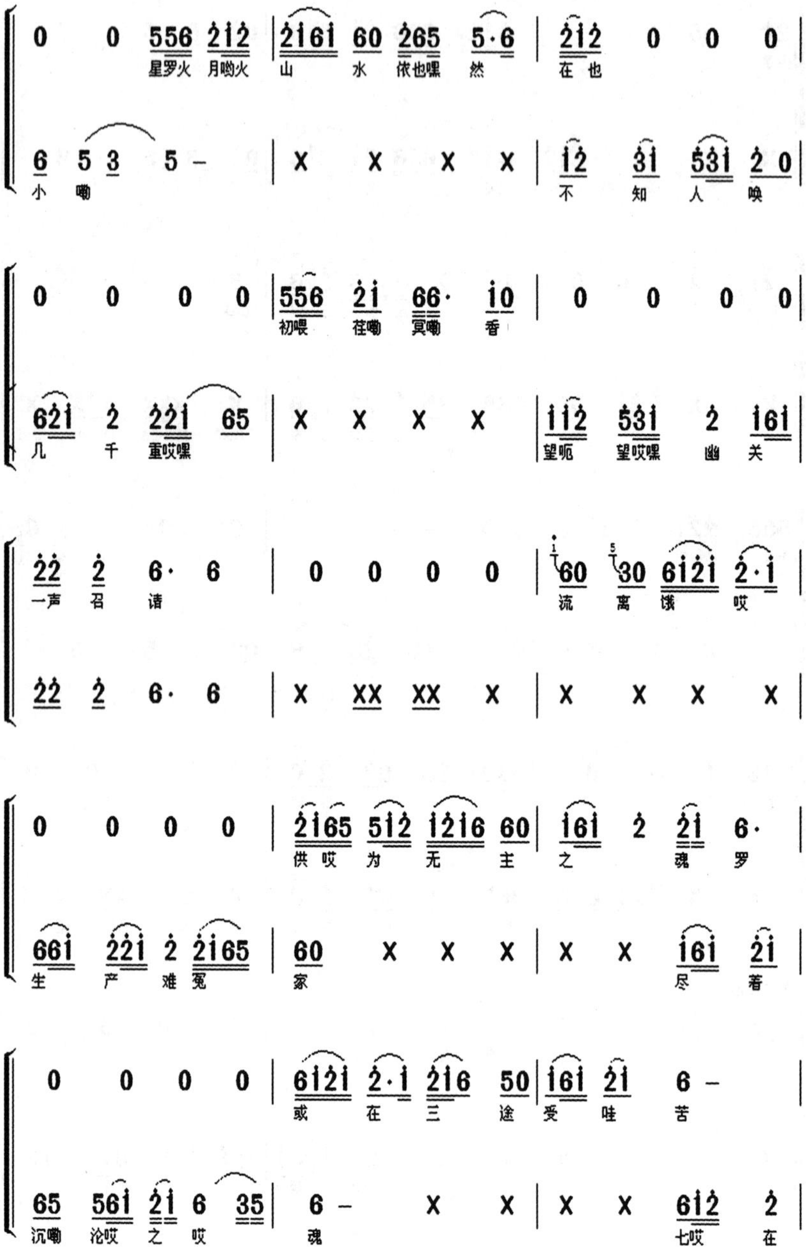
星罗火 月哟火 山 水 依也嘿 然 在 也
小 嘞 不 知 人 唤
初喂 茬嘞 冥嘞 香
几 千 重哎嘿 望呃 望哎嘿 幽 关
一声 召 请 流 离 饿 哎
供 哎 为 无 主 之 魂 罗
生 产 难 冤 家 尽 着
或 在 三 途 受 哇 苦
沉嘞 沦哎 之 哎 魂 七哎 在

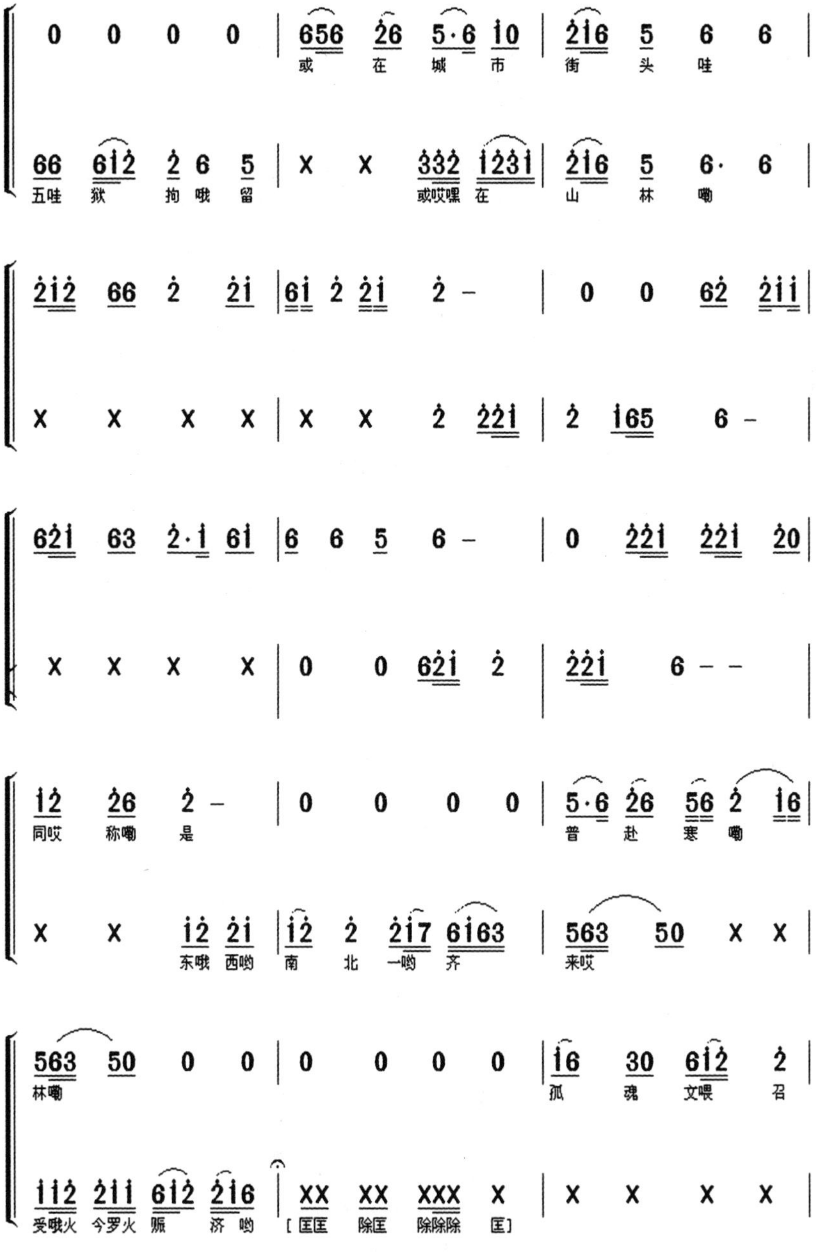
或 在 城 市 街 头 哇
五哇 狱 拘 哦 留 或哎嘿 在 山 林 嘞
同哎 称嘞 是 普 赴 寒 嘞
东哦 西哟 南 北 一哟 齐 来哎
林嘞 孤 魂 文喂 召
受哦火 今罗火 赈 济 哟 [匡匡 除匡 除除除 匡]

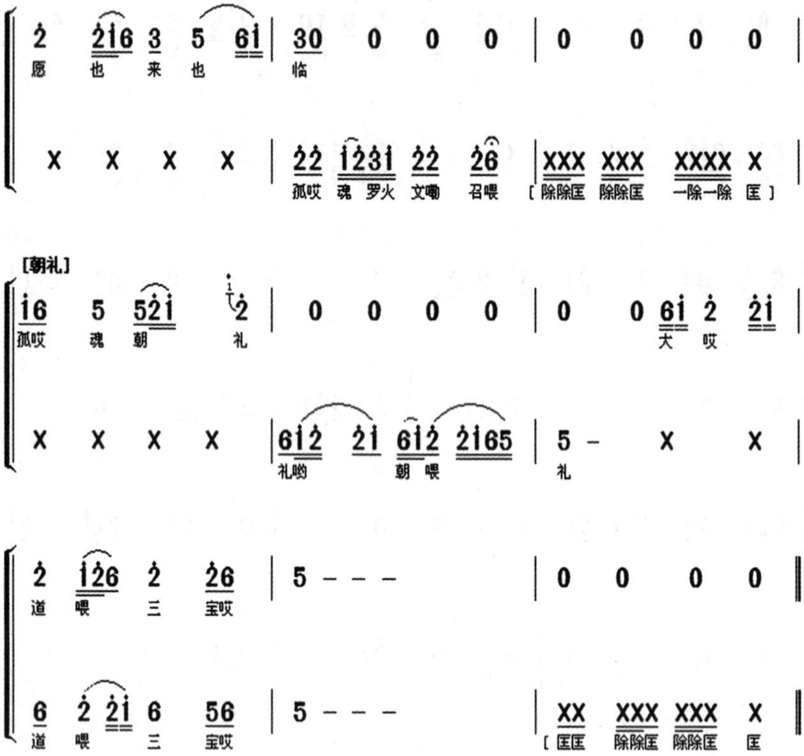

采集地点：阳新文化馆　采录时间：1981/11/27

度 孤 魂

[叹腔 平板]

罗祖武 演唱
费杰成 采记

1=C 2/4
♩=68

55	6̂76̂	5̂6	5	6̂1̂7̂	6̂5	6	6·	i̇·6	i̇ 3	2̇ 2̇	6
太耶	乙耶	真	人	身嘞	着	青	衫	喇么	阿弥	陀	唯
X	X	X	X	X	X	X	X	X	X	X	X

6 2̇	2̇ i̇ 6	5	5	6	0	0	0	0	0	0	0
喇么	阿弥子	陀	哇								
X	X	X	X	2̇	2̇ i̇	6̂1̂6	5	3̇·5̇	3̇2̇i̇	2̇	2̇ i̇
				照	见	南	海	观罗	世	音	嘞

0	0	0	0	6 2̇	6̂1̂7̂	66	0	2̇ i̇ 6	i̇ 3	2̇ 2̇	i̇
				大发	慈悲	心嘞		阿弥子	陀哦	佛	喂
6 2̇	2̇ 6	5	5·	X	X	X	X	X	X	X	X
赈济	度孤	魂	罗								

6 2̇	2̇ i̇ 6	6	5·	0	0	0	0	55	6̂1̂6	553	5
菩萨	大善	哉	耶.					手喂	中嗝	拿	本
6 2̇	2̇ i̇ 6	6	5·	XX	XX	XXX	X	X	X	X	X

6 i̇	6 5	66	0 i̇	0	0	0	0	0	0	0	0
度哇	度孤	经嘞									
X	X	X	X	2̇·i̇	66	5	5·	XXXX	XX	XXXX	X
				阿呀	阿弥	陀	唯				

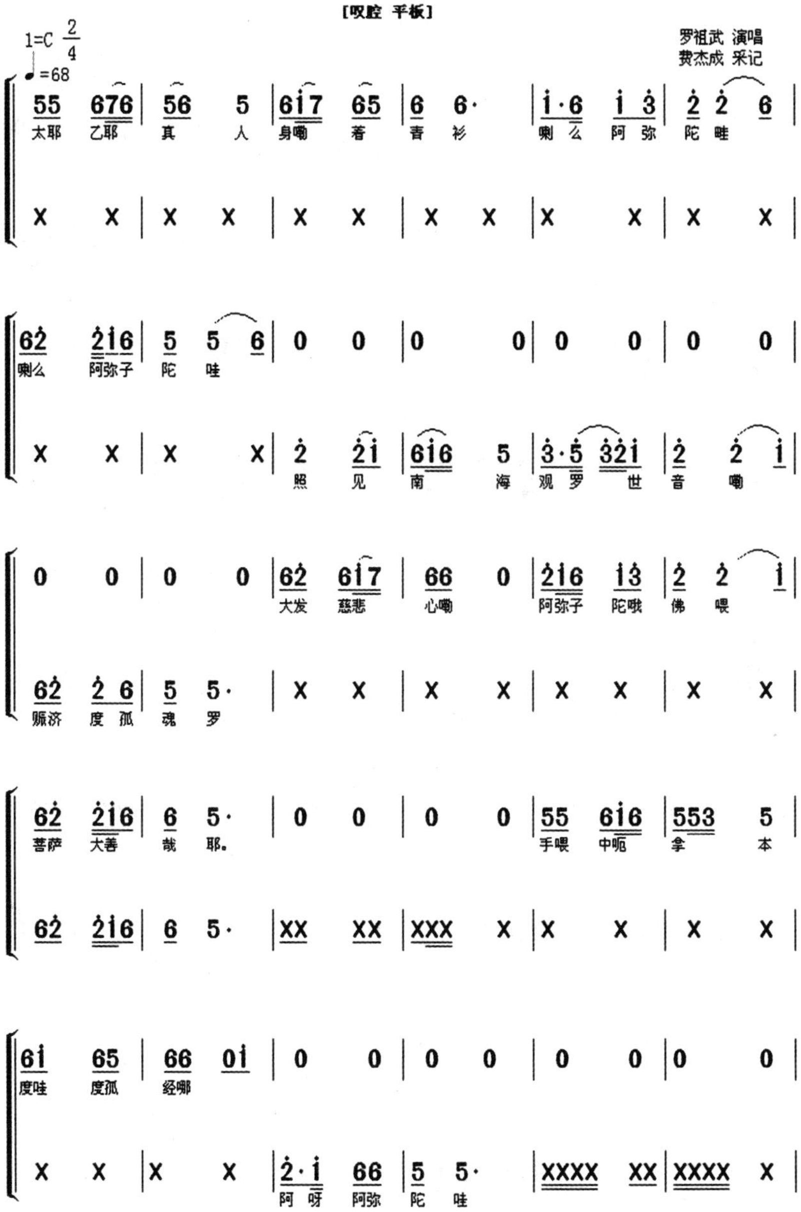

叹骷髅

［板桥道情］

1=C $\frac{4}{4}$ ♩=100

董友松 传谱
费杰成 采记

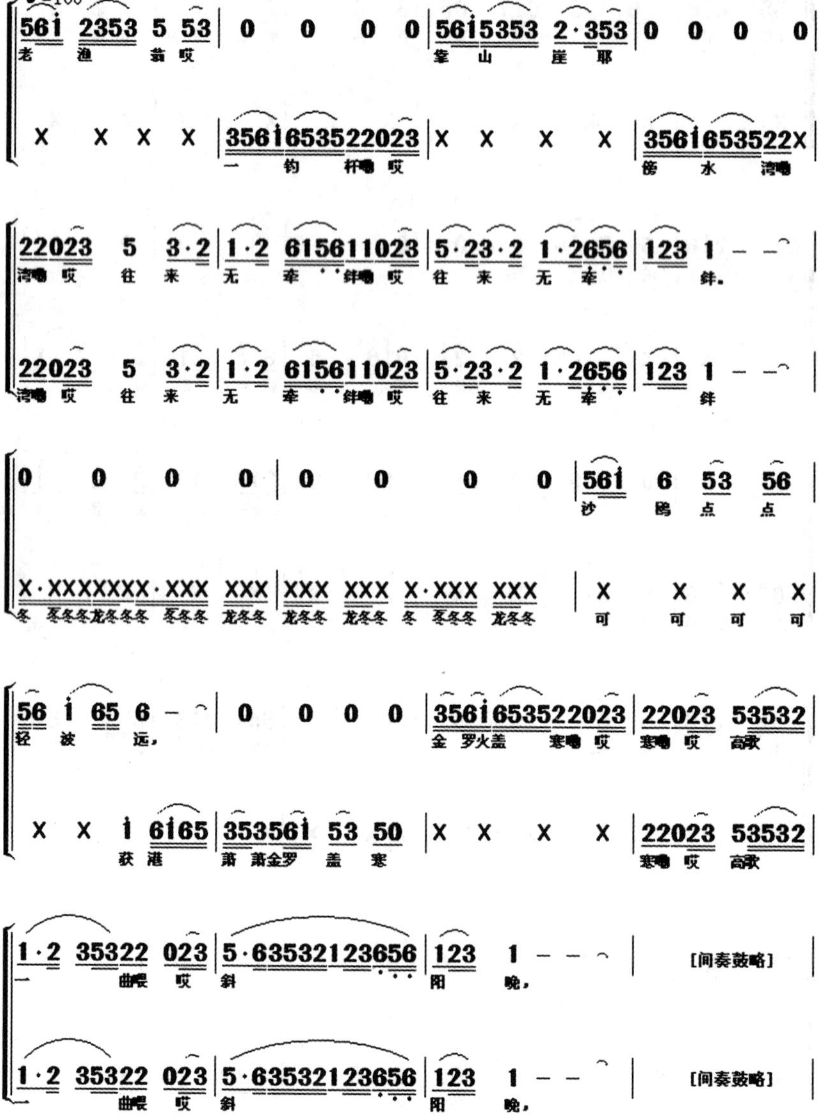
老 渔 翁 哎
一 钓 杆嘞 哎
山 崖 耶
傍 水 湾嘞
湾嘞 哎 往 来 无 牵 绊嘞 哎 往 来 无 牵 绊。
湾嘞 哎 往 来 无 牵 绊嘞 哎 往 来 无 牵 绊
冬 冬冬冬龙冬冬冬 冬冬冬 龙冬冬 龙冬冬 龙冬冬 冬 冬冬冬 龙冬冬
沙 鸥 点 点
可 可 可 可
轻 波 远，
获 港 萧 萧金罗 盖 寒
金 罗火盖 寒嘞 哎 寒嘞 哎 高歌
寒嘞 哎 高歌
一 曲嘿 哎 斜 阳 晚，
［间奏鼓略］
一 曲嘿 哎 斜 阳 晚，
［间奏鼓略］

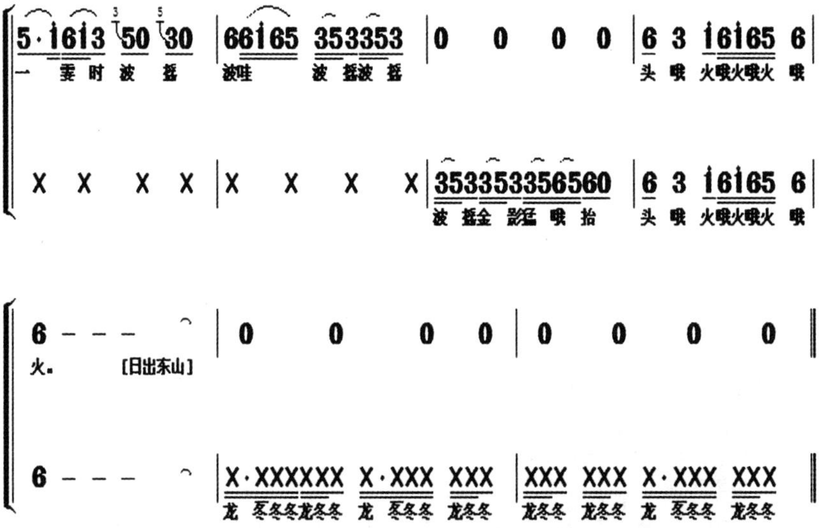
一 霎 时 波 摇
波哇 波 摇波 摇
头 哦 火哦火哦火 哦
波 摇金 影猛 哦 抬
头 哦 火哦火哦火 哦
火。
[日出东山]
龙 冬冬冬龙冬冬 龙 冬冬冬 龙冬冬
龙冬冬 龙冬冬 龙 冬冬冬 龙冬冬

采集地点：旧阳新文化馆　采记时间：1981/11/27

四　彩腔

安龙神

[彩腔 龙船调]

罗祖武 演唱
费杰成 采记

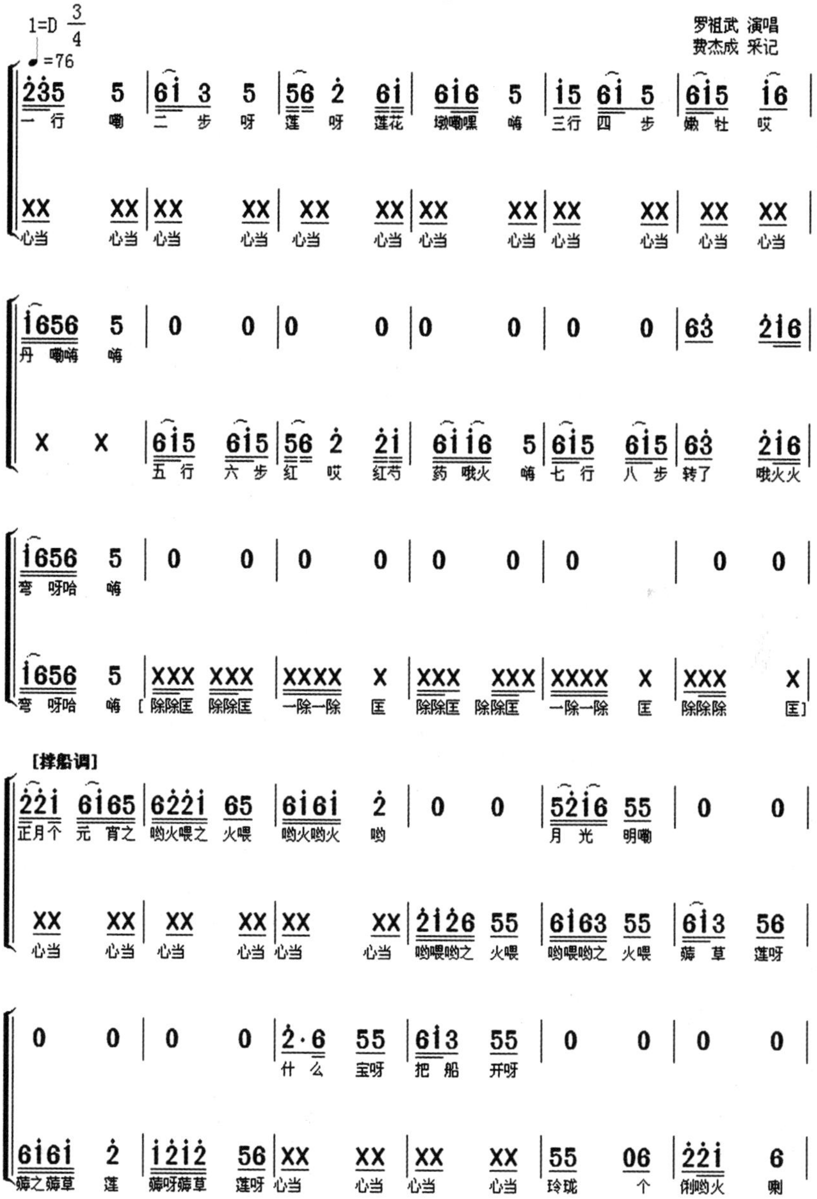

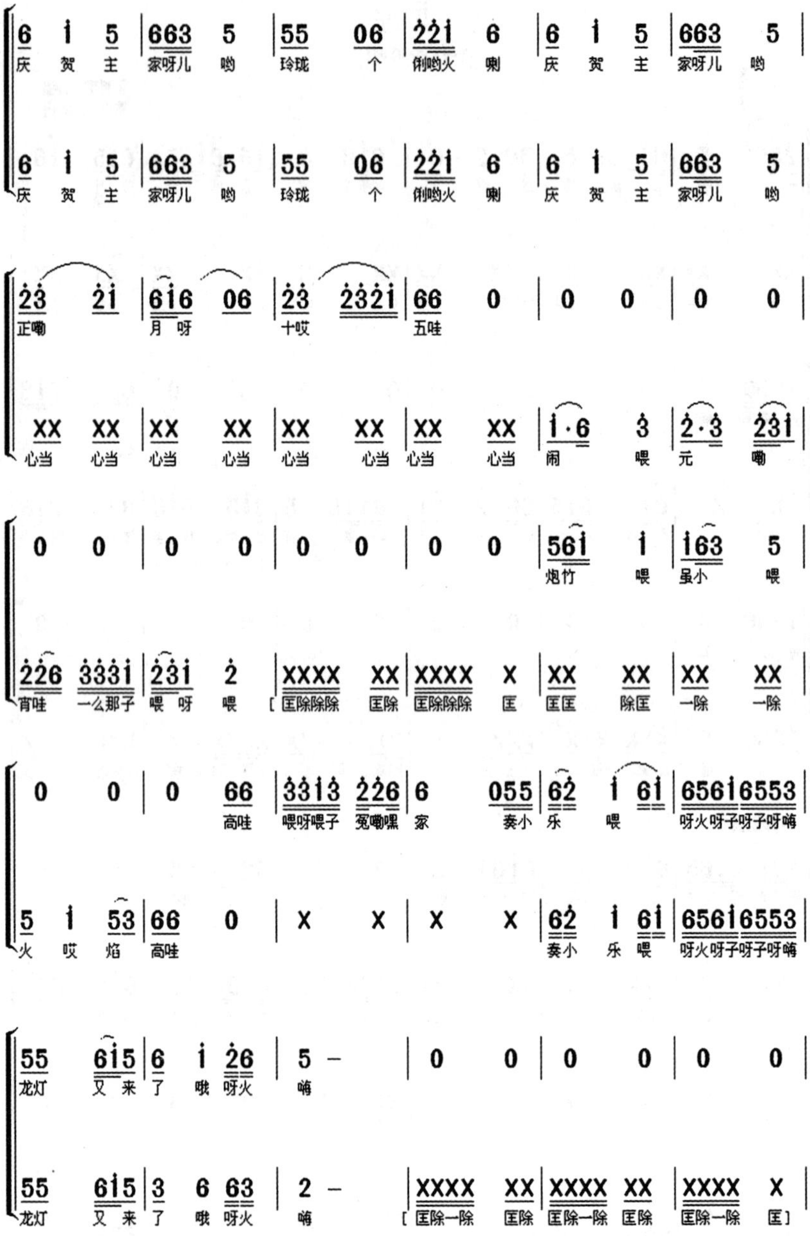
庆 贺 主 家呀儿 哟 玲珑 个 俐哟火 喇 庆 贺 主 家呀儿 哟
庆 贺 主 家呀儿 哟 玲珑 个 俐哟火 喇 庆 贺 主 家呀儿 哟
正嘞 月 呀 十哎 五哇
心当 心当 心当 心当 心当 心当 心当 心当 闹 喂 元 嘞
炮竹 喂 虽小 喂
宵哇 一么那子 喂 呀 喂 [匡除除除 匡除 匡除除除 匡 匡匡 除匡 一除 一除
高哇 喂呀喂子 冤嘞嘿 家 奏小 乐 喂 呀火呀子呀子呀嗨
火 哎 焰 高哇 奏小 乐 喂 呀火呀子呀子呀嗨
龙灯 又 来 了 哦 呀火 嗨
龙灯 又 来 了 哦 呀火 嗨 [匡除一除 匡除 匡除一除 匡除 匡除一除 匡]

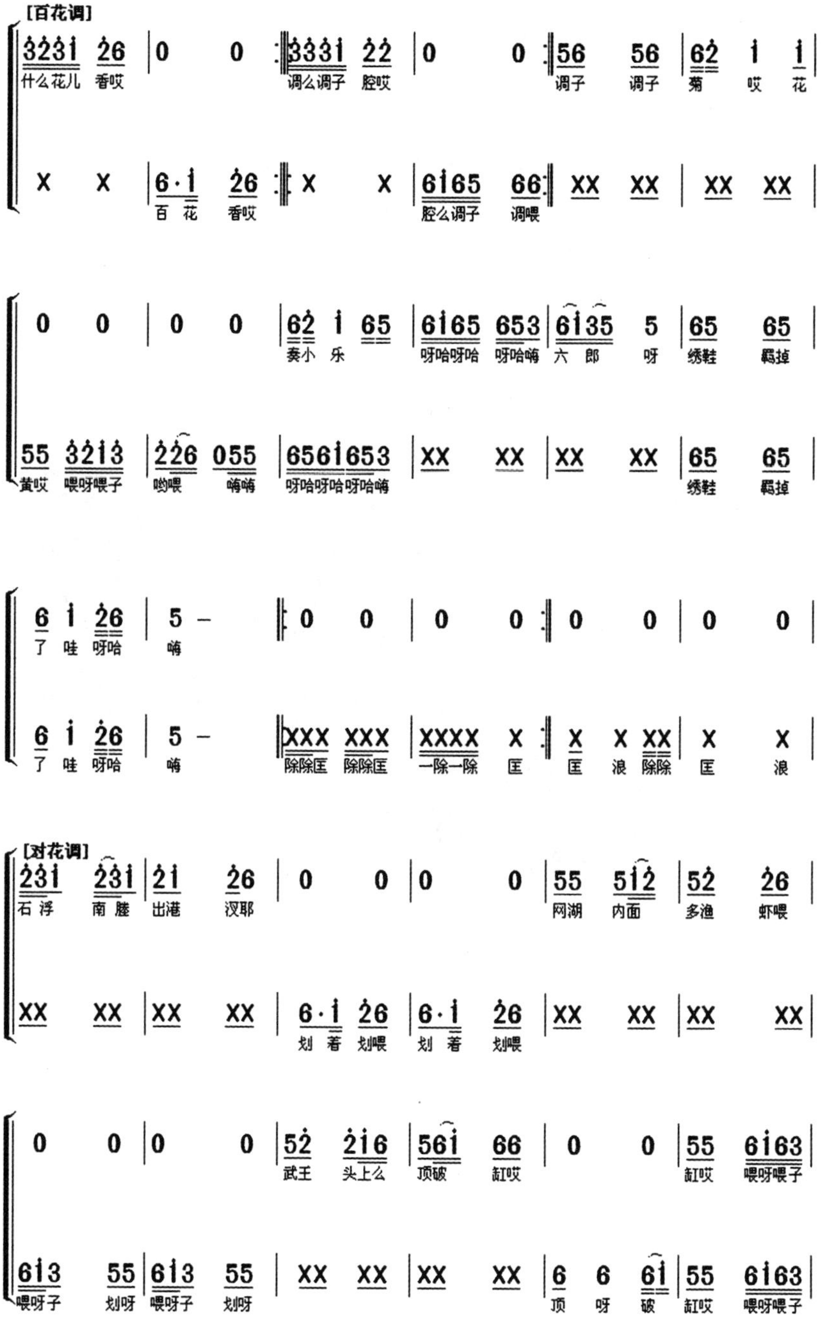

[百花调]

```
3231  26 | 0   0 :| 3331 22 | 0   0 :| 56   56 | 62   1 | 1
什么花儿 香哎       调么调子 腔哎           调子 调子 菊  哎  花

 X    X | 6·1  26 :| X   X | 6165 66 :| XX   XX | XX   XX |
        百花  香哎    腔么调子 调喂

 0    0 | 0   0 | 62  1  65 | 6165 653 | 6135 5 | 65   65 |
                  奏小 乐    呀哈呀哈 呀哈嗨 六郎 呀 绣鞋 耦掉

 55  3213 | 226 055 | 6561 653 | XX  XX | XX  XX | 65   65 |
 黄哎 喂呀喂子 哟喂  嗨嗨  呀哈呀哈呀哈嗨           绣鞋 耦掉

 6   1 26 | 5 - :| 0   0 | 0   0 :| 0   0 | 0   0 |
 了 哇 呀哈  嗨

 6   1 26 | 5 - :| XXX XXX | XXXX X :| X X  XX | X   X |
 了 哇 呀哈  嗨   除除匡 除除匡 一除一除 匡 匡 浪 除除匡 浪
```

[对花调]

```
231  231 | 21  26 | 0   0 | 0   0 | 55  512 | 52  26 |
石浮 南塍 出港 汉耶              网湖 内面 多渔 虾喂

XX   XX | XX   XX | 6·1 26 | 6·1 26 | XX  XX | XX   XX |
                  划着 划喂 划着 划喂

0    0 | 0   0 | 52  216 | 561 66 | 0   0 | 55  6163 |
                武王 头上 顶破 缸哎          缸哎 喂呀喂子

613  55 | 613 55 | XX  XX | XX  XX | 6  6 | 61  55 | 6163 |
喂呀子 划呀 喂呀子 划呀               顶 呀 破 缸哎 喂呀喂子
```

$\begin{array}{c} 5 \\ \text{划} \end{array}$ $\begin{array}{c} \underline{00} \\ \text{嗨嗨} \end{array}$ | 0 | 0 | 0 | 0 | 0 | 0 | 0 ‖ D.C.

$\begin{array}{c} 5 \\ \text{划} \end{array}$ $\begin{array}{c} \underline{XX} \\ \text{嗨嗨} \end{array}$ | $\begin{array}{c} \underline{XXXX} \\ \text{划呀把船} \end{array}$ $\begin{array}{c} \underline{XX} \\ \text{划呀} \end{array}$ | $\begin{array}{c} \underline{XXXX} \\ \text{划呀把船} \end{array}$ $\begin{array}{c} X \\ \text{划} \end{array}$ | $\begin{array}{c} \underline{XXXX} \\ \text{划呀把船} \end{array}$ $\begin{array}{c} \underline{XX} \\ \text{划呀} \end{array}$ | $\begin{array}{c} \underline{XXXX} \\ \text{划呀把船} \end{array}$ $\begin{array}{c} X \\ \text{划} \end{array}$ | $\begin{array}{c} \underline{XX} \cdot \\ \text{呀火} \end{array}$ $\begin{array}{c} X \\ \text{嗌} \end{array}$ ‖ C.

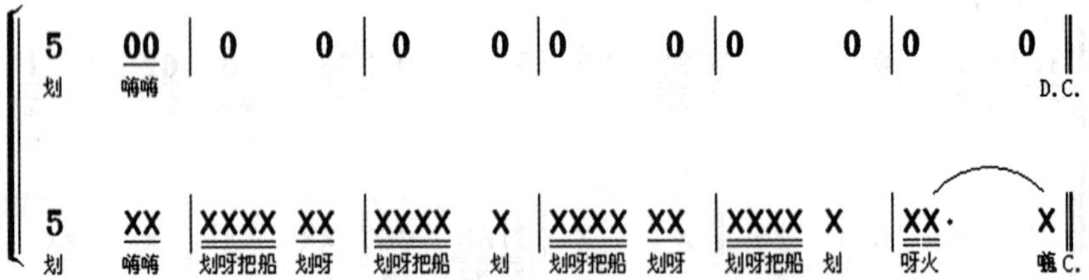

采集地点：颜真观　2016/3/29

贺生歌

[彩腔 打安山]

石则仁 演唱

费杰成 采录

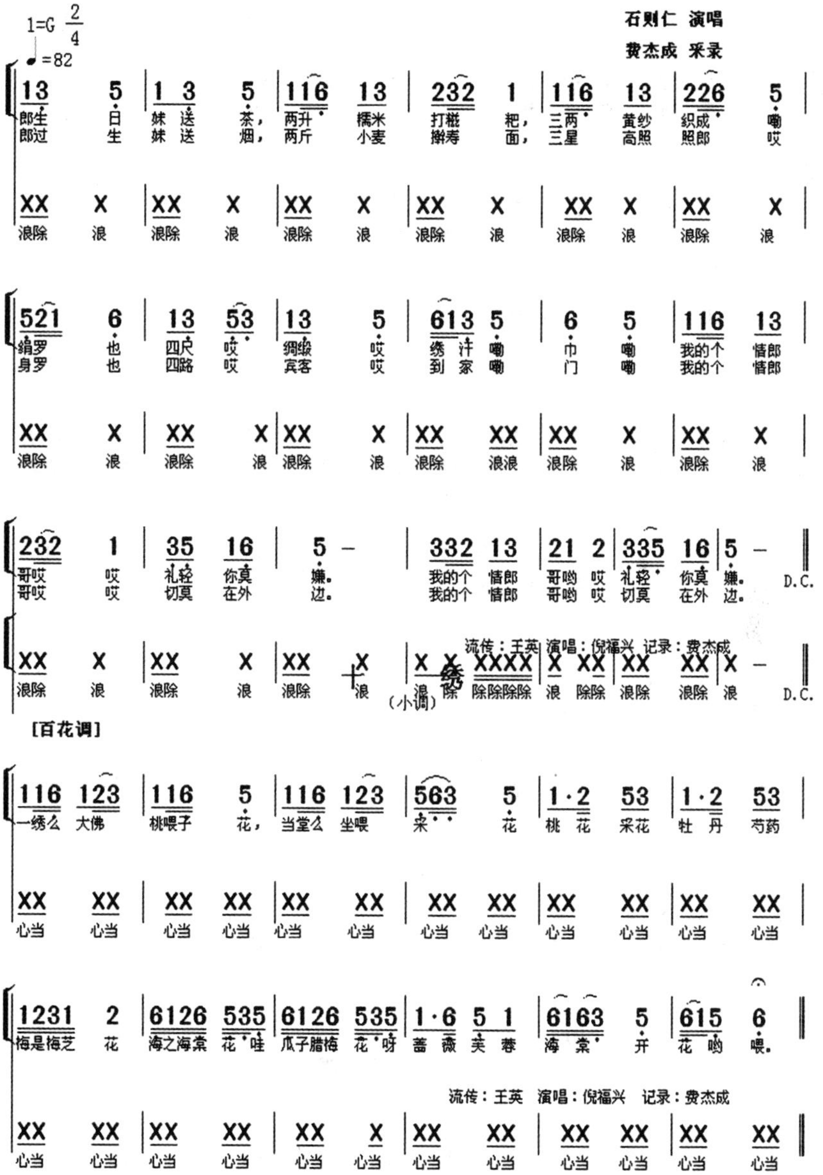
1=G 2/4
♩=82
郎生日 妹送茶，两升糯米打糍粑，三两黄纱织成嘞绢罗也四尺哎绸缎哎绣汗嘞巾嘞我的个情郎哥哎哎礼轻你莫嫌。我的个情郎哥哟哎礼轻你莫嫌。
郎过生 妹送烟，两斤小麦擀寿面，三星高照照郎哎身罗也四路哎宾客哎到家嘞门嘞我的个情郎哥哎哎切莫在外边。我的个情郎哥哟哎切莫在外边。
D.C.
浪除 浪
除除除除
绣（小调）
流传：王英 演唱：倪福兴 记录：费杰成
[百花调]
一绣么大佛桃喂子花，当堂么坐喂来花桃花采花牡丹芍药梅是梅芝花海之海棠花哇瓜子腊梅花呀蔷薇芙春海棠开花哟喂。
心当
流传：王英 演唱：倪福兴 记录：费杰成

进献调

[斋醮 赈孤]

罗祖武 演唱
费杰成 采记

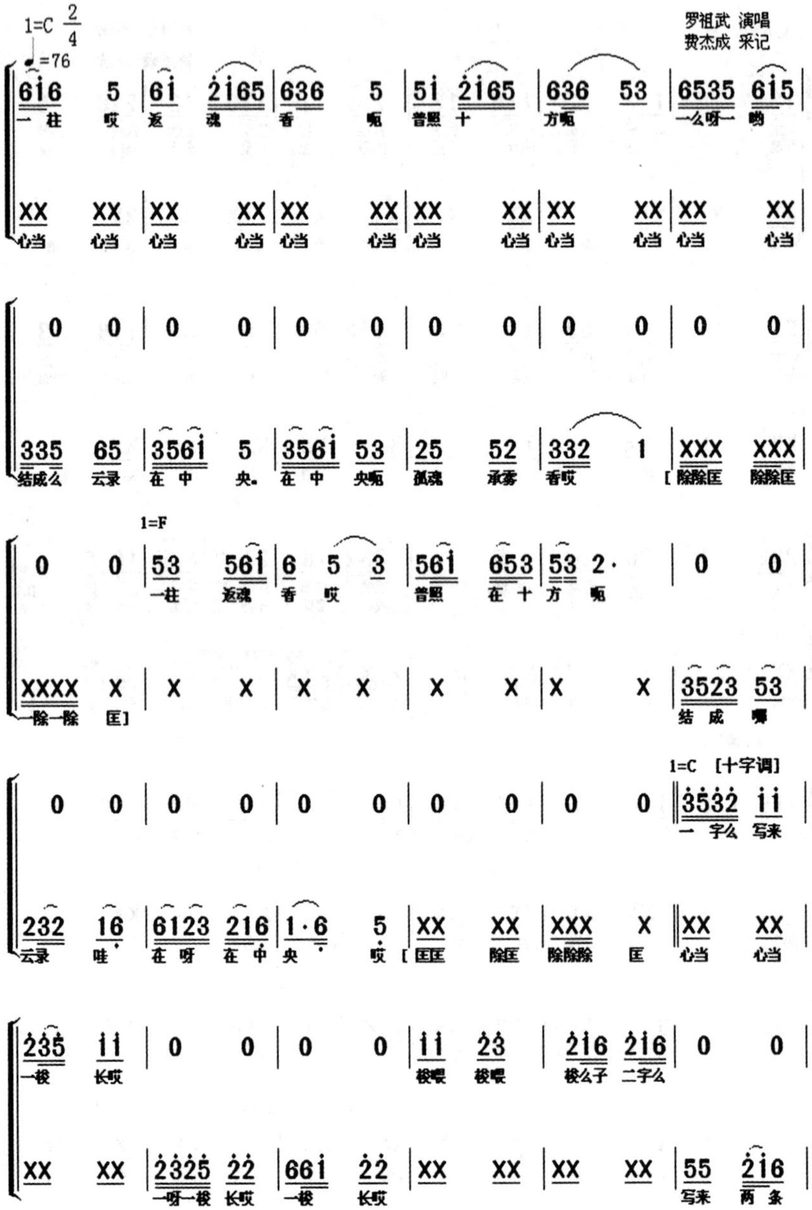

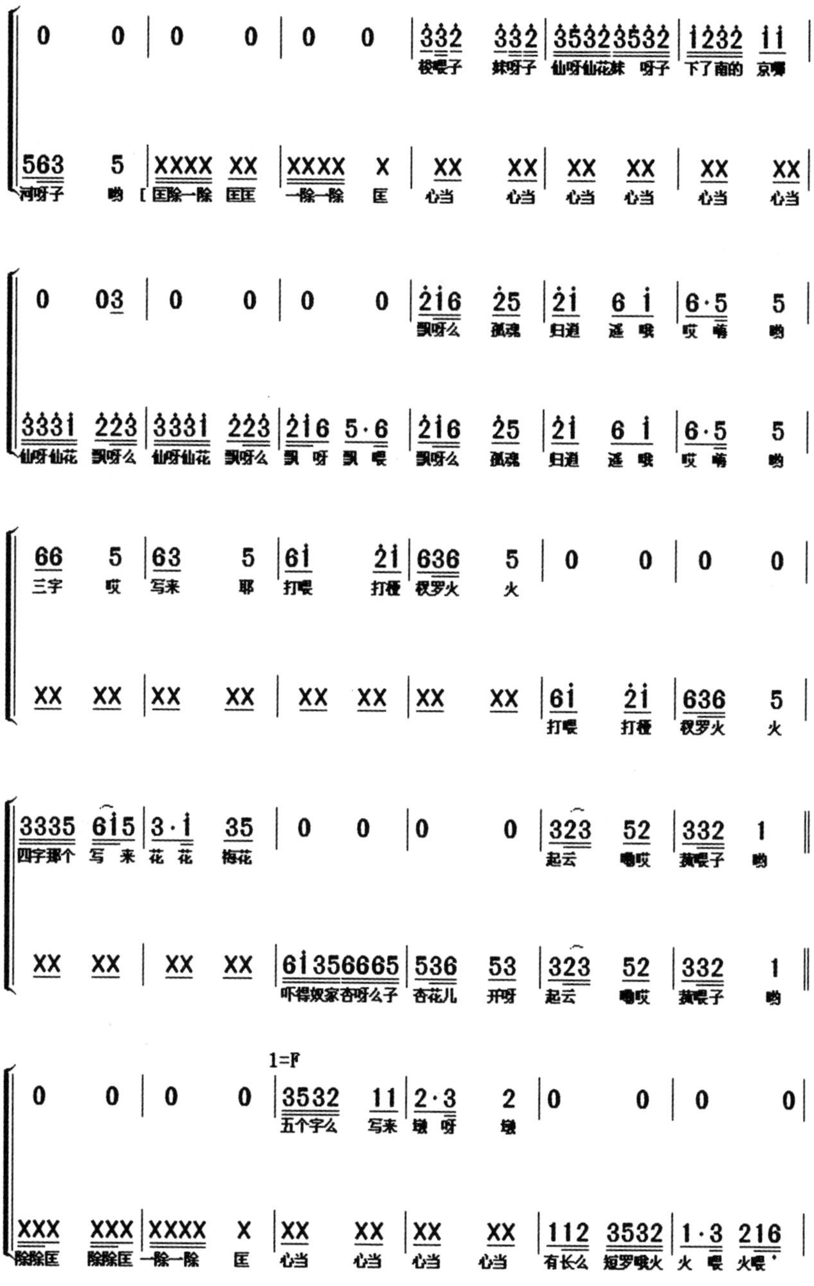

0	0	0	0	0	0	3 3 2 梭喂子	3 3 2 妹呀子	3 5 3 2 3 5 3 2 仙呀仙花妹	1 2 3 2 呀子	1 1 下了南的 京嗓
5 6 3 河呀子	5 哟	XXXX 国除一除	XX 国匡	XXXX 一除一除	X 匡	XX 心当	XX 心当	XX 心当	XX 心当	XX 心当

0	0 3	0	0	0	0	2 1 6 飘呀么	2 5 孤魂	2 1 归道	6 i 逐哦	6·5 哎嗨	5 哟
3 3 3 1 仙呀仙花	2 2 3 飘呀么	3 3 3 1 仙呀仙花	2 2 3 飘呀么	2 1 6 飘呀	5·6 飘喂	2 1 6 飘呀么	2 5 孤魂	2 1 归道	6 i 逐哦	6·5 哎嗨	5 哟

6 6 三字	5 哎	6 3 写来	5 耶	6 i 打喂	2 i 打梗	6 3 6 积罗火	5 火	0	0	0	0
XX	XX	XX	XX	XX	XX	XX	XX	6 i 打喂	2 i 打梗	6 3 6 积罗火	5 火

3 3 3 5 四字那个	6 i 5 写来	3·i 花花	3 5 梅花	0	0	0	0	3 2 3 起云	5 2 喧哎	3 3 2 扬喂子	1 哟
XX	XX	XX	XX	6 i 3 5 6 6 6 5 吓得奴家否呀么子	5 3 6 杏花儿	5 3 开呀	3 2 3 起云	5 2 喧哎	3 3 2 扬喂子	1 哟

1=F

0	0	0	0	3 5 3 2 五个字么	1 1 写来	2·3 墩呀	2 墩	0	0	0	0
XXX 除除匡	XXX 除除匡	XXXX 一除一除	X 匡	XX 心当	XX 心当	XX 心当	XX 心当	1 1 2 有长么	3 5 3 2 短罗哦火	1·3 火喂	2 1 6 火喂·

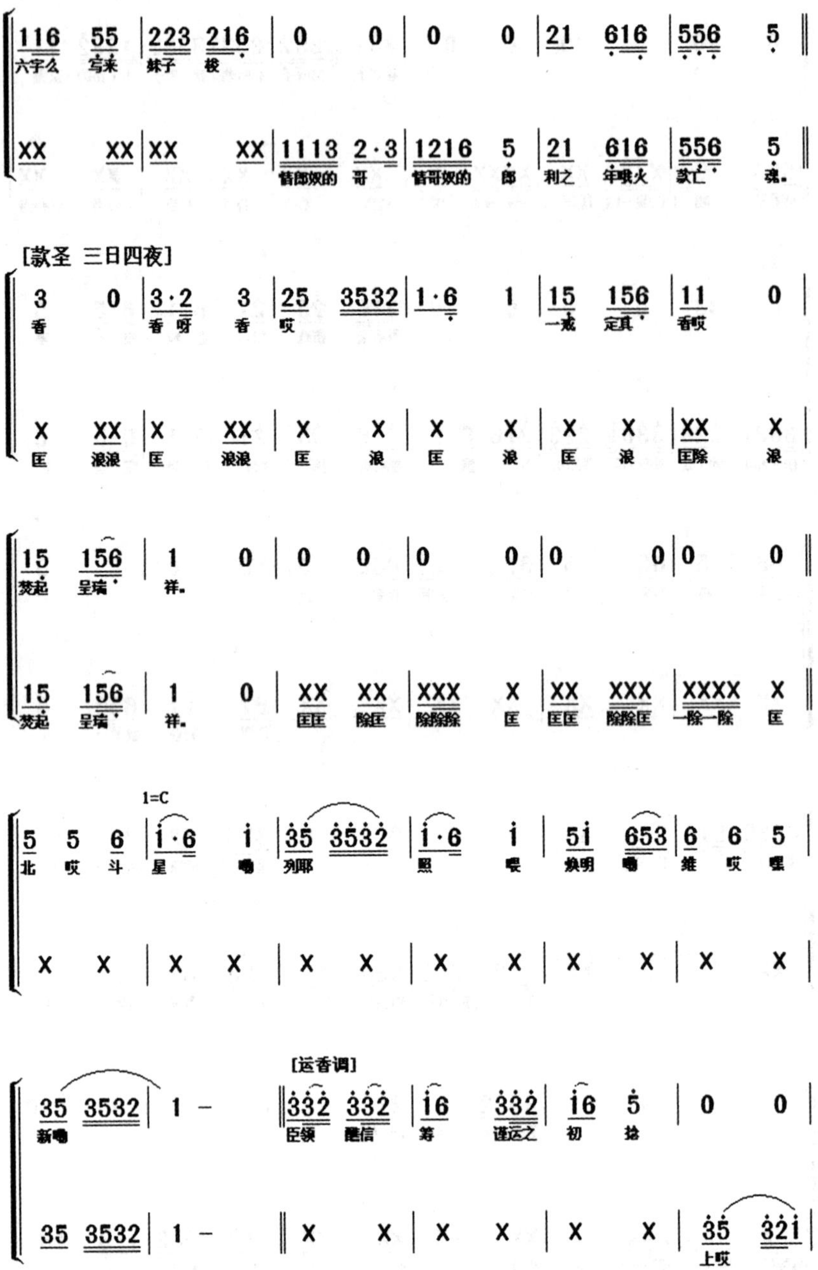
六字么 写来 妹子 校
情郎奴的 哥 情哥奴的 郎 利之 年哦火 款亡 魂。
[款圣 三日四夜]
香 香呀 香 哎 一成 定具 香哎
匡 浪浪 匡 浪浪 匡 浪 匡 浪 匡 浪 匡除 浪
焚起 呈瑞 祥。
焚起 呈瑞 祥。 匡匡 除匡 除除除 匡 匡匡 除除匡 一除一除 匡
1=C
北 哎 斗 星 嗡 列耶 照 喂 焕明 嗡 雒 哎 喔
新嗡
[运香调]
臣领 醮信 筹 谨运之 初 拾
上哎

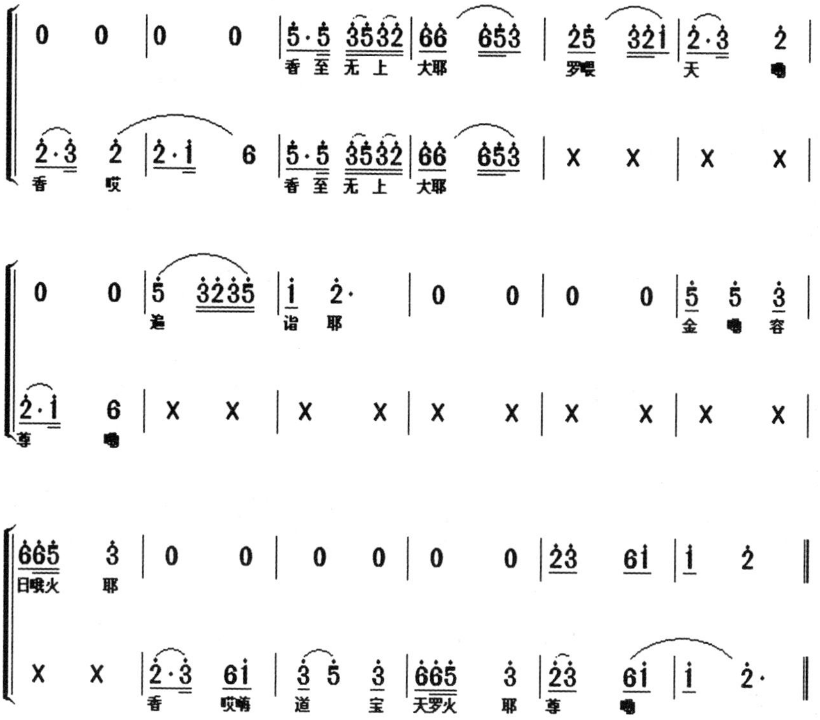

采集地点：颜真观　采录时间：2016/3/29

破丰都

［彩腔系列］

演唱：石则仁

记录：费杰成

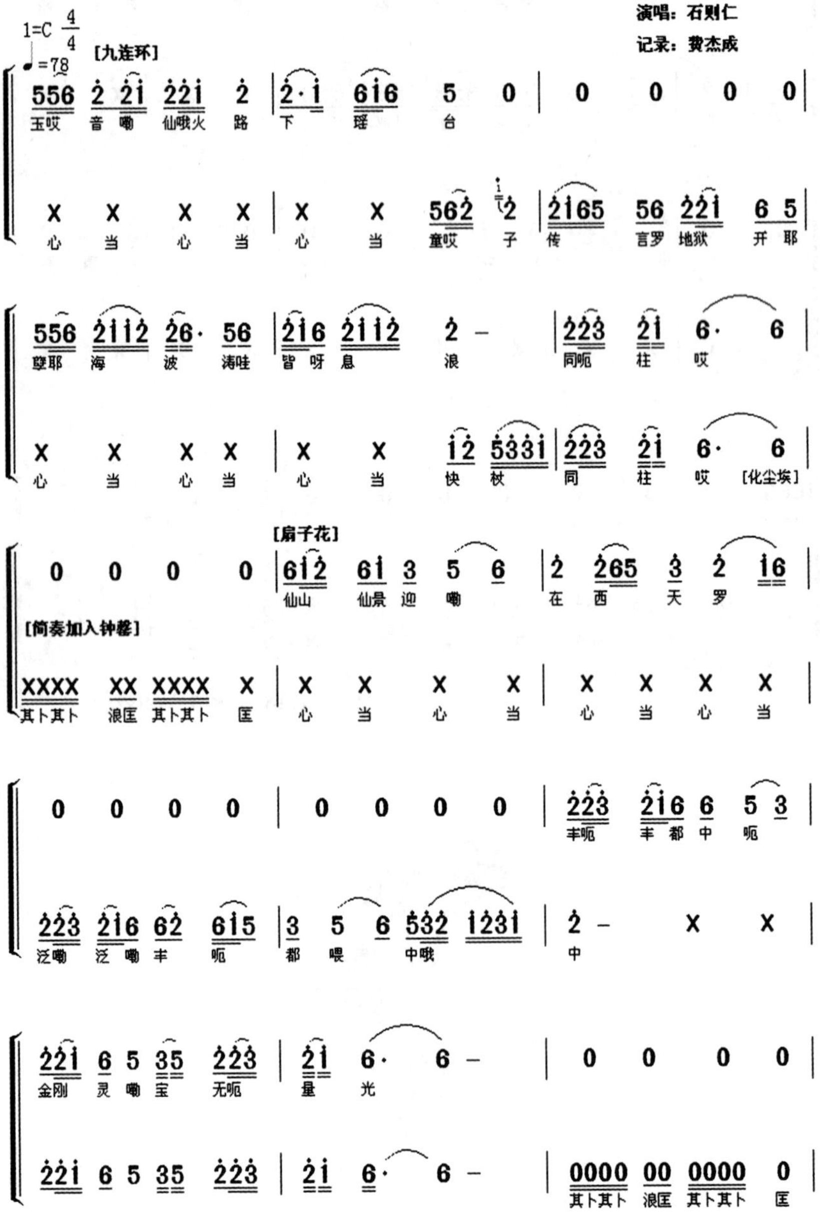

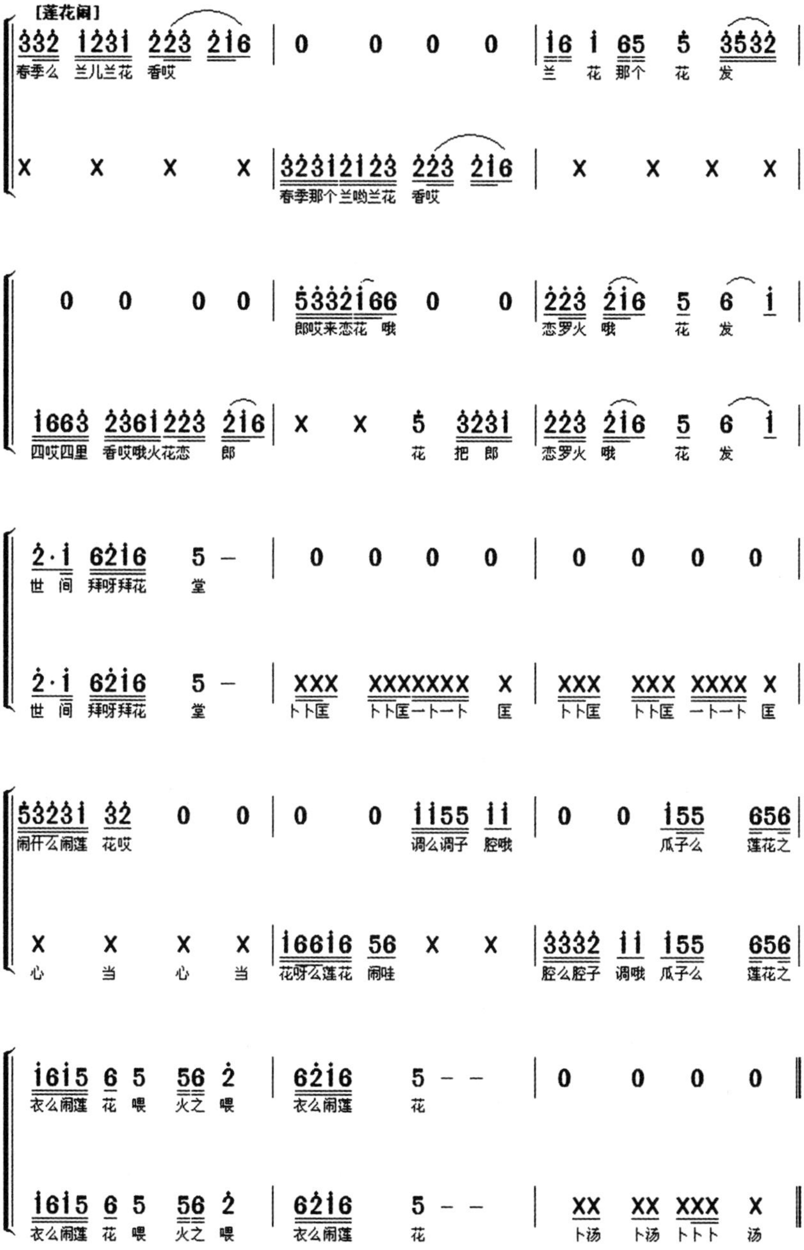
[莲花闹]
春季么 兰儿兰花 香哎
兰 花 那个 花 发
春季那个兰哟兰花 香哎
郎哎来恋花 哦
恋罗火 哦 花 发
四哎四里 香哎哦火花恋 郎
花 把 郎
恋罗火 哦 花 发
世 间 拜呀拜花 堂
世 间 拜呀拜花 堂
卜卜匡 卜卜匡一卜一卜 匡
卜卜匡 卜卜匡 一卜一卜 匡
闹什么闹莲 花哎
调么调子 腔哦
瓜子么 莲花之
心 当 心 当
花呀么莲花 闹哇
腔么腔子 调哦 瓜子么 莲花之
衣么闹莲 花 喂 火之 喂
衣么闹莲 花
衣么闹莲 花 喂 火之 喂
衣么闹莲 花
卜汤 卜汤 卜卜卜 汤

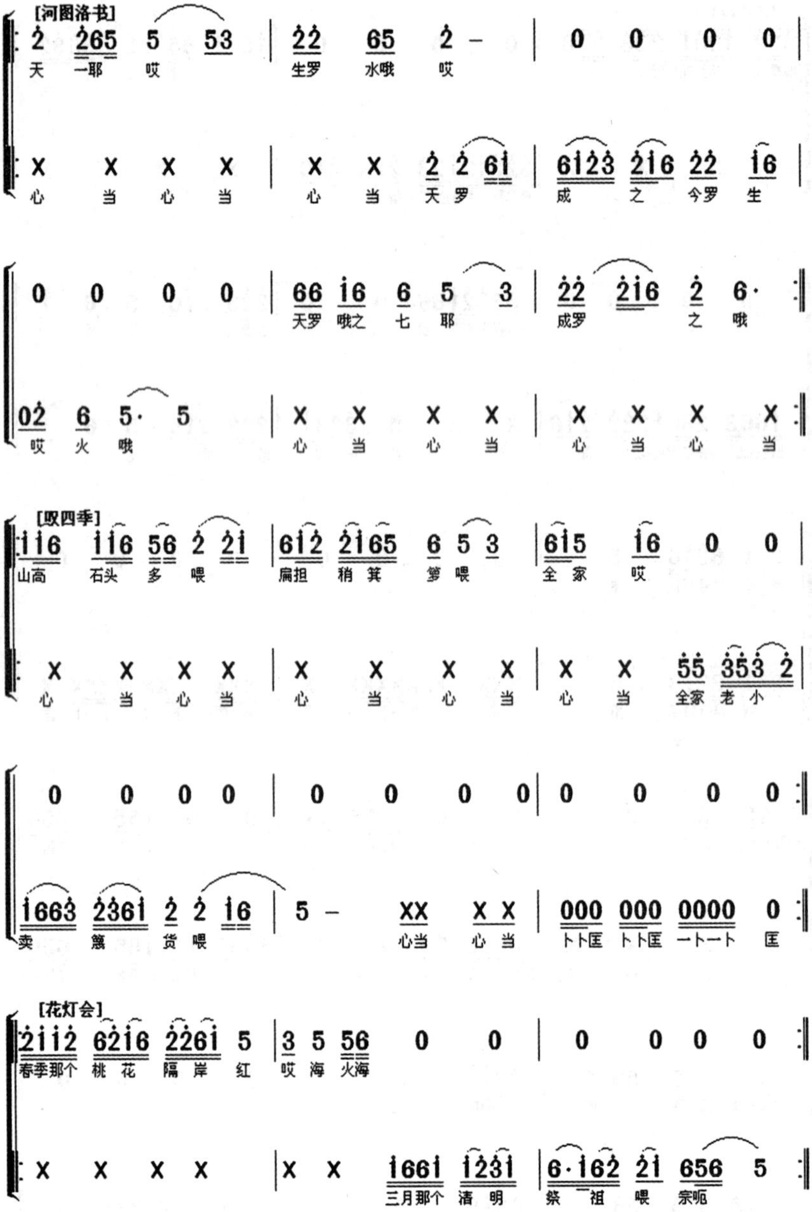

采集地点：阳新东源杉木　采录时间：1982/3/16

玉莲汲水

[彩腔 平板]

石则仁 传谱
费杰成 采录

1=F 2/4

♩=75

235 331 | 2·3 216 | 1 - | 0 0 | 223 216 | 5565 165 |
正月么 茶花儿 [灯 呀 灯 哪 灯] 上房么 走来了 惜郎我的 妹哟火

X X | X X | 112 5 | 3532 131 | 2 - | X X |
呀喂子 哟 花儿打了 苞哟火 嗨

6 - | 0 0 | 6216 516 | 556 5 | 0 0 | 0 0 |
兰呀兰玉 莲那 火喂嗨 火

156 116 | 1113 2·1 | 6216 516 | 556 5 | XXXX XX | XXXX X |
妹呀么 妹子么 衣么呀衣 哟火 兰呀兰玉 莲那 火喂嗨 火 匡除一除 匡匡 匡除一除 匡

6156 1·6 | 6 - | 2616 516 | 6156 5 | 0 0 | 0 0 ‖
妹呀妹子 佐 罗 梭 兰呀兰玉 莲罗 调么调子 腔

X X | 3213 216 | 2616 516 | 6156 5 | XXXX XX | XXXX X ‖
惜郎奴的 哥唯 兰呀兰玉 莲罗 调么调子 腔 匡除一除 匡匡 匡除一除 匡

[玩灯] 转1=bB

63 | 21 | 61 6 6 | 63 2321 | 1 6· | 0 0 | 0 0 |
正哪 月 呀 十哎 五 唯

X X | X X | X X | X66 112 3·2 | 13 2321 |
哦火 闹喂 元哪

616 2165 | 1 6· | 0 0 | 0 0 | 056 332 | 1232 661 |
肯 唯 衣呀火之 喂 呀 哦火 喂呀之 百草青青 正发

6 - | 6 - | XXXX XX XXXX | X X | X X |
匡除一除 匡匡 匡除一除 匡

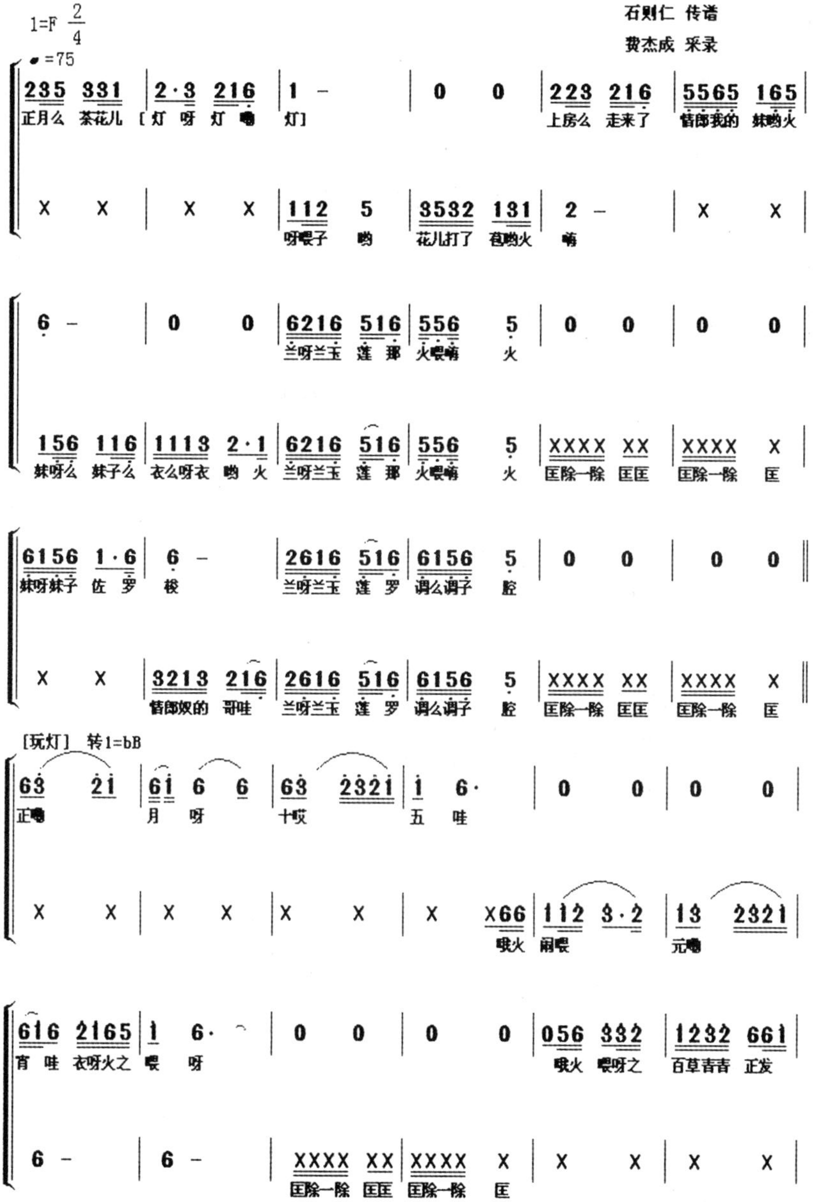

$$
\begin{array}{l}
6 \quad | \; 0 \quad | \; 0 \quad | \; 0 \quad | \; 0 \quad | \; 3\cdot 2\,1\,3 \; 22 \; | \; 2\,6\,5 \quad 6\,1\,5 \; | \; 5 \quad 5\,6 \; 2\,3\,2 \\
芽. \qquad\qquad\qquad\qquad\quad 喂\;哟喂哟\;喂哟\;喂哟\quad 奴的妹\; 呀火\; 奴的哥 \\[4pt]
0\,5\,6 \;\; 5\,6 \; | \; 3\cdot 2 \;\; 3\,2 \; | \; 1\,2\,3 \quad 2\,1 \; | \; 6 \; - \; | \; \times \quad \times \; | \; \times \quad \times \\
哦火 \; 哎咳 \; 喂\;哆 \; 喂\;哆 \; 花开 \; 千万 \; 家.
\end{array}
$$

$$
\begin{array}{l}
\dot{2} \; - \; | \; 0 \quad 0 \; | \; 6\,5\,6 \quad \dot{1} \; | \; 5\,\dot{1} \quad 6\,5 \; | \; 6 \; - \; | \; \sim \\
哎 \qquad\qquad 龙灯要 \; 到 \; 到\;来 \; 了 \\[4pt]
0\,2\,1 \;\; 6\,6\,5 \; | \; 3\,5 \quad 6\,6\,5 \; | \; 6\,5\,6 \quad \dot{1} \; | \; 5\,\dot{1} \quad 6\,5 \; | \; 6 \; - \; | \; \sim \\
喂哟 \; 喂喂哆 \; 龙灯 \; 花莲子 \; 龙灯要 \; 到 \; 到\;来 \; 了
\end{array}
$$

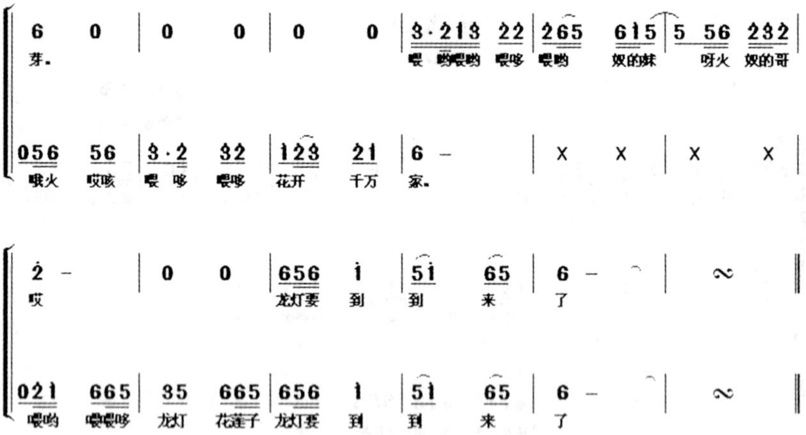

采记地点: 阳新东源　　采集时间: 1981/4/25

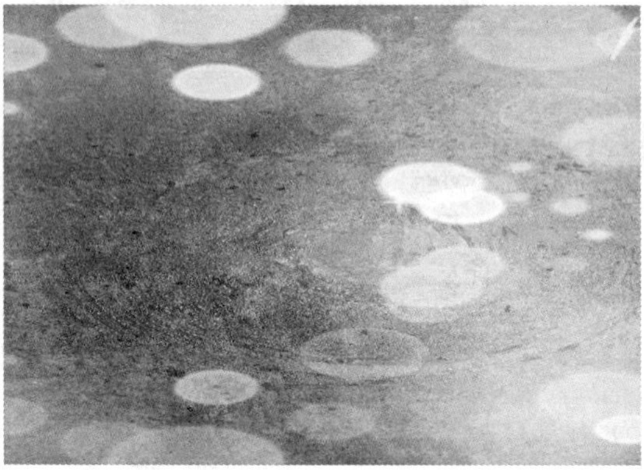

桃 花 岭

[彩腔 唱逍遥]

演唱：陈世广
采记：费杰成

1=F $\frac{4}{4}$
♩=100

[领]
2 2	2 1	2 2 6	5	6 1 2	2 1 6 5	6 6	5	XXX	XXX	XXXX	X
桃妹	耶	住之	在	小 哎	山 喂	坡哎		[除除匡	除除匡	一除一除	匡]

[合]
6 6	2 6	2	2 5	6 5 6	5	5 5 6	2 6	XXX	X	XXX	X
小山	坡上	喂	喂嘟	石头	多，	喂嘟	喂嘟	[庄卜卜	浪	庄卜卜	浪]

[领]
1	2	2 1	6 6 5	6	6 1 6 5	6 6	6 1 6 3	5	XX	XX	XXX	X
那	日	哦	自瓜	呃	坡哎坡上	过哎	撞到一个	喂	丁当	丁当	丁丁丁	当]

[合]
1·6	5 5	6 1 2 3	1	1·6	1	5 5 6	2	XX	XX	XXX	X
打痛	嘟咳	我个	脚，	哟喂	哟	是不	错	丁当	丁当	丁丁丁	当]

6 6 1	6 5	6 1 6 3	5	1 6 6	1 6	1 6 6 3	5	1 6 6	1 6	1 2 3 2	1
我在那	房中	听得	着。	撕一块	破布	包住你的	脚	端一碗	香茶	哥你	喝。

[领]
3·5	1	1·6	6 1	1 3	5	1·6	1 3	5·6	5	XXX	XXX
是不	错	我在	门外	听得	着	我能	听到	妹子	唱	丁丁当	丁丁当

[合]
XXXX	X	XXX	XXX	XXXX	X	1·6	1	3 1	3 6	5 5 6	1 6
一卜卜	当	丁丁当	丁丁当	一卜卜	当]	妹子	哎	唱个	好歌	真不	错

1 6 6 3	5 6	1 6 6 3	5 6	6 1 6	1 6	1 3 3	5 5	2	2 5	6 1 6	5
唱的是个	喂嘟	乱板头个	歌。	各样个	好歌	人人都	爱哟	喂	喂嘟	喂喂嘟	哟

XX	XX	XXXX	X	5 6 5	5 3	5 5 6	2 6	5 5	6	6 5 6	5
丁丁	丁丁	当当丁当	当	哎哎火	喂嘟	呀哎嘟	喂嘟	火哦	耶	喂嘟喂	嘟

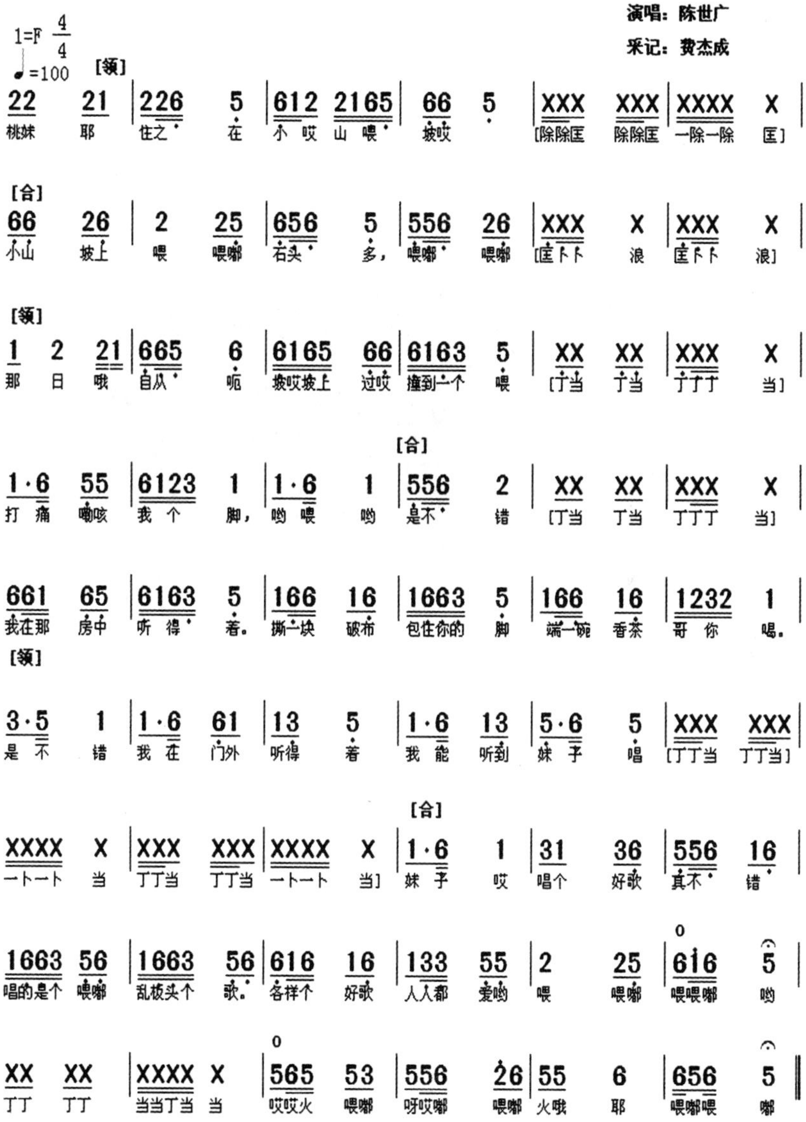

注.有零符号的旋律用假声唱

采集地点：通山洪港　采集时间：1981.4.16

五　曲牌

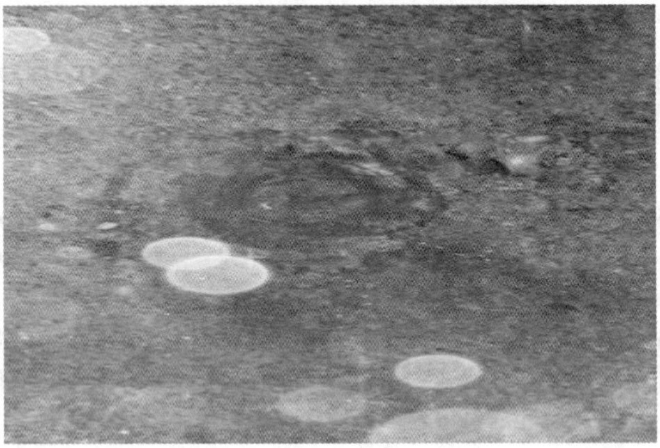

拜仙山

[颜腔 器乐曲牌]

传谱者:石则仁
记录者:费杰成

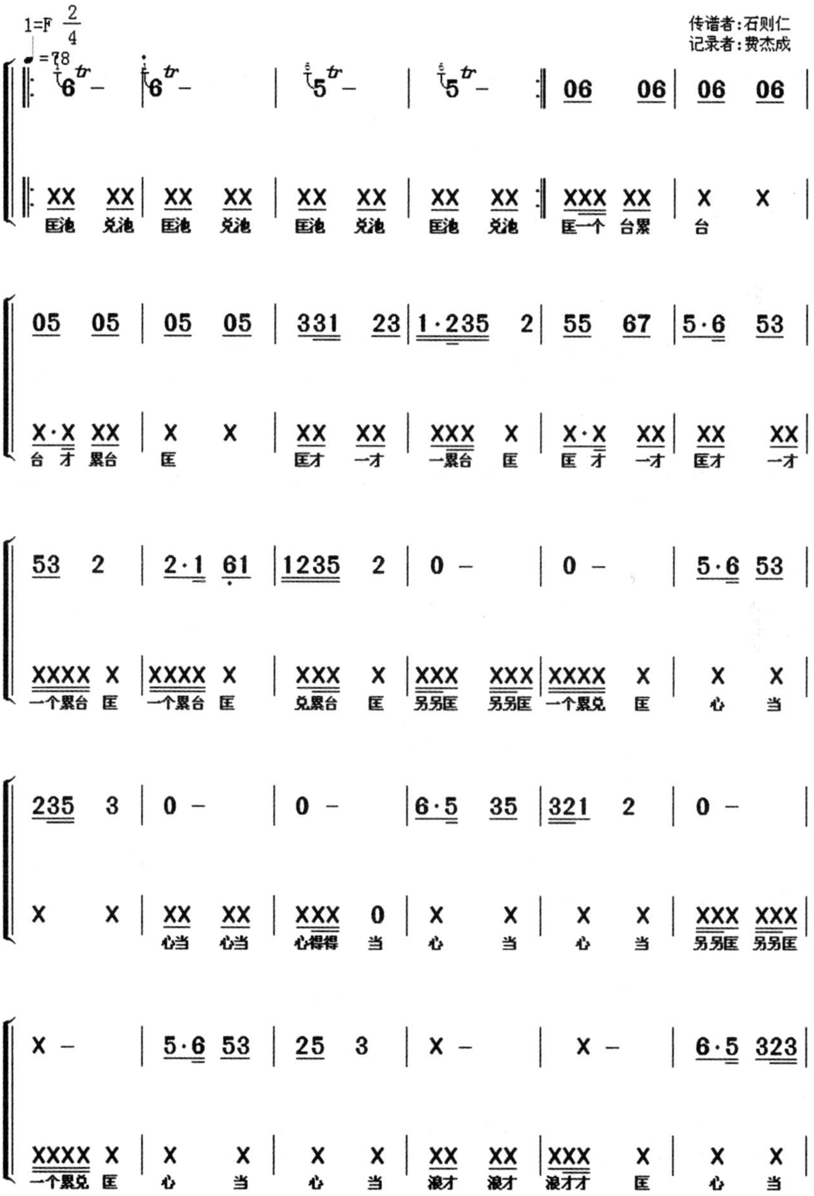

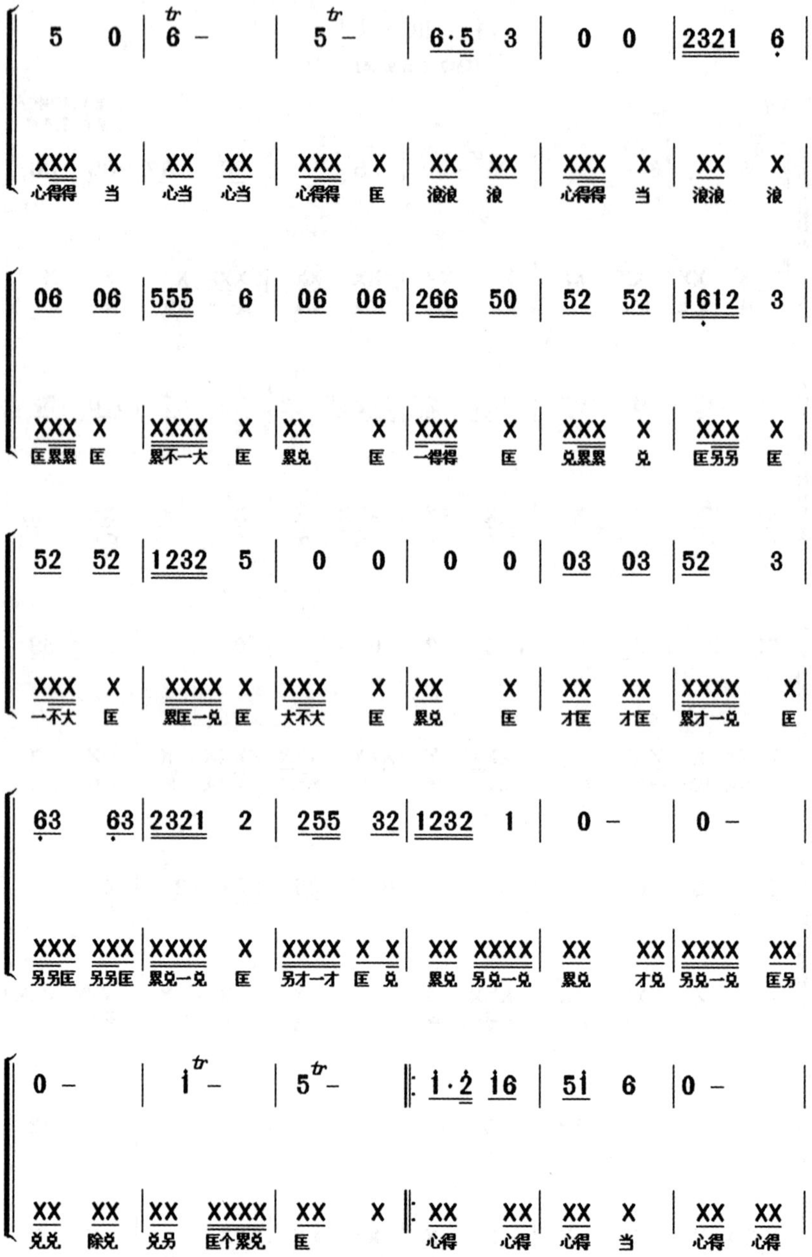
心得得 当 心当 心当 心得得 匡 浪浪 浪 心得得 当 浪浪 浪
匡累累 匡 累不一大 匡 累兑 匡 一得得 匡 兑累累 兑 匡另另 匡
一不大 匡 累匡一兑 匡 大不大 匡 累兑 匡 才匡 才匡 累才一兑 匡
另另匡 另另匡 累兑一兑 匡 另才一才 匡 兑 累兑 另兑一兑 累兑 才兑 另兑一兑 匡另
兑兑 除兑 兑另 匡个累兑 匡 心得 心得 心得 当 心得 心得

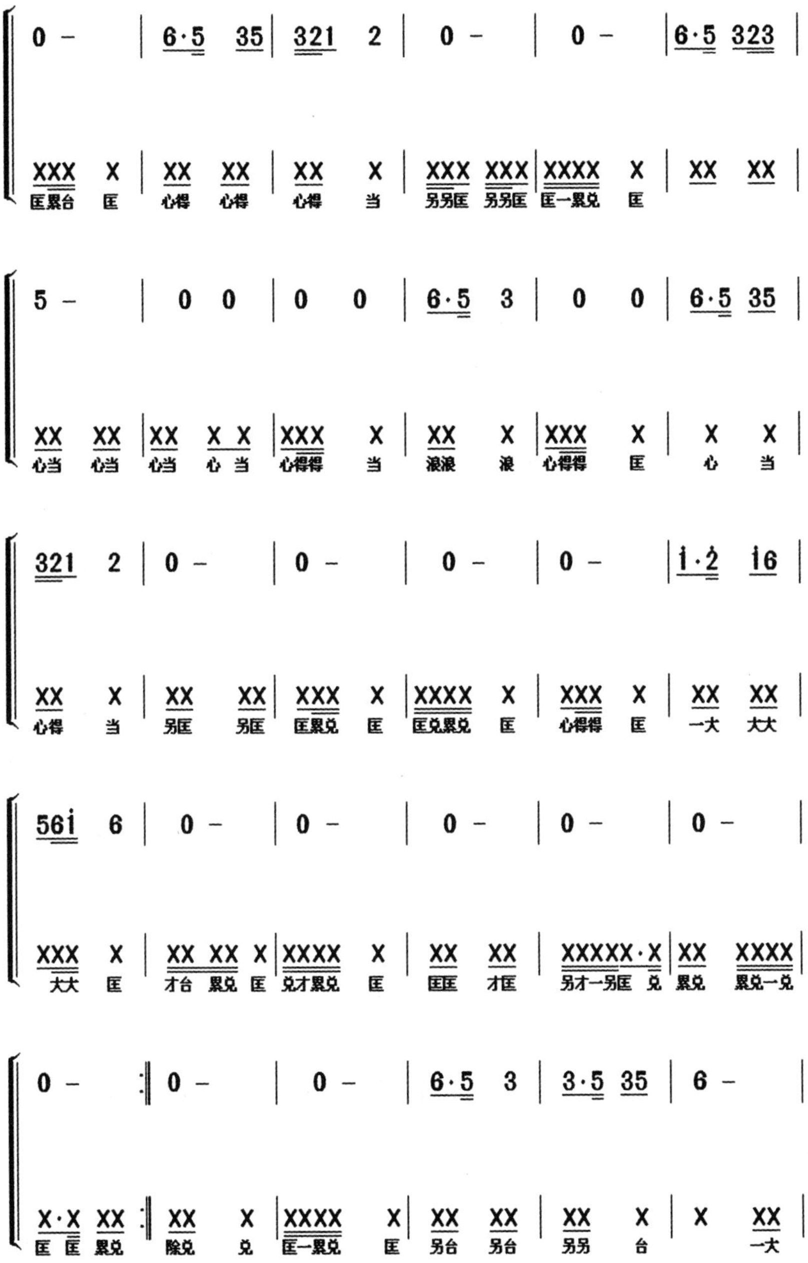
匡累台 匡 心得 心得 心得 当 另另匡 另另匡 匡一累兑 匡
心当 心当 心当 心 当 心得得 当 浪浪 浪 心得得 匡 心 当
心得 当 另匡 另匡 匡累兑 匡 匡兑累兑 匡 心得得 匡 一大 大大
大大 匡 才台 累兑 匡 兑才累兑 匡 匡匡 才匡 另才一另匡 兑 累兑 累兑一兑
匡 匡 累兑 除兑 兑 匡一累兑 匡 另台 另台 另另 台 一大

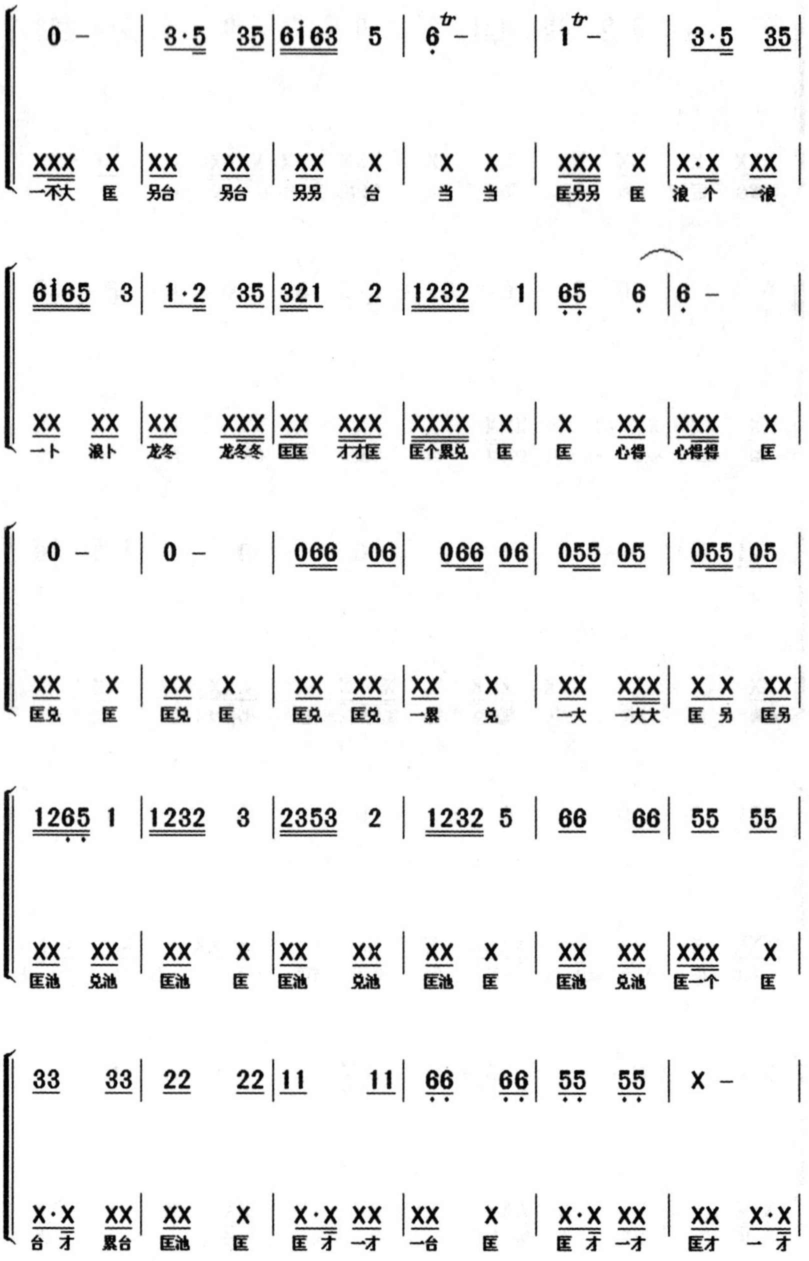

0 - | 3·5 35 | 6i63 5 | 6 ᵗʳ - | 1 ᵗʳ - | 3·5 35 |

XXX X | XX XX | XX X | X X | XXX X | X·X XX |
一不大 匡另台 另台 另另 台 当 当 匡另另 匡 浪个 一浪

6i65 3 | 1·2 35 | 321 2 | 1232 1 | 65 6 | 6 - |

XX XX | XX XXX | XX XXX | XXXX X | X XX | XXX X |
一卜 浪卜 龙冬 龙冬冬 匡匡 才才匡 匡个累兑 匡 匡 心得 心得得 匡

0 - | 0 - | 066 06 | 066 06 | 055 05 | 055 05 |

XX X | XX X | XX XX | XX X | XX XXX | X X XX |
匡兑 匡 匡兑 匡 匡兑 匡兑 一累 兑 一大 一大大 匡另 匡另

1265 1 | 1232 3 | 2353 2 | 1232 5 | 66 66 | 55 55 |

XX XX | XX X | XX XX | XX X | XX XX | XXX X |
匡池 兑池 匡池 匡 匡池 兑池 匡池 匡 匡池 兑池 匡一个 匡

33 33 | 22 22 | 11 11 | 66 66 | 55 55 | X - |

X·X XX | XX X | X·X XX | XX X | X·X XX | XX X·X |
台才 累台 匡池 匡 匡才 一才 一台 匡 匡才 一才 匡才 一才

0 - ｜0 - ｜0 - ｜<u>56</u> i｜<u>65</u> 6｜<u>56</u> i｜

<u>XX</u> <u>XXXX</u>｜X X｜00｜<u>XXXX</u> X X｜<u>XX</u> <u>XXXX</u>｜X · X <u>XX</u>｜<u>XXXX</u> <u>XX</u>｜
匡才 一个累台　匡 才　一才　一个累台　匡 才　台才 匡兄累台　匡 才 累台　匡才一台　才台

<u>63</u> 2｜<u>23</u> 5｜<u>32</u> 3｜<u>12</u> 3｜<u>16</u> 5｜5̂ - 0｜
　　　　　　　　　　　　　　　　　　　　D.C.

X X <u>XX</u>｜<u>XXXX</u> X X｜<u>XX</u> <u>XX</u>｜<u>XXXX</u> X · X｜X X X｜<u>XXXX</u> X̂0｜
累台 才台　匡才累台 匡才　一才　一才　匡才累台 匡匡　才　匡 才　匡台累台 匡D.C.

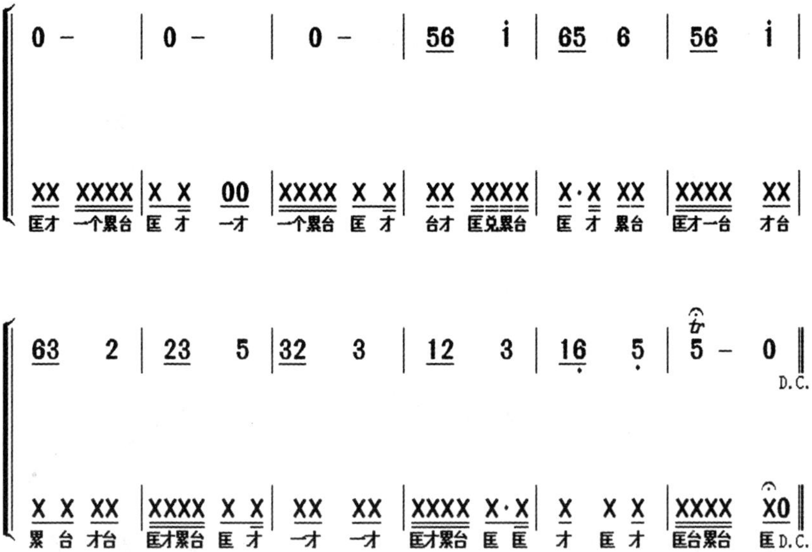

采集地点：阳新东源杉木　采录时间：1987/8/17

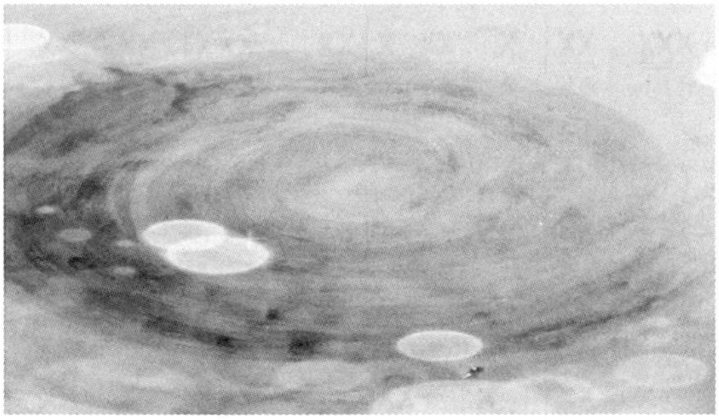

唱逍遥

[唢呐曲 醮亡魂]

1=F $\frac{2}{4}$

♩=82

记录:费杰成
演奏:刘政乐班

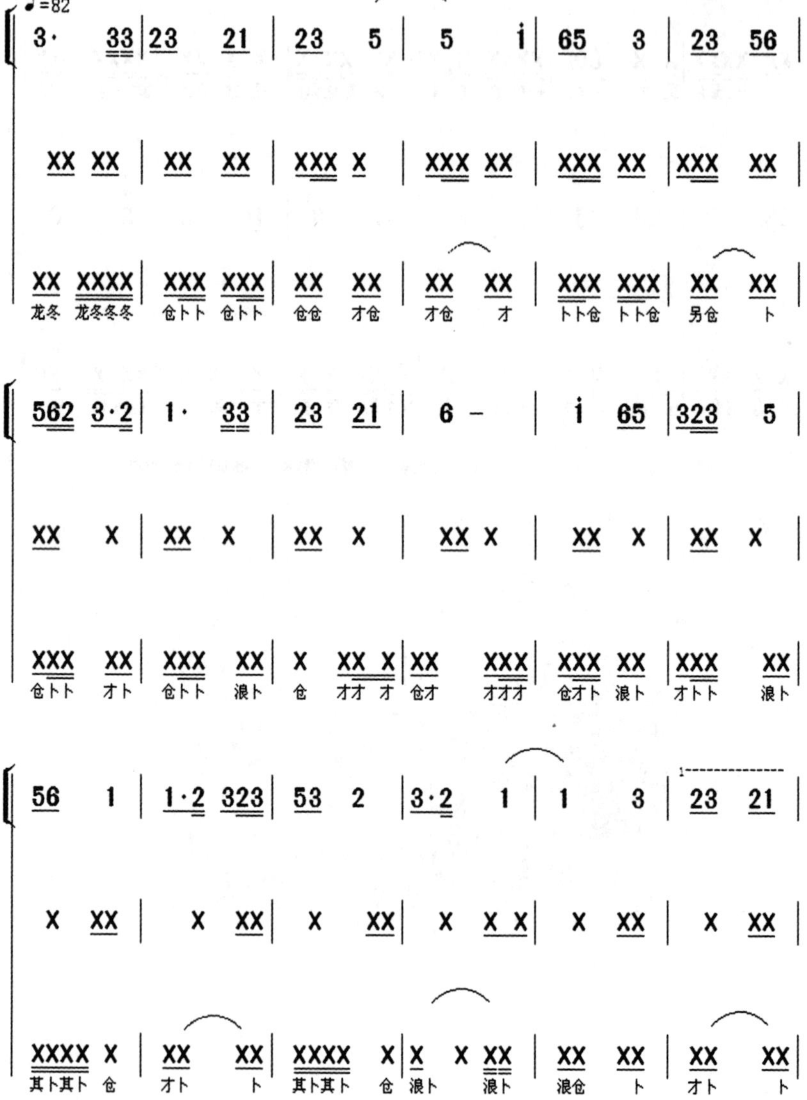

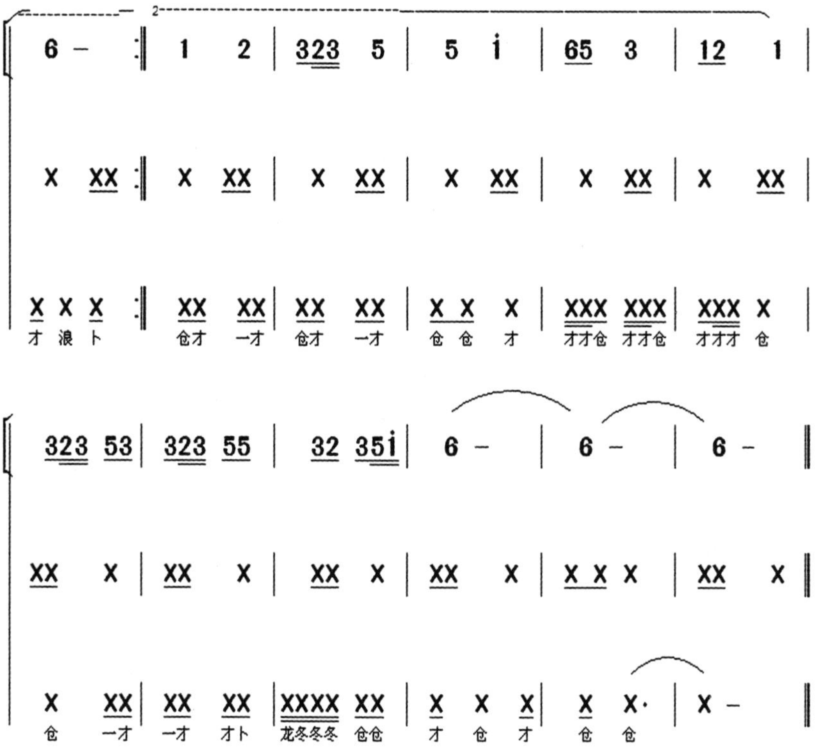
才 浪 卜
仓才 一才 仓才 一才 仓 仓 才 才才仓 才才仓 才才才 仓
仓 一才 一才 才卜 龙冬冬冬 仓仓 才 仓 才 仓 仓

郭子仪上寿

[唢呐曲 曲牌]

石则仁 演奏

费杰成 采录

♩= 152
匡 除 匡 除 除 匡 匡 除 匡

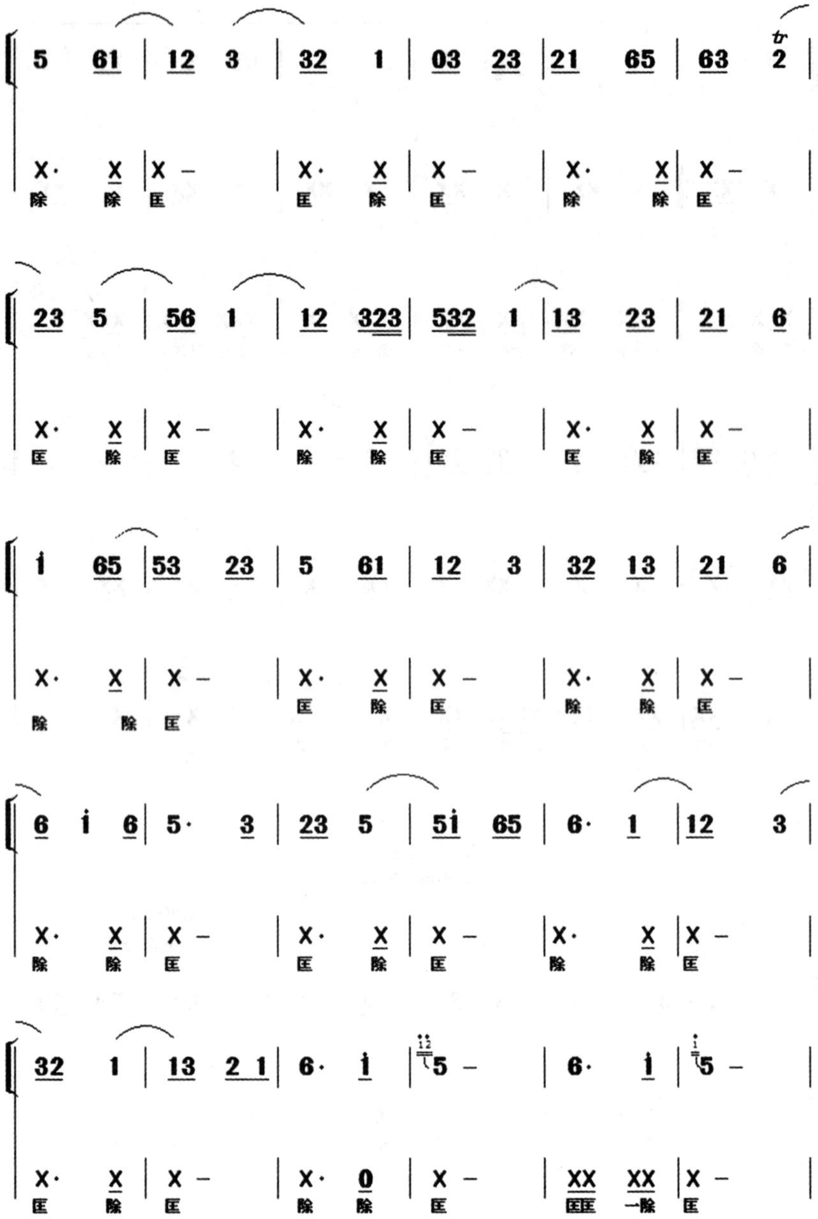

采集地点：阳新杉木　采录时间：1980/4/7

化斋米

[丝弦锣鼓]

记录:费杰成
演奏:胡国祥

1=G $\frac{2}{4}$
♩=66

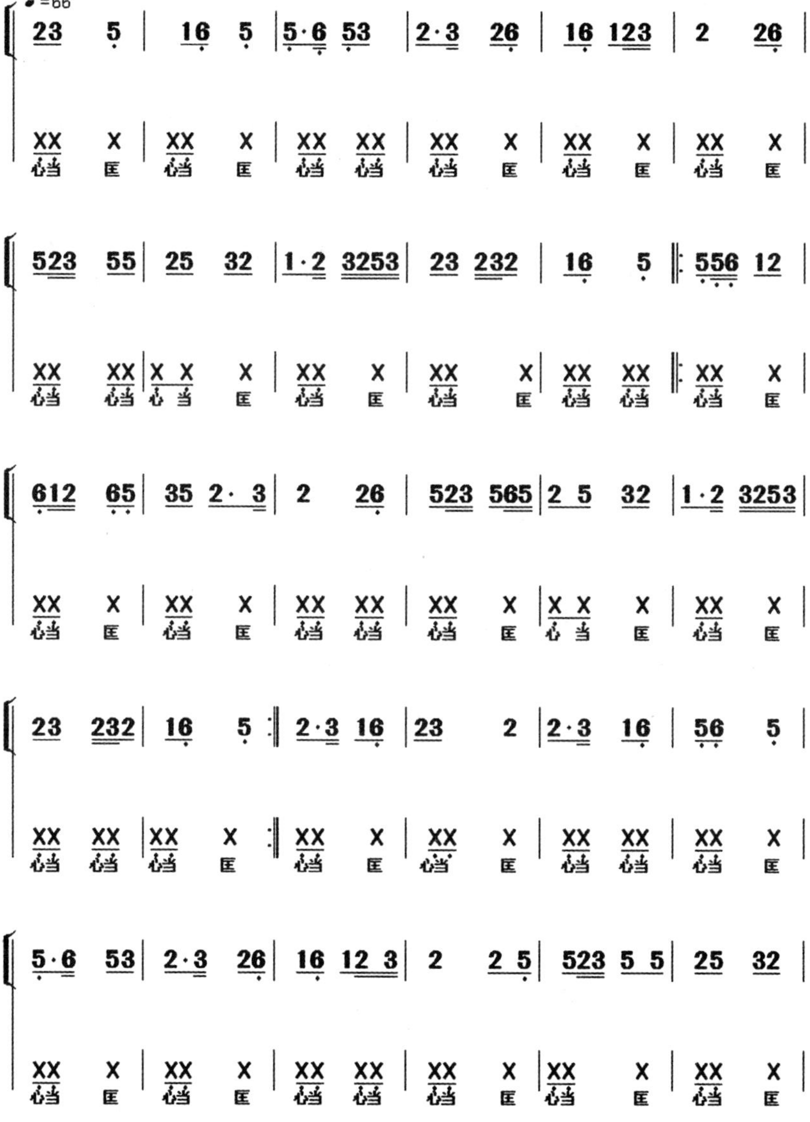

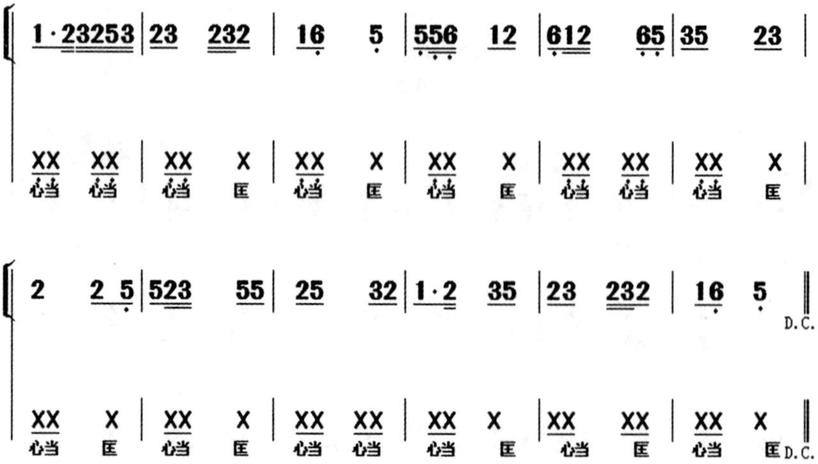

$$\underline{1 \cdot 2}\underline{3253} \mid \underline{23} \quad \underline{232} \mid \underline{16} \quad \underline{5} \mid \underline{556} \quad \underline{12} \mid \underline{612} \quad \underline{65} \mid \underline{35} \quad \underline{23} \mid$$

XX XX │ XX X │ XX X │ XX X │ XX XX │ XX X │
心当 心当 │ 心当 匡 │ 心当 匡 │ 心当 匡 │ 心当 心当 │ 心当 匡 │

$$\underline{2} \quad \underline{25} \mid \underline{523} \quad \underline{55} \mid \underline{25} \quad \underline{32} \mid \underline{1 \cdot 2} \quad \underline{35} \mid \underline{23} \quad \underline{232} \mid \underline{16} \quad \underline{5} \parallel$$
D.C.

XX X │ XX X │ XX XX │ XX X │ XX XX │ XX X ‖
心当 匡 │ 心当 匡 │ 心当 心当 │ 心当 匡 │ 心当 匡 │ 心当 匡 D.C.

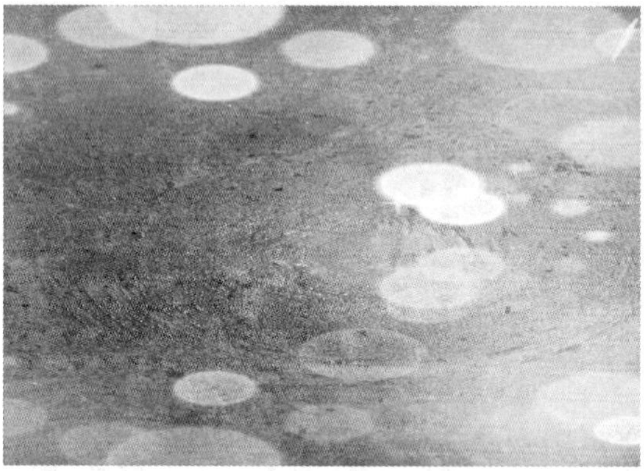

送百神

[唢呐曲 醮山神]

记录：费杰成
演奏：刘政乐班

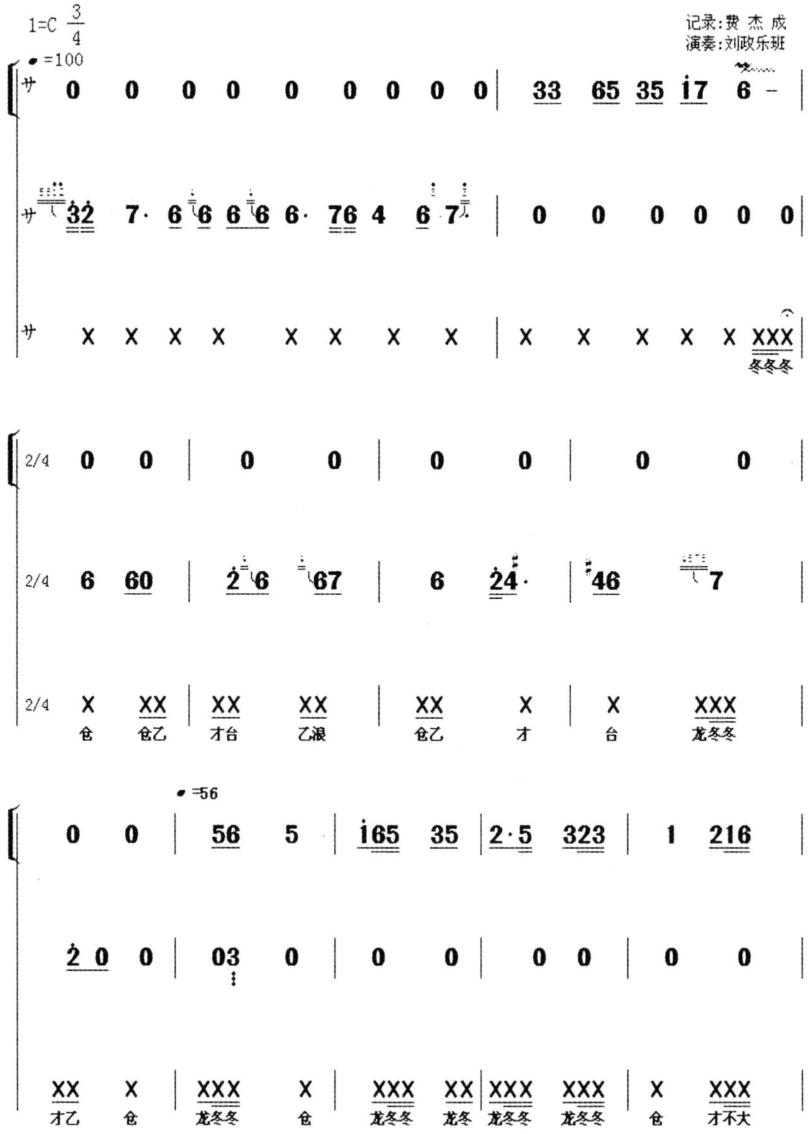

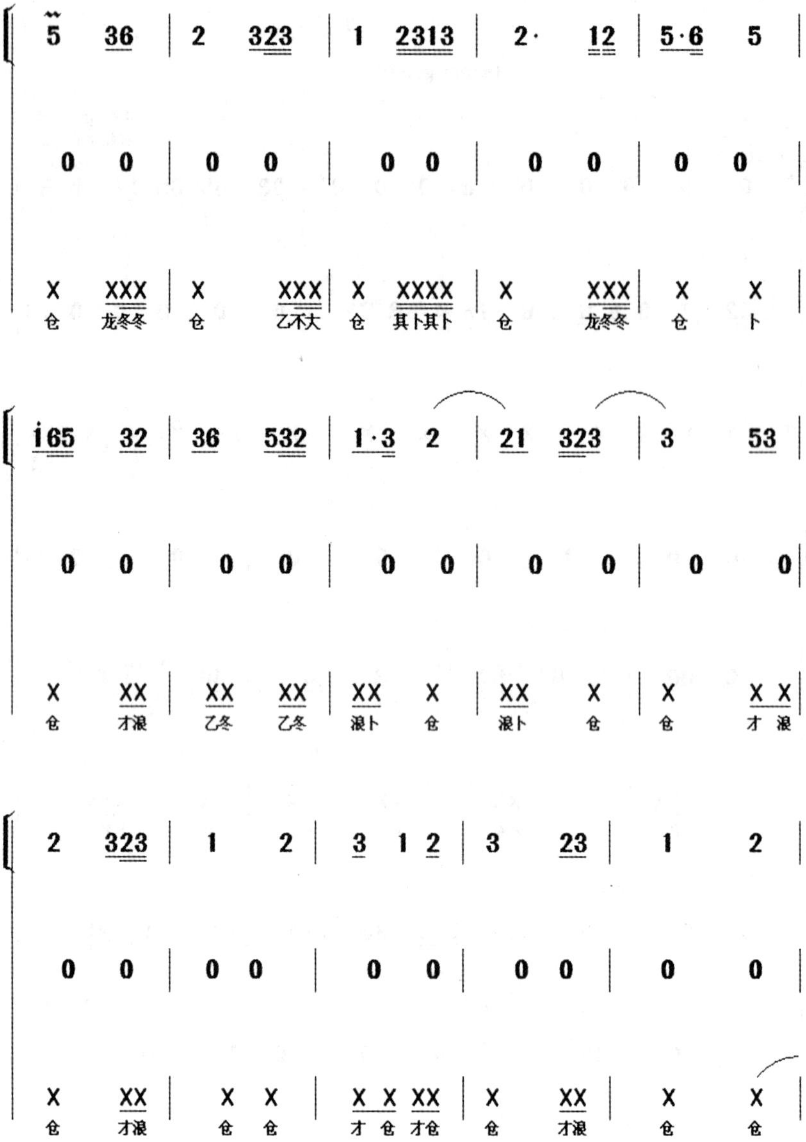

$$\widetilde{5} \quad \underline{36} \mid 2 \quad \underline{323} \mid 1 \quad \underline{2313} \mid \dot{2} \quad \underline{12} \mid \underline{5 \cdot 6} \quad 5 \mid$$

$$0 \quad 0 \mid 0 \quad 0 \mid 0 \quad 0 \mid 0 \quad 0 \mid 0 \quad 0 \mid$$

| X | XXX | X | XXX | X | XXXX | X | XXX | X | X |
| 仓 | 龙冬冬 | 仓 | 乙不大 | 仓 | 其卜其卜 | 仓 | 龙冬冬 | 仓 | 卜 |

$$\underline{\dot{1}65} \quad \underline{32} \mid \underline{36} \quad \underline{532} \mid \underline{1 \cdot 3} \quad 2 \mid \underline{21} \quad \underline{323} \mid 3 \quad \underline{53} \mid$$

$$0 \quad 0 \mid 0 \quad 0 \mid 0 \quad 0 \mid 0 \quad 0 \mid 0 \quad 0 \mid$$

| X | XX | XX | XX | XX | X | XX | X | X | X X |
| 仓 | 才浪 | 乙冬 | 乙冬 | 浪卜 | 仓 | 浪卜 | 仓 | 仓 | 才浪 |

$$2 \quad \underline{323} \mid 1 \quad 2 \mid \underline{3 \quad 1} \quad 2 \mid 3 \quad \underline{23} \mid 1 \quad 2 \mid$$

$$0 \quad 0 \mid 0 \quad 0 \mid 0 \quad 0 \mid 0 \quad 0 \mid 0 \quad 0 \mid$$

| X | XX | X | X | X X | XX | X | XX | X | X |
| 仓 | 才浪 | 仓 | 仓 | 才仓才仓 | 仓 | 才浪 | 仓 | 仓 |

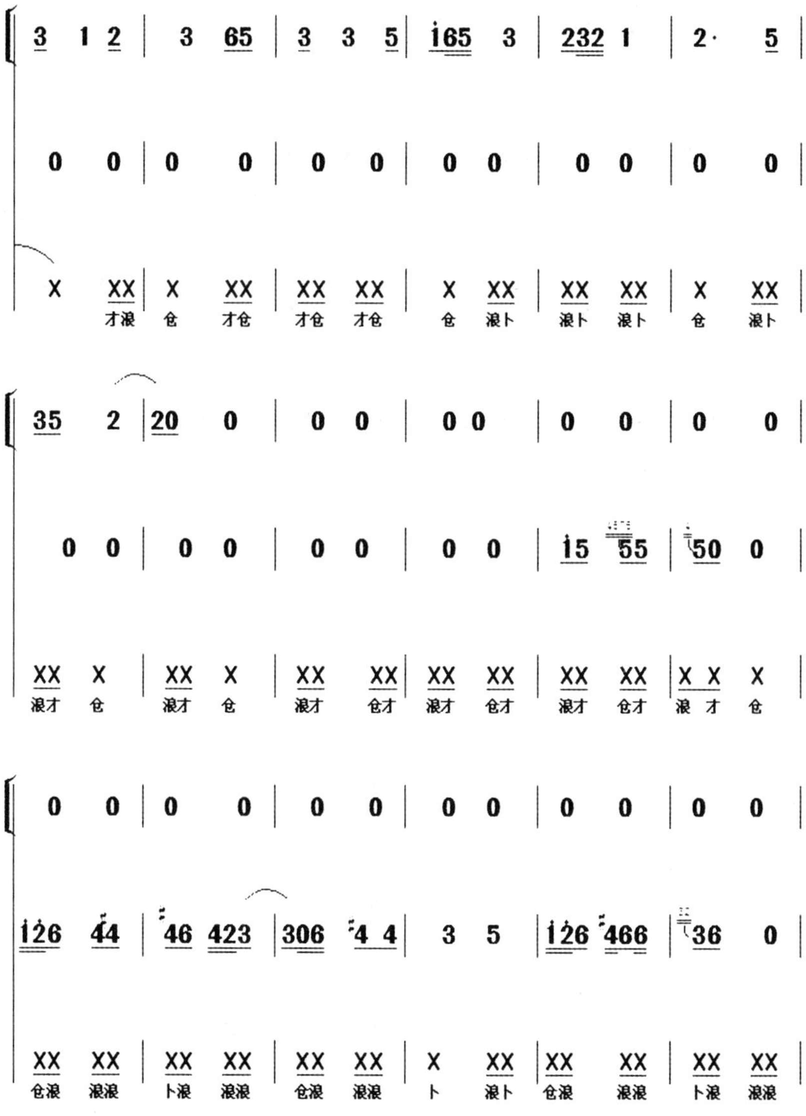
才浪 仓 才仓 才仓 才仓 仓 浪卜 浪卜 浪卜 仓 浪卜
浪才 仓 浪才 仓 浪才 仓才 浪才 仓才 浪才 仓才 浪 才 仓
仓浪 浪浪 卜浪 浪浪 仓浪 浪浪 卜 浪卜 仓浪 浪浪 卜浪 浪浪

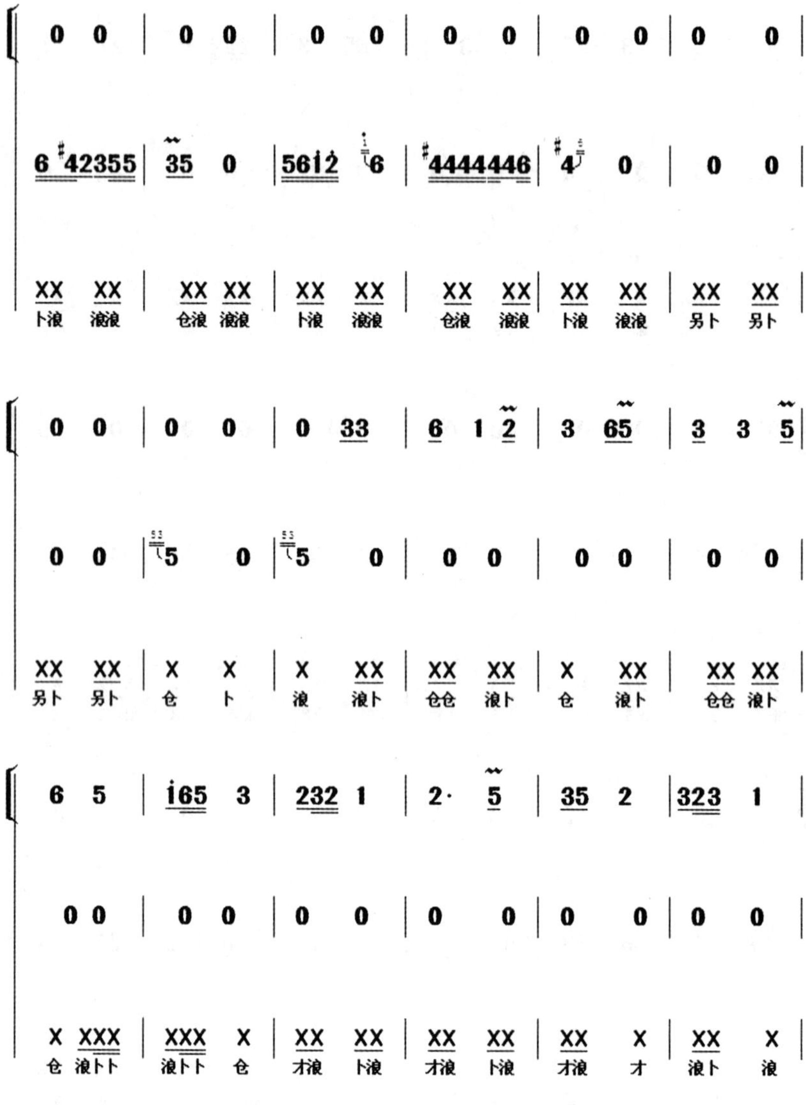

$$ 0 \quad 0 \mid 0 \quad 0 \mid 0 \quad 0 \mid 0 \quad 0 \mid 0 \quad 0 \mid 0 \quad 0 \parallel $$

$$ 6 \ ^{\#}42355 \mid \widetilde{35} \ 0 \mid 5612 \ \dot{\widetilde{6}} \mid ^{\#}4444446 \ ^{\#}\dot{4} \mid 0 \mid 0 \quad 0 \parallel $$

XX　XX ｜ XX　XX ｜ XX　XX ｜ XX　XX ｜ XX　XX ｜ XX　XX ｜
卜浪　浪浪　仓浪　浪浪　卜浪　浪浪　仓浪　浪浪　卜浪　浪浪　另卜　另卜

$$ 0 \quad 0 \mid 0 \quad 0 \mid 0 \quad 33 \mid 6 \ 1 \ \widetilde{2} \mid 3 \ \widetilde{65} \mid 3 \ 3 \ \widetilde{5} \parallel $$

$$ 0 \quad 0 \mid \underset{53}{5} \ 0 \mid \underset{53}{5} \ 0 \mid 0 \quad 0 \mid 0 \quad 0 \mid 0 \quad 0 \parallel $$

XX　XX ｜ X　X ｜ X　XX ｜ XX　XX ｜ X　XX ｜ XX　XX ｜
另卜　另卜　仓　卜　浪　浪卜　仓仓　浪卜　仓　浪卜　仓仓　浪卜

$$ 6 \ 5 \mid \dot{1}65 \ 3 \mid 232 \ 1 \mid 2 \cdot \ \widetilde{5} \mid 35 \ 2 \mid 323 \ 1 \parallel $$

$$ 00 \mid 0 \ 0 \mid 0 \ 0 \mid 0 \ 0 \mid 0 \ 0 \mid 0 \ 0 \parallel $$

X　XXX ｜ XXX　X ｜ XX　XX ｜ XX　XX ｜ XX　X ｜ XX　X ｜
仓　浪卜卜　浪卜卜　仓　才浪　卜浪　才浪　卜浪　才浪　才　浪卜　浪

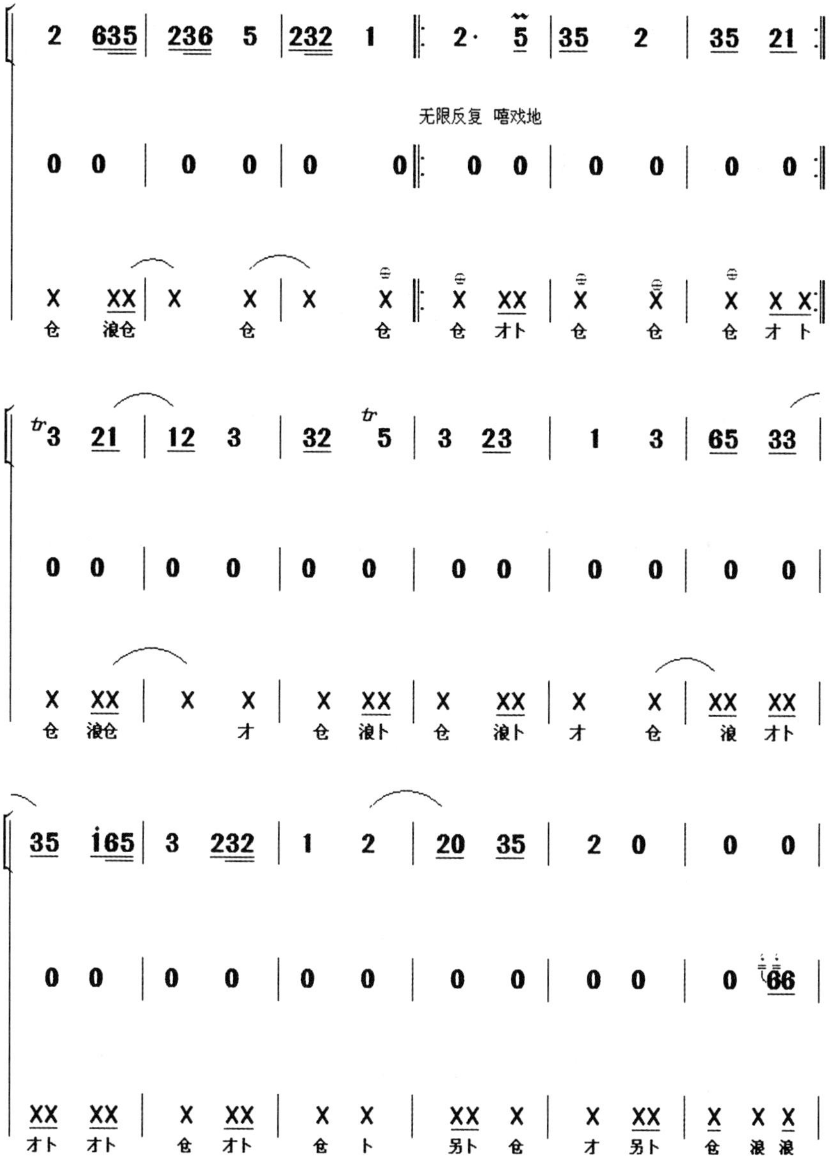

$$2 \quad \underline{635} \mid \underline{236} \quad 5 \mid \underline{232} \quad 1 \parallel 2 \cdot \overset{\sim}{5} \mid \underline{35} \quad 2 \mid \underline{35} \quad \underline{21} \parallel$$

无限反复　嬉戏地

$$0 \quad 0 \mid 0 \quad 0 \mid 0 \quad 0 \parallel 0 \quad 0 \mid 0 \quad 0 \mid 0 \quad 0 \parallel$$

仓　浪仓　仓　仓　仓 才卜 仓　仓　仓 才卜

$$\overset{tr}{3} \quad \underline{21} \mid \underline{12} \quad 3 \mid \underline{32} \quad \overset{tr}{5} \mid 3 \quad \underline{23} \mid 1 \quad 3 \mid \underline{65} \quad \underline{33}$$

$$0 \quad 0 \mid 0 \quad 0 \mid 0 \quad 0 \mid 0 \quad 0 \mid 0 \quad 0 \mid 0 \quad 0$$

仓　浪仓　才 仓 浪卜 仓 浪卜 才 仓 浪 才卜

$$\underline{35} \quad \underline{165} \mid 3 \quad \underline{232} \mid 1 \quad 2 \mid \underline{20} \quad \underline{35} \mid 2 \quad 0 \mid 0 \quad 0$$

$$0 \quad 0 \mid 0 \quad 0 \mid 0 \quad 0 \mid 0 \quad 0 \mid 0 \quad 0 \mid 0 \quad \underline{66}$$

才卜 才卜 仓 才卜 仓 卜 另卜 仓 才 另卜 仓 浪 浪

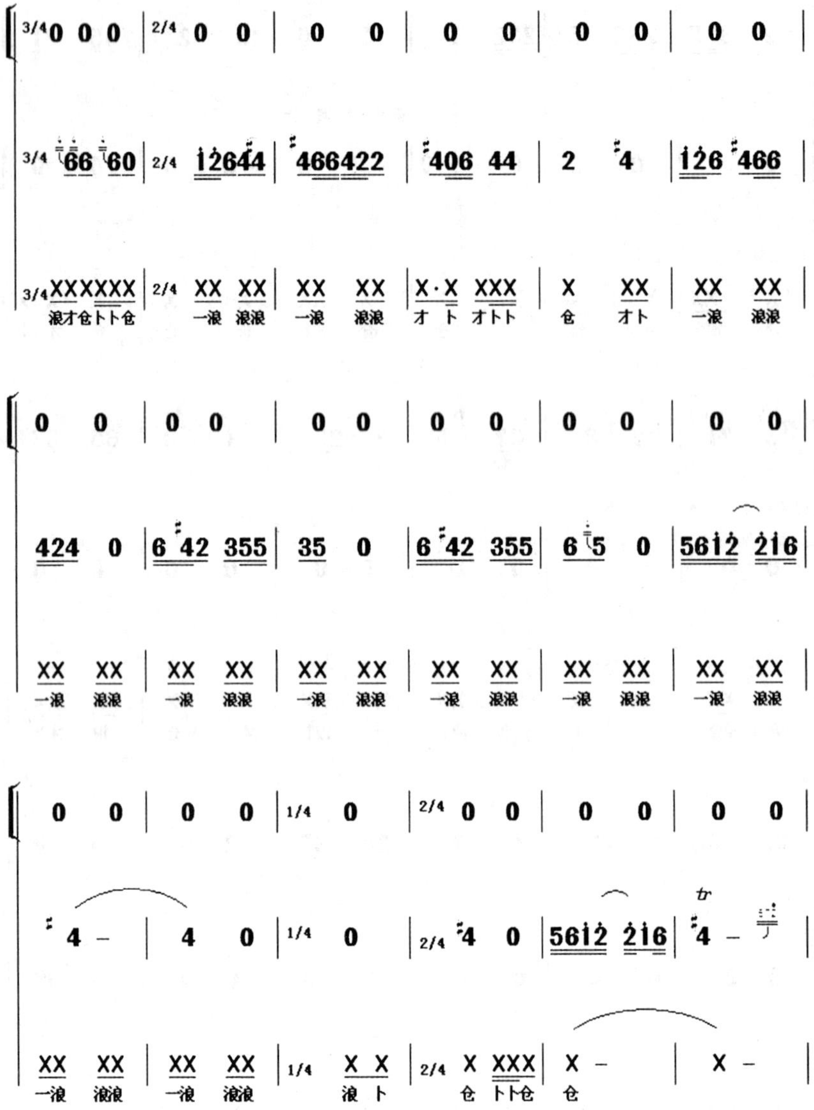
浪才仓卜卜仓
一浪 浪浪
オ 卜 オ卜卜
仓 オ卜
浪 卜
仓 卜卜仓 仓

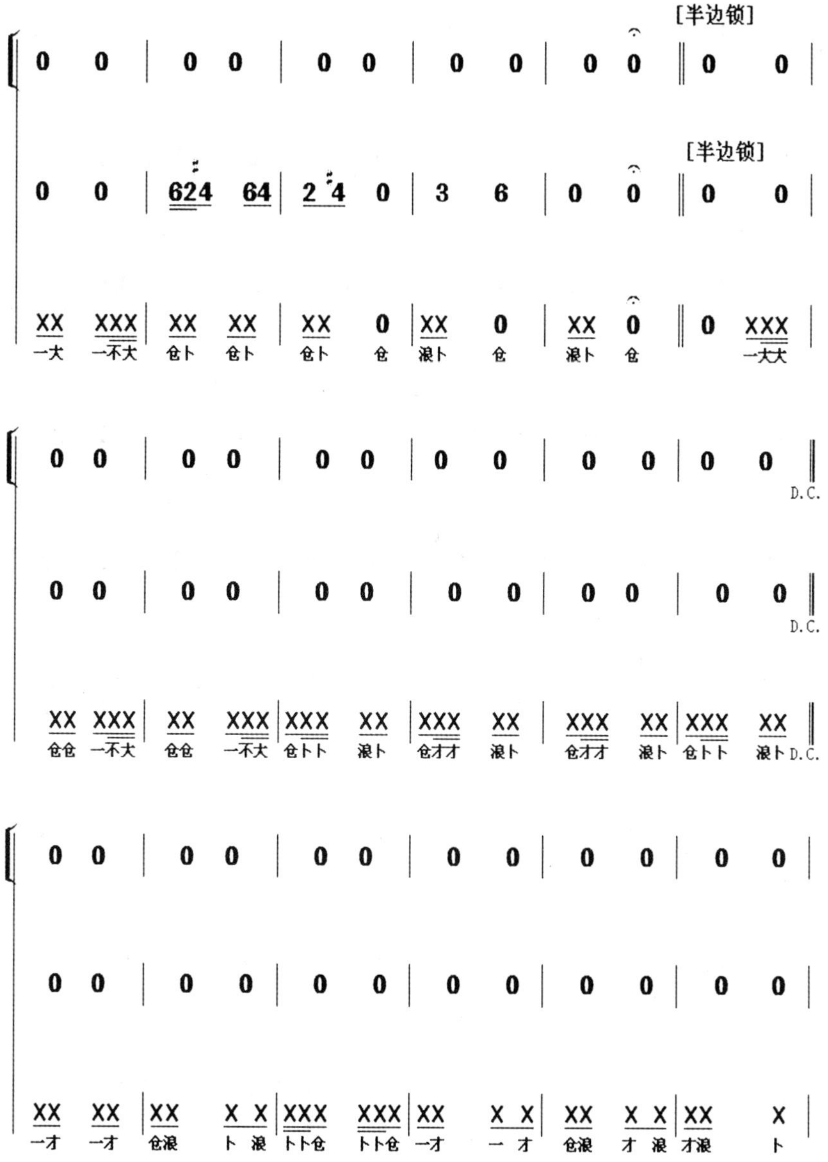

[半边锁]

| 0 | 0 | | 0 | 0 | 0 | 0 | 0 | 0 | 0 | 0 | 0 | 0 || 0 | 0 |

[半边锁]

| 0 | 0 | 6̱2̱4̱ | 6̱4̱ | 2̱ 4̱ | 0 | 3 | 6 | 0 | 0 || 0 | 0 |

| X̱X̱ | X̱X̱X̱ | X̱X̱ | X̱X̱ | X̱X̱ | 0 | X̱X̱ | 0 | X̱X̱ | 0 || 0 | X̱X̱X̱ |
一大　一不大　仓卜　仓卜　仓卜　仓　浪卜　仓　浪卜　仓　　一大大

| 0 | 0 | | 0 | 0 | 0 | 0 | 0 | 0 | 0 | 0 | 0 | 0 | 0 | 0 ‖
　　　　　　　　　　　　　　　　　　　　　　　　　　　　　D.C.

| 0 | 0 | | 0 | 0 | 0 | 0 | 0 | 0 | 0 | 0 | 0 | 0 ‖
　　　　　　　　　　　　　　　　　　　　　　　　D.C.

| X̱X̱ | X̱X̱X̱ | X̱X̱ | X̱X̱X̱ | X̱X̱X̱ | X̱X̱ | X̱X̱X̱ | X̱X̱ | X̱X̱X̱ | X̱X̱ | X̱X̱X̱ | X̱X̱ ‖
仓仓　一不大　仓仓　一不大　仓卜卜　浪卜　仓才才　浪卜　仓才才　浪卜　仓卜卜　浪卜D.C.

| 0 | 0 | | 0 | 0 | 0 | 0 | 0 | 0 | 0 | 0 | 0 | 0 |

| 0 | 0 | | 0 | 0 | 0 | 0 | 0 | 0 | 0 | 0 | 0 | 0 |

| X̱X̱ | X̱X̱ | X̱X̱ | X X | X̱X̱X̱ | X̱X̱X̱ | X̱X̱ | X X | X̱X̱ | X X | X̱X̱ | X |
一才　一才　仓浪　卜浪　卜卜仓　卜卜仓　一才　一才　仓浪　才浪　才浪　卜

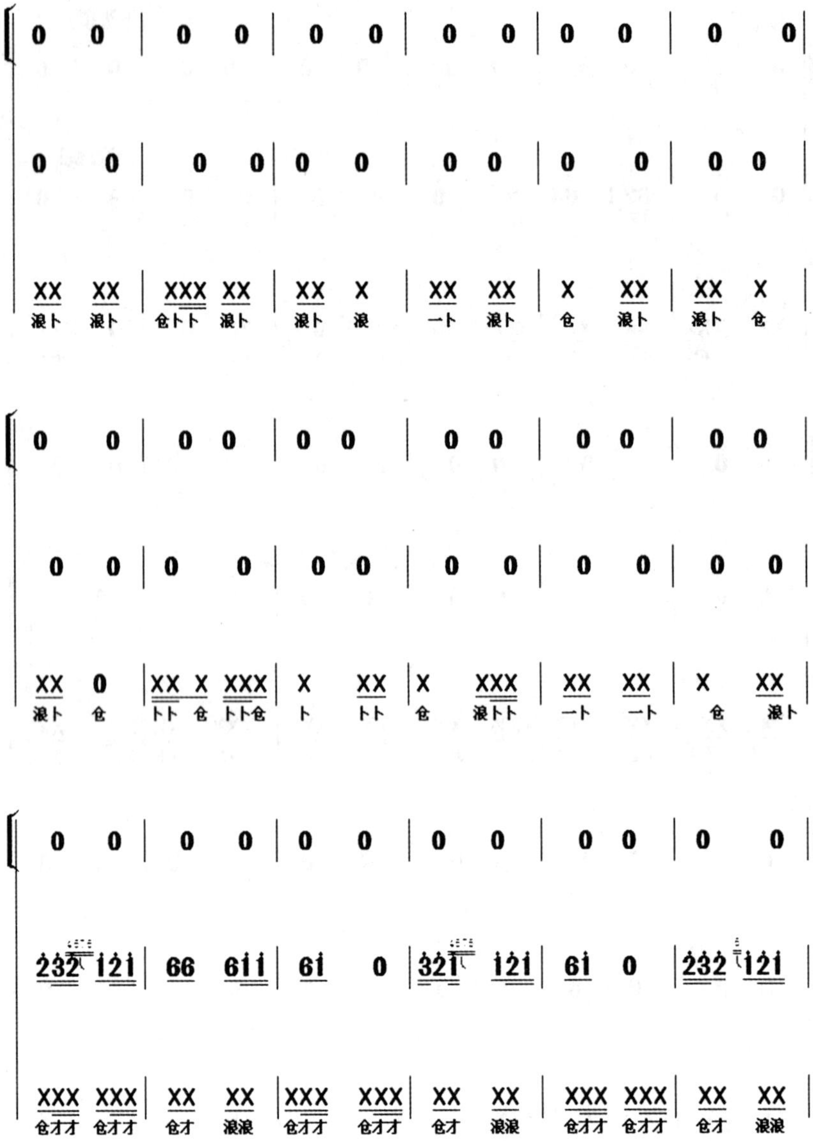
滚卜 滚卜 仓卜卜 滚卜 滚卜 滚 一卜 滚卜 仓 滚卜 滚卜 仓
滚卜 仓 卜卜 仓 卜卜仓 卜 卜卜 仓 滚卜卜 一卜 一卜 仓 滚卜
仓才才 仓才才 仓才 滚滚 仓才才 仓才才 仓才 滚滚 仓才才 仓才才 仓才 滚滚

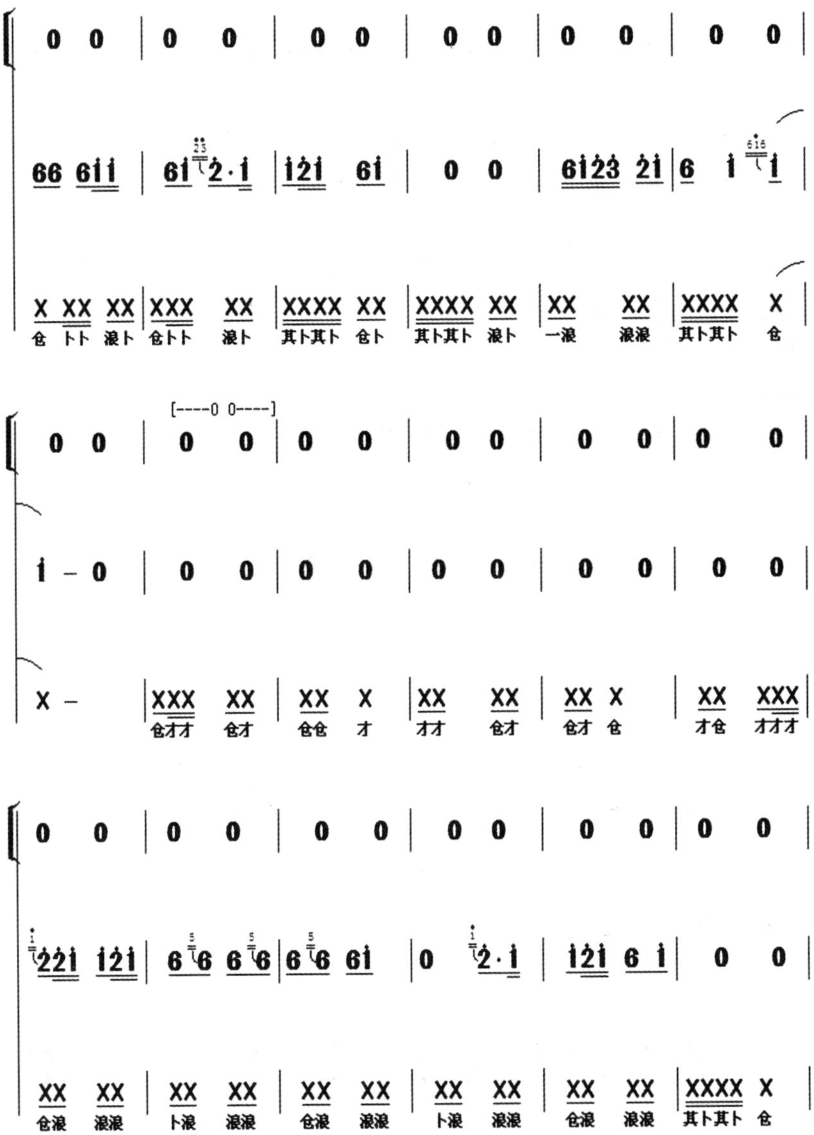

$$0 \quad 0 \mid 0 \quad 0 \mid 0 \quad 0 \mid 0 \quad 0 \mid 0 \quad 0 \mid 0 \quad 0$$

$$\underline{66}\ \underline{6\dot{1}}\dot{1} \mid \underline{6\dot{1}}\ \overset{\underline{2\,3}}{\underline{\dot{2}\cdot\dot{1}}} \mid \underline{\dot{1}2\dot{1}}\ \underline{6\dot{1}} \mid 0 \quad 0 \mid \underline{6\dot{1}2\,3}\ \underline{2\dot{1}}\ 6 \mid \dot{1}\ \overset{\underline{6\,\dot{1}6}}{\dot{1}}$$

X X | X X | X X | X X X X | X X | X X X X | X X | X X | X X | X X X X | X
仓 卜 卜 浪 卜 仓 卜 卜 浪 卜 其 卜 其 卜 仓 卜 其 卜 其 卜 浪 卜 一 浪 浪 浪 其 卜 其 卜 仓

$$0 \quad 0 \mid \overset{[----0\ 0----]}{0\quad 0} \mid 0 \quad 0 \mid 0 \quad 0 \mid 0 \quad 0 \mid 0 \quad 0$$

$$\dot{1}\ -\ \mid 0 \quad 0 \mid 0 \quad 0 \mid 0 \quad 0 \mid 0 \quad 0 \mid 0 \quad 0$$

X － | X X X | X X | X X | X | X X | X X | X X | X | X X | X X X
仓 才 仓 才 仓 仓 才 才 才 仓 才 仓 才 仓 才 仓 才 才

$$0 \quad 0 \mid 0 \quad 0 \mid 0 \quad 0 \mid 0 \quad 0 \mid 0 \quad 0 \mid 0 \quad 0$$

$$\overset{\dot{1}}{\underline{2}}\underline{2\dot{1}}\ \underline{\dot{1}2\dot{1}} \mid \underline{6}\overset{5}{\underline{6}}\ \underline{6}\overset{5}{\underline{6}}\ \underline{6}\overset{5}{\underline{6}}\ \underline{6\dot{1}} \mid 0\ \overset{\dot{1}}{\underline{\dot{2}\cdot\dot{1}}} \mid \underline{\dot{1}2\dot{1}}\ \underline{6\ \dot{1}} \mid 0 \quad 0$$

X X | X X | X X | X X | X X | X X | X X | X X | X X | X X | X X X X | X
仓 浪 浪 浪 卜 浪 浪 浪 仓 浪 浪 浪 卜 浪 浪 浪 仓 浪 浪 浪 其 卜 其 卜 仓

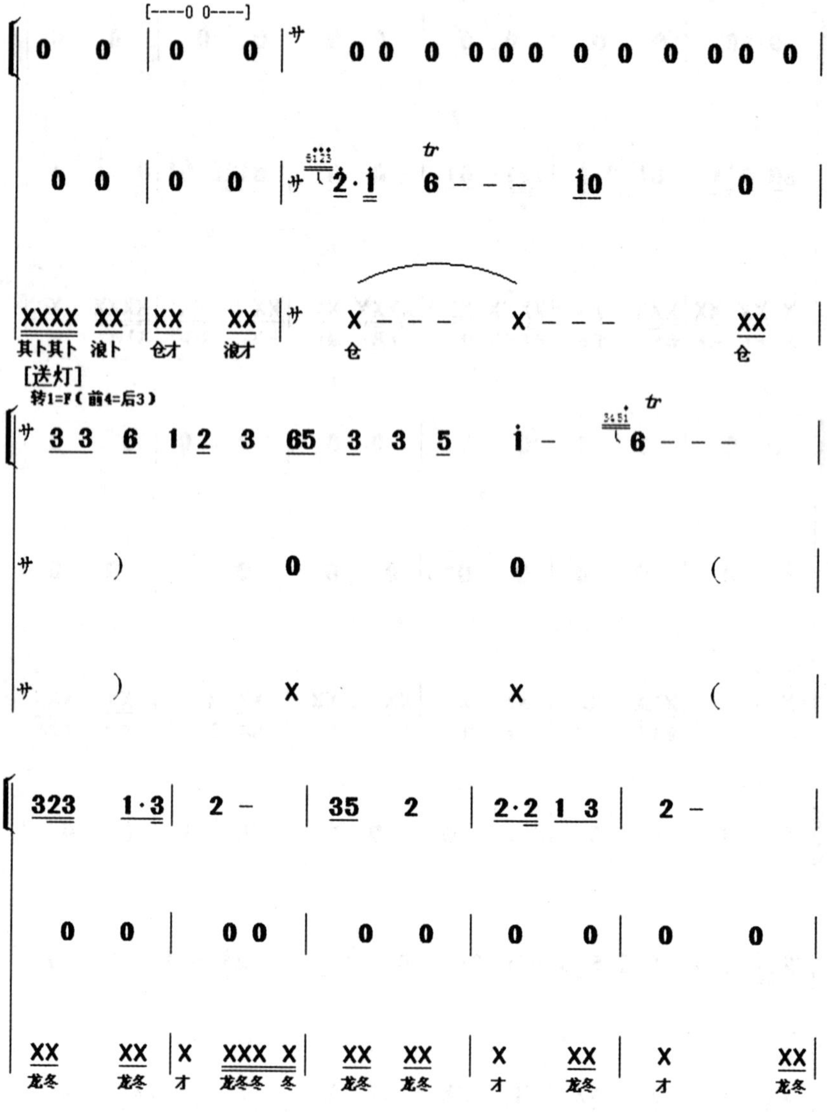
其卜其卜 滚卜 仓才 滚才 仓 仓
[送灯]
转1=F（前4=后3）
龙冬 龙冬 才 龙冬冬 冬 龙冬 龙冬 才 龙冬 才 龙冬

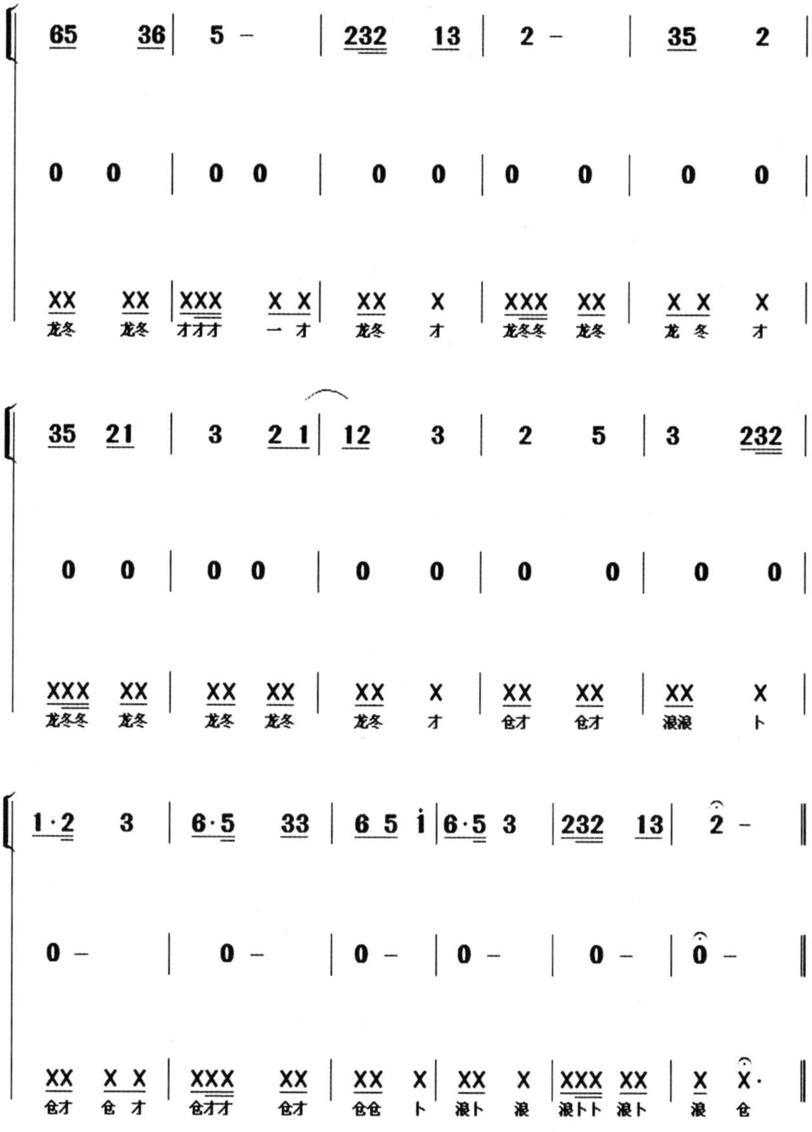
龙冬 龙冬 才才才 一 才 龙冬 才 龙冬冬 龙冬 龙 冬 才
龙冬冬 龙冬 龙冬 龙冬 龙冬 才 仓才 仓才 浪浪 卜
仓才 仓 才 仓才才 仓才 仓仓 卜 浪卜 浪 浪卜卜 浪卜 浪 仓

采集地点：阳新东源　采录时间：1981/11/29

卷　帘

[唢呐与击乐]

石则仁 演奏

费杰成 采记

1=F $\frac{2}{4}$ (筒音=5)

♩=73

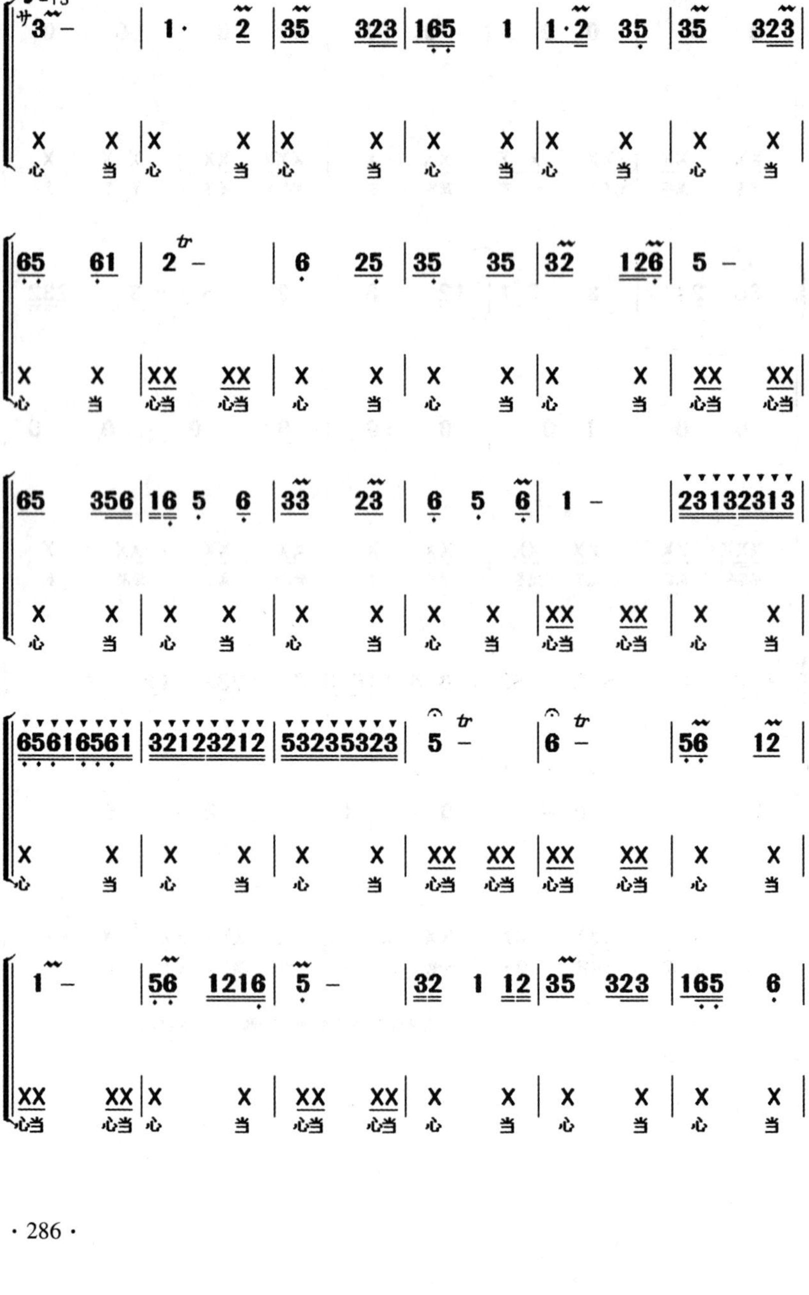

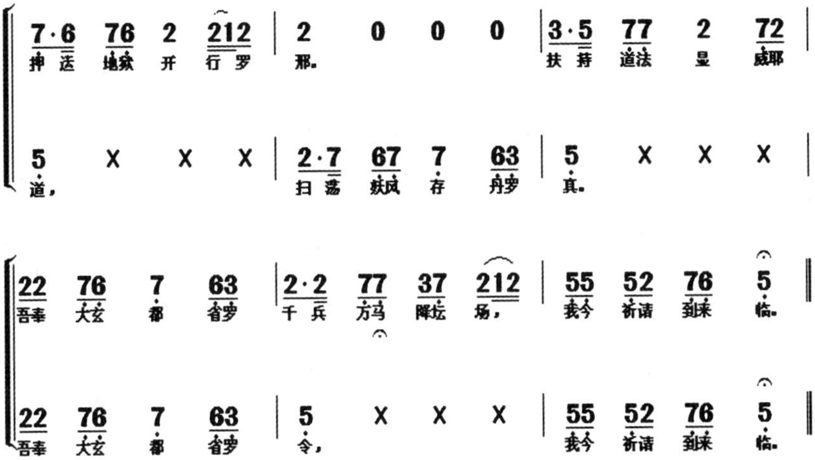

采集地点：阳新文化馆　采记时间：1981/11/28

哭　皇　天

［唢呐曲　曲牌］

石则仁　演奏
费杰成　采录

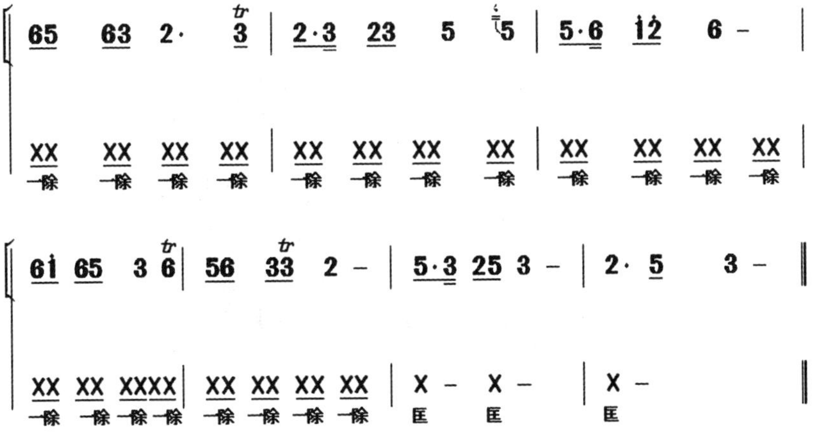

采集地点：阳新杉木　采录时间：1980/4/8

七星槌

[锣鼓曲]

费杰成 采录
张丙富 传谱

1=C 2/4   ♩=76 [1]

X	XX	X	XX	XXX	XX	XXX	XX	X	X	XX	X		X
匡	除除	匡	除除	匡除除	一除	匡除除	一除	匡	匡	除除	匡		浪

X	XX	X	XX	X	XX	X	XX	X	X	XX	X	X
浪	心当	浪	心当	浪	心当	浪	心当	浪	浪	心当	浪	浪

[2]

X	X	XX	XX	XX	XX	X	XXXX	X	X	XX	X -		X -
大	大	除除	除除	匡匡	一除	匡	除除除除	匡	匡	除除	匡		浪

X -	X -	XX	XX	X	X	X	X -	X -
浪	浪	心当	心当	一浪	浪	浪		浪

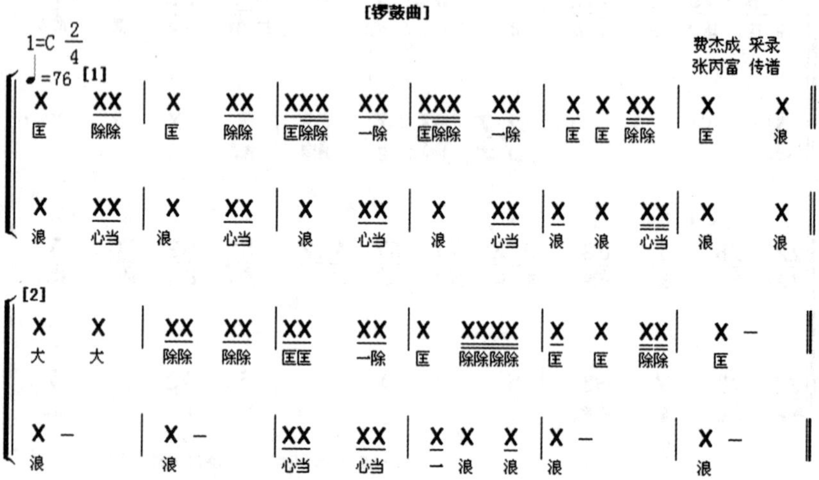

采集地点：颜真观   采录时间：2016/3/16

请水安龙

[唢呐曲牌]

费杰成 采录
胡国祥 传谱

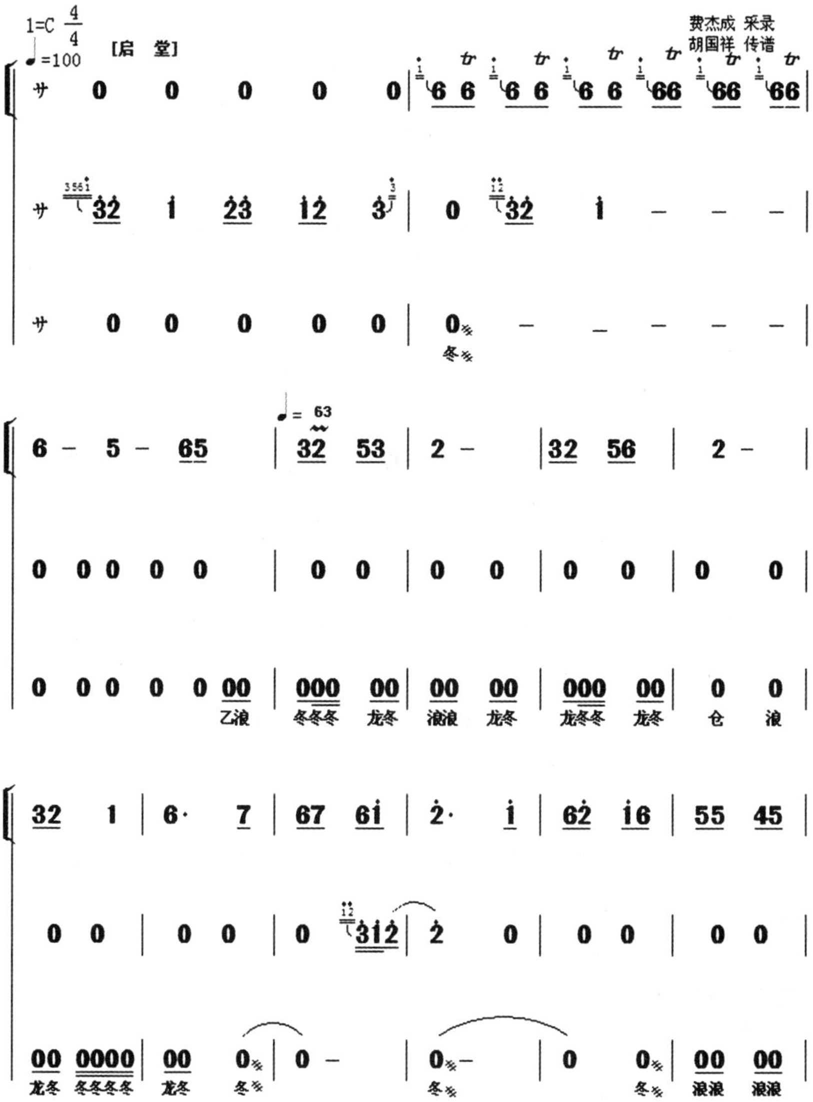

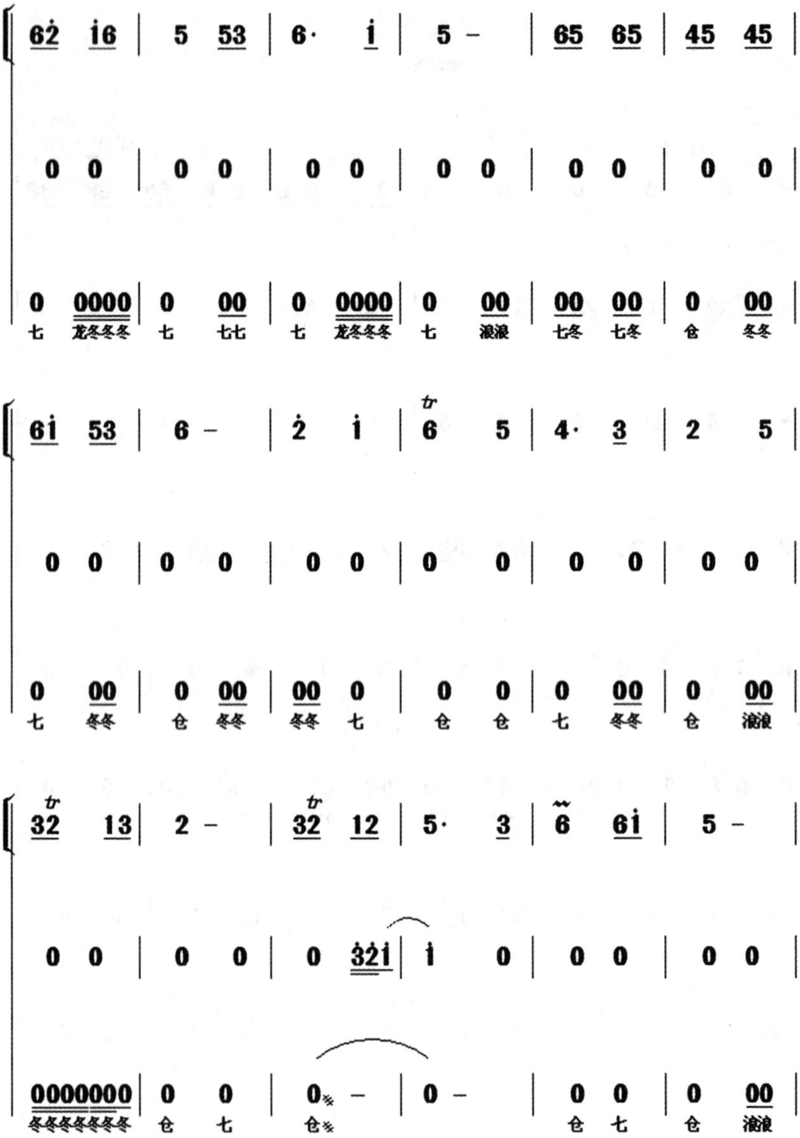
七 龙冬冬冬 七 七七 七 龙冬冬冬 七 滚滚 七冬 七冬 仓 冬冬
七 冬冬 仓 冬冬 冬冬 七 仓 仓 七 冬冬 仓 滚滚
冬冬冬冬冬冬冬 仓 七 仓 仓 七 仓 滚滚

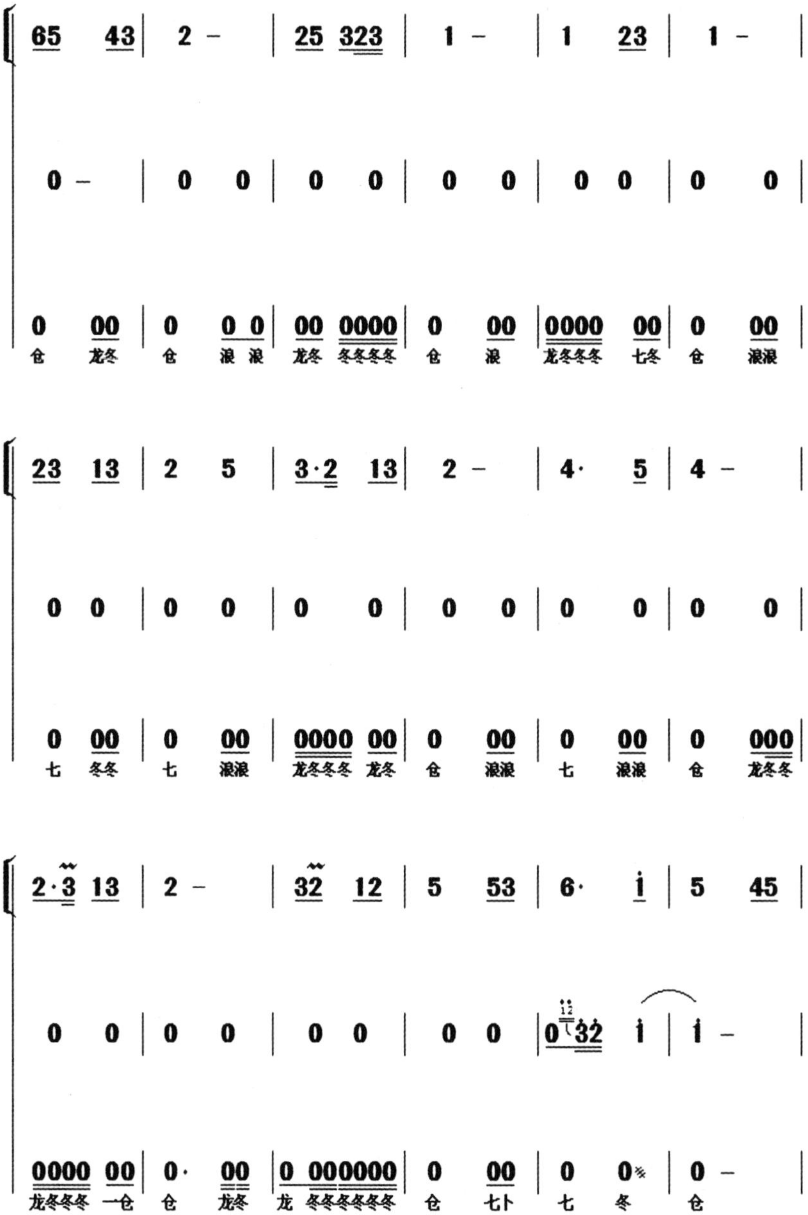

$$\underline{65} \quad \underline{43} \mid 2 \ - \ \mid \underline{25} \ \underline{323} \mid 1 \ - \ \mid 1 \quad \underline{23} \mid 1 \ - \ \mid$$

$$0 \ - \ \mid 0 \quad 0 \mid 0 \quad 0 \mid 0 \quad 0 \mid 0 \quad 0 \mid 0 \quad 0 \mid$$

$$0 \quad \underline{00} \mid 0 \quad \underline{0\ 0} \mid \underline{00} \ \underline{0000} \mid 0 \quad \underline{00} \mid \underline{0000} \ \underline{00} \mid 0 \quad \underline{00} \mid$$

仓　龙冬　仓　浪浪　龙冬 冬冬冬　仓　浪　龙冬冬冬 七冬　仓　浪浪

$$\underline{23} \ \underline{13} \mid 2 \quad 5 \mid \underline{3 \cdot 2} \ \underline{13} \mid 2 \ - \ \mid \underline{4 \cdot} \ 5 \mid 4 \ - \ \mid$$

$$0 \quad 0 \mid 0 \quad 0 \mid 0 \quad 0 \mid 0 \quad 0 \mid 0 \quad 0 \mid 0 \quad 0 \mid$$

$$\underline{0} \quad \underline{00} \mid 0 \quad \underline{00} \mid \underline{0000} \ \underline{00} \mid 0 \quad \underline{00} \mid 0 \quad \underline{00} \mid 0 \quad \underline{000} \mid$$

七　冬冬　七　浪浪　龙冬冬冬　龙冬　仓　浪浪　七　浪浪　仓　龙冬冬

$$\underline{2 \cdot \overset{\frown}{3}} \ \underline{13} \mid 2 \ - \ \mid \underline{\overset{\frown}{32}} \ \underline{12} \mid 5 \quad \underline{53} \mid \underline{6 \cdot} \ \dot{1} \mid 5 \quad \underline{45} \mid$$

$$0 \quad 0 \mid 0 \quad 0 \mid 0 \quad 0 \mid 0 \quad 0 \mid 0 \ \underline{\overset{11}{32}} \ \dot{1} \mid \dot{1} \ - \ \mid$$

$$\underline{0000} \ \underline{00} \mid \underline{0 \cdot} \ \underline{00} \mid \underline{0} \ \underline{000000} \mid 0 \quad \underline{00} \mid 0 \quad 0 \overset{\%}{} \mid 0 \ - \ \mid$$

龙冬冬冬 一仓　仓　龙冬　龙 冬冬冬冬冬　仓　七卜　七　冬　仓

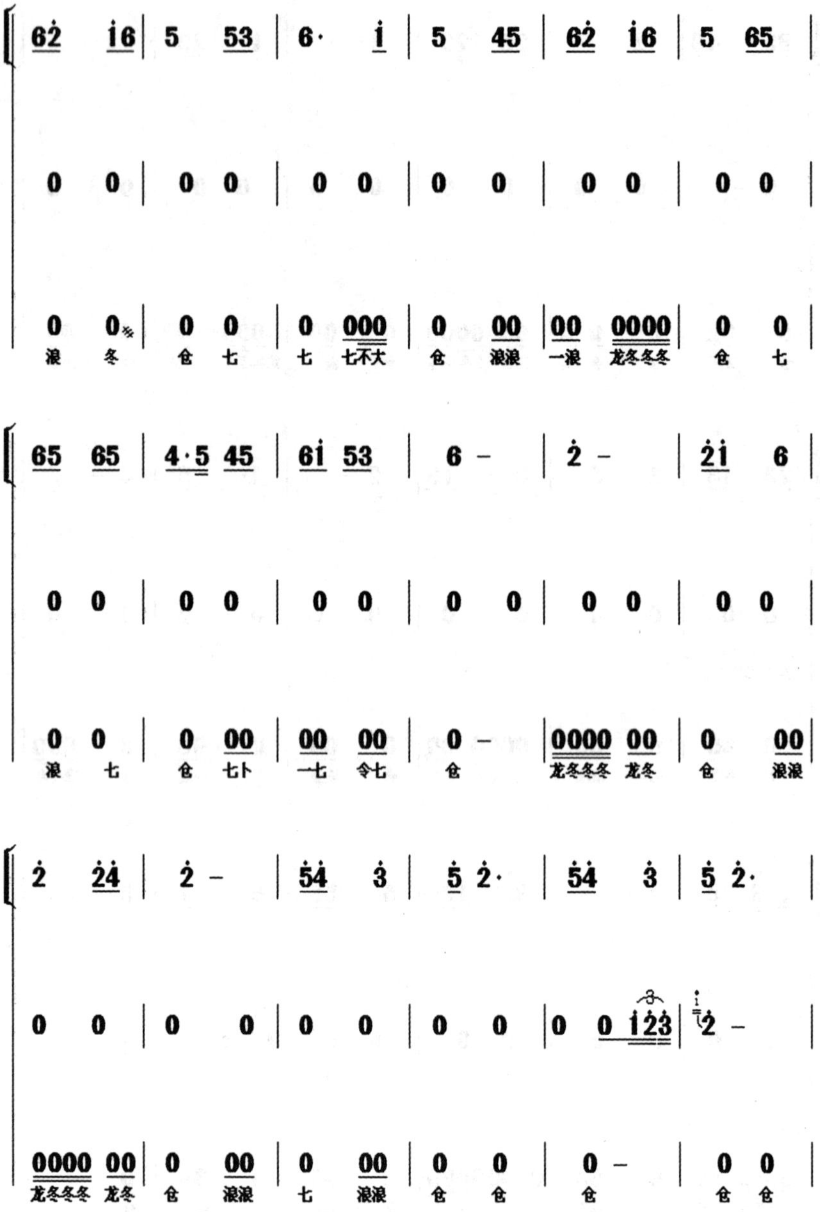

$$\underline{2\dot{5}}\ 4\ |\ 6\cdot\ 7\ |\ \underline{6\cdot}\ \underline{7}\ \underline{6\dot{1}}\ |\ \dot{2}\cdot\ \dot{1}\ |\ \underline{6\dot{2}}\ \underline{\dot{1}6}\ |\ 5\underline{\dot{5}}\ 45\ |$$

$$0\ 0\ |\ 0\ 0\ |\ 0\ 0\ |\ 0\ 0\ |\ 0\ 0\ |\ 0\ 0\ |$$

$$0\ \underline{0000}\ |\ 0\ 0\ |\ 0\ 0\ |\ 0\cdot\ 0\ |\ 0\ \underline{00}\ |\ 0\ 0\ |$$

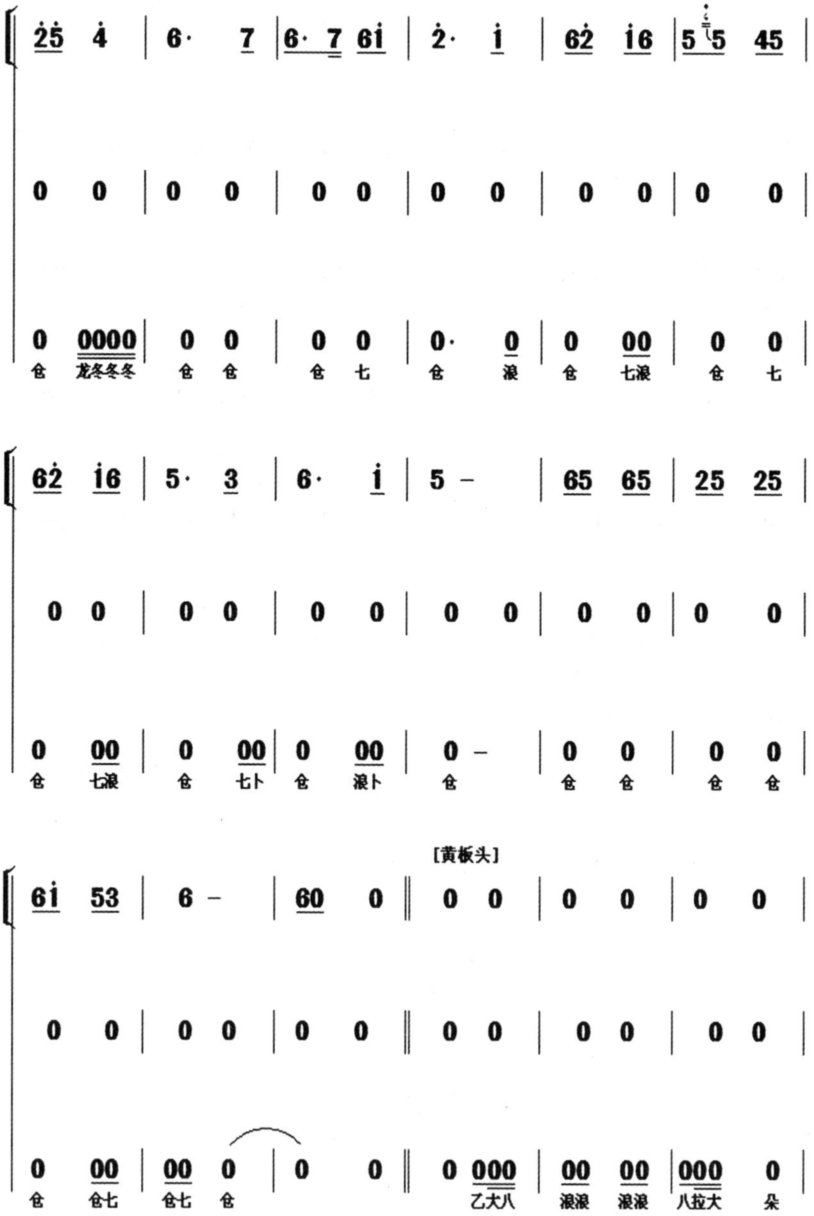

仓 龙冬冬冬 仓 仓 仓 七 仓 浪 仓 七浪 仓 七

$$\underline{6\dot{2}}\ \underline{\dot{1}6}\ |\ 5\cdot\ 3\ |\ 6\cdot\ \dot{1}\ |\ 5\ -\ |\ \underline{65}\ \underline{65}\ |\ \underline{25}\ \underline{25}\ |$$

$$0\ 0\ |\ 0\ 0\ |\ 0\ 0\ |\ 0\ 0\ |\ 0\ 0\ |\ 0\ 0\ |$$

$$0\ \underline{00}\ |\ 0\ \underline{00}\ |\ 0\ \underline{00}\ |\ 0\ -\ |\ 0\ 0\ |\ 0\ 0\ |$$

仓 七浪 仓 七卜 仓 浪卜 仓 仓 仓 仓 仓

[黄板头]

$$\underline{6\dot{1}}\ \underline{53}\ |\ 6\ -\ |\ \underline{60}\ 0\ \|\ 0\ 0\ |\ 0\ 0\ |\ 0\ 0\ |$$

$$0\ 0\ |\ 0\ 0\ |\ 0\ 0\ \|\ 0\ 0\ |\ 0\ 0\ |\ 0\ 0\ |$$

$$0\ \underline{00}\ |\ \underline{00}\ 0\ |\ 0\ \ \ 0\ \|\ 0\ \underline{000}\ |\ \underline{00}\ \underline{00}\ |\ \underline{000}\ 0\ |$$

仓 仓七 仓七 仓 乙大八 浪浪 浪浪 八拉大 朵

$$\left[\begin{array}{c} 0 \quad 0 \mid 0 \quad 0 \mid 0 \ 0 \mid 0 \ 0 \mid 0 \ 0 \mid 0 \ 0 \| \end{array}\right.$$

$$0 \quad 0 \mid 0 \quad 0 \mid 0 \qquad \mid 0 \ 0 \mid 0 \ 0 \mid 0 \ 0 \|$$

000	0	000	000	00	00	00	000	00	00	0	00 ‖
八拉大	朵	八拉大	八拉大	浪浪	浪浪	乙浪	乙不太	仓卜	仓卜	仓	乙卜

$$\left[\begin{array}{c} 0 \quad 0 \mid 0 \ 0 \mid 0 \ 0 \mid 0 \ 0 \mid 0 \ 0 \mid 0 \ 0 \| \end{array}\right.$$

$$0 \quad 0 \mid 0 \ 0 \mid 0 \ 0 \mid 0 \ 0 \mid 0 \ 0 \mid 0 \quad 0 \|$$

0	0	00	00	000	00	00	00	00	0	0	— ‖
仓	浪	仓仓	乙仓	乙不大	乙七	乙仓	乙仓	乙大	七	仓	

♩ =

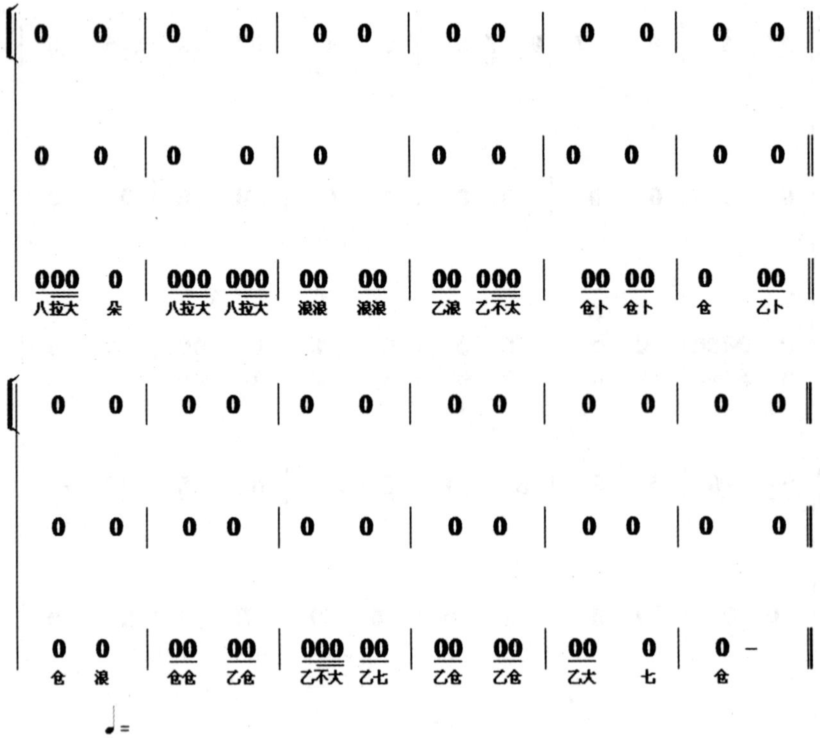

采集地点：阳新韦源口东湖村　采录时间：1980/5/20

尚飨

[斋仪 唢呐曲]

费杰成 记录
石则仁 演奏

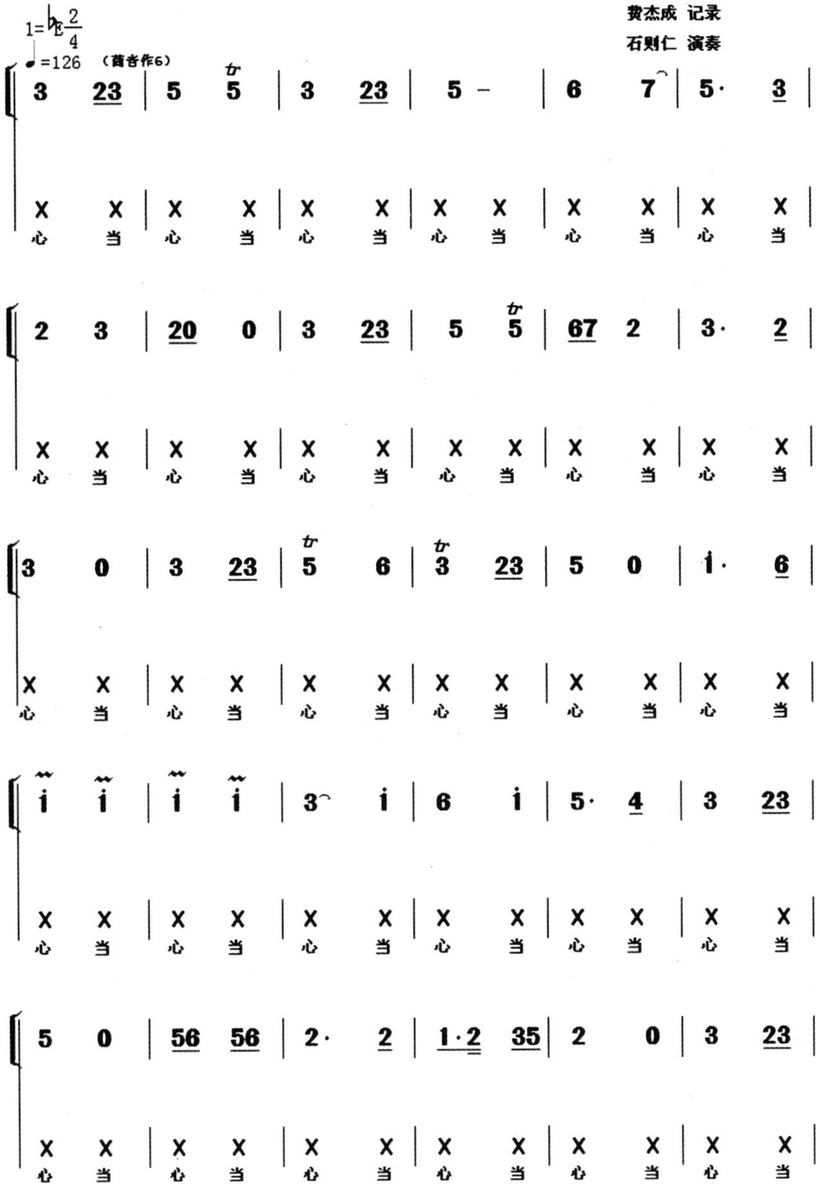

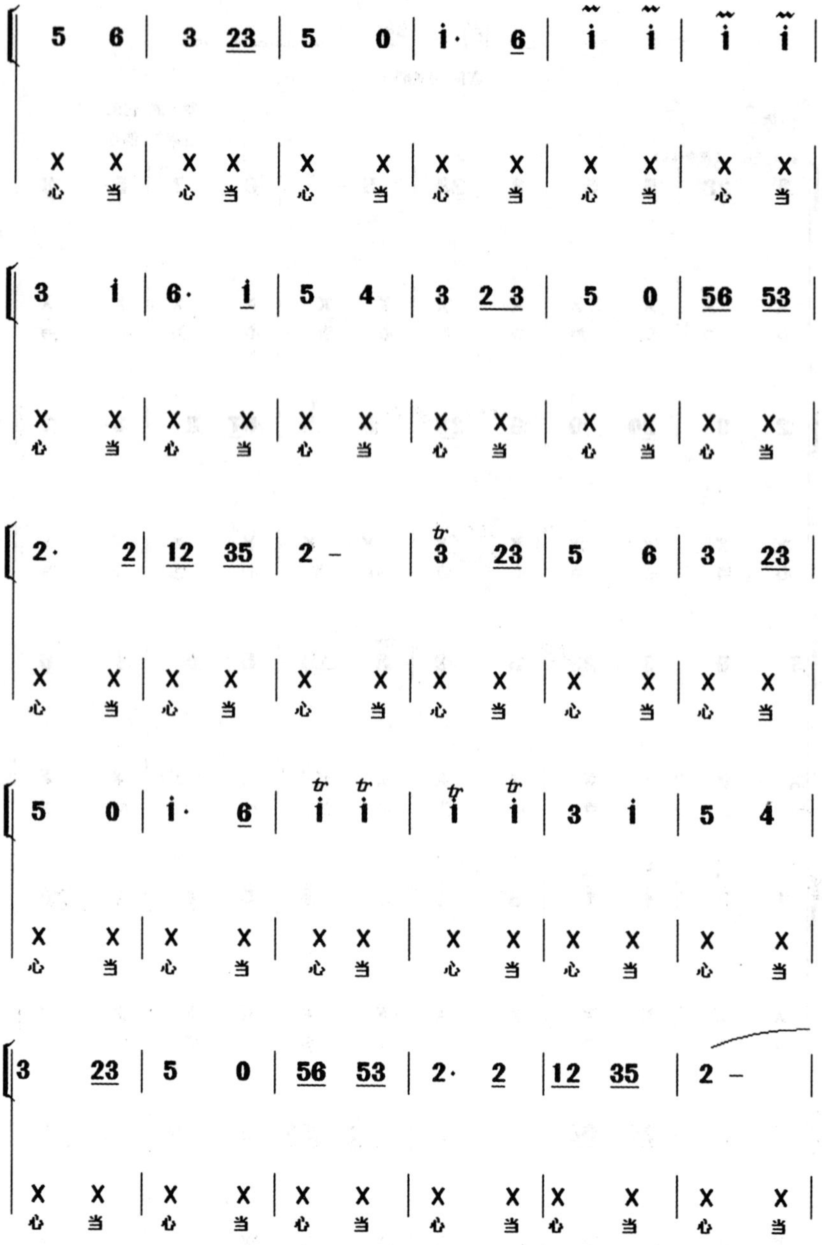

$$5 \quad 6 \mid 3 \quad \underline{23} \mid 5 \quad 0 \mid \dot{1} \cdot \dot{6} \mid \widetilde{\dot{1}} \quad \widetilde{\dot{1}} \mid \widetilde{\dot{1}} \quad \widetilde{\dot{1}} \mid$$

$$\underset{心}{×} \quad \underset{当}{×} \mid \underset{心}{×} \quad \underset{当}{×} \mid \underset{心}{×} \quad \underset{当}{×} \mid \underset{心}{×} \quad \underset{当}{×} \mid \underset{心}{×} \quad \underset{当}{×} \mid \underset{心}{×} \quad \underset{当}{×} \mid$$

$$3 \quad \dot{1} \mid 6 \cdot \dot{1} \mid 5 \quad 4 \mid 3 \quad \underline{23} \mid 5 \quad 0 \mid \underline{56} \quad \underline{53} \mid$$

$$\underset{心}{×} \quad \underset{当}{×} \quad ×\mid × \quad × \quad ×\mid × \quad ×\mid × \quad × \quad ×\mid × \quad × \quad ×\mid × \quad ×\mid$$

$$2 \cdot \quad 2 \mid \underline{12} \quad \underline{35} \mid 2 \quad - \mid \overset{tr}{3} \quad \underline{23} \mid 5 \quad 6 \mid 3 \quad \underline{23} \mid$$

$$\underset{心}{×} \quad \underset{当}{×} \quad ×\mid × \quad ×\mid × \quad × \quad ×\mid × \quad × \mid × \quad × \quad ×\mid × \quad × \mid$$

$$5 \quad 0 \mid \dot{1} \cdot \dot{6} \mid \overset{tr}{\dot{1}} \quad \overset{tr}{\dot{1}} \mid \overset{tr}{\dot{1}} \quad \overset{tr}{\dot{1}} \mid 3 \quad \dot{1} \mid 5 \quad 4 \mid$$

$$\underset{心}{×} \quad \underset{当}{×} \quad × \mid × \quad × \mid × \quad × \mid × \quad × \quad × \mid × \quad × \mid × \quad × \mid$$

$$3 \quad \underline{23} \mid 5 \quad 0 \mid \underline{56} \quad \underline{53} \mid 2 \cdot \quad 2 \mid \underline{12} \quad \underline{35} \mid 2 \quad - \mid$$

$$\underset{心}{×} \quad \underset{当}{×} \mid × \quad × \mid × \quad × \mid × \quad × \mid × \quad × \mid × \quad × \mid$$

[采集地点：阳新杉木　采录时间：1980/4/7]

大开门

[敬神调]

费杰成 采记

罗祖武 张丙富传谱

1=♭C 2/4 [蔄音=5]

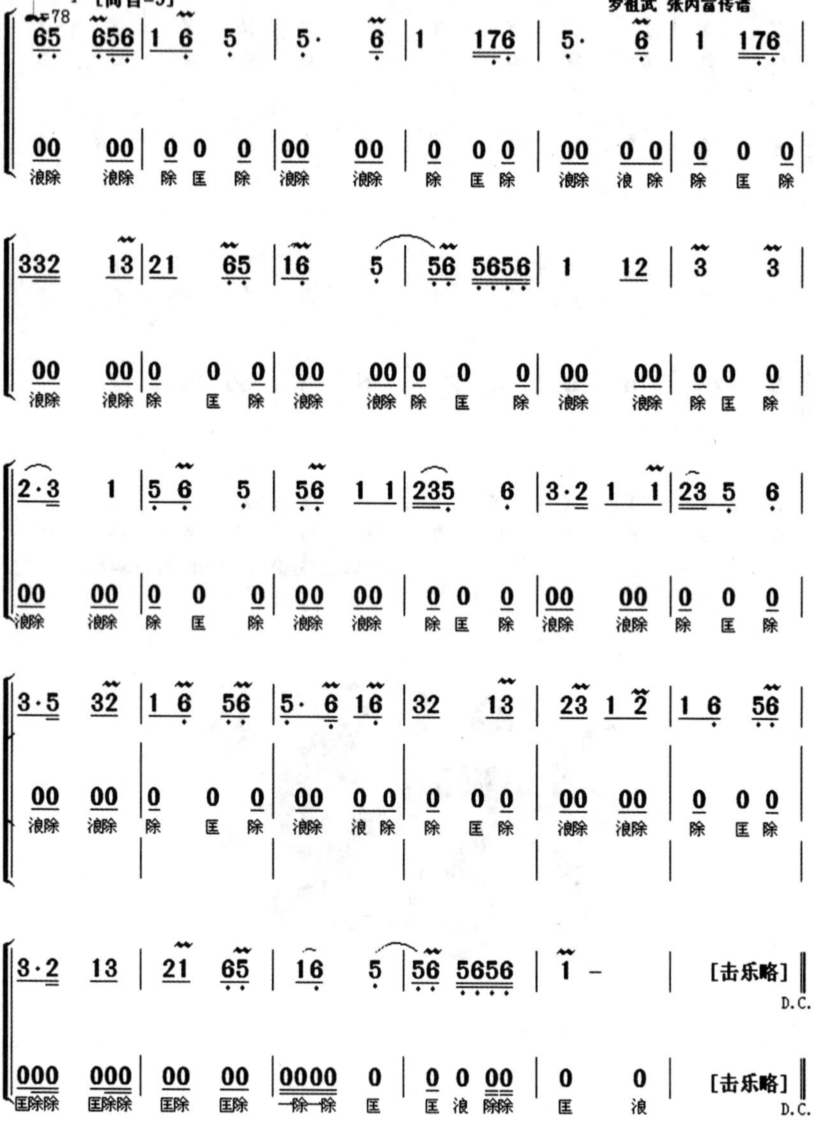

大开门

[斋堂乐 款亡魂]

石则仁 演唱
费杰成 采录

1=F $\frac{2}{4}$
♩=74（啇音作5）

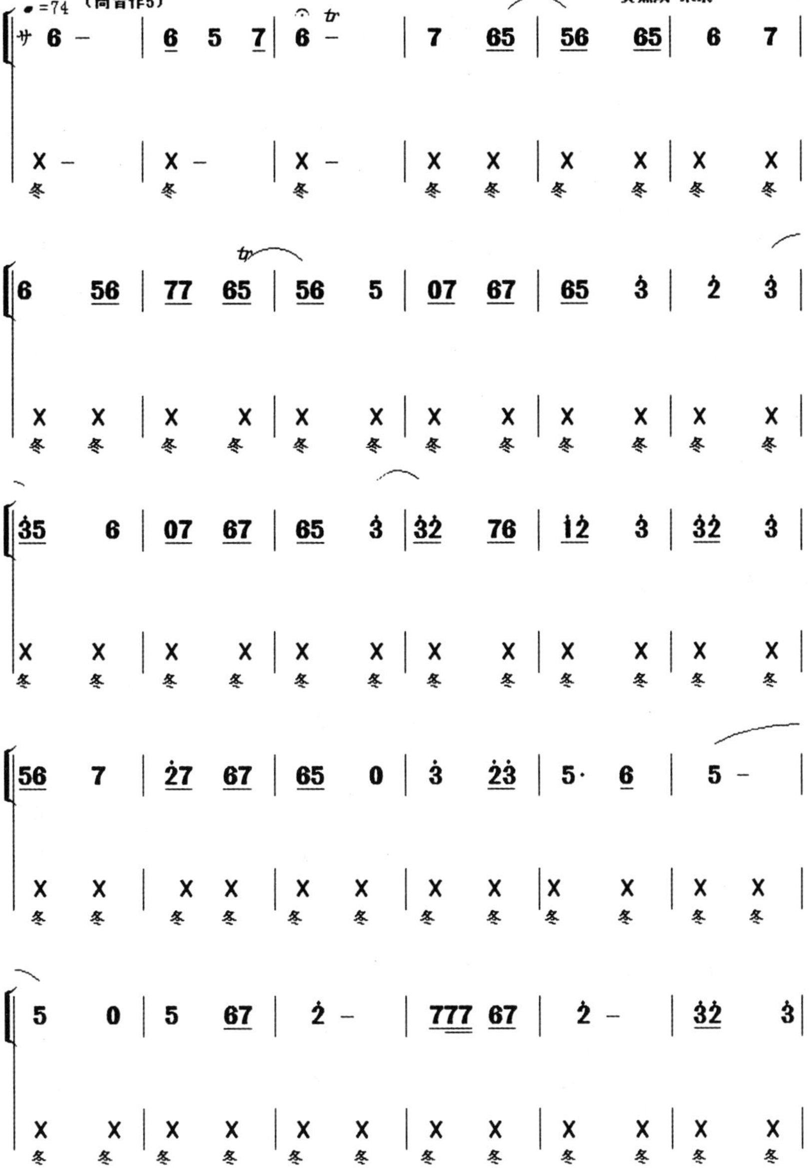

大开门

［唢呐 锣鼓］

罗祖武 传谱
费杰成 采记

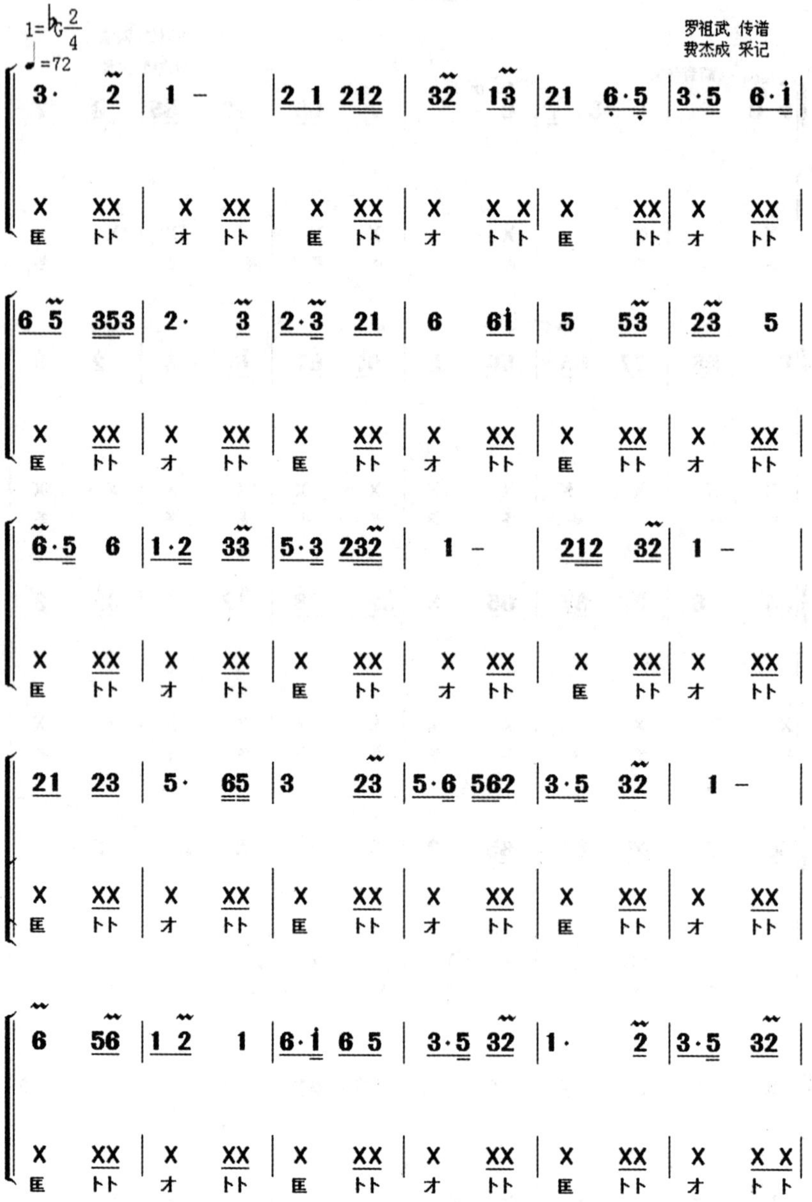

$$\left\| \begin{array}{cccccc|ccc|} \underline{1 \cdot 3} & \underline{21} & \underline{6 \cdot 5} & \underline{35} & \underline{6 \cdot 5} & \underline{6\widetilde{3}} & 2 & - & \underline{65} & \underline{63} & \widetilde{\underline{2}} & - \end{array} \right\|$$

X	XX	X	XX	X	X X	X	XX	X	XX	XX	XX
浪	除除	匡	除除	浪	除 除	匡	除除	浪	除除	浪浪	浪浪

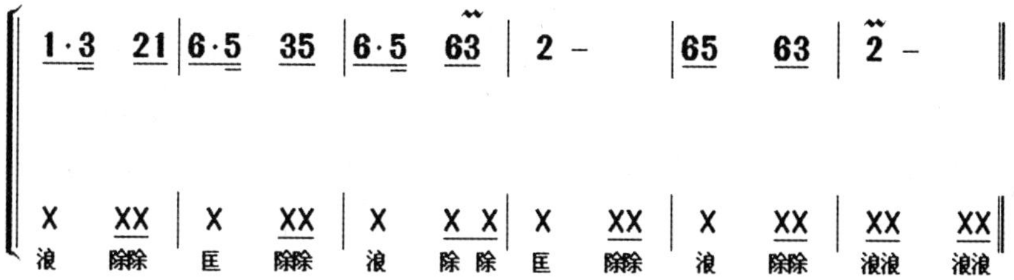

采集地点：颜真观　采录时间：2016/3/16

小开门

（竹笛）

记录：费杰成
演奏：费新祥

1=♭E 4/4
♩=68

| 6 - - - | 65 i̲ 6 - | 3 5 0 0 |

XX X XX XX｜XX X XX｜XX X X XX XX
除除 匡 匡除 一除 浪匡 浪 一除 一除 浪除 浪 匡匡 浪匡

| 65 11 6i 65 | 3 - - 0 | 5i 65 1· 2 |

XX X XX XX｜XX X XX XX｜XX X XX XX
一除 匡 匡匡 浪匡 一除 匡 匡匡 浪匡 一除 匡 除除 一除

| 3 33 2 3· | 5 - - i̲ | 6i 65 3 2 |

XX X XX XX｜XX X XX｜XX X XX XX XX
浪除 匡 匡除 匡除 浪除 匡 匡匡 浪匡 一除 匡 匡匡 浪匡

| 121 65 6 - | 01 65 1 23 | 1 - - - |

XX X XX XX｜XX X XX｜XX X XX XX
浪除 匡 匡匡 浪匡 一除 匡 浪匡 浪匡 一除 匡 匡匡 浪匡

| 1· 2 3 5 | 35 32 1 23 | 5· 6 5 - |

XX X X XX｜XX X XX｜XX X XX XX
除除 匡 浪除 浪除 浪除 匡 除除 一除 浪除 匡 浪浪 浪浪

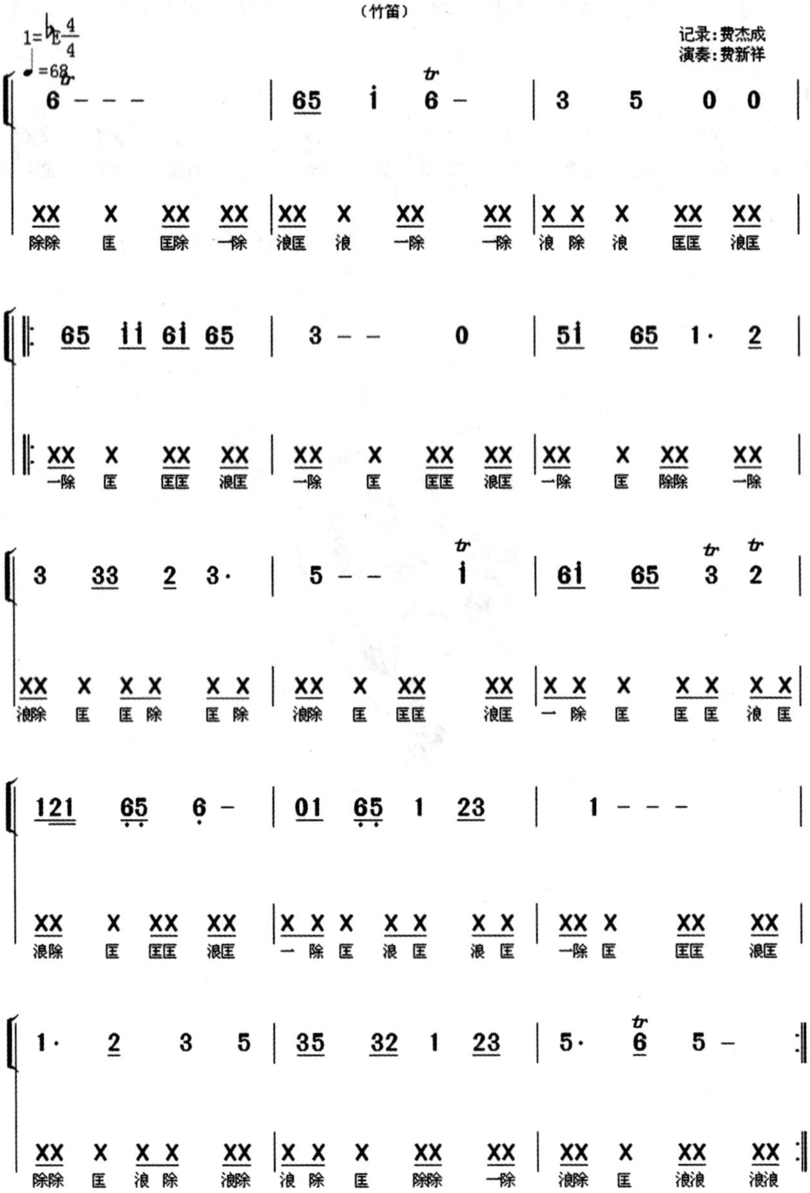

叹孤调

［胡琴曲］

胡国祥 演奏
费杰成 采记

1=F 2/4（2/5弦）

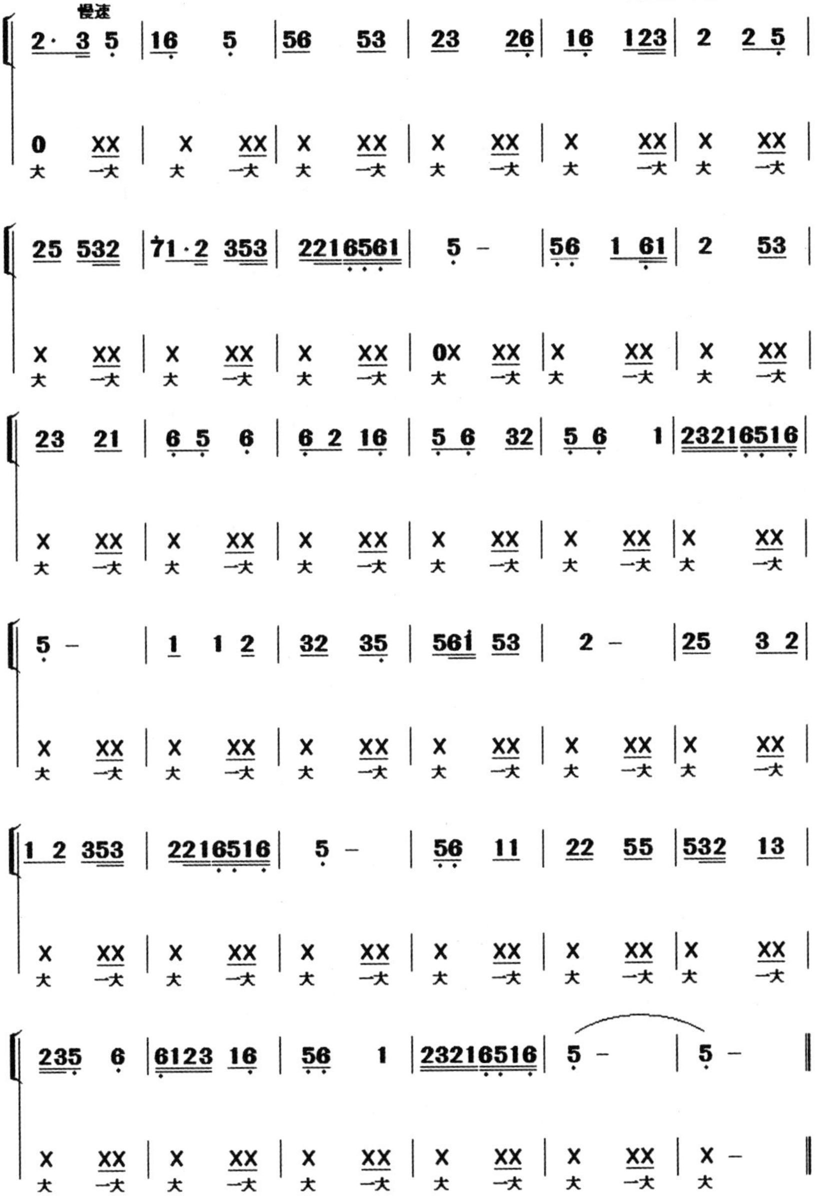

采集地点：阳新韦源口东湖村 采录时间：1981/6/25

正宫调

演奏：费新祥

记录：费杰成

1=#D 4/4 ♩= 84 （筒音作5）

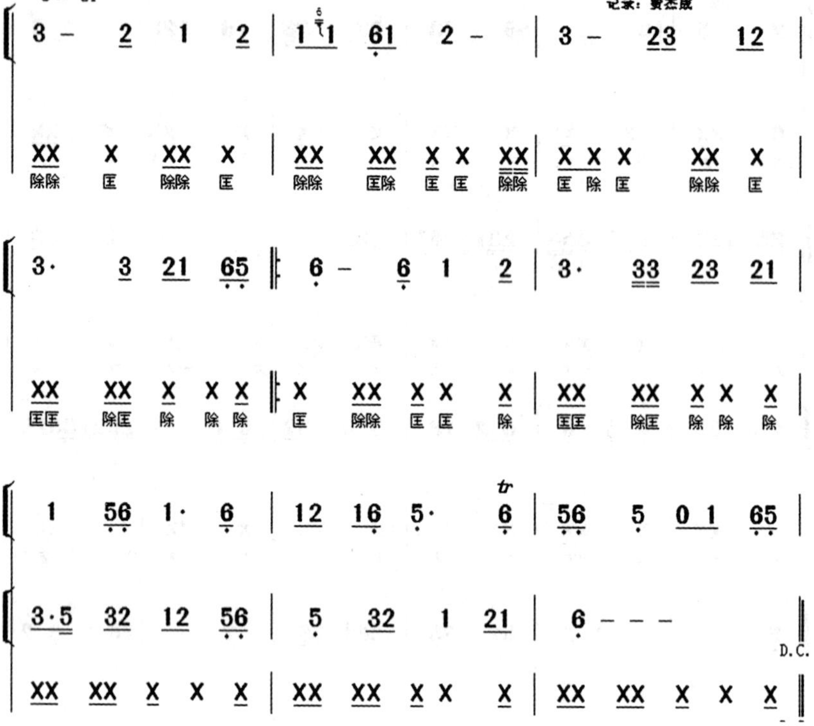

后　记

颜子山和雷时中这两个名字，阳新人并不陌生。“文化大革命”期间，我曾两次去颜山一带考察，但无法接近这块领地，原因无待多言。所幸，2015 年岁杪时节，由热心人引荐，让我有缘靠近颜子山并亲自拜谒雷真师之陵寝，幸甚。

2016 年岁首，笔者便投入了密集的采风、记谱、查考、撰写等工作环节。因材料的极度缺乏，使得写作思路时断时续，为了不失初心对颜山道的记忆，并对 20 世纪 80 年代采访手稿文档和搜集到的音响资料，一并拆包开封再探究，对照原始录音进行重新整理，由于新老材料的对照梳理，终于得以顺利地展开对颜子山混元道教文化研究的序幕。说实话，采访过程并不顺利，尽管颜真观管委会的热情组织，但真正提供有用的资料不多。原因是颜山道士的传承人老的老去，年轻的道士承接尚嫩，混元历史能提供者不多，故一面与县内流散的混元道教艺人寻找补录口承，取得一些阶段性的原生资料。加之因年迈体弱，其间在撰著过程中两次住院。为了及时完成拙稿成形，带着疲惫的身子，咬紧牙关，还自费出行到在省内大的图书馆、文史馆、档案馆等处寻求资料帮助，通过近一年夜以继日的努力，终于成稿。

混元文化在中国道教史上有着不俗的地位，本书是自己作为一名阳新人对祖先文化传承的使命而践行历史价值的自觉之为。窃以为这对鄂东南地域传统文化生态植被的保护与修复，应该说有着现实和历史的意义，也期待它的出版能为此域的非物质文化遗产提供给后人传承的一份原生态记忆。

在采访中，得到颜子山混元派职业道士罗显安、罗祖武的特别帮助，还得到王全振、周悟华、胡真发、张丙富等同志的热情配合、提供了不少好的珍贵资料，在此表示感谢。

十分感谢华中师范大学刘固盛教授，在百忙于教学之中为此书作序，并在学术上予以无私的指导，给后学以极大的鼓励。

值得牢记的是：湖北师范大学历史学院给这一科研课题以大力支持，并列入该院社科重点资助项目，提供出版方便，在学术上给予无私的指导。特别是历史文化学院的张泰山院长、尚平博士等，亲临基层，组织策划，给予了足够的关注，对鄂东地域文化研究展现出一片热忱，让人感佩。这里以我个人和阳新人的名义表示由衷的感谢。

颜真观管委会汪祖棠、汪训华、王义志、张菲、陈开江等同志积极策划、组织、配合采风，付出了艰苦的劳动，为此书玉成起到了很好的作用，这里致以谢忱和敬意。

期望读者批评赐教。

2016 年 11 月 15 日于兴国州寓所